언어접촉을 통해 본
중국어 외래어

이 역서는 연세대학교 학술연구비의 지원으로 이루어진 것임.

언어접촉을 통해 본

중국어 외래어

史有為 지음
김태은·김현철·이현선 옮김

學古房

汉语外来词

Copyright © 1999 by 史有爲 SHI YOU WEI
All Rights Reserved.
Korean copyright © 2021 by Hakgobang
Korean language edition arranged with The Commercial Press, Ltd.
through Linking-Asia International Co.,,Ltd. (연아인터내셔널)

이 책의 한국어판 저작권은 연아 인터내셔널을 통한 The Commercial Press, Ltd.와의 독점계약으로 한국어 판권을 학고방에서 소유합니다. 저작권법에 의하여 한국 내에서 보호를 받는 저작물이므로 무단전재와 복제를 금합니다.

한국어판 서문

'인연과 바람'
-『중국어 외래어』한국어판에 부쳐

    1955년, 내가 북경대학교 1학년일 때, 우연히 처음 한글을 접하고 자모의 철자를 배워서 쓰고 읽을 수 있게 되었다. 당시만 해도 한글의 구조가 치밀하고 배워 쓰기가 쉬워서 절로 감탄이 나왔다. 이때부터 한글을 만들어 쓴 민족과 교류하고 협력하는 기회가 많아졌다. 몇십 년 후, 또 우연한 인연으로 도중에 외래어와 인연을 맺게 되었고, 최선을 다해 천착하고 연구하게 되었는데, 그중에는 특히 한국어에서 유래한 차용어들도 등장한다. 그 성과 중 하나가 바로 이 작은 책이다.
    일찍이 이웃 민족의 표음문자인 한글의 영향 아래 한국어의 외래어 형태는 어떤 양상일까 그리고 이들도 중국어 외래어처럼 복잡한 구조를 띠고 있을까 하고 생각해 본 적이 있다. 반면, 중국어 외래어는 현재 20여 가지 유형으로 나누어져 있어 연구자들에게 많은 논쟁거리를 제공해 주고 있지만, 이것은 좋은 현상은 아니다. 여기서 관건은 한자에 있고, 한자에 대한 중국인들의 다양한 독선에 있다. 물론 서양어 자모를 받아들이고 나서 이런 복잡성이 조금 증가하여 몇 가지 유형이 더 늘어났다. 나는 한글이 이렇게 복잡하지 않기를 바란다. 너무 복잡하면 언어 교제와 교류의 효능에 영향을 줄 수 있다고 생각한다. 그러나 표음문자인 한글 역시 아마도 몇몇 다른 문제들을 초래할 수 있을 것이다. 이것은 본인이 잘 몰랐던 부분이라 한국어판을 통해서 이 부분의 피드백을 받아볼 수 있기를 희망한다.

이 책은 쭈더시朱德熙 선생님의 『어법 문답语法答问』(1985)이 본보기가 되었지만 그런 깊이를 가질 수는 없었다. 그 책은 워낙 넘볼 수 없는 경지에 다다랐고, 어려운 현상을 쉽게 풀이한 책이었다. 중국어 어법은 이미 100년 가까이 연구되고 논쟁 되어 많은 결실을 보게 되었다. 여기에 나는 이러한 기초 위에서 하나를 덧붙여 화룡점정 식으로 나아갈 수 있었다. 외래어는 당시만 해도 제대로 학문 분야로서 자리매김하지 못하였다. 까우밍카이高名凯·리우쩡탄刘正埮 선생의 『현대중국어 외래어 연구现代汉语外来词研究)』(1958)는 이 분야의 선구자적인 역할을 했다고 할 수 있지만, 당시에는 주로 중국어 규범을 위한 것일 뿐 여러 면에서 부족한 점이 많았다. 지금 내 앞에 펼쳐진 것은 지식을 단순하게 보급하는 차원이 아니라 학문적 틀을 보완해서 아직 답습하지 않은 연구 분야에 한 획을 긋는 작업이다. 그래서 이렇게나마 작은 책을 써낼 수가 있었다. 2000년 초판 이후, 2013년 증보판이 나옴으로써 처음이라 다소 허술했던 부분을 비로소 보완할 수가 있었다. 벌써 21세기도 20년이 지났지만 돌이켜 보면 새로운 시대에 관한 연구는 여전히 제대로 반영하지 못했다는 생각이 든다. 그렇지만 이번에는 증보판의 아쉬움을 외국어 번역판 출간으로 그 부족함을 달랠 수 있었다.

2017년 10월 서울에서 열린 '제9회 현대중국어 어법 국제심포지엄'에 참석하였는데, 발표장소가 바로 유명한 연세대학교였고, 회의를 총괄한 김현철 교수와 인연을 맺게 되었다. 당시 나를 대할 때, 겸손

하고 전혀 허세가 없는 모습이었다. 식사나 휴식도 없이 바쁘게 회의를 진행하는 그를 보고, 그리고 수십 명의 자원봉사자가 최선을 다하는 모습을 보고, 또한 수백 명이 참가한 회의를 일사불란하게 처리하는 것을 보고, 나는 감동과 탄성을 자아냈었다. 그 회의에서 나는 김현철 교수와 서로 위챗 아이디를 주고받았다. 그는 그때 김태은, 이현선 교수와 『중국어 외래어汉语外来词』를 번역하고 싶다는 뜻을 내비쳤고, 나는 당연히 환영이라고 답했다. 하지만 쉬운 일이 아니라는 걸 잘 알고 대수롭지 않게 여겼다. 내가 일본에 있을 때도 번역하겠다는 몇몇 친구들이 있었지만 몇 쪽을 해 보고는 까다로워서 금방 포기해 버리는 것을 보았다. 그래서 당시 김현철 교수 등의 이런 말에 전혀 개의치 않았다.

그 이후 나와 김현철 교수는 늘 명절 안부 등을 물으면서 교류해 왔다. 그러나 나는 그가 이미 이러한 어려움에 굴하지 않고 차근차근 계획을 실행하고 있다는 것을 알지 못했다. 작년의 어느 날, 갑자기 나에게 정식으로 번역 의사를 알리는 위챗이 왔다. 그리고 올해 1월에 또 번역이 막바지에 이르렀다는 편지가 날아들었다. 이 작은 책을 세 사람의 노력으로 번역하는 것은 당연히 식은 죽 먹듯 그리 쉬운 일은 아닐 것이다. 그런데 세 사람 모두 이 분야의 전문가로 김현철 교수는 연세대학교 문과대학장이고, 김태은 교수는 연세대학교 중문과 교수이며, 이현선 박사 역시 이 학교 중국연구원의 전문연구원이다. 그래서 아무리 복잡한 글이라도 그들의 손에서는 어려운 문제들이 흥미로 변하는 것은 말할 필요도 없다.

이 책을 위해 세 명의 번역자가 심혈을 기울여 주신 것에 감사드린다. 다만 이 보잘것없는 책이 감당하지 못할까 봐 걱정이다.

한국어 번역본이 하나의 작은 교량이 되어 더 많은 질정과 건의를 받고, 두 언어 사이 교류의 실례들을 얻어 양국 학자들의 우의를 증진할 수 있기를 바란다.

『중국어 외래어』 출판이 임박하여 김현철 교수가 몇 번이나 편지를 보내 번역서를 위해 몇 마디 적어 달라고 해서 몇 글자 적어 보았다. 이를 삼가 서문으로 삼고자 한다.

스요우웨이史有为
2021년 입추와 중복날 북경의 역와거亦蝸居에서
80하고도 4년이나 지난 날 적다

제3판 서문

외국어 번역본 출간에 부쳐

　이 작은 책이 여러 외국 출판사에서 관심을 갖고 번역본을 내 현지 독자들이 중국어 외래어를 쉽게 알 수 있도록 할 줄은 몰랐다. 한편으로는 기쁘면서도 한편으로는 불안하다. 불안의 하나는 책에서 외래어라는 대상을 위해 약간의 이론적 견해를 피력하고, 또 약간의 실례를 들었는데, 그 가운데 어쩔 수 없이 빠진 부분들이 있음을 알기 때문이다. 두 번째 불안은 이 책이 20세기 말에 쓰였고, 비록 21세기 들어 10여 년의 세월 동안 수정했지만 새로운 21세기는 그 시간이 짧아 외래어의 상황을 판단하기 어려워서 제대로 반영하지 못했다는 점이다. 세 번째 불안은 21세기 들어 중국어에서의 자모의 발달 속도를 제대로 가늠하지 못해서 외래어로서의 자격을 이론적으로 미리 설명하지 못했다는 점이다. 네 번째 불안은 이 책이 지식총서로 지식을 보급하는 책으로 분류되지만, 오히려 외래어 분야의 학문적 기본 논술 체계를 다시 구성하려고 시도했다는 것이다. 여러 분야에서 깊이 연구하고 분석하기는 했지만, 실제로는 이미 '지식 총서'와 '개론'과 '연구'라는 삼자 사이에 놓여 있다고 할 수 있다. 이 책의 성격상 이것이 아니면 저것이라는 전통적 사고방식과 어긋나고, 문체상으로는 지식총서와 연구저술 간의 모순이 발생한다. 다섯째는 몇 번의 교정을 거쳤음에도 불구하고, 틀린 곳이 많아 부끄럽다는 점이다. 그리고 이런 것들은 타인들의 불만이나 비판을 면하기 어렵다.

이 책의 체질과 구조가 이래서 크게 보탬이 될 수도 없고, 절대로 한꺼번에 보충하여 써 내려가기가 어렵다. 그래서 번역자에게 제공하기 전에 반드시 다시 대답해야 한다고 생각한다. 이에 보다 폭넓은 시각과 합리적인 균형을 갖출 수 있도록 구조를 유지하면서 보완하기로 했다. 구체적으로 살펴보면 다음과 같다. 즉 우선 21세기의 외래어와 그 연구에 대한 소개를 늘리고, 참고 문헌을 조정 보완하였으며, 21세기 문헌도 두 가지를 새로 추가해 새로운 세기의 발전을 반영하였다. 산발적인 보충 이외에도 27절과 68절을 추가로 썼고, 21세기 학위 논문 통계표도 새로 보충하였다.

다음으로는 자모어에 대한 약간의 이론적 해석을 가미했다. 현재 학계에서는 중국어 중의 자모어의 성격에 대해 공감대가 형성된 것이 없다. 자모어는 새로운 시각과 방법을 통해야만 비교적 잘 처리될 수 있다. 그러므로 외국 문자의 얼굴인 알파벳을 '준외래어'로 잠정 분류하는 것이 이런 논란을 잠시나마 해소하고 더욱 의미 있는 쪽으로 연구력을 끌어낼 수 있다고 본다. 이를 위해서 14절의 범위를 확대했고, 14.2의 소절을 추가 집필했다.

마지막으로 69절 '덧붙이는 말'을 추가해 이런 어휘의 유형과 이런 학문 분야에 대한 재고를 담았다.

한편, 이번 번역본 출간을 계기로 덕분에 여러 군데의 오류도 바로잡았다. 예를 들면 본문 앞의 '사용된 음표와 문자의 설명'을 포기하고, 본문 안의 관련 음표를 모두 문헌 원본에 사용된 형식으로 바꾸었다.

문체상의 모순은 원래 집필 동기에서 비롯된 것이다. 상무인서관

商务印书馆의 '지식총서'라는 시리즈는 실제로는 보급 도서보다 한 수 위의 것을 요구했다. 그리고 '지식'에서 새로운 관점을 제시하고 새로운 성과를 요구하는, 이른바 보급과 향상의 결합체라고 할 수 있다. 이 책은 분명 상무인서관의 새로운 개념의 책으로 출판계의 혁신적인 사건이다. 이 시리즈 중 쭈더시 선생님의 『어법 문답语法答问』을 모델로 삼아 쫓아갈 수 있는 사람은 아주 드물다. 설령 노력을 한다 해도 겨우 그 범주 안에서 맴돌 뿐이다. 외래어는 중국어 학문 분야에서 비교적 새로운 과제이다. 집필할 때도 충분한 소개와 연구가 부족했고, 외래어의 수집과 정리 또한 계속해서 충분하지 않았다. 더욱이 전면적인 이론적 서술과 학문적인 틀 역시 확실히 빠져 있었다. 그러므로 전면적인 소개와 이론적 서술 사이의 경중의 요동침과 선행 연구 검토의 필요성과 총서 규정에 따른 글자 수의 요구 사이의 충돌은 불가피한 것이었다. 이것이 바로 이 책의 고민거리이며, 또한 근본적인 변화는 불가능해 보인다. 그래서 독자들에게 널리 양해를 구한다.

이 책의 서술은 현재에 국한된 것으로, 아마도 몇 년이 지나면 또 새롭게 발견되는 것이 있어 전면적으로 개정될 것이다. 필자는 초판본 서문에서도 이미 밝혔듯이, 후학들이 더 훌륭하고 더 많은 연구성과 위에서 조속히 스스로 사명을 다할 수 있기를 바란다. 이 바람은 아직도 변하지 않고 있다.

중국어 증보판이 새롭게 세상에 나올 때쯤이면 이미 외국어 번역본이 발행되었을 것이다. 첫 번째로 이 책에 관심을 둔 영국의 Routeledge 출판사와 역자에게 심심한 감사의 말씀을 드린다. 책 속의 많은 어휘와 표현들이 분명 역자를 골치 아프게 했을 것이다. 언어와 언어 간의 번역자는 국제 학술 교류의 달인이다. 그리고 새롭게 출간된 책은 책임편집인인 꽁잉龔英 여사의 꼼꼼한 교열을 거쳐 여러 가지 아쉬움을 면할 수 있었다. 그들의 수고에 더 큰 찬사를 보낸다.

2019년 설날
북경 법화사法华寺 근처 역와거에서 스요우웨이 적음

재판 쇄언

  이 작은 책은 처음에 『중국어의 외래어汉语的外来词』라고 이름을 붙였다. '的'자가 들어가는 바람에 중의가 생겨 이를 없애려고 했지만, 오히려 책 제목과도 별반 다르지 않아서 현재의 이름으로 부르게 되었다. 하지만 '중국어 외래어汉语外来词'에는 중의가 있다. 하나는 중국어 속의 외래어를 가리키고, 또 다른 하나는 중국어에서 유래한 외래어를 가리킨다. 그래서 아쉬움이 남는다. 이래서 필자는 어법상 이 둘의 차이를 논한 적도 있다. '的'자가 첨가되면 설명해야 하는 의미를 함축하고 있다. 이런 이유로 이 책은 어휘가 외족어에서 유래한 경우, 일률적으로 'X'어원 외래어라고 불러 오해를 피했다. 이 중의 '외래어'라는 말 역시 다소 유감스러운 용어이다. 외래어는 스스로 외부로부터 들어온 것이 아니라 우리가 주동적으로 번역해 빌려 온 것이다. 게다가 중국의 외래어는 일부 혼성어hybrid words와 일본 한자어를 포함하고 있어, 일본어의 외래어와는 완전히 다르다. 또 어떤 사람은 외래어가 단지 '단어'일 뿐만 아니라 '구'라고 하기도 한다. 사실 외족어의 '구'는 만약 음역 형식으로 중국어를 빌리면 모두 '단어화'가 되기 때문에, 이것은 서양 언어 간의 의미역과는 완전히 다르다. 이름이 바르지 않으면 말이 잘 통하지 않듯이 가장 좋은 방법은 '개사介词' 같은 음을 가진 것은 피하고, 공식적인 용어인 '차용loanword'이라는 말로 유지하는 것으로 상술한 몇 가지 방면의 술어를 더 포함할 수도 있다. 그래서 나는 증정본에서 짜우위엔런趙元任의 '차용어借语'를 '차용어휘借语词'라고 바꿀 것을 제안한다.

 이것이 바로 '용어(술어)'가 생겨나는 과정이다. 사실 중국은 용어를 만드는데 너무 신중하다. 착실한 연구가 있음에도 불구하고, 새로운 '용어'는 그다지 창조적이지 못하며, 심지어 별로 엄두도 내지 못하고, 단지 남의 것을 따라감으로써 술이부작述而不作, 즉 기술만 할 뿐 자기의 생각대로 창작하지는 못했다고 할 수 있을 것이다. 용어가 표현하는 것은 일종의 학문 분야의 개념이다. 하나의 새로운 용어는 항상 하나의 새로운 개념을 나타낸다. 그리고 새로운 개념은 새로운 학술 세계 또는 과학의 경지를 열어줌으로써 최초의 언어권을 얻게 된다. 물론 후속 연구의 뒷받침이 없고 앞서가는 연구가 지속되지 않으면, 이 역시 소멸할 수밖에 없다. 이 두 가지는 오늘날 중국 학술계에서도 마찬가지로 중요하다.

 이 책이 출판된 지 이미 10여 년이 지났다. 그 사이에 외래어와 차용어 연구에도 새로운 결과물이 있었고, 자료 면에서도 많은 새로운 발견들이 생겨났다. 그리고 새로운 외래어와 차용어들이 속속 생겨나 필자도 새롭게 인식하게 되었다. 이번에 상무인서관에서 재판본을 찍는다고 하니 새삼 이 기회에 한 번 더 수정하고 보충하여 독자들에게 전달할 게 있게 되었다. 오류 수정뿐만 아니라 거의 쪽마다 충실하게 보충했다. 절이나 단락마다 중요하게 보충한 것들은 다음과 같다. '11.3 외래어에 대한 규정', '12 외래어 관련 용어에 대한 질의', '22.1 〈지나支那〉 내원에 대한 수정과 보류', '24.4.2 명청시대 선교사와 서양 학자들의 역사적 역할에 대한 보충', '26.5 신시대 일본어 한자어 차입에 대한 분석', '41.3 외래 성분 조어에 대한 분석', '42.1.1 어휘의미 도입 유형에 대한 삼분법적 분석', '44.3 용어, 속어,

고유명사 등 세 가지 분류에 대한 건의 및 용어에 대한 새로운 인식', '52.2.1〈전사转写〉와〈전독转读〉사이의 차이점에 대한 분석', '61 몇 가지 외래어 연구에 대한 내용 보충', '62, 64, 65 외래어 연구의 역사와 발전에 대한 보충의 필요성', '외래어 유형 일람표 추가' 등이다. 이 밖에도 참고 문헌에서도 필자가 본 것에 대해 필요한 보충을 하였다. 이렇듯 이 책은 용어가 아주 많이 나오기 때문에, 특별히 용어색인을 뒤에 붙였으니 질정을 바란다.

외래어·차용어 연구는 공구서에 매우 의존하는데, 그중 가장 중요한 것이 바로 『한어대사전汉语大词典』이다. 그런데 안타깝게도 이 대사전은 청말민초 및 20세기 전반의 수많은 어휘를 누락시켰는데, 많은 어휘가 발 빠른 문헌 검증을 거치지 못하였고, 다른 대부분의 문헌 검증들도 명확하게 시간대를 표시하지 못했다. 이는 일본 한자어 확정에 많은 어려움을 가져왔다. 만약 애초에 대사전 편집자가 좀 더 마음을 쓸 수 있었다면, 그리고 좀 더 여유를 가졌더라면 얼마나 좋았을까! 『한어대사전』이 출판된 이후, 지금까지 많은 사람이 기대하는 제2판은 오히려 깜깜무소식이다. 일본의 『일본국어대사전日本国語大辞典』과 비교해 보면, 민간 출판사인 소학관小学館이 자체적으로 편찬하여 1972~1976년에 제1판이 출판되었고, 30년도 지나지 않아 2000~2002년에 제2판이 출판되었다. 이 사전에서는 표제어를 늘렸을 뿐만 아니라, 대부분의 표제어의 문헌 검증을 연월일로 추가 표시했으며, 문헌 검증의 시간 역시 보편적으로 앞당겨졌다는 것이 중요한 차이이다. 『한어대사전』은 1986년 제1권이 나오고, 1993년에 완간된 지 이미 20년이 지났으니 제2판은 당연히 서둘러 준비했어야 한다. 우리는 대사전의 일부 부족한 부분을 오히려 개인이 거의 혼자서 보충하는 것을 보았다. 황허칭黄河清의 『근·현대 중국어 신조어 어원사전近現代汉语新词词源词典』과 『근·현대사원近現代辞源』 등 2권이 그것이다. 이 점은 우리가 깊이 생각해 봐야 할 부분이다. 진정 대사전의 수정이나 편제 확장이 더 일찍 실현될 수 있기를 희망한다.

『한어대사전』의 문헌 검증의 결핍으로 다른 문제를 생각하게 되었는데, 바로 만청에서 지금까지 그리고 20세기 전반의 언어자료는 발 빠르게 다룰 수 있지만 많은 어구와 문헌 검증은 자체적으로 수록 범위에서 제외될 수 있다는 것이다. 그러나 다른 각도로 생각해 보면, 이러한 어휘와 문헌 검증은 오히려 객관적인 묘사 기록을 통해 자신이 맡은 공구서 작업에 필요한 것이 될 수도 있다. 왜냐하면 다른 사람을 속박하면, 자신도 속박되고 학문연구도 속박하게 되기 때문이다. 즉 대중을 편리하게 하면, 자신도 편리해지고 학문연구도 편리해진다. 진실은 학문연구의 최고 표준이다. 내가 보기에 우리는 여전히 생각을 자유롭게 하여 심리, 사상, 문헌 및 규제의 성역을 깨뜨리고, 학문적으로 그리고 최선을 다해 가능한 한 어구들과 언어자료를 수록해야 한다. 이렇게 해야만 우리의 공구서가 세계적 선두에 설수 있고, 우리의 어휘연구가 더욱 견고하고 더 사실적인 기초를 가질 수 있게 되어 더욱 높은 수준에 도달할 수 있기 때문이다.

필자는 어법 전공자로, 외래어·차용어 연구는 단지 겨우 한 발을 들여놓은 것뿐이다. 10년 전, 당시 외래어·차용어 연구가 비교적 척박한 상황에서 역사적 책임을 통감하고, 이 책을 집필하여 작은 널다리의 역할을 하게 하려고, 더 많은 우수한 인재들과 고군분투하여 이 큰 학문의 작은 분야에 투신하게 되었다. 이 책은 원래 '지식총서'를 목표로 삼아 쓴 것인데, 의외로 쓸수록 '외래어 연구'의 범주에 들어섰다는 느낌이 들어서 그만둘 수가 없었다. 까우밍카이高名凱·리우쩡탄刘正埮 두 선생이 1958년 한 권의 책을 저술하여 외래어 연구는 벌써 반세기의 역사를 가지게 되었다. 그리고 발전과 창조도 있었고, 새로운 성과도 있었다. 여기에 출판사들도 이 지식총서에 관해 기대하고 있었기 때문에 이 길을 계속 걸어가 집필하기로 결정했다. 재판본도 후발 연구자들이 더 좋고 더 넓은 기초 위에서 전진할 수 있도록 연구의 분량을 늘리기 위한 것이다. 21세기 들어와 외래어·차용어 연구의 새로운 저작들은 끊임없이 저술되어, 마치 산 밖에 청산이 있고 하늘 밖에 하늘이 있다는 한층 고조된 느낌을 가질 수 있었다. 몇몇 뜻있는 사람들이 적막함을 참아내고 고진감래하여 사람들의 존경과 분발을 촉발하였다. 올해 설에 옛 추억을 기억하기 위해 아래 시 구 구절로 같은 길을 걸어온 사람들에게 바치며 더 나은 미래를 기약하고자 한다.

"적막해 봐야 걸상이 춥다는 것을 가장 잘 알며, 재능이나 명성을 드러내지 않고 갈고 닦아야만 비로소 진정한 영웅호걸을 가릴 수 있다."

2011년 74세,
대나무 잎 향기가 사방에 퍼질 때,
북경 서쪽 오두막집에서 스요우웨이 적음

초판 서문

  10여 년 전에 나는 이미 상무인서관과 한 권의 외래어와 관련된 책을 쓰기로 약속했다. 그러나 여러 가지 자질구레한 일들에 시달리며 오늘날에 이르렀다. 여러 차례 착수했지만, 마침내 일본에서 가르치면서 이 마음의 빚을 갚을 수 있게 되었다. 이런 이유로 일본에서 비로소 집필하게 되었는데, 공교롭기도 하고 인연이 있는 것 같기도 하다. 일본과 관련된 외래어에 대한 저작들이 즐비할 뿐만 아니라 연구가 깊이가 있고 세밀하여 사람들에게 큰 계발을 받게 한다. 최근 일본으로 유학 온 학자들 역시 중·일 어휘 교류에 관한 전문 저서를 출간하였다. 이것은 나에게 이러한 자료를 편하게 이용할 기회를 제공하였고, 여러 해 동안 마음에 품어 오던 바람을 완성하도록 결심하게 하였다. 집필 중에 감명받은 바도 많았는데, 일부 자료는 분명 중국의 것임에도 불구하고 국내에서는 오히려 찾기가 어렵고 하필 해외에서 더 구하기가 쉬웠다. 자전 역시 중국인이 처음으로 만든 것임에도 불구하고 오히려 외국의 것에 많이 뒤떨어진다. 사전에도 출처가 부족하거나 인용된 것이 시기적으로 너무 늦을 뿐 아니라 연대도 불분명하여 어디로 가서 찾아야 할지도 몰라서 오히려 머리를 아프게 하였다. 사실 제대로 연대를 써 준다면, 편찬자들이 집필하는 것만으로도 사람들에게 큰 편리함을 줄 수 있다. 언제 우리의 자료가 잘 기록되고, 잘 보관되며, 잘 정리되어 잘 이용될 수 있는지, 공구서는 확실히 독자나 사용자 측면에서 면밀하게 고려해야하며, 학술적 수준이 신속하고 지속적으로 제고되어야만 진정한 보장을 받을 수 있게 된다. 이것이 첫 번째 감회였다.

    외래어에 대해서는 의견이 분분하다. 어떤 사람은 중국어의 외래어 수가 적은 것이 중국어의 개방이 부족하고 진보가 부족하다는 것을 의미한다고 생각한다. 그리고 외래어는 언어의 수준을 가늠하는 유일한 믿을만한 척도인 것 같다. 혹자는 대량의 어구들이 일본에서 유래한 것을 부인한다. 심지어 일본어에서 온 한자어가 외래어라는 사실조차도 부인하는데, 이는 마치 이러한 어휘들의 출처나 일정한 수량을 인정하게 되면 중국어의 체면이 말이 아닌 것처럼 보일까 봐 그런 걸 거다. 이것은 물론 객관적이고 과학적인 태도는 아니다. 단순히 외래어의 많고 적음으로 언어 수준의 높낮이를 평가할 수도 없으며, 언어의 순수성 여부만으로 순결성 여부를 판정하기도 쉽지 않다. 언어의 융합은 고대부터 존재해 왔으며, 접촉이 있는 한 융합은 있기 마련이다. 외래어 흡수는 언어 통합의 한 방식에 불과하고, 의역 역시 또 다른 가능한 방식이다. 그리고 이 두 가지 선택에 내재된 이유는 바로 언어 자체의 특성에 기인한다. 사람들에게 한 가지를 선택하라고 강요하거나 다른 것을 선택하지 않으면 안 된다고 강요할 수도 없다. 여기서 우리가 할 수 있는 것은 단지 그 법칙을 총괄하고, 객관적으로 보이는 규율에 근거하여 언어 간의 융합을 촉진하는 것이다. 또한 지적하고 싶은 것은 단순하고 수준 낮은 언어는 반드시 경쟁력이 없는 언어라는 것이다. 이것은 필연적으로 사용 사회집단을 몰락시키고 움츠러들게 만든다. 반면, 언어를 평가하는 것은 현재 사회의 사물과 개념을 완벽하게 표현할 수 있는지에 근거해야 한다. 그리고 현재의 교제와 과학적 수요를 만족시켜야 하는데, 이것이 바로 이른바 실천적 검증이다. 다시 말해 언어 접촉과 융합 문제에서 당연히 민족적 의식을 가져야 한다. 모든 것을 생각하거나 편향적인 사고와 방법은 모두에게 유익하지 않을 수 있을 뿐만 아니라 현실에서 거절당할 수도 있다. 이것이 두 번째 감회이다.

이 밖에도 또 하나의 감회가 있다. 7년 전, 나는 『이질문화의 사자-외래어異文化的使者—外来词』라는 책을 썼는데, 이 책은 2004년 수정 증보되어 『외래어-이질문화의 사자外来词—異文化的使者』로 이름이 바뀌었다. 여기에서 나는 주로 선현들의 어원의 성과를 고증하고, 문화적으로 외래어를 조감하기 위해 집필하였다. 그때, 지시엔린季羨林 선생님께서 이 책의 서문을 써 주셨는데, 감개무량하시다고 하시면서 이렇게 지적해 주신 적이 있다.

> 세상의 여러 선진 문명국들은 종종 외래어를 연구하는 전문가들이 많은 외래어 사전을 만들어 두었기에 일반 사람들이 만약 흥미가 있다면 수시로 찾아보면서 지식의 폭을 넓힐 수 있을 뿐만 아니라 문화 교양도 향상할 수 있다. 그런데 우리 중국을 돌이켜 보면, 아쉬움이 없지 않다. 외래어를 연구하는 전문가도 매우 적으며, 편찬된 전문 서적이나 사전은 더더욱 보기 드물다. 더욱이 이 방면에 대한 많은 대중의 지식은 거의 제로 수준이다. 이것은 우리의 개혁·개방의 분위기와도 맞지 않는다.

이런 말들은 얼마나 솔직하고 깊이 있으며, 또 얼마나 의미심장한가! 이것들은 줄곧 내 머릿속에 엉켜있어 시종 잊을 수가 없었다. 외래어 연구의 미진함과 연구 각도의 편협함을 생각하면 나는 강한 역사적 책임감을 느낀다. 마땅히 이론과 더욱 전면적인 각도에서 이 편협된 과제를 서술해야 한다. 더 많은 훌륭한 학자들을 불러 모아 관심을 두고 연구하도록 해야 한다. 결국 이러한 바람으로 나는 이 원고를 완성하였는데, 후학들이 더 좋고 더 많은 연구성과를 내어 청출어람의 마음으로 가능한 한 빨리 자신의 사명을 끝내기 바란다.

　　상무인서관과 짱완치张万起 형의 열성적인 지지에 감사를 드린다. 또한 일본 학자 아라카와 키요히데荒川清秀 선생이 신간『근대 일·중 학술용어의 형성과 전파近代日中学术用语的形成與传播』를 보내 주셨는데, 덕분에 이 책을 마지막으로 개정할 때, 든든한 근거를 추가할 수 있었다. 이 자리를 빌려 감사드린다. 더욱이 홍콩 중국어문학회 야우더화이姚德怀 선생이 인쇄 전날 황허칭黄河清 선생이 번역한 이탈리아 로마대학 동방연구소의 마시니Federico Masini의『현대중국어 어휘의 형성-19세기 중국어 외래어 연구现代汉语词汇的形成—19世纪汉语外来词研究[The Formation of Modern Chinese Lexicon and Its Evolution towards a National Language: The Period from 1840 to 1898]』라는 책을 보내 주셨는데, 역시 감사드린다. 이 책은 장과 절의 보충에 특히 중요한 역할을 하였다. 또한 나는 이 책을 위해 치엔위핑钱玉萍 선생이 여러 가지 어려운 통계를 낸 것에 대해서도 감사드린다. 그녀는 이로 인해 망막 박리까지 겪었다. 이러한 지지와 도움이 없었다면, 본서는 완성될 수 없었을 것이다. 책의 통일된 성격을 고려하여 20%의 논술과 자료를 뺄 수밖에 없었다. 또한 이미 완성된 단어의 색인도 추출하였다. 그리고 이 책의 원고가 인쇄될 때가 되어서야 미국 학자 셰이퍼Edward H. Schafer의 명저『당대의 외래 문명唐代的外来文明』이라는 책을 접할 수 있었는데, 그의 성과를 흡수하지 못한 것이 매우 아쉽다. 이에 독자들에게 죄송하다는 말씀드린다.

1997년 정축년 첫날,
일본 오사카외국어대학에서 탈고하고,
같은 해 소설과 대설 사이에 수정하다.

목차

한국어판 서문   5
제3판 서문   9
재판 쇄언   13
초판 서문   18

제1장 외래어와 외부 언어의 영향

1. 외래어의 함의   29
   1) 외래어의 개념   29
   2) 외래어 생성 유형   33
   3) 외래어 개념의 재정립 : 또 다른 정의   36

2. 외래어 용어의 역사적 변화   38
   1) 용어의 변화   38
   2) 외래어의 유래   43

3. 외래어 용어 체계   46
   1) 영어의 관련 용어와 중국어의 대응   46
   2) 중국어 용어의 함의와 분류   49

4. 일어 한자어와 자모어가 중국어에서 갖는 지위   52
   1) 일어 한자어가 중국어에서 갖는 지위   52
   2) 자모어가 중국어에서 갖는 지위   56

5. 언어에 존재하는 기타 외부 언어의 영향   63
   1) 단어의 외래 개념과 외부 언어의 영향   63
   2) 기타 범위에서의 외부 언어 영향   67

제2장 외래어의 역사 개관

1. 상고(上古) 이전 시기의 외래어   73
    1) 서설   73
    2) 십이간지 명칭의 유래   74
    3) 십이월명의 유래 추측   76
    4) 『이소』의 비밀   77
    5) '不律', '聿', '弗'과 '笔'   79
    6) '飞廉'과 '风'   80
    7) '谷'와 '禾'   80

2. 상고 중국어 외래어 개설 : 진(秦)대 이전과 한(漢)   81
    1) 서설   81
    2) 흉노어에서 온 단어   82
    3) 서역어에서 온 각종 명물   83
    4) '奶'의 유래   85

3. 중고 중국어 외래어 개관 : 위진남북조(魏晉南北朝)와 수(隋), 당(唐)   86
    1) 서설   86
    2) 불교 용어   86
    3) 여러 가지 물건의 명칭   91
    4) 음악, 가무와 관련된 명사   94
    5) 일곱 개의 요일   96
    6) 타국 관직 제도의 명칭   97
    7) 백월과 삼묘로부터 잔존한 언어 기저유형   99

4. 근고 중국어 외래어 개관 : 송(宋), 원(元), 명(明), 청(淸)   101
    1) 서설   101
    2) 거란, 여진, 몽골, 만주족의 중국어에 대한 영향   102
    3) 외국 특산품의 명칭   113
    4) 초기 과학기술 용어의 수입   116

    5) 중국에서의 이슬람교 발전   121
    6) 위에방언 중 고대 백월어 기저유형의 단어   122

5. 근·현대 중국어 외래어 개관(상): 청말에서 20세기 상반기   124
    1) 서설   124
    2) 서양 과학 서적의 번역   125
    3) 각종 경로를 통해 들어온 외래어   129
    4) 일어 한자어의 도입   134

6. 근·현대 중국어 외래어 개관(하): 20세기 후반   147
    1) 서설   147
    2) 러시아어를 어원으로 하는 단어의 흥망성쇠   149
    3) 대륙, 타이완, 홍콩, 마카오의 상황이 외래어에 미친 영향   152
    4) 중국 내 소수민족 언어를 어원으로 하는 외래어   155
    5) 20세기 말 이후에 차용한 새로운 외래어   167

7. 현대 중국어 외래어 개관: 21세기의 현황과 전망   174
    1) 서설   174
    2) 음역어   177
    3) 일어를 어원으로 하는 외래어   190
    4) 자모어   195

제3장 외래어의 특성과 기능

1. 외래어의 다중성   203
    1) 외래어의 세 가지 정체성   203
    2) 외래어의 언어문화 특성   205

2. 외래어를 통해 드러나는 언어문화 융합   206
    1) 외래어 내용 측면의 언어문화 융합   206
    2) 외래어 형식 방면의 언어문화 융합   211

3. 외래어에 반영된 문화 충돌 219
   1) 어휘 간의 충돌 220
   2) 어휘와 비어휘 간의 충돌 224

4. 외래어의 언어문화 이중성 229
   1) 언어문화의 이중성 229
   2) 언어문화 이중성의 계량화 231

5. 외래어의 기능 236
   1) 외래어의 언어적 기능 237
   2) 외래어의 문화, 사회 및 심리 기능 241

제4장 외래어의 유형

1. 외래어의 자격과 형식 유형 247
   1) 외래어 자격에 영향을 미치는 요인 247
   2) 외래어의 형식 유형 248
   3) 외래 성분의 자체적인 조어 261

2. 외래어의 기능 유형 263
   1) 적용 유형에 대한 분석 263
   2) 빈도 유형 274

3. 외래어의 사회 유형 275
   1) 서설 275
   2) 전원사회집단 275
   3) 모체사회집단 276
   4) 자녀사회집단 288
   5) 특수한 지방사회집단 293

4. 외래어의 의미 유형	302
1) 단어류	303
2) 고유명사류 외래어	309
3) 전문용어류 외래어	312
5. 일어에서 온 외래어	314
1) 중일 어휘 교류의 역사적 현안	314
2) 일어에서 온 외래어의 분류	322
6. 피진어와 외국어 혼합 현상	332
1) 피진어	332
2) 외래어 혼합 현상	338
3) 협화어	340

제5장 외래어의 동향과 규범

1. 외래어의 동향	343
1) 역사적 관점	343
2) 외래어의 최신 동향	352
3) 언어 문자적 특징에서 바라 본 외래어의 동향	357
2. 외래어 규범	361
1) 유연한 외래어 규범	361
2) 외래어의 구체적인 규범	365
3) 외래어의 앞날과 미래의 외래어	372

제6장 외래어 연구 개관

1. 외래어 연구에 대한 관점과 분야	375
1) 언어 분야	375

2) 문화 분야　　376
　　3) 사회 분야　　376
　　4) 종합　　377
　　5) 학문 분야　　377

2. 외래어의 어원 연구　　378

3. 외래어의 문화와 사회 연구　　385
　　1) 문화적 관점의 연구　　385
　　2) 사회적 관점의 연구　　390

4. 외래어 유형 연구　　391
　　1) 유입 유형 연구　　391
　　2) 외래어 자격 연구　　394
　　3) 기타 유형에 관한 연구　　395

5. 외래어 사서의 편찬　　395

6. 외래어 규범 문제 연구　　402
　　1) 1950년대 이전　　402
　　2) 1950년대 이후부터 현재까지의 규범 작업과 연구　　404
　　3) 향후 규범화에 대한 예측　　411

7. 외래어에 관한 그 밖의 연구　　411
　　1) 통계 연구　　411
　　2) 이론 연구　　414

8. 21세기 외래어 연구의 특징　　417
　　1) 연구의 양적 개괄　　417
　　2) 연구의 관심 영역　　419
　　3) 외래어 연구의 새로운 동력　　421
　　4) 외래어 관련 공구서와 데이터베이스의 구축　　422

9. 외래어 연구에 대한 재고찰 424
   1) 중국어 외래어 복잡성의 주요 원인 424
   2) 외래어 연구의 귀속과 방법 425

부록

부록 1. 중국어 외래어 연구 70년 431
   1. 초기 출발 단계(1949년 이전) 431
   2. 전기 – 학문적 초창기(1949-1976) 437
   3. 후기 – 과학적 복원과 흥성(1977-2019) 445
   4. 소결 457

부록 2. 용어목록 459
   1. 지명·민족·언어 459
   2. 인명 461
   3. 서명 465

부록 3. 중국어 외래어의 유형 473

참고문헌 477
역자후기 503

제1장
외래어와 외부 언어의 영향

1. 외래어의 함의

1) 외래어의 개념

(1) 정의

외래어는 일종의 차용어에 해당한다고 할 수 있다. 중국어에서 외래어는 일반적으로 단어 의미가 외국어에 어원을 두고 있거나 외국어와 상관관계가 있는 경우를 말한다. 또한 어음 형식 면에서 전부 혹은 부분적으로 상응하는 외국어 단어에서 빌려온 동시에 각각 정도는 다르지만 어느 정도 된 중국어 단어들을 가리킨다. 엄밀히 말하자면 중국어에서 사용된 기간이 비교적 길거나 상당한 빈도로 사용된다는 조건을 갖춰야지만 중국어에 뿌리내린 진정한 의미의 외래어라고 할 수 있다.

예를 들면, '袈裟가사'는 비록 한자로 표기하지만 그 의미와 발음이 산스크리트어의 kaṣāya에서 왔음이 명백하다. 다른 예로 '冰淇淋아이스크림' 또는 '冰淇凌'은 의미와 조어 방식이 영어의 ice cream에서 왔고, 앞 부분인 아이스는 '冰'으로, 뒷 부분 cream은 '淇淋' 또는

'淇凌'으로 전자는 중국어의 고유형태소이다. 따라서 음역과 의역이 동시에 존재하는 일종의 혼합 형식이다. 반면 '卡车차, 주로 화물차'의 경우는 '卡'의 의미와 발음이 모두 영어의 car로부터 왔고 '车'는 중국인들의 이해를 돕기 위해 의미표지인 중국어의 고유형태소를 첨가한 경우라고 할 수 있다. 따라서 '冰淇淋'과는 또 다른 종류의 혼합 형식이라고 할 수 있다. 이러한 단어들은 이미 중국어에서 비교적 긴 시간동안 사용되었고 중국어 어휘의 일부가 되었다. 아래에서 우리는 외래어의 개념에 대해 좀더 검토한 다음 다시 외래어의 또 다른 정의를 제시할 것이다[1].

(2) 기본 층위

현재 일반적으로 말하는 외래어에는 세 개의 기본 층위가 있고, 이 밖에 기본 층위와 근접하는 또 다른 하나의 층위가 존재한다.

첫째, 외국어 단어의 어음 형식을 전부 차용한 경우로서, 이는 협의의 외래어라고 할 수 있다. 예를 들면 영어 pudding을 음역한 '布丁'이나 영어 car를 음역한 '卡'에 중국어 형태소 '车'를 첨가한 '卡车'를 들 수 있다.

둘째, 일부분은 외국어 단어의 음을 취하는 음역을 하고 일부분은 의미를 취하는 의역을 한 경우로서, 이는 광의의 외래어라고 할 수 있다. 예를 들면 영어 ice를 '冰'으로 의역하고 cream을 '淇淋'으로 음역한 '冰淇淋'과 영어 motor를 '摩托'로 음역하고 영어 cycle을 '车'로 의역한 '摩托车오토바이'가 있다.

---

[1] 제1장 3) 외래어 개념의 재정립: 또 다른 정의 36~37쪽 참조.

셋째, 문자 형식을 빌려온 외래어로, 이는 두 가지로 나누어 볼 수 있다. 하나는 서방 언어에 대응하여 라틴 알파벳으로 전부 혹은 부분적으로 구성된 단어로, 전부 라틴 알파벳으로만 구성될 경우 일반적으로 자모어라고 부른다. 자모어는 외래에서 온 것임이 확실하나 중국어로서의 지위는 애매하며 여러 면에서 아직 논의의 여지가 있다. 그중 이미 확실하게 중국어에 자리잡은 단어들은 본서에서는 외래어라고 인정한다. 이러한 단어들은 적어도 '준외래어'로는 인정해야 할 것이다.

다른 하나는 일어의 한자를 차용한 단어이다. 일본 한자어가 중국어에 유입된 경우도 보다 넓은 의미에서는 일종의 외래어라고 간주할 수 있다. 그러나 이 경우는 직접적으로 음을 빌려온 것이 아니고 주로 문자의 형식만을 빌려온 형역(graphic loan)이라고 할 수 있다. 예를 들면 일어에서 온 '神经신경'은 일어에서는 shinkei라고 발음하지만 중국어에서는 shénjīng이라고 읽고 한자만 받아들였다. 또, '手续수속'는 일어에서 tetsuzuki라고 발음하지만 중국어에서 shǒuxù라고 발음하며 한자만 받아들이고 있다. 이렇게 외국어에서 들어온 한자어는 외국에서 한자를 사용하여 만든 단어이다. '手续'는 한자를 빌려 일어의 고유 형태소를 표현한 일어 단어로, 일종의 전형적인 외래어이다. 반면 '神经'은 일어가 중국어 형태소 또는 단어를 차용한 뒤 새로운 뜻을 주입하여 만든 단어이다. 이들은 문자 형태만 빌리고 외국의 독음은 차용하지 않는 일종의 '준외래어'라고도 할 수 있다. 이와 같은 단어들은 어음 형식 면에서 볼 때에는 철저하게 되었고 한자의 의미와 자형 및 조어 방식이 중국어와 기본적으로 일치하기 때문에 중국어의 입장에서 보자면 중국어의 '준고유어'로 취급할 수 있다[2].

넷째, 이 밖에도 어의차용어(calque)가 있다. 외국어의 형태소를 순서대로 번역한 경우로서 조어 방식 면에서 외국어 단어 형식을 그대로 보존하는 경우이다. 예를 들면 영어 blackboard의 black은 '黑'로, board는 '板'으로 번역한 '黑板칠판'을 들 수 있다. 이는 가장 넓은 의미의 외래어라고 할 수 있다. 이 역시 '준외래어'라고 볼 수 있겠지만 중국에서는 일반적으로 외래어로 간주하지 않으므로 이 책에서도 그러한 관점을 따르기로 한다.

(3) 외래 형태소

외래 성분을 포함한 단어라고 해서 반드시 외래어라고는 할 수 없다. 어음은 외국어에서 왔을지라도 의미 전부를 외국어 단어에서 빌려온 경우가 아니라면 외래어로 분류할 수 없다. 예를 들면 '沙发套소파커버', '驴吉普나귀가 끄는 달구지', '打的택시를 잡다', '乒坛탁구계' 등이 있다. 여기서 '沙发'는 영어의 sofa에서, '吉普'는 영어의 jeep에서, '的'는 '的士'의 축약으로 영어의 taxi에서, '乒'은 '乒乓球'의 축약으로 영어의 ping-pong에서 왔다. 그러나 이 단어들은 중국 사회에 존재하는 사물이나 교류의 필요에 의해 중국인들이 자체적으로 외래 성분에 중국어 고유의 '套', '驴', '打', '坛'을 붙여 만든 것이다. 이 밖에도 외국어에서 왔지만 중국어로 조어된 단어들이 있는데, 예를 들면 '涤卡카키색'(＜涤纶＋卡), '迪吧디스코텍'(＜迪斯科＋-吧) 등이 있다. 이들은 단어 자체는 외국어에서 온 것이 아니라 외래 성분을 이용하여 중국어에서 조어되었다. 외국어에서 빌려온 성분은 해당 단어의 구성 성분으로 작용하는 '외래 형태소'일 뿐이다[3].

---

2) 제1장 4. 일어 한자어와 자모어가 중국어에서 갖는 지위 52~62쪽 참조.

2) 외래어 생성 유형

외래어 생성 유형은 차용과 기저유형으로 나누어 볼 수 있다.

(1) 차용유형

강제차용과 문화차용 두 가지로 나뉜다. 전자는 강제적으로 또는 혼거 상황에서 이루어지며 후자는 문화적 교류 상태에서 이루어진다. 중국어 외래어의 대부분은 문화적 차용을 통해 만들어졌다. 그러나 원대(元代) 초기와 일제 치하의 타이완 지역, 변두리의 일부 소수민족 지역의 경우처럼 역사적으로 소수의 경우나 제한된 지역에 한해 강제차용이 일어난 적도 있다. 이러한 차용은 결과적으로 협의의 '차용어'를 만들어내게 된다.

(2) 기저유형

외래어와 기저유형은 서로 다른 관점에서 사용하는 용어로 기저유형은 순수한 언어학의 개념은 아니다. 기저유형은 서로 다른 언어들이 '민족 융합 과정' 또는 '문화 접촉 과정'을 거친 뒤 어떤 언어를 사용하는 민족이 다른 언어를 채택하는 과정에 있어 자기 민족의 언어 일부가 남아있는 것이다. '민족 융합 과정'이란 서로 다른 민족 간의 융합 과정이며, '문화 접촉 과정'이란 민족간 융합 중 일어나는 서로 간의 문화 융합 과정이다. 이 과정에서 어음이나 어법적 특징 또는 어휘 등이 기저형식에 남아있게 된다. 어휘 면에서는 광둥어广东

---

3) 제4장 ④음역에 의미 표지 추가 253~255쪽, 제4장 (3) 반은 음역하고 반은 의역한 경우 258~259쪽, 제4장 3) 외래 성분의 자체적인 조어 261~262쪽 참조.

话에 남아있는 다양한 옛 위에어越语 어휘를 예로 들 수 있는데, 광쪼우어广州话에서 '찾다'를 나타내는 la^5는 쭈앙어壮语의 la^1, 뚱어侗语와 슈에이어水语의 la^5와, '밟다'를 나타내는 tam^6은 쭈앙어의 tam^6, 뚱어의 $t\,tam^6$, 리어黎语의 tom^2과, '개구리'를 나타내는 kap^7은 쭈앙어, 따이어傣语, 타이어泰语의 kop^7과 대응된다. 기저유형은 어떤 언어를 사용하는 언어집단이 주동적으로 타 언어를 차용해 자신들의 언어 체계를 보충하고자 하는 것과는 원칙적으로 구별되지만 결과적으로 보면 양자는 동일하다고 할 수 있다. 왜냐하면 어떤 언어에 있어 차용 또는 기저유형 모두 외부로부터 온 것으로 근본적으로 그 언어를 변화시키지는 않기 때문이다. 따라서 외래어에도 이 두 가지 과정의 결과물이 모두 포함될 수 있다. 하나는 어휘 차용의 결과로써 협의의 차용어라고 할 수 있다. 다른 하나는 민족 융합 과정의 결과로써 기저 층위의 언어(외래어)라고 할 수 있으며 차용어라고는 할 수 없다. 어떤 단어들은 차용이면서 기저유형인 경우도 있다. 예를 들어 만주어로부터 온 중국어 단어, "格格공주"(만주어 gege)와 "萨其马사치마"(만주어 sacima)는 한족이 차용한 결과인 동시에 만주족이 만주어를 버리고 중국어를 택하던 시기에 기저 층위에 남게 된 단어들이라고도 할 수 있다. 따라서 발생학적으로 어떤 어휘가 어떤 과정으로부터 온 것인지를 확실히 할 수 없을 때에는 '외래어'로 불러도 무방하며 외래어 분석에 포함시킬 수 있다. 이는 외래어가 '차용어'와 다르다는 것을 보여주는 중요한 일면이다.

(3) 교류 유형

상술한 두 종류의 외래어를 통합하여 다시 언어간 교류의 측면, 즉 외래어와 교류가 일어나는 두 언어간의 관계에서 보면 또 다른 두 가지의 외래어 생성 유형인 '직접 유입'과 '회귀 유입'으로 나눌 수 있다. 이렇게 생성된 외래어는 '직접 외래어'와 '회귀 외래어'라고 칭할 수 있다. 예를 들어 갑(甲) 언어의 A단어가 을(乙) 언어에 유입되어 A'단어가 된 뒤, 어느 정도 시간이 흐르면 이 A'단어의 각 요소들이 을 언어에 동화되고 융화된다. 이 A'단어의 원래 모습이 점차 사라지고 보편적으로 을 언어의 단어로 인식될 때 다시 갑 언어에 유입되어 A"단어가 되는 것을 '회귀 유입'이라고 한다. 이러한 어휘 유입 과정은 중국어가 타 언어들과 교류하는 과정에서 역사적으로 여러 차례 나타났다. 예를 들어 근대의 전형적인 회귀 외래어로는 博士박사(<일어 博士<고대 중국어 博士)가 있고 고대의 회귀 외래어로는 详稳/常衮요대遼代 부족 관직 이름(<거란어 sänggün<중국어 相公), 桑昆원대 군의 고위 직책(<몽골어 sänggün<중국어 将军. '详稳'과 동원관계일 수도 있음), 喇叭(<몽골어 labai<돌궐어 labay<중국어 螺贝), 秃里(원대에 총지휘관을 나타내는 깃발<몽골어 tug<중국어 纛), 沙海(천으로 만든 신발<몽골어 šaxai<중국어 靸鞋), 台吉(왕족의 작호, 지역 장관의 칭호<몽골어 taiji <중국어 太子), 八哈石/八石(선생님<몽골어 bagši/만주어 baksi<중국어 博士), 把势/把式(솜씨나 무예가 뛰어난 사람, 기술, 무술<몽골어 bagši/만주어 baksi<중국어 博士), 章京(청대淸代 군의 관직명<만주어 janggin<중국어 将军), 福晋(청대 친왕 등 귀족 정실부인의 칭호<만주어 fujin<중국어 夫人), 瑟夫(사부, 선생<만주어 sefu<중국어 师父) 등이 있다. 일어를 어원으로 하는 수많은 외래어도 일어에 차용된 고대 중국어 단어로써, 일어 체계 내에서 변화하여 서양의 언어를 번역하는 데 쓰였고 현대에 다시 중국어에 차용되었다. 이러한 예로 经济경제, 革命혁명, 中和중화, 柔道유도, 理事이사 등 수십 개의 단어가 있다. 이

러한 단어들도 모두 일종의 어휘 회귀 현상이라고 할 수 있고4), 어떤 학자들은 '회귀어'라 부르기도 한다. 이러한 이름은 해당 단어들이 외국어 유입된 뒤 겪은 음운 변화와 의미 변화를 소홀히 한 듯하다. 회귀 유입과 대조되는 개념인 직접 유입은 단순히 갑 언어에서 을 언어로 전파되며, 을 언어로 전파된 갑 언어의 단어는 병(丙) 언어, 정(丁) 언어를 어원으로 할 수는 있지만 을 언어와는 전혀 관계가 없다. 중국어의 절대 다수의 외래어는 이러한 방식에 의해 유입되었다. 이 책에서도 직접 유입된 외래어를 위주로 다루기로 한다.

3) 외래어 개념의 재정립 : 또 다른 정의

상술한 내용과 외래어 문제에 있어 나타나는 여러 가지 복잡한 상황으로부터 볼 때, 광의의 외래어와 협의의 외래어로 외래어 개념을 정의할 수 있다. 광의의 외래어는 전체적으로 외국어 단어의 음이나 형식 또는 의미로부터 온 단어를 말한다. 여기에는 의역어도 포함되며, 그 언어 자체에 부분적으로 섞여 사용되는 외국어 단어도 포함된다. 협의의 외래어는 전체적으로 외국어 단어에 대응하는 단어를 말하며, 단어의 어음이나 문자 형식의 전부 또는 일부가 외국어 단어로부터 기원하여 중국어 단어로 자리잡은 것을 말한다. 중국어 단어로

---

4) 중국어의 고유어 또는 자생어가 일어나 기타 언어에 차용된 후, 그 동안 중국어에서는 일시적으로 사용하지 않다가 일어나 기타언어로부터 그 단어가 다시 중국어로 차용되고 원래의 의미를 보존하고 있을 때, 이러한 단어들은 회귀어라고 부르며 외래어로 간주하지 않는다. 마시니Masini(1993, 2.2.1 참조)는 이런 종류의 단어들을 회귀차용어로 분류했는데 타당한 것으로 보이지 않는다. '词侨'라는 명칭도 있는데, 정식 학술 용어가 아니라 재미를 위한 비유적인 표현이다. '词侨'는 회귀어와 회귀 외래어를 구분하지 않는다.

자리잡는 관건은 중국어화이다. 중국어화는 자형, 어음, 구조, 의미, 쓰임 등 다섯 가지 측면으로 살펴볼 수 있다. 한자는 중국어화의 가장 중요한 표지이다. 한자를 사용하여 기록하면 바로 중국어화가 되는 것처럼 보인다. 실상 한자를 사용하여 표현한 형식 중 일부는 종종 어음의 실제 면모를 전혀 반영하지 못한다. 일부 단어는 유입 초기 단계에서는 외국어의 어음으로 읽히기도 한다. 따라서 어음의 변화 역시 중국어화의 모습 중 하나이다. 한자로 표현한다는 점은 외국어를 어원으로 하는 외래어의 구조를 경우에 따라 전혀 다른 구조로 바꾸게끔 하는데 이는 구조적으로 진정한 중국어 단어로 개조한 것이라고 할 수 있다. 외국어 단어는 보통은 여러 개의 의미 항목을 가지고 있다. 이러한 의미 항목 중 대부분은 단 하나의 의미 항목만 중국어에 유입되고, 어떤 의미항목은 심지어 중국어에 유입된 이후 새로운 뜻으로 바뀌기도 한다. 이것은 단어 의미상의 중국어화이다. '쓰임새'에 관하여 살펴보자면 두 가지 측면에서 살펴볼 수 있다. 첫째는 사용 시간 혹은 사용 빈도로, 해당 단어가 중국어 단어로서 자리잡았는지 여부를 증명할 수 있다. 둘째는 용법의 변화이다. 원래 여러 가지 용법이 있으나 중국어에 유입된 뒤 하나의 용법만 남아있는 단어도 있고, 원래 있던 용법이 중국어에 유입된 후 새로운 것으로 변한 단어도 있다. 이렇게 다양한 측면에서의 변화는 모두 중국어화를 관찰하는 데 있어 빠뜨릴 수 없는 것이다.

  협의이든 광의이든 외래어의 개념이라는 것은 여전히 모호한 면이 있다. 이 부분에 대해서는 제3장 제4절에서 더 구체적으로 분석하기로 한다.

2. 외래어 용어의 역사적 변화

1) 용어의 변화

　현대적인 용어를 사용하기 이전에 중국어에서는 '译语', '译名', '译词', '外国语' 등으로 외래어를 지칭해 왔는데 구체적으로 살펴보면 다음과 같다.

　'译语'는 당대(唐代)에 처음으로 사용하기 시작한 것으로 번역된 말을 가리킨다. 당대의 시인 贾岛가도의 시 『회흘에 사신으로 가는 우중승을 전송하며送于中丞使回纥册立』에서는 '渐通青冢乡山尽, 欲达皇情译语初변방에 도달하여 고향 땅은 보이지 않으니, 황은(皇恩)을 전하려 해도 번역된 말로써 해야 하네'라고 하였다. 원대에 통번역을 담당하는 기관이 처음으로 생겼고, 명(明), 청대에 이르러 '译语'라는 말을 사용하여 담당 관청인 会同馆과 四夷馆 등에서 편찬한 '华夷译语'(주변 민족의 말을 중국어로 번역한 것)를 지칭하였다. 예를 들면 『몽고역어蒙古译语』, 『술루역어苏禄译语』, 『류큐역어琉球译语』, 『서양관역어西洋馆译语』 등이 있다5). '译语'의 범위에는 의역된 단어와 구, 단문 등이 포함되며, 의역어 뿐만 아니라 매우 적은 수량이지만 음역어를 가리키기도 한다. 이렇게 한자로 전사한 외국어는 정확히 말하면 외래어가 아니라 한자로 주음하거나 한자로 외국어를 썼을 뿐이다. '译语'를 편찬하는 이와 같은 전통은 봉건왕조가 멸망할 때까지 계속되었다.

　거의 비슷한 시기에 생겨나 지금까지 사용되고 있는 '译名'도 모호한 개념이기는 마찬가지이며 의역어와 음역어를 가리켜왔다. 단어라는 개념이 중국어에 출현하고 완전히 정립됨에 따라 '译词'라는 말

---

5) 원요우闻宥, 스요우웨이史有为(1988) 참조.

도 생겨났지만 이 역시 전문용어로 사용된 것은 아니라 모호한 개념이었다.

'外国语'는 통속적인 표현으로 정식으로 사용하는 용어는 아니다. 이는 아직 중국어 어휘가 되지 않은 외국어 단어를 말하는 것으로 외래어 또는 의역어를 가리키기도 한다. 후자의 의미로 사용되는 경우, 적어도 청대에는 이미 문헌 기록이 존재한다[6]).

근대에 정식으로 사용된 전문용어는 '外来语'부터 시작한다. '外来语'라는 말은 20세기 초(1902) 일본에서 차용되었다. 일어에서 '外来语'는 가타카나로 음역한 단어를 가리킨다. 이는 대부분 서양의 언어에서 온 것이며 중국어에서 온 한자로 쓰는 단어는 포함하지 않는다. 1950년대 초까지, '外来语'는 중국어에서 대부분 완전히 음역되거나 부분적으로 음역된 단어만을 나타냈다. 그리고 일어에서 차용한 훈독訓讀의 한자어도 '外来语'의 범위에 포함하게 되었다. 예를 들면 천왕따우陈望道(1934)는 '外来语'를 완전음역(예: 摩登모던, 摩托모터)과 부분음역(예: 冰淇淋아이스크림) 및 일어에서 온 훈독 한자어(예: 手続수속)로 한정하였다. 반면 후싱쯔胡行之의『외래어사전外来语词典』(1936)에서는 다수의 의역어도 '外来语'에 포함하였다. 그러나 이러한 정의는 큰 영향을 미치지 못했고, 학계의 인정을 받지 못했다. 1942-1944년에 뤼슈시앙吕叔湘은『중국문법개요中国文法要略』1장 7절 '外来语'부분에서 '外来语'는 '음을 번역한 말'과 '부분적으

---

6) '外国语'라는 명칭은 비교적 이른 시기인 청대 쬬우리앙꿍周亮工의『책그림자书影』제2권에서도 찾아볼 수 있다. 이 책에서는 "명明대 천마우런陈懋仁이 지은『물건들의 여러 명칭에 관한 풀이庶物异名疏』에는 2,452항이 수록되어 있는데 학식이 깊고 넓다고 할 수 있다. 외국어와 불경에서 사용되는 단어들을 살펴보니, 고정적으로 사용되는 글자가 없으며 여러 번 번역을 거치며 잘못된 곳이 많았기 때문에 삭제하는 편이 더욱 고아해질 것이다."라고 하였다.

로 음을 번역한 말'으로 한정하여야 한다고 주장하였다. 그는 '의미를 번역한 말'은 근원어source language의 고유한 단어나 어근을 이용하여 조합하는 것으로 '의미를 합한 복합어'로 분류하여야 하며 엄격히 말해 '外来语'로 볼 수 없다고 하였다. 그의 이러한 주장은 적절하고 합리적이라고 할 수 있다.

50년대 중엽에 들어와 까우밍카이高名凱, 리우쩡탄刘正埮 등 중국의 일부 학자들은 '外来语'라는 용어가 '-词'로 끝나는 다른 중국어 어휘학 용어들과 상이한 것에 착안해 수정을 가하였고, 1958년에는 '外来词'라는 용어를 정식으로 사용하였다. '外来词'에는 각종 음역어와 일어에서 온 한자어가 포함된다. 현재 외래어의 범위는 일반적으로 이와 같이 본다. '外来词'라는 명칭은 중국인들의 언어습관에 부합하기 때문에 광범위하게 사용되어 점점 그 사용범위를 넓혀갔고, 여러 분야에서 '外来语'라는 말을 대신해 지금은 가장 많이 사용하는 용어가 되었다. 그러나 '外来语'의 사용 시기가 이른 편이고 일어랑 특수한 관계를 지니고 있기 때문에 일어 학계나 타이완의 언어학자들 및 외래어의 범위에 대한 문제를 토론할 때 등의 경우에는 여전히 중요한 용어로 계속 사용되고 있다.

'外来词'와 '外来语'라는 용어에 대해서는 재고해 볼 여지가 있다. 언어 접촉 과정에서 본다면, 이러한 단어들은 저절로 온 것이 아니라 수용하는 측에서 적극적으로 빌려온 것이다. 따라서 '借词'로 부르는 것이 더욱 합리적이다. 이와 동음인 '介词전치사' 및 현재 쓰이고 있는 협의의 '借词'와 구별하기 위해서는 짜우위엔런赵元任이 제시한 포괄적인 의미의 '借语'를 참고한 '借语词'로 명명하고 '借语'의 하위 분류로 삼을 것을 제안할 수 있다. '外来词' 대신 '外源词'라는 용어를 사용할 것을 주장하는 사람도 있는데, 이 명칭에는 치명적인 결함이 있다. 왜냐하면 '外源'이라는 말은 어음, 형태, 의미 세 가지가 모두 외국어에서 왔음을 의미할 수도 있기 때문이다. 그렇다면 당연히 의역어도 포함할 수 있게 되는데, 이는 전통적인 차용어 또는 외래어의 개념과는 맞지 않는다. 21세기에 들어와서는 많은 일어 학자들이 '日语借词'라는 용어로 '日语(源)外来语일어를 어원으로 하는 외래어'를 대신하는 경향을 보이는데, 이 역시 '外来语'라는 용어가 가지고 있는 문제점을 인식했기 때문이라고 생각해 볼 수 있다.

정식으로 사용되고 있는 용어 중 또 다른 종류로 '借入语', '借用语', '借字', '借词'('外来借词', '外来借语' 포함)가 있다. 이 용어들은 영어 loanwords에 대응된다. 그중 '借入语'의 사용 시기가 가장 이른데, 1905년 헤믈링K. Hemeling이 편찬한 영중 사전에 수록되어 있다[7]. '借用语' 계열의 용어들은 일어에서 왔는데, 1914년 후이루胡以鲁의 저술에서 사용되었다[8]. '借用语'는 어음, 자형, 그리고 외국에서 한자를 이용해 만든 형식의 차용, 즉 일본 한자어를 말한다. 루오창페이罗常培(1950)는 '借字'라는 용어를 처음으로 사용했는데, 이는 세 가지 유형을 포괄하는 개념이다. 먼저 각종 음역어가 포함된다. 그리고 형태소를 축자적으로 번역한 차용번역인 '借译词'가 포함된다. 예를 들면 산스크리트어 hetupratyaya를 차용한 중국어 因缘, 영어 self-realization을 차용한 중국어 '自我实现' 등이 있다. 끝으로 외래 성분이라는 것을 드러내는 의미표지를 더한 차용어와 순의역어

---

7) '借入语'는 1905년 헤믈링이 편찬한 『표준 중국어 회화 영중사전English-Chinese Dictionary of the Standard Chinese Spoken Language』에 보인다.
8) '借用语'는 원래 영어 loan word를 일어로 의역한 것으로, 중국에서는 후이루의 『번역명을 논함论译名』(1914)에서 처음 사용되었다. 이 책에 따르면 사방의 언어를 옮기는 것을 '译'라고 하며, '译'라고 칭함은 반드시 그 음을 따라야 하므로 '借用语'가 된다. 반면 '音译'라는 말은 성립하지 않는다.

를 모두 포함하는 '描写词'가 있다. 전자의 예로는 胡葱쪽파, 番茄토마토, 洋火성냥 등이 있고 후자의 예로는 火柴성냥 등이 있다. 1950년대에는 단어의 개념이 정립됨에 따라 중국에서 자체적으로 영어를 의역한 '借词'라는 용어가 출현하였다. '借词'는 『사해辞海』나 대다수의 『현대중국어现代汉语』교재에서와 같이 일반적으로 '外来词'와 동일한 의미로 간주된다. 그러나 상황이 이렇게 간단한 것만은 아니다. 왜냐하면 왕리王力(1958)나 『중국대백과전서·언어문자中国大百科全书·语言文字』의 관점처럼 '借词'를 음역어로만 한정짓는 경우도 있기 때문이다. 반면 까우밍카이·리우쩡탄(1958) 등 일부 학자들은 '借词'와 '外来词'를 서로 다른 개념으로 보고 전자는 아직 중국어 단어로 받아들여지지 않은 외국어로, 후자는 중국어 어휘의 한 부분으로 간주한다. 그러나 이러한 주장은 독일어의 경우를 볼 때 '借词'와 '外来词'에 해당하는 용어들과 정반대되는 것으로 사람들에게 혼란을 줄 뿐이어서 거의 받아들여지지 않는다[9]. '借语'라는 용어는 짜

---

9) 까우밍카이, 리우쩡탄은 『현대 중국어 외래어 연구现代汉语外来词研究』(1958)에서 다음과 같이 언급하였다. "'外来词'는 외국어를 근원으로 하는 중국어 단어이며, '借词'는 외국어를 차용한 것으로, 여전히 외국어지만 빌려와서 사용하는 것 뿐이다. 외국어의 단어를 흡수하는 과정에 있어 어떤 경우에는 먼저 외국어의 단어를 빌려 쓴 연후에 차차 그 단어를 외래어로 변형시키게 되는데, 외국어 단어가 중국어의 어음, 문법, 어휘 체계에 완전히 자리 잡을 수 있을 때에야 외래어의 존재를 증명할 수 있다."(위 논문 13쪽 참조) 이러한 논점은 합리적으로 보이며, 실제로도 서로 다른 두 종류의 어휘 활용 양상이 존재한다. 그러나 위와 같은 명칭을 사용해 구분하는 것은 용어의 혼란을 가져올 뿐이다. 중국에서는 '外来词'와 '借词'를 줄곧 동일하게 보고 사용해 왔고, 독일어 학계에서는 정반대의 개념으로 사용해 왔기 때문이다. 따라서 혼란을 방지하기 위해 또 다른 의미에서의 '(차용한) 외국어 단어'라는 개념을 사용할지 여부를 연구해 볼 만 하다.

우위엔런이 1967년부터 사용한 것으로 loanwords의 범위 외에도 음소, 형태소, 단어, 구 및 외래 용법이나 문법 구조까지 모든 것을 포괄하고자 하였다. 지금까지 이에 주목한 사람은 거의 없지만, '借语'는 일종의 상위어로서 활용 가치가 있는 것으로 여겨진다. 앞서 언급한 바 있는 '借语词'도 이를 활용한 표현이라고 할 수 있다. 이처럼 연구자마다 용어에 관한 의견이 다르기 때문에 차라리 의미가 명확하고 범위가 협소한 용어인 '音译词'를 사용하자고 주장하는 사람도 있다.

2) 외래어의 유래

'外来词'의 전신인 '外来语'는 중국어사에서 매우 중요한 용어이지만, 안타깝게도 지금까지 이 단어의 이력에 대한 이해가 부족하다. 그 근원을 살피자면, '外来语'라는 말 역시 일본에서 온 외래어이다. 조사에 의하면 적어도 1880년대에는 일본에서 이미 '外来语'라는 말이 유행하였고, 그 전에는 '舶来语'라는 말을 사용하였다고 한다. 1884년에는 일본의 언어학자 오츠키 후미히코大槻文彦가 『외래어 기원 고찰外来语考原』을 출판하였고, 1914년에는 최초의 『외래어사전外来语辞典』이 완성되었다. '外来语'를 서명으로 사용한 것으로부터 볼 때, 이 말이 당시에 이미 널리 쓰였음을 미루어 알 수 있다. 1902년 짱타이이엔章太炎이 재일 중국인 잡지 『신민총보新民丛报』에 발표한 『문학설례文学说例』에서는 일본학자 다케시마 마타지로(하고로)武島又次郎(羽衣)가 쓴 『수사학修辞學』 중 일부를 번역하여 인용하였다.

如外来语, 既破国语之纯粹, 亦害理解; 有时势所逼迫, 非他语可以佣代, 则用之可也10)。

예를 들면 '外来语'는 국어의 순수함을 파괴하며 또한 이해하기도 어렵다. 경우에 따라 어쩔 수 없이 다른 말로 대신할 수 없을 때에만 사용하는 것이 가하다.

인용문 아래에 그는 또한 이를 근거로 하여 중국어에 대한 견해를 서술하였다. 그중 아래와 같이 두 차례에 걸쳐 '外来语'를 언급하였다.

案: 武岛以外来、新造, 有时需用; 废弃语则直为官师所不材。是于日本, 容可云尔。至于禹域, 进化虽纡, 人事万端, 本殊偏岛。……

주: 다케시마 마타지로는 '外来' 또는 '新造'인 경우 사용할 필요가 있고, '废弃语'(지금은 사용하지 않는 고어)는 관에서 줄곧 사용하지 않는다고 하였다. 이는 일본에서나 받아들여질 뿐이다. 중국에서는 변화가 복잡하지만 사람과 사물 그 모든 것이 본디 궁벽진 섬과는 다르다. ……

繇是以言, 废弃语之待用, 亦与外来、新造无殊, 特当审举而戒滥耳。……

이로써 말하자면, '废弃语'의 사용 역시 '外来' 또는 '新造'와 별다를 것이 없으므로 특히 유의하여 선정하여야 하고 남용하지 말아야 한다.11)

짱타이이엔의 이러한 주장은 청말, 혁명을 눈앞에 둔 당시에는 학계에서 크게 주목받지 못했다. 신해혁명과 5·4 운동 이후에서야 학자들이 이 문제에 주목할 수 있는 환경이 조성되었다. 30년이 지난

---

10) 강조점은 필자가 첨가한 것이며 이후에 나오는 강조점도 이와 동일하다.
11) 짱타이이엔의 『문학설례』는 일본에서 유학하는 중국인 잡지 『신민총보』 15호(1902)에 최초로 게재되었으며, 수정 후 『정문설례正文说例』라는 제목으로 『구서訄书』에 수록되었다.

1934년, 일본 유학 경험이 있는 천왕따우가 다시 외래어 문제를 거론하였다. 그는 1934년 6월 19일 『신보申报』의 자매지 『자유담自由谈』에 실린 『대중 언어의 정립에 관하여关于大众语文的建设』에서 다음과 같이 지적하였다.

> 미래에 대중 언어의 어휘에 외래어 유입이 불가피하겠지만, 반드시 우리의 문자로 그 음을 적어 모든 사람이 읽을 수 있도록 해야 한다. 과거의 경험에 비추어 보면, 외래어가 다소 유입되거나 고어를 다소 활용하더라도 당시에 대중이 필요로 하는 것이라면 대중은 불편함을 느끼지 않았다. 이러한 예로는 摩登, 摩托, 冰淇淋, 手续, 引渡인도등이 있다. 천왕따우(1980)

이와 동시에, 룽꿍꿍龙贡公은 그 달 25일에 『중화中华』의 자매지 『동향动向』에 『재진일보再进一步』라는 글을 발표하였는데 여기에서 아래와 같이 건의하였다.

> 정확함을 기하기 위해 우리는 수고 없이 쓴 글, 결론 없는 글, 내용 없는 글, 허황된 표현을 거부한다. 우리는 엄숙하고 품위 있는 문체를 사용하고, 새 단어 새 글자를 만드는 책임을 지며, 외래어를 받아들인다. 내용에 충실하다면 지나치게 상세해도 괜찮고, 진지하게 쓰여졌다면 지나치게 거칠거나 생소해도 괜찮다. 천왕따우(1980)

이후로 천왕따우는 1940년 문법혁신토론에서도 여러 번 '外来语'에 대해 논의한 바 있고, 근 10년 동안 몇 차례에 걸쳐 학계에서 이를 논의하였다. 그의 논의를 통해 한편으로는 짱타이이엔이 처음으로 '外来语' 개념을 들여온 것은 사실상 무위로 돌아갔으며, 30년대에 다시 도입한 것이야말로 유효한 것임을 말해준다. 또 다른 한편으로는 당시 외래어의 함의와 중국어 및 중국 문화에서 외래어의 필요성, 그리고 외래어 유입에 대한 전대 학자들의 태도를 알 수 있다[12].

덧붙이자면, '外来语' 또는 '外来词'와 상대되는 개념인 '固有名词'도 일어에서 온 단어이다. 중국어에서는 '固有词'로 변화하여 중국어 형태소로 구성된 단어를 가리키며, 과거에 사용되었던 단어, 원래부터 있던 단어, 최근에 생겨난 새 단어를 모두 포함한다. 그러나 이러한 명칭은 부적절하다. 새로 생겨난 단어는 '固有'라고 칭할 수 없기 때문이다. '固有'는 원래부터 있던 것을 말하지, 새로 구성된 것을 가리키지는 않는다. 비교적 정확한 용어로는 '自源词', 즉 스스로를 어원으로 한다고 해야 할 것이다. 중국어에 유입된 일어 한자어는 '准自源词'로 밖에 볼 수 없다.

3. 외래어 용어 체계

1) 영어의 관련 용어와 중국어의 대응

외래어 용어는 외부 개념을 도입한 후에 탄생한 것이다. 해외의 관련 동향을 연구하고 이해할 뿐 아니라 국제교류의 편의를 위해 영어의 관련 용어를 정리하고 중국어 용어와 대비시킬 필요가 있다. 영어에서 외래어 개념에 대응하거나 유사한 용어가 상당히 많은데,

---

12) 스요우웨이의 『외래의 '외래어' 및 기타外来的"外来词"及其他』(1995/1997) 참조.

비교적 자주 사용되는 것으로는 loan word, alien word, foreign word와 borrowing 등이 있다. 이 외에도 alienism, loan, loan blend, foreignism 등이 있다. 그밖에 특수한 유형의 단어로 hybrid word가 있다. 이들 용어 간에는 표현과 함의에 있어 어느 정도 차이가 있는데, 간단히 비교하면 다음과 같다.

- loan word/loanword: 직접인용이나 음역[13], 어의차용 등의 수단을 통해 다른 언어(방언 포함)에서 들어온 단어이다. 이 단어는 독일어 Lehnwort를 근거로 한 영어 어의차용어로 중국어로는 '借词' 또는 '借用词'로 번역하여야 한다. 일어에서는 지금까지도 '外来语'에 대응시키고 있다.
- borrow/borrowing: 역사비교언어학 용어의 일종으로 다른 언어 또는 방언의 언어형식(단어, 어음, 어법구조)을 직접 차용한 것을 가리키며 어음의 변화에 상관없이 모두 포함할 수 있다. 중국어로 번역하면 '借用(词)' 또는 '借词'이다.
- alien word: 주로 다른 언어에서 직접 가져온 단어로, 일반적으로는 의역이나 어의차용은 포함되지 않는다. alien은 원래 '외국의 것'을 의미하므로 외국어에서 온 단어를 지칭하는 데 중점을 두며, 중국어로 직역하면 '外国词'이다.
- foreign word: 외국어에서 유입된 단어를 지칭하며, 일찍이 사

---

[13] '음역'과 '의역'은 모두 일어에서 왔다. 후이루(1914)는 음역에 대해 "'音译'라는 말은 성립하지 않는다"(주8) 참조)며 의문을 제기한 바 있다. 사실 이 용어는 한자를 사용하는 언어가 외국어를 차용할 때의 특징을 아주 잘 반영한다. '译'는 전하는 것, 바꾸는 것을 의미하는데, 절대적인 음차가 아니라 차용하는 언어의 음운 체계에 맞추기 위해 원어의 음을 조정하기 때문이다.

용했던 '外国语'에 해당된다. 일어의 '外来语'는 원래 이 단어를 번역한 것이지만 나중에는 loan word에 대응시켰다. 따라서 일어에서는 '外来语'를 외국어, 특히 서양에서 온 단어들을 의미한다.

- alienism: alien word(外国词) 외에도 외국어의 영향을 받아 출현하여 차용하는 언어의 표현법에 부합하지 않는 것들을 포함한다. 이런 단어들은 외국어적인 색채가 매우 강한 경향이 있다.
- foreignism: 대체로 alienism과 동일한데 비교적 통속적인 느낌을 준다.
- peregrinism: 대체로 alienism과 동일한데 '이국적인' 느낌이 든다.
- loan: 다른 언어나 방언에서 온 것이지만 단어를 비롯해 차용하는 언어에서 사용되는 언어 단위이다. 이는 나중에 생겨난 용어로 loan word, loan blend, calque 등을 포함하며, 중국어로는 '借用词' 또는 '借用语言单位'로 번역할 수 있다.
- loan blend: 전체 의미가 다른 언어나 방언에서 왔지만 음만 부분적으로 차용했을 뿐 다른 형식은 차용하는 언어를 따르는 단어들이다. 중국어로는 '混合借词' 또는 '外来混合词'로 번역할 수 있다.
- hybrid word: 서로 다른 언어에서 기원한 성분으로 구성된 합성어를 말한다. 외래 성분과 차용하는 언어의 성분이 혼합하여 구성된 단어가 이 중 가장 보편적인 유형이며, 중국어로는 '混成词', '混种词', '混血词' 등으로 직역할 수 있다. 이는 구성 성분의 기원에 착안한 용어로, 앞에서 언급한 용어들과는 서로 다른 관점에서 분류한 것이다. hybrid word는 loan blend를 포함하며, 차용하는 나라의 언중들이 외래 성분과 고유 성분을 조합하거나,

근원이 다른 외래 성분을 조합하여 구성한 단어들을 포함할 수 있다. 예를 들면 외래어에 의미 표지를 더한 '混成外来词'인 尼姑, 卡车등과 외래어에 속하지 않고 외국어와 직접 대응하지 않는 罗汉果, 琵音, 苏区, 涤卡등이 있다.

- loan shift: 외국어의 의미를 차용하였으나 형식면에서는 차용하는 언어의 음운 체계에 따라 발음하는 것이다. 여기에 속하는 단어들은 일어에서 유래한 한자어 또는 일어에서 유래한 훈독 한자어와 흡사하며, 특히 후자의 경우 거의 비슷하다. 중국어로는 '变音借词'로 번역할 수 있다.
- calque/loan translation: 외국어 단어의 형태소 구성 순서에 따라 일일이 대응하여 의역한 단어를 말한다. 일반적으로 '仿译(词)', '摹借(词)', '借译(词)', '仿造(词)'로 번역한다.

2) 중국어 용어의 함의와 분류

앞서 언급한 여러 가지 해당 영어 용어와 대응시켜 본다면, 중국어에서는 기본적으로 '外来词/外来语'와 '借词' 두 종류의 용어로 나타낸다. 국제 학계에서의 사용 관행에 비추어 많은 학자들이 이 두 종류를 구분하여 사용하기를 바랐으나 뚜렷한 효과를 거두지는 못하였다. 이 두 종류의 용어는 두 가지 경우로 나누어 구별할 수 있다. 첫째는 함의와 표현의 측면에서 살펴보는 것이고, 둘째는 사용자와 사용 장소로 미루어 보는 것이다.

(1) 함의와 표현

'外来词/外来语'와 '借词'는 여전히 함의와 표현에 있어 학자들

사이에 일치되지 않고 혼란스럽게 사용되는 양상이 존재한다. 그러나 일반적으로 봤을 때 '借词'는 처음부터 외국어에서 차용한 단어뿐 아니라 자국 내 소수민족 언어에서 차용한 단어에도 사용해 왔으며, 외국어의 방언 간 관계를 논의할 때에도 사용되어 왔다. 이는 서양에서 사용하는 용어의 영향을 직접적으로 받아 그대로 사용한 것이다. 그런데 '外来语'를 중국에 도입한 초기에는 일어의 영향을 받아 '外国语'에서 온 단어들만을 지칭하기도 했는데, 주로 음역된 단어로 일어를 어원으로 하는 일부 훈독한자어도 포함한다. 이는 일본이 장기적으로 일본 내 소수민족의 존재를 인정하지 않고 강제 귀화정책을 펼쳐 일본 내에서 소수민족 언어가 존재할 여지가 없었기 때문이기도 하고, '아시아를 벗어나 유럽으로'라는 당시의 정치적 구호에 따라 언어학 용어의 함의면에서도 이러한 흔적을 갖게 되었다. '外来语'가 중국에 도입된 후, 대략 1940년대 말부터 범위를 확대하기 시작해 외국어 외에도 중국의 소수민족 언어, 즉 한족 외 이민족의 언어에서 온 단어들까지 포함하게 되었고, 순수 음역어 뿐만 아니라 부분적으로 음역이 포함된 단어('外来混合词' 또는 일부 '混血词')도 포괄하게 되었다. 1950년대 후기에 이르러서는 '外来词'가 부분적으로 '外来语'를 대체하기 시작하였고, 그 범위도 한층 더 확대되어 일어에서 온 한자어들도 공식적으로 '外来词'의 일부가 되었다. '借词'는 여러 서적에서 '外来语/外来词'와 동의어로 간주되고 있지만, 『중국대백과전서』와 같이 규범성을 지니는 전문서에서는 여전히 영어 loan word의 함의를 기본적으로 유지하면서 음역어로만 한정되고 '기저층'의 단어(외래어)를 배제한다.

(2) 사용자와 사용장소

사용자와 사용장소라는 측면에서 보면, 서양에서 유학 경험이 있는 학자들은 '借词'를 많이 사용하고 '外来语'는 거의 사용하지 않는다. 반면 일본에 유학했던 학자들은 '外来语'를 습관적으로 사용하는 경우가 많고, 일본 학계에서는 '外来语'만을 사용한다. 1950년대에는 일어학계를 제외하고 '外来语'는 중국적인 색채를 지닌 '外来词'라는 단어로 대체되기 시작했다. 물론 모두 다 이런 것은 아니어서 영국에 유학했던 뤼슈시앙은 저서『중국문법개요』(1947)에서 '外来语'를 사용하였고, 프랑스에 유학한 천치시앙岑麒祥은 저서의 제목을『중국어 외래어 사전汉语外来语词典』(1990)14)으로 하였다. 국가 연구 프로젝트에서도 편찬자의 배경에 따라 '外来语'와 '外来词'에 대한 선호도가 다른데, 중국 사회과학원 언어연구소를 대표로 하여 편찬된 『중국대백과전서·언어문자』(第一版)의 중국어 부분에서는 '借词'만을 사용하고 '外来语/外来词'는 사용하지 않았다. 반면 '外来语'는 독일어에서 외국어 본래의 특징을 가진 채 '借词'와 구별되는 단어들을 가리키는 데에만 사용되었다. 그런데 상하이사서출판사上海辞书出版社의『사해』는 '外来词'를 전면에 내걸고, '外来语'와 '借词'를 그 아래에 제시하였다. '현대중국어现代汉语' 교재들에서도 '借词'와 동음어인 '介词'의 구분을 염두에 둔 이유에서인지 모두 '外来词'를 추천 용어로 사용하고 있다.

---

14) 천치시앙의『중국어 외래어 사전』은 처음 완성되었을 때(1970년대)의 서명은『汉语外来词词典』으로, 리우쩡탄 등이 편찬한 사전과 동명이라 정식으로 출판할 때에는 이를 피하기 위해 지금과 같이 서명을 바꾸었다. 그는 1981년에도 이 사전을 언급하며 '外来词'라는 말을 사용했는데, 홍콩에서 발간한『중국어문연구中国语文研究』(1981, 제2기)에 발표한 서문에서 볼 수 있다.

이상으로 볼 때, 이 두 종류의 용어는 함의와 사용 면에서 상당히 혼란스럽다. 언어학 용어로써 보편성을 유지하고 학술 교류의 편리를 위해서는 적절한 역할분담과 명명이 필요할 것이다. 국제 학계와 중국 학계의 관습에 따르면 중국어 '借词'는 마땅히 영어 loan word에 대응시켜야 한다. 즉 '借词'는 함의면에서 가장 협의의 용어로 순수 음역어와 의미표지를 더한 음역만을 지칭하고, 일반언어학에서도 타 방언의 어음형식을 차용한 부분을 포함하는 단어를 가리킨다. '外来语/外来词'의 범위는 비교적 크게 설정해도 되는데, 상술한 '借词'와 loan blend(차용혼성어)와 '借形词'(주로 일어를 어원으로 하는 한자어)는 포함하지만 방언어휘는 제외한다. 제1장 제1절에서 논의한 대로, 기저유형에서의 서로 다른 어원을 갖는 어휘, 즉 기저 층위의 외래어도 포함하여야 한다. 이렇게 하면 중국에서의 사용 관습에도 부합하고, 국제적으로 통용되는 용어 및 일반언어학 이론도 고려한 것이므로 중국 내에서와 국제적인 학술활동 모두에 도움이 될 수 있다.

4. 일어 한자어와 자모어가 중국어에서 갖는 지위

1) 일어 한자어가 중국어에서 갖는 지위

일어 한자어가 중국어에서 갖는 지위는 역대에 걸쳐 논란이 되어 왔다. 이 문제를 정확히 알고자 한다면, 먼저 어휘 차용의 방법부터 살펴봐야 한다. 외국어 단어가 어떤 언어에 유입되는 데에는 네 가지 기본 방법이 있다. 첫째, 어음과 어의의 동시 차용이 있으며 '借音'이라고 약칭할 수 있다. 속칭 음역('音译')이라고도 하는데 음역이라는 말은 일어에서 왔다. 둘째, 단순 어의 차용이 있으며 '借义'라고 약칭할 수 있다. 속칭 의역('意译' 혹은 '义译')이라고 한다. 의역이라는 말은 일어에서 왔다. 셋째, 문자 형식과 어의의 동시 차용이 있는데 차형('借形')이라고 약칭할 수 있다. 넷째, 자형, 어음, 어의를 모두 동시 차용한 경우(전형적인 자모어)이다. 순수하게 음을 차용한 경우를 음역어라고 하는데, 이는 전형적인 외래어 또는 차용어로 외래어의 핵심이라고 말할 수 있다. 부분적으로 어음과 어의를 차용한 lone blend 또는 hybrid word는 '반차용어'라고 할 수 있지만 외래어의 일원으로 용인되는데, 중국어에서 외래어라는 용어에 대해 새로 정의한 범위 내에 있기 때문이다. 단순히 어의만 차용한 의역어 또는 문자 형식만 차용한 일어를 어원으로 하는 한자어에 대해, 대부분 학자들이 전자는 외래어로 인정하지 않았지만 후자는 한자문화권 국가들에서만 나타나는 특수한 현상이기 때문에 귀속에 대해 서로 다른 의견이 존재한다.

일정 기간 동안의 고찰과 연구를 통해, 현재 학계에서는 대부분 일어에서 차용한 한자어, 주로 음독(音讀) 한자어인 '형역어'를 외래어에 포함시켜야 한다고 본다. 이는 언어학계에서 언어마다 고유한 특성이 있음을 인식하기 시작해 가급적이면 이론적 보편성을 유지하는 것을 전제로 해당 언어의 특성에 따라 그 언어에 적합한 이론적 해석과 실용적 처리를 할 수 있게 되었기 때문이다. 중국어의 입장에서 보자면 이러한 특징은 바로 언어를 기록하는 한자로부터 시작된 것이다.

문자가 존재하지 않던 시대에는 서로 다른 언어 간의 어휘 차용이 음역 또는 의역으로 간단히 이루어졌다. 그러나 문자의 탄생은 일대의 획기적인 사건이었다. 문자의 탄생은 인류 사회의 각 분야에 있어 전환점의 의미를 지니는데, 언어에 있어서도 마찬가지로 이전에는 전혀 생각도 하지 못했던 수많은 편리함과 동시에 불편함도 더해지게 되었다15). 어휘 차용에 있어, 가장 편리한 차용 방법은 직접차용 또는 근원어의 문자 형식을 그대로 옮겨 쓰는 것이다. 그런데 서로 유사한 표음문자를 사용하는 언어들 간에는 표음문자를 사용하기 때문에 글로 표현하기 위해서 음역이나 의역을 채택할 수밖에 없다. 혹은 서로 다른 문자 체계를 사용할지라도 다른 선택지가 존재하지는 않는다. 전자는 문자와 어음의 대응 체계가 동일하기 때문에 문자 형식의 차용 자체만으로도 어음을 차용하는 것과 같은 효과를 보여준다. 이러한 예로는 영어와 프랑스어가 있다. 후자는 문자 체계가 매우 다르기 때문에 근원어의 독음만을 그 나라의 문자 체계로 전환하여 나타낼 수밖에 없다. 이러한 예로는 중국어와 영어가 있다. 그런데 중국어와 일어 간의 차용은 상술한 두 가지와 완전히 다르다. 중국어와 일어는 대체적으로 동일한, 본질적으로는 표의의 성질을 지닌 한자 체계를 사용하여 문자 형식에서부터 의미까지 기본적으로 같되 독음만 서로 다를 뿐이다. 비록 일본한자의 음독 음은 중국어로부터 왔지만, 고대음 체계에 속하는 데다 일어 음운 체계에 맞게 수정되었다. 그 후 몇백 년에서 수천 년의 변화를 거치면서 독음이 이미 일어화하여 중국어와는 매우 달라지게 되었다. 이러한 독음은 이제는 일어만의 고유한 특성을 갖고 상대적으로 독립적인 지위를 지니게 되었다. 따라서 이미 일본한자를 들여온다고 해서 일어의 독음을 읽어내는 것은 상당히 어렵게 되었다. 이는 곧 표음문자에서는 대

---

15) 일본의 외래어 연구 분야 권위자인 아라카와 소베에荒川惣兵衛(1932:10-17)는 외래어에 영향을 미치는 어음, 어의, 문자를 외래어의 3요소라고 하였다.

체적으로 일치시킬 수 있었던 형形, 음音, 의義가 한자에서는 각각 분리됨을 의미한다. 자형과 자의는 그대로 긴밀하게 결합하고 있지만, 음은 다른 두 가지와 분명히 분리된다. 그러므로 자형과 자의는 변화할 필요없이 독립적으로 타 언어 체계의 어음과 결합할 수 있게 되었다. 이렇게 볼 때, 중국어와 일어 간에 가장 편리한 차용은 형역으로, 한자가 조합된 형태를 차용할 뿐 각각의 한자음에는 변화를 일으키지 않는다. 그러나 한자의 자형과 자의는 여전히 긴밀하게 결합하고 있기 때문에 형역과 동시에 의미 차용이 일어난다. 본질적으로 보자면, 중국어와 일어 간에 현재 일어나고 있는 이러한 차용은 순수하거나 전형적인 어휘 차용은 아니다. 왜냐하면 어휘 차용에 있어 필수불가결한 어음 형식 부분이 포함되지 않기 때문이다. 표의를 위주로 하는 한자의 특수성은 사람들의 인식의 변화를 가져왔다. 이것이 중국어와 한자가 언어학 분야에 기여한 바라고 할 수 있다. 따라서 중국어에 남아있는 일어를 어원으로 하는 한자어는 외래어 중 특수한 경우로 취급할 수밖에 없다. 이는 중국어의 고유어와 순수한 외래어 사이의 중간이라고 볼 수 있다. 일어 한자어는 일본에서 만들어진 한자어로 중국어 고유의 형태소와 조어법을 사용한다. 그러나 중국인이 만들거나 중국어 사용 환경에서 만들어진 것은 아니며, 중국인이나 중국어를 위해 만들어지지도 않았다. 일어 한자어는 단어의 형식은 차용하였지만, 단어의 표면적인 어음 형식의 차용이 아닌 문자 형식만을 차용했을 뿐이다. 우리는 이런 모순적인 점과 특수성을 인정해야만 한다. 그러므로 엄격하게 본다면 일어 한자어는 전형적인 외래어와 비교하면 중간 상태의 '준외래어'로, 전형적인 고유어와 비교하면 중간 상태의 '준고유어'라고 할 수 있다. 일어 한자어는 특수한 차형 외래어일 뿐이므로, 넓은 범위에서 외래어로 귀속시키기도 한다.

手续, 즉 일어의 tetsuzuki와 같이 중국어에서 차용한 일어의 훈독어는 한자로 구성되어 있으나 일반적으로 협의의 한자어 범위에 포함되지 않는다. 그렇지만 훈독어가 외래어라는 것에 대해서는 학계의 이견이 존재하지 않는다. 물론 한자를 공유한다는 관점에서 이러한 한자어들을 취급할 수도 있다. 그러나 중국어와 일어의 차이에 주목하기보다는 양자의 유사성과 한자어의 공유 및 수용이라는 점에 착안하면 중국어와 일어에 존재하는 동형 한자어들의 성격을 밝힐 수 있을 것이다. 이 과정에서 중국어와 일어 간의 언어 접촉이나 문화 교류를 부인할 수 없고, 우리가 강조하고자 하는 것도 바로 이러한 점이기 때문이다[16].

2) 자모어가 중국어에서 갖는 지위

위에서 언급한 지위는 중국어에서 자모어의 존재 가치와 자모어의 신분 혹은 자격을 뜻한다. 라틴 자모는 이미 1868년 중국의 『격물입문格物入门』에서 화학 원소 기호에 쓰였다. 20세기에 접어들어 라틴 자모는 점차 국제적으로 통용되는 기호가 되었고 여러 나라에서 도입하여 사용하였지만 대부분은 제한적인 수준이었다. 중국도 마찬가지라서 1950년 이전에는 'X光'과 'OK' 정도만 거부감 없이 사용되었다. 1958년에 「한어병음방안汉语拼音方案」이 중국에서 법적인 지위를 갖게 되자 라틴 알파벳은 외국어에만 속하는 문자 체계가 아닌 중국어의 표음을 위한 합법적인 도구로 승격하였다. 현재 중국어에서 사용하는 자모어는 이미 두 갈래로 발전하였다. 하나는 영어를 위

---

16) 제6장 2) 이론 연구 414~417쪽 참조.

주로 하는 서구 언어를 축약한 자모어로 대부분이 이에 속한다. 그중 영어를 축약한 자모어가 다수이고, 라틴어, 프랑스어, 그리스어 자모로 구성된 경우가 소수 존재한다. 또 다른 하나는 한어병음 표기를 축약해 만든 중국어를 어원으로 하는 자모어로 극소수이지만 새로 생겨난 유형이다. 서양의 언어 혹은 영어를 어원으로 하는 자모어들은 이미 국제적으로 사용되어 외국어에서 온 단어라는 성격이 약화되었다. 오늘날 자모어는 이미 일종의 '국제어'로서 세계적으로 통용될 수 있다. 비영어권 국가의 대중들도 이러한 자모어가 외래어인지 외국어인지 전혀 개의치 않는다. 서양의 언어나 영어에서 온 자모어들은 중국어에 유입된 이후 국제 교류의 편의성을 크게 증대시켰다. 상술한 자모어들은 중국어에 차용된 수가 점점 늘어나고 광범위하게 사용되며, 중국어의 생태계를 크게 변화시켜 중국어가 형식적으로 생활에 더 가까워지고 시의성을 지니도록 한다. 자모어의 함의 면에서 보면, 대부분은 과학기술, 경제, 금융, 군사, 언어학 등 분야의 용어와 고유명사, 즉 GPS, WiFi, 5G 등과 WTO 등으로 해당 분야를 대표하는 말이나 중요한 매개체로 지금의 사회 문화적 발전상과 밀접하게 관련되며 결코 홀시할 수 없다. 형식에서부터 내용에 이르기까지, 자모어의 존재 가치는 어디에서나 드러난다.

 서양 언어 또는 영어에서 온 자모어의 신분 혹은 자격에 대해 중국어의 입장에서 말하자면 하나의 연속체로 볼 수 있다. 여전히 외국어에 속하는 자모어에서 이미 중국어에 받아들여지고 자리잡은 자모어에 이르기까지, 전자와 후자는 대립 관계에 있지 않으며 양자의 중간이 어디인지를 정확히 나눌 수도 없다. 중국어의 현실이 바로 이러하며 언어 자체는 유연한 것이기 때문에 어느 지점을 정확히 잘라 나눌 수 없이 대략적으로 묶을 뿐이다. 사용 빈도가 증가하고 자모어를 사용하는 사람들이 늘어남에 따라 자모어의 자격도 그에 상응하게 변모하여 외국어 단어로 여겨졌던 것이 점차 중국어 단어로 받아들여지고 중국어로 융화된다. 자모어의 지위에 대한 인식이 복잡하기 때문에, 『현대 중국어 사전現代汉语词典』에서는 라틴 알파벳으로 시작하는 단어는 항상 부록에 배치하고 있다. 저자가 편집 책임을 맡은 『신화 외래어 사전新华外来词词典』(2019)에서도 자모어를 중요도 높은 부록으로 배치하였다. 이렇게 처리한 이유는 자모어 지위에 대한 인식의 불일치를 피하고자 한 것이다.

일반적으로 중국어의 외래어는 중국어화된 단어여야 한다고 본다. '중국어화'란 예전에는 주로 문자 형식과 독음 측면에서의 중국어화를 지칭하였다. 그러나 자모어는 한자라는 외형을 탈피하여 형식적으로는 외국의 문자와 완전히 같은 모습이며 의미상으로도 유입 전후의 변화를 느끼기 어려워 그 지위를 판단하는데 어려움이 많다. 다만 이러한 점으로 인해 외래어의 지위에 대해 더 잘 알고자 하는 사람들의 수가 증가하게 되었다.

자모어를 포함하여 외래어의 지위를 종합적으로 고려하자면 이론적으로는 문자 유형, 의미 변화, 독음 유형, 문법 귀속, 심리적인 수용도, 사용자 확산도 등 여섯 가지 측면에서 관찰하고 판별할 수 있다[17]. 과거에 한자를 사용하여 기록한 음역어의 경우 허용 폭이 상당

---

17) 본서에서는 제4장 제1절에서 외래어의 자격 문제를 언급하며 차입 방식(음역인지 의역인지), 응용(진정한 도입인지 아니면 소개나 설명에 그치는지), 빈도, 사회집단(대중적으로 사용하는지 아니면 몇몇 소수 인원만이 사용하는지), 의미(근원어와 혈연관계에 있는지) 등 다섯 가지의 요인을 통해 판단할 수 있다고 하였다. 이는 형식면에서 한자로 이루어진 외래어에 대한 기준인데, 자모어는 외국의 문자 그대로 이루어져 있기 때문에 훨씬 복잡하므로 상술한 다섯 가지 외에 여러 가지 요인을 더 살펴보고 판단해야 한다.

히 넓은 편으로 한자 형식에 의거하여 음을 정한 것 뿐, 그 이면에는 논란의 여지가 있다. 한자로 표기한 외래어 중 상당수는 구어에서의 독음이 외국어인 경우가 있다. 흔히 사용하는 '派对파티(party)'나 상해어 '达诶죽다(die)'는 영어 발음으로 읽는다. '파티'는 한자로 '派对'라고 쓰고, 상해어 '죽다'는 한자를 조합한 것으로 볼 수도 없는데 이 단어들은 과연 영어 단어인가 중국어 단어인가? 자모어는 외래 문자 형식을 포함하기 때문에 갖추어야 할 요건이 많고 엄격하게 적용됨을 감안해야 한다. 문자 형식과 의미라는 두 가지 측면 외에 다른 네 가지 측면에 대해 아래와 같이 간략히 서술해 볼 수 있다.

① 독음 유형

대부분의 자모어는 자모의 명칭으로 읽는다. 그런데「한어병음방안」을 읽을 때에는 두 가지 문제가 발생한다. 첫째로는 명칭 중 많은 수가 베이징어 음계의 독음이 아니라서 표준중국어의 근본 틀을 벗어나므로 채택하기 어렵다. 둘째로는 중국에서 지금껏 이「한어병음방안」의 음을 보급하고자 했던 사실이 없다는 것이다. 따라서「한어병음방안」의 음은 명목상으로만 존재할 뿐 중국어에서 실제적인 작용을 하지 않는다. 이렇게 된 데에 대한 잘잘못과 앞으로의 조정안은 잠시 거론하지 않는다고 해도, 현재 독음상의 공백이 분명히 존재한다. 현 상황에서 영어 자모의 명칭이 자연스럽게 우세를 갖는 독음상의 근거가 되었고, 중국어에서 기원한 자모어일지라도 영어 자모의 명칭을 사용할 수밖에 없게 되었다. 예를 들면 HSK('汉语水平考试'의 한어 병음 축약형), GB('国家标准'의 한어병음 축약형)와 같은 경우 중국어에서 영어 자모의 명칭으로 읽어왔다. 자모의 독음으로 자모어의 지위를 판별하고자 한다면 편파적인 처사가 될 것이다.

② 문법 귀속

외국어 단어가 중국어 환경에 유입된 뒤, 언제 어디서나 근원어에서의 문법 특징을 고수한 채 독립적으로 사용될 뿐 중국어 문장에 쓰이지 못한다면 그 단어는 여전히 외국어 신분으로 간주할 수밖에 없다. 예를 들어 일부 노래 가사에서 산발적으로 사용되는 외국어를 보면 한 구절 한 구절 전체가 외국어로 되어 있는데, 이는 중국어로 편입되지 못하였음을 보여주는 현상이다. 만약 자모어가 중국어의 동사-결과보어 구조나 동사-방향보어 구조와 같이 긴밀하게 결합된 구조에 쓰일 수 있고, 동태조사와 같은 중국어의 상표지를 수반할 수 있거나 중국어의 단어 구성 성분으로까지 쓰일 수 있다면 자모어가 이미 중국어에 편입된 것으로 인정해야 할 것이다. 이러한 예로는 'hold住', 'PK掉一些对手', 'P过几张照片', 'SUV车', 'IT技术', 'CD录放机', '4K电视机', 'X光', 'K线', 'PC机', 'POS机', 'LED灯' 등이 있다. 심화 연구가 진행됨에 따라 상술한 바와 같이 판별적 의미를 갖는 문법적 도구에도 새로운 발견이 있을 것으로 기대한다.

③ 심리적인 수용도

외래어가 중국어에 귀속하기까지는 심리적인 근거와 심리적인 반응이 필연적으로 있어야 한다. 예를 들자면 사용자가 해당 단어에 대해 외국어인지 의식하는지 아닌지 여부, 혹은 어느 정도까지 의식하고 있는지, 사용자가 해당 단어의 축약 전 원래의 형식을 알고 있는지 여부, 해당 단어를 사용하고자 하는 심리가 외국어이기 때문인지의 여부, 해당 단어들에 대해 심리적으로 배척하는지 수용하는지, 어느 정도까지 수용하는지 등등으로 이론적으로 높은 가치를 지니는 문제들이다. 그런데 심리 요인을 측정하기엔 상당히 복잡하다. 또한 간편한 심리 요인 측정 방법과 판별 기준도 아직 마련되지 않았다. 따라서 실용적으로 외래어의 신분을 판별해내기엔 어려움이 많아 후일을 기대하기로 한다.

④ 사용자 확산도

자모어 사용자의 확산도는 외래어의 지위를 판별하는 데 있어 비교적 유연한 처리방법 중 하나이다. 사용자 확산도는 사용 빈도와 사용자 범위, 두 가지 측면을 포함한다. 사용 빈도는 이해하기도 쉽고, 통계를 내기도 용이하다. 사용자 범위는 사용자의 분포 범위로 나타낼 수 있다. 예를 들어 어감을 통해 간단히 측정하고자 한다면, 사용자 범위는 산발적 분포와 국부적 분포, 광역적 분포 세 가지로 줄일 수 있다. 산발적 분포는 어떤 자모어의 사용자가 개인이거나 소수의 사람들이 가끔 사용할 때를 말한다. 이러한 단어는 아직은 외국어에 속한다. 국부적 분포는 어떤 자모어의 사용자가 특정 계층이나 집단으로, 그 안에서 보편적으로 사용될 경우를 말한다. 예를 들어 성악계에서 사용하는 demo샘플, key조성(調聲)등과 연예계에서 사용하는 DJ디제이, 어학의 문법 분야에서 사용하는 VP동사 구조, PP전치사 구조와 경제계에서 사용하는 case사례, 취업이나 유학 준비할 때의 offer제의가 있다. 이러한 자모어들은 특정 영역에서는 정상적인 전문 용어로 쓰이고 있으며 이미 그 영역 안의 사람들이 사용하는 중국어의 일부가 되었지만, 일반 대중들이나 중국어 자체로 보자면 아직도 외국어 단어일 뿐이다. 광역적 분포는 어떤 자모어가 이미 일반 대중이 일상적으로 사용하는 단계에 속하는 경우이다. 예를 들면 OK, WTO세계무역기구, PK대회/시합, hold통제하다(실제 독음은 hōu, 동보구조

'hold住'에만 쓰임) 등이 있다. 이러한 자모어들은 원래 전문 용어로 쓰였지만 점점 확산되어 일반 대중 용어가 되었다. 이러한 자모어들은 이미 중국어에 수용되고 특별한 구성원이 되었다고 볼 수 있다. 위와 같은 변화는 조사와 통계로 증명할 수 있다.

자모어는 중국어의 입장에서 보자면 완전히 이질적인 모습의 단어이다. 전혀 다른 성분이 어떤 체계 내로 들어오고자 할 때, 배척 반응이 생기지 않을 수 없다. 그렇기 때문에 자모어의 융화 과정은 점진적인 것일 수밖에 없다. 만약 한자를 중국어의 유일한 문자 형식으로 지키고자 하는 입장에서 본다면, 자모어가 갖는 중국어로서의 신분을 인정하기 어려울 것이다. 미래의 문자 발전으로 눈을 돌려 라틴 알파벳도 중국어의 보조적인 문자 부호로 볼 수 있다면, 자모어도 폭넓게 받아들일 수 있다. 지금 우리가 문법 귀속과 사용자 확산도를 결부시켜 처리한다면 국부적 분포와 광역적 분포를 보이는 자모어들을 국부적인 혹은 광역적인 특수한 '외래어' 유형으로 볼 수 있을 것이다. 만약 이러한 명칭에 반감을 느낀다면, '준외래어'로 잠시 분류하여도 될 것이다. '준외래어'는 일어에서 온 한자어와는 다른 것이다. 일어를 어원으로 하는 한자어의 모습은 중국어의 준외래어처럼 보이지만, 자모어는 외국어의 준외래어처럼 보이기 때문이다. 상술한 바와 같이 자모어의 신분 판별은 처리 방식의 문제이자 자모어 이론 가치의 실현이며 지속적인 관심이 필요한 문제이다.

5. 언어에 존재하는 기타 외부 언어의 영향

1) 단어의 외래 개념과 외부 언어의 영향

(1) 단어의 외래 개념

개념의 측면에서 보자면, 음차, 차형, 단순 의미 차용 등 차용의 방법과는 관계없이 단어의 개념은 대부분 외부에서 온다. 정리하자면, 이 세 가지 방법으로 만들어진 단어는 대체로 외래 개념을 지닌 단어이다. 이 때문에 음차, 차형, 의미 차용을 통칭하여 '외래개념어外来概念词'로 부를 것을 주장하는 사람도 있다[18]. 이렇게 보면 언중들은 문화의 영향과 문화 교류의 측면에서 위의 세 가지 방법으로 만들어진 단어들을 일관되게 인식할 수 있고, 동시에 각 민족간의 문화 교류와 언어 접촉을 찾아볼 수도 있다. 그러나 심도 있게 보자면, 이러한 방법으로 차용된 단어는 단순히 '외래개념'으로만 간단히 아우를 수 없다. 단어에 따라 외부에서 온 음역어일지라도 외래 개념이라고 할 수 없는 경우도 있다. 예를 들면 '站역참'(몽골어 jam)의 경우 중국어에 역참의 개념이 존재했다. '额娘어머니'(만주어 eniye)의 경우도 중국어에 어머니라는 개념이 없었던 것이 아니다. '开司키스'(영어 kiss)의 경우도 중국어에 역사적으로 '亲嘴입맞춤'라는 말이 있었다. '拜拜작별인사'(영어 byebye)의 경우도 중국어 '再见작별인사'의 의미 외에 어떤 외래 개념을 도입한 것인지 확실하지 않다. 광쪼우와 홍콩 사람들이 애용하는 '波공'(영어 ball)도 공이라는 것 외에 개념적으로

---

[18] 홍콩의 『데이터베이스 구축 통신词库建设通讯』은 '外来概念词'라는 명칭을 처음으로 제시하고, 이러한 개념을 토대로 연구 활동을 진행하며 관련 논문을 수록하였다. 외래 개념 단어집에 관한 전반적인 설명과 논의는 『데이터베이스 구축 통신』(1993, 제1기) 참조.

부가된 외래성분은 없다. 또한 '喔开오케이'(영어 OK)의 경우도 단독으로 문장을 구성해 동의와 허가의 뜻을 나타낼 뿐이었다. 중국어에도 '不错괜찮다', '对的맞다', '行된다', '可以가능하다'등 대응하는 의미를 나타내는 단어가 있었기 때문에 새로운 개념을 외부로부터 차용하였다고 보긴 어렵다. 다만 서로 다른 의미 항목의 새로운 조합 혹은 서로 다른 용법의 새로운 조합이 도입된 것으로 볼 수 있다. 또 원래부터 자체적인 개념이 없기 때문에 외래 개념이라고 말하기 어려운 것도 있다. 예를 들어 '哈罗인사'(영어 hello)는 감탄사로 통상적인 의미의 개념을 갖지 않으며, 중국어 '喂어이(부르는 말)'와 함의 및 용법이 거의 같다. 앞의 예들에서의 차용은 독특한 개념의 도입을 위한 것이 아니라 대부분 서양 언어의 색채를 보여주기 위한 것이었고, 시간이 흐른 뒤에야 사회적으로 광범위하게 사용되었다. 물론 이러한 단어들의 수는 아주 적어 본 절을 시작할 때 설명한 논점에 영향을 주지 못하지만, 이론적으로 특수한 가치를 지니고 있다. 다시 말하면, 외래어는 개념 부호의 기능을 담당할 뿐 아니라 그 언어에 존재하지 않는 개념을 도입하여 근원어와 서로 통하게 하는 동시에 의미항목들의 새로운 조합이나 용법들의 새로운 조합을 받아들이기도 한다. 또한 특수한 사회적 부호 또는 문화적 부호의 기능을 담당할 수 있는데, 예를 들면 지식층위, 사회지위, 가치와 취향, 시대 환경 등을 드러낸다. 따라서 적용 범위를 더 넓혀 본다면, 앞에서 설명한 단어들을 '외래개념-색채어外来概念—色彩词'로 불러도 무방할 것이다. 한 번 더 강조할 점은, 외래개념어를 외래어와 동등하게 다뤄서는 안된다는 것이다. 외래개념어는 외래어에 해당하는 단어들과 일반적으로 외래어로 취급되지 않는 의역어를 포함할 수 있고, 고유명사 외래어는 포함할 수 없다. 외래어는 일반어휘와 유사해 명사에 보통명사와 고유명사의 구분이 있다. 인명, 지명, 점포 상호, 브랜드명 등은 고유명사에 속한다. 고유명사는 또 통칭과 고유명칭으로 구분된다. 고유명칭 중 인명은 '莎士比亚셰익스피어(영어 Shakespeare)', 지명은 '哈尔滨하얼빈(만주어 harbin)'을 예로 들 수 있는데 각각이 지시하는 대상은 존재하나 개념은 존재하지 않는다.

(2) 단어의 외래 영향

위에서 언급한 것 외에도, 형태소의 구성으로 볼 때 외부에서 온 것이라고 할 수 없는 단어들이 있다. 음역이나 차용, 단순 의미 차용은 아니지만 어음이나 형태 면에서 외국어와 관계가 있고, 그 언어의 영향을 받았다고 분명히 느낄 수 있는 경우이다. 이 때 차용하는 언어는 근원어로부터 아이디어를 얻거나 근원어를 참조한다. 예를 들어 본서에서 사용하는 '外来词'라는 용어도 일어 단어 '外来语'의 영향으로 만들어진 것으로 어쩔 수 없이 일어의 영향을 지니게 되었다. 이런 예는 흔히 찾아볼 수 있다. 예를 들면 '词典사전'도 일어 '辞典사전'의 영향으로 만들어졌는데, 일어 '辞典'은 중국어 '字典자전'의 영향을 받아 생겨난 단어이다. '电话전화', '电报전보', '电车전차' 등 외래어도 처음에 일어에서 온 단어들이다. 이후, 일어에서 새로운 사물을 한자를 사용해 의역하여 나타내지 않게 되었을 때에도 중국어가 자체적으로 의역을 통해 단어를 만들 때에는 부득이하게 일어 조어법의 영향을 받았다. '电视TV', '电传텔레타이프라이터' 등이 바로 이렇게 만들어진 단어이다. 또 다른 유형으로 '锦纶나일론'의 경우는 '尼龙' 또는 '尼纶'(영어 nylon)과 '涤纶'(즉 '的确良'으로 영어 dacron/terylene)의 영향을 받아 '尼龙'을 수정한 결과이다[19]. '纶'은 원래 중국어의 형태소이지만 영어 '-lon/ron'의 발음의 영향으로 선택되었다. 따라서 본디 '纶'이 가지고 있는 '청색 실로 된 끈' 혹은 '낚시줄' 등의 의미로 사용되었다기 보다는 방직물과 관련된 부수 '糸'의 의미를 취해 직물류를 나타내는 것으로 일반화했다고 할 수 있고, 새로운 형태소 의미가 생성되었다고 볼 수 있다. 이 단어는 어음과 형태소 의미 항목 모두 외국어의 영향을 받았다. 이 밖에도 또 다른 유형 한 가지가 더 있는데, 상하이어의 '摩托卡자동차'와 같은 경우이다. 이 단어는 영어 motorcar로부터 온 것이 아니라 영어의 영향 아래 motorcycle을 중국어로 번역한 '摩托车'를 피진pidgin 식으로 바꾼 것으로 '중국에서 만들어진 영어 단어汉制英语词'라 할 수 있다. 중국의 화장품 브랜드 '美加净'의 영어 이름은 Maxam인데, 마찬가지로 중국에서 만들어진 영어 단어이다. 이와 같은 단어들은 현재는 그 수가 많지 않다. 그러나 일본의 경우로 미루어 볼 때, 사회의 개방도와 국제화 정도가 높아질수록 '중국에서 만들어진 영어 단어'들이 많이 출현할 것이다. 오늘날 기술에 국경이 없는 지구촌 사회에서 각 언어 간의 상호 영향은 날이 갈수록 긴밀해지며 활발해지

---

19) 리우쩡탄 등은 『중국어 외래어 사전』에서 '涤纶'을 영국의 terylene과 연계시켰는데, 이는 의구심이 드는 부분이 있다. terylene의 te는 중국어에서 유기음 te에 대응해야 하며, 무기음인 '涤'에 대응할 수는 없다. 미국의 dacron의 첫 음은 유성음 d로, '涤'의 상하이어 발음과 같으며, 베이징음과도 대응된다. 저자가 알기로 '涤纶'이라고 부르기 시작할 때, 중국 시장에서는 terylene(特丽纶)이라는 이름이 아직 출현하지 않았다. 또한 단어의 변이형으로부터 '涤纶'의 유래를 알아볼 수 있다. 최초에는 '的确凉'(dacron)이라고 쓰다 '的确良', '涤确良'으로 바뀌었고, '的良', '涤良'등으로 줄여서 쓰게 되었다. 반면 terylene은 '特丽纶', '缇缍纶', '特锐烯'와 축약 형식인 '特纶'으로만 쓰였으며, 첫 음절이 모두 '特'로 시작했다. 그러나 한편으로는 '涤纶'은 중국어에서 위의 두 가지를 합해 만든 새 단어일 가능성도 배제할 수 없다.

고 있다. 외래어와 외래 개념 외에도, 언어의 여러 가지 면에서 다양한 영향을 주고받는 것을 흔히 볼 수 있다. '외래영향어外来影响词'20)를 따로 분류할지 여부와 상관없이 단어가 받는 외래적인 영향은 결코 부인할 수 없다.

2) 기타 범위에서의 외부 언어 영향

외래어는 언어들이 서로 영향을 주고받음을 보여주는 증거이다. 그런데 언어 간에 서로 주고받는 영향은 단어에만 그치지 않는다. 단어 외에도 어음, 문법, 화용에도 영향을 미칠 수 있다. 짜우위엔런(1967/1968)에서는 몇 가지 상황을 예로 들어 언어들이 주고받는 영향 관계의 복잡성에 대해 논의하였다. 여기에서 외래 영향은 한 언어 내부에서 방언 간에 일어나는 영향이 아닌 서로 다른 언어 간에 일어나는 영향으로만 한정한다.

(1) 어음의 외래 영향

음에 있어, 짜우위엔런은 광뚱어는 입성에서 장모음은 모두 중입

---

20) '외래영향어'는 최초에 두 명의 학자에 의해 각기 제시한 바 있는데, 모두 홍콩의 『데이터베이스 구축 통신』(1995, 제7기)에 수록된 것이다. 황허칭黃河清은 현재의 음역어, 의역어, 형역어를 모두 외래영향어로 통칭할 것을 주장하였고, 외래어를 포함하는 더 넓은 범위의 명칭으로 사용할 수 있다고 하였다. 스요우웨이는 외래어 이외의 또 다른 유형이라고 주장하였는데, 즉 본서 15.1.2의 범위에 해당하며, 외래어는 포함하지 않는다. 홍콩의 『데이터베이스 구축 통신』(1995, 제7기)에 수록된 황허칭과 스요우웨이의 논문 및 스요우웨이의 『"외래어"와 "외래개념어", "외래영향어"의 반향"外来语"和"外来概念词"、"外来影响词"之回应』(1996) 참조.

(中入)성으로, 단모음은 모두 상입(上入)성으로 읽지만 영어를 근원어로 하는 외래어에서는 장모음을 상입성으로 읽는 경우가 많다고 밝혔다. 예를 들어 홍콩에서는 court법원를 상입성의 장모음으로 읽는데, 위에방언粤方言에 속하는 광뚱어 고유의 음운 체계와는 부합하지 않는다. 상하이어에도 일부 외래어를 읽을 때 어음 구조에 변화가 생기는 현상을 볼 수 있다. 예를 들어 '司的克지팡이'(영어 stick), '司必灵용수철자물쇠'(즉 弹簧锁. 영어 spring)을 소리나는 대로 옮겨보면 전자는 stiʔk, 후자는 spiʔlin으로 읽는 사람이 많다. 이 경우 상하이어에 없던 st, sp 같은 자음군과 'k' 발음의 어말 파열음이 생겨났다. 더 넓은 관점에서 보자면, 칭하이성青海省 방언의 성조에서 주목할 만한 변화를 볼 수 있다. 칭하이성에서 사용하는 방언의 성조는 중국어에서 가장 변화가 빠른데, 이미 3개로 간략화되었고 일부 지역에서는 심지어 성조가 소멸하기도 하였다. 이는 역사적으로 현지의 복잡한 민족 상황과 빈번한 민족 간의 접촉 및 장기간에 걸쳐 무성조 언어인 알타이어와 중국어의 접촉으로 인한 영향임이 분명하다. 또한 북방 방언의 입성과 어말 비음 -m의 소실도 고대의 북방 민족이 사용하던 언어의 영향과 관계가 있을 것이다.

외국어 어음의 영향은 자모어에서 더욱 명확히 드러난다. 예를 들면 HSK는 영어 명칭의 발음으로 읽고, 인터넷에서 유행하는 QQ도 마찬가지이다. 더 이른 시기에 등장한 '阿Q'의 경우 루쉰鲁迅이 작품 내에서 이에 대한 설명을 남겼지만, 사람들은 아직도 Q를 중국어 고유의 음이 아닌 kiu로 읽고자 한다.

외래어나 고유어에 외부에서 온 어음 성분이 포함되는 것은 정상적인 현상으로, 언어 변화를 촉진하는 중요한 요소이다. 경우에 따라 정도의 차이는 있지만 외래어는 전반적으로 중국어화의 경계에 있음을 부정할 수는 없다[21]). 이렇게 외부로부터 온 어음 성분이 중국어에 수용되기 위한 필요조건은 다음과 같다. 첫째, 중국어에서 사용된 시간이 비교적 길고 광범위하게 받아들여지거나 사용되어야 한다. 또한 외국어의 어음 성분을 지닌 단어 형식을 포함한 해당 단어가 중국어에서 자연스럽게 필요에 따라 사용되어야 한다. 이렇게 해야만 앞에서 언급한 단어들이 외국어 단어에서 어느 정도의 중국어화를 거친 뒤 중국어의 외래어로 탈바꿈할 수 있다.

(2) 문법의 외래 영향

짜우위엔런은 '구조적 차용어结构性借语' 현상의 존재는 문법의 차용현상이라고 하였다. 예를 들어 '政变在越南베트남쿠데타'이라는 말은 영어 명사구 'coup in Vietnam'의 문법을 차용한 결과이다. 또 '被打맞다', '被骗속다', '被罚벌받다' 등은 영어 'is beaten', 'is swindled', 'is punished'의 영향을 받았다. 그리고 '出版一本书책 한 권을 출판하다'는 영어 'publish a book'의 영향을 받았는데[22]), 중국어의 '出版'은 술목식 구조를 갖는 자동사이지만 외래적인 영향으로 인해 지금은 목적어를 가질 수 있다. 최근 50여 년 동안 중국어에서 널리 쓰인 '(正)在建设中건설중', '(正)在研究中연구중' 등의 '(正)在……中'구조

---

21) 제1장 (1)정의 29~30쪽 참조.
22) 조사에 의하면 '出版'은 일어를 어원으로 하는 외래어로, 일어로 영어 publication/publish를 의역한 것이다. 만약 이러한 가설이 성립한다면, '出版'이 중국어에서 목적어를 가질 수 있는 것도 일어의 영향을 직접적으로 받았기 때문일 것이다. 즉, 일어의 '出版'을 차용하는 동시에, 일어에서 '出版'이 직접 목적어를 가질 수 있는 기능적인 측면도 함께 차용한 것이다. 일어 동사의 목적어 수반 여부는 술목 구조의 영향을 받지 않는데, 이는 일어가 지니는 특징이다. 따라서 본문에서 다룬 짜우위엔런의 주장은 의심의 여지가 있다.

는 일어에서 왔을 가능성이 있다. 중국어의 '说话间대화중', '谈话中담화중' 등 동작이 이루어지는 과정에 있음을 나타내는 광의의 처소 용법은 원래 부사어나 관형어로만 기능할 수 있었다. 일어가 차용된 이후, '营业中영업중', '建设中건설중', '作业中작업중', '研究中연구중' 등의 구조를 이뤄 동작이 진행 과정에 처해있는 상태를 나타내며 동사의 진행형처럼 술어로 쓰이고 독립적으로 문장을 이룰 수 있게 되었다. 그런데 일어의 '中' 앞에 쓰인 '营业', '建设', '作业', '研究'는 동작의 의미를 포함하는 명사로 이에 상응하는 중국어 단어들은 주로 동사로 사용된다. 따라서 중국어 자체의 '동사+中'(과정의 중간을 나타냄), '在+장소+中'(어떤 장소에 있음을 나타냄), '(正)在+동사'(동작이 진행되고 있음을 나타냄)와 같은 구조와 결합하여 현재 진행의 의미를 지니는 동사 표현형으로 변화하였다. 또, 어떤 연구자는 '永远的校园영원한 캠퍼스'와 같은 용법은 부적절한 것이며 '永久영구한'를 사용해야 한다고 지적한 바 있다. '永远'은 부사로 '永远快乐오래도록 즐겁다', '永远保持오래도록 보존하다' 처럼 술어만 수식할 수 있었다. 그런데 오늘날 '永远的……'와 같은 표현이 점점 늘어나 이미 언중들이 받아들인 새로운 용법이 되었다. 예를 들면 서명 '永远的张爱玲영원한 짱아이링', '永远的美丽영원한 아름다움', 산문 제목 '永远的怀念영원한 회상', '永远的森林영원한 숲', '永远的初恋영원한 첫사랑' 과 같은 말이 쓰이고 있다. 이와 같은 현상은 일어의 영향을 받은 것으로, 일어의 '永遠'에는 중국어의 '永久'에 상응하는 용법이 있어 '永遠の祈り영원한 기도', '永遠の響영원한 울림', '永遠の愛영원한 사랑' 처럼 사용할 수 있다. 이러한 용법은 먼저 타이완에 유입되고, 다시 타이완에서 홍콩으로, 그리고 타이완과 홍콩에서 만들어진 작품들을 통해 중국 본토까지 영향을 미치게 되었다.

(3) 단어 사용에 대한 외부 언어의 영향

단어의 사용에 관해서는 영화에 자주 쓰이는 다음과 같은 예들을 들 수 있다. 중국 영화는 엔딩 자막에 원래 한자 '完'을 내보냈지만, 최근 영화들 중 일부는 엔딩 자막에 한자 '終'을 사용하기도 한다. 그런데 '終'은 일본 영화에서 사용되는 것으로 영화 관계자들에 의해 중국으로 유입되었다. '完'도 서구에서 영화의 엔딩 자막에 영어 End 또는 프랑스어 Fin을 사용한 것을 모방한 것이다. 일어의 또다른 영향으로 '展'을 들 수 있다. 현재 중국에서는 전시회에 '現代国画展현대중국화전', '明清陶瓷艺术展명청도자기예술전' 등의 명칭을 자주 사용한다. 그러나 사실 '現代国画展览会현대중국화전람회', '明清陶瓷艺术展览会명청도자기예술전람회' 등으로 쓰는 것이 더욱 중국식이라고 할 수 있다. 중국과 일본의 문화 교류가 활발해지며 '現代艺术展현대예술전' 처럼 간결하게 처리하는 일어의 영향을 받아 중국에서도 '××××展' 같은 새로운 형식을 사용하게 되었다.

단어 사용의 외래 영향은 호칭에서도 찾아볼 수 있다. 중국에서 자주 사용했던 '同志동지'라는 표현은 봉건 시대에는 호칭으로 사용되지 않던 말로, 근대 민주 혁명 시기를 거치며 서구의 comrade에 대응하는 호칭으로 사용한 적이 있었다. '同志'는 1949년 이전에는 당파 혹은 당의 파생 조직 내부에서만 사용하던 호칭으로, 국민당과 공산당 모두 이렇게 사용하였다. 그러나 1949년 이후에는 보통 사람들로 그 범위가 확대되었는데, 이는 외국어의 영향, 특히 구 소련에서 사용하던 러시아어 товарищ의 영향을 받은 것이다. 비슷한 예로 공식적인 연설을 하기에 앞서 말하는 '女士们, 先生们신사 숙녀 여러분'과 같이 여성을 앞으로 남성을 뒤로 배열하는 순서 또한 분명한 서구의 영향으로 단어 사용상의 외래 영향으로 볼 수 있다.

상술한 내용은 비록 어휘에는 속하지 않지만, '永远'과 같은 예처럼 단어 자체의 형식과 넓은 의미에서 단어의 함의에 영향을 주기도 한다. 그러므로 전통적인 의미에서의 외래어를 연구하는 동시에 어휘 이외의 외래 영향에도 주의를 기울여야 한다.

제2장
외래어의 역사 개관

1. 상고(上古) 이전 시기의 외래어

1) 서설

역사와 문화는 동일한 사물의 양면성이기도 하다. 사회의 지속과 발전은 문화의 반영이며, 동시에 역사를 형성한다. 역사는 그것을 전하는 매개체에 의지해 구현되고 보존된다. 언어도 일종의 매개체이지만, 특수한 문화적 성과로서 형태를 지니지 않고 단시간에 사라진다. 언어의 보존은 대대로 구전되어 오는 것과 각종 문자 형태에 의지해야만 한다. 외래어를 실제로 두 가지로 나눌 수 있다. 하나는 이미 문자의 모양을 갖춘 것이고, 또 다른 하나는 구두로만 전해지며 아직 문자로 고정되지 않은 것이다. 어느 쪽이든 외래어에는 역사와 문화가 함축되어 있다. 과거 오천 년 동안, 중국의 중원을 둘러싼 문화 교류와 민족 충돌이 끊임없이 발생했다. 이러한 교류와 충돌은 언어 접촉을 포함하기 때문에, 어느 정도는 외래어에 반영될 수밖에 없다. 중국에서 문자를 이용해 기록한 역사는 사천 년에 불과하며, 전설로 전해지는 역사를 포함해도 오천 년을 넘지 않는다. 그 전의 역사는 실물을 통한 고증과 언어를 통한 고증에 의존할 수밖에 없다. 언어는 문자보다 훨씬 먼저 생겨났다. 언어는 일정한 질서를 따르는 체계이고, 동시에 우연성에 영향을 받는 퇴적물이기도 하며 시대별로 새로운 구성 요소가 그 언어에 더해진다. 또한 각 시대마다 오래된 요소들이 도태되는 경우도 있지만, 대다수는 후대 사람들에게 전해진다. 그렇지 않다면 언어는 지금과 같이 거대한 체계를 이루지 못했을 것이다. 따라서 여러 언어의 역사에 대한 비교 또는 대조를 통해 언어로부터 옛 것을 발견하고, 이미 사용하지 않는 언어의 흔적이나 지금 사용하는 것 중 옛 시대에도 사용된 것들을 발견할 수 있다. 현재의 연구 성과로 볼 때, 아직 완전히 파악되는 것은 아니지만 그래도 일부 외래 흔적을 발견할 수 있었다. 이 중 일부는 단어의 차용이고, 일부는 어휘 기저유형에 관한 것이다. 아래에서는 이에 대해 간단히 소개하도록 하겠다.

2) 십이간지 명칭의 유래

굴원屈原의 『이소离骚』에 '攝提', '單閼'과 같은 그 해의 이름이 보인다. '攝提'는 '攝提名'이라고도 쓴다. 목성(木星, 속칭 태세太歲)이 寅宮인궁를 지날 때 이 해를 '攝提'라고 부르며, 일반적으로는 寅年인년이라고 부른다. 이러한 해의 이름은 하나의 체계를 이루며 도합 12개가 있다. 이에 상응하는 것으로 또한 십이간지가 있다. 寅年은 바로 십이간지 중의 하나이다. 공교롭게도 서양에도 황도십이궁이 있는데 바빌론에서 창시되었다. 꾸오모루오郭末若의 고증에 의하면, 이 황도십이궁과 십이지의 상응하는 명칭 간에는 아래와 같은 유사성을 지닌다.

- 寅: '攝提(格)'으로, 처녀자리에 해당한다. 바빌론어로는 šupa아크투루스이고, 산스크리트어로는 svāti이다.
- 卯: '单阏è 또는 yān/蟬焉/擅安'으로 사자자리에 해당한다. 바빌론어로는 šarru 혹은 sìru이다.
- 辰: '执徐'로 게자리에 해당한다. 바빌론어로는 kakasidi 혹은 kakzizi이며, kak 음을 생략한 것으로 보인다.
- 巳: '大荒落'로 쌍둥이자리에 해당한다. 아카드어(Akkadian language)로는 tuâmu-rabuti이다.
- 午: '敦牂'으로 황소자리에 해당한다. 바빌론어로는 gù-an-na이며, 의역도 포함된 듯하다.
- 未: '协恰'로 양자리에 해당한다. 바빌론어로는 ekue이다.
- 申: '涒滩/涒汉/芮汉'으로 물고기자리에 해당한다. 바빌론어로는 nûnu이며 복수는 nûnê이다.
- 酉: '作噩/作落'으로 물병자리에 해당한다. 바빌론어는 gu-la이다.
- 戌: '阉茂'로 염소자리에 해당한다. 아카드어로는 enzu이다.
- 亥: '大渊献'으로 사수자리에 해당한다. 바빌론어로는 pabilsag이다.
- 子: '困敦'으로 전갈자리에 해당한다. 바빌론어로는 girtab이다.
- 丑: '赤奋若'로 천칭자리에 해당한다. 수메르어로는 ziba-anna이고, 아카드어로는 zibanitu이다.

꾸오모루오가 제공한 바빌론어 및 바빌론어와 친속 관계에 있는 언어들의 음의 대응관계로 볼 때, 그중 대부분은 확실히 음성적 대응관계를 갖는다. 이러한 독음은 개별적인 현상이 아니기 때문에 우연에 의한 유사성이라고 설명할 수 없다. 그 밖에, 이 12개의 명칭 또한 중국어 고유의 명칭으로는 보이지 않는다. 이 명칭들은 상고 중국어에서 쓰던 단음절 형태소로는 설명되지 않기 때문이다. 바빌론은 고대 천문학이 가장 처음으로 생겨나고 가장 발달한 지역이었다고 할 수 있다. 여러 측면에서 살펴보고 합리적으로 추론한 결과, 고대 중국인들과 서양과의 관계 또한 역사서에 기록되기 이전에 이미 시작되었을 것으로 보이며 천문 지식과 상술한 명칭들이 멀리 떨어진 중국일지라도 전해졌을 가능성도 충분히 있다.

3) 십이월명의 유래 추측

십이간지명 외에도, 고대에는 지금과 다른 십이월명이 있었다.

一月: 辜	四月: 如	七月: 皋	十月: 壯
二月: 渝	五月: 病	八月: 且	十一月: 玄
三月: 陬	六月: 余	九月: 相	十二月: 阳

꾸오모루오는 바빌론어의 명칭(자세한 명칭은 스요우웨이1991a, 2004참조)과 이 명칭들을 비교하여 명칭 중 절반 정도는 첫 번째 음절의 음이 유사성을 지닌다는 점을 발견하였고, 이는 우연한 현상이 아닌 것으로 여겼다. 이 밖에도 세 가지 측면에서 이 명칭들이 외래어의 성질을 지닌다는 것을 증명할 수 있다. 첫째, 이러한 명칭은 중국어에서는 설명할 수 없으며 여기에 쓰인 한자들은 음을 나타낼 뿐이와 상응하는 뜻을 지니지 않는다. 둘째, 서양의 언어들 중 십이월에 특수한 명칭을 붙인 경우가 다수 있는데, 일부는 바빌론에서 유래하고, 또 일부는 그리스·로마에서 유래하였다. 그러나 중국은 고대

로부터 현재까지 숫자를 사용하여 십이월을 표시하고 있고, 荷月음력 6월, 冬月음력11월, 臘月음력12월 등의 명칭은 후대에 생겨난 것으로 서양과는 전혀 다른 문화를 지닌다. 셋째, 고대 천문학이 가장 발달했던 지역인 바빌론과 이집트 지역에서부터 천문에 대한 지식은 동서 양방향으로 전파되었을 것이다. 고고학적으로 중국이 고대에 서양과 교류를 했음을 발견할 수 있는데, 중국 한족의 문화는 중원을 중심으로 동서남북의 문화적 정수를 받아들인 것으로 그 과정에서 상용하던 언어 성분도 포함하게 되었을 것이다. 이러한 사실들로부터 위의 십이월명은 초기에 서양, 아마도 바빌론으로부터 어떤 매개 언어를 거쳐 중국어에 차용된 것으로 추측할 수 있다. 아마도 십이간지명과 함께 중국에 전해졌을 가능성이 높다.

4) 『이소』의 비밀

전국시대 초楚나라 굴원이 지은 명작 『이소』 역시 신비스러운 작품이다. 초나라 일대는 고대 다양한 미아우족의 거주지로서 삼묘(三苗)라고 하는데, '三'은 '많음'을, '苗'는 중국 남부의 소수민족 중 하나를 뜻한다. 이로 미루어 볼 때 이 지역에는 소수민족의 후예가 많이 있음을 알 수 있다. 고대의 삼묘가 정확히 어떤 부족인지 지금으로서는 확실히 알 수 없지만, 서로 다른 여러 부족의 혼합체임은 부인할 수 없다. 어떤 학자는 그중 일부가 서쪽에서 온 돌궐 계통의 투란 사람으로 보고, 그 사실을 통해 『이소』 중의 어휘 일부를 해석하고자 하였다. 예를 들어 천중미엔岑仲勉(1961)은 『초사楚辞』에 쓰인 아래 어휘들이 고대 돌궐어에서 왔음을 논증하였다.

- 離騷: 편명이다. 고대 돌궐어 sola 또는 sula의 도치로 보이며, '가두다', '단절하다'는 의미가 있다. 후에 '근심하다'는 의미로 확장되었다.
- 荃: 『이소』에서 '荃不察余之情兮, 反信谗而齐怒님께서는 나의 마음은 살피지 않고, 도리어 모함하는 말을 믿고 노여워하시네'라고 하였는데, '蓀'으로 읽을 수 있다. 고대 돌궐어 sun과 대응하며, 경어 '당신'이다.
- 灵: 『구가·운중군九歌·云中君』에서 '灵连蜷兮既留신령이 굽이굽이 내려와 머무시네'라고 하였는데, '灵'은 영혼으로, 즉 무당이다. 대응하는 고대 돌궐어 ārinč(i)도 이와 매우 유사한 의미를 갖는데, 확장되어 '예언하다'는 뜻을 지닌다.
- 羌: 『이소』에서 '曰黄昏以为期兮, 羌中道而改路날이 저물어 시간이 다 되었는데, 어찌 중도에 길을 바꾸시나'라고 하였는데 '羌'은 '왜' 라는 의미를 갖는다. 고대 돌궐어 qaiti는 음양대전陰陽對轉의 결과 kang이 되고, '무엇 때문에', '그 당시'라는 뜻을 가지므로 대응 관계로 볼 수 있을 것이다.
- 些: 『초혼招魂』에서 '魂兮归来, 东方不可以托些혼이여 돌아오라, 동방은 그대가 의탁할 수 없는 곳'와 같이 쓰였는데, 초나라 사람들이 사용하던 어기사로 종교활동에서 사용되었으며 초나라 사람들의 기층 문화를 반영한다. 대응하는 고대 돌궐어는 sa로, '(내가/그가) 말하다'라는 의미이다.

이 밖에도 岑仲勉은 '婵媛아리땁다', '犀比코뿔소', '蟋蟀귀뚜라미' 등 18개 단어가 고대 돌궐어와 동원洞源 관계에 있다고 하였다. 그의 대담한 추정에 대해 많은 사람들이 선뜻 동의하지는 못했지만 더욱 강력한 반증을 제시할 수도 없어 지금까지 이 어휘들의 어원은 미제로 남아있다. 그러나 적어도 이 어휘들은 고대 중국어에 존재하는 이질적인 성분으로 상(商)나라나 주(周)나라의 언어 체계로는 해석할 수 없으며, 아주 먼 옛날 이민족이 초나라 언어에 남겨놓은 흔적일 가능성이 매우 높다고 말할 수 있다.

5) '不律', '聿', '弗'과 '笔'

붓은 고대에 '不律'라 불렀다. 동한(東漢) 시기의 『설문해자说文解字』의 기록에 의하면, '笔'는 진(秦)나라에서 '笔'라고 부른다고 하였다. 또한 '聿'으로 글을 쓴다고 하였는데, 초나라에서는 '聿'로, 오吴나라에서는 '不律'로, 연(燕)나라에서는 '弗'로 부른다고 하였다. 문자와 어음의 두 가지 측면에서 보자면 이 글자들은 동원 관계에 있다. 이로부터 상고 시기 이전에는 p-와 l- 두 음절로 구성되었거나 복자음 [pl]을 갖는 단음절의 단어였다고 추측할 수 있다. 이들은 기본적으로 남에서 북으로 갈수록 간략화되는 경향을 보이는데, 따라서 그 원류는 아마도 중국 남부 또는 중국보다 남쪽의 지역에 있었을 것이다. 초나라와 오나라는 상고 시기 이전에는 삼묘와 고대의 다양한 위에 민족을 뜻하는 백월(百越)이 거주하면서 한족과 접촉하는 곳이었다. 그런데 삼묘와 백월은 더 남쪽의 오스트로네시아(Austronesian)어족에 속하는 민족과 밀접한 관계를 지닌다. 공교롭게도 오스트로네시아어에 bulut라는 단어가 있는데, '섬유' 또는 '부드러운 털'이라는 뜻이다. 인도네시아어에도 balut라는 단어가 있는데 '칠하다'는 뜻이다. 이들은 모두 중국어의 '不律', '聿', '弗', '笔' 등에 상응하며, 따라서 '笔'는 백월 등 오스트로네시아 어족에서 차용된 것으로 상고 시기 이전 외래어의 흔적일 가능성이 높다[1]). 한편, 이러한 언어 자료로써 중국어와 오스트로네시아어 사이에 존재하는 모종의 친속 관계를 증명한다고 보는 상대적인 관점도 존재한다.

6) '飞廉'과 '风'

이 또한 유명한 미스터리 중 하나로, '飞廉'은 초나라 말로 쓰인 『초사』에서 风伯바람의 신의 호칭이며 실제로는 '风바람'의 또 다른 명칭이기도 하다. 이 단어가 어디에서 왔는지에 대해서는 예로부터 서로 다른 견해가 있었다. 최근의 연구에 의하면, 이는 옛 동이东夷족 언어의 흔적이며, 중국어의 입장에서 보자면 당연히 외부에서 들어온 차용어인 것이다. 동이는 어떤 학자의 연구에 의하면 즉 퉁구스通古斯로, 한국의 고려시대 말과 관련이 있다. 고려에서는 风을 '바람'이라고 부르는데, '飞廉'과 동원 관계에 있음이 분명하다. 이주를 거치면서 서로 다른 지역에서 서로 다른 언어집단을 이루었는데, 예를 들면 지금의 오스트로네시아어족, 중국 대륙의 옛 백월 또는 지금의 캄타이(Kam-Tai) 어족이 모두 이와 관련된다[2]).

7) '谷'와 '禾'

중국어의 '稻벼'는 남방에서는 '谷', '禾'라고도 부른다. 최근 역사 비교언어학과 식물 재배사, 고고학 발견을 통해 '谷'와 '禾'는 모두 캄타이 어족의 언어에서 왔음이 증명되었다. 벼의 재배는 현재의 중

---

1) 싱꿍완邢公畹(1991) 참조.
2) 웨이츠쯔핑尉迟治平(1995) 참조.

국 광시성广西省 서남부와 윈난성云南省 남부, 베트남, 라오스 및 태국 북부와 미얀마 샨주 일대에서 시작되었다. 중국 내에서 해당 지역의 거주민들은 백월, 즉 지금의 캄타이 어족에 속하는 사람들이다. 고대에 한족이 남쪽으로 이주한 뒤, 백월과 융합하여 상고 시기 이전에 이미 원주민으로부터 벼를 경작하는 방법을 배웠다. 이는 쩌지앙성浙江省 허무뚜河姆渡에서 지금으로부터 약 7천 년 전 신석기 시대의 곡식 낱알이 출토된 것에서도 알 수 있다. 아마도 벼의 경작과 동시에 그에 상응하는 단어도 차용하였을 것이다. 언어 비교를 통해 그 원시 형식을 *khau로 재구해 볼 수 있고, 이후에 다시 k'ao와 hau 두 가지로 분화하여 전해졌는데 중국어의 '谷'와 '禾'는 각각 이 두 가지를 차용한 것으로 보인다3).

2. 상고 중국어 외래어 개설 : 진(秦)대 이전과 한(漢)

1) 서설

상고 시기의 한족과 타 민족의 교류는 점차 빈번하게 이루어졌다. 이러한 교류는 두 가지로 나눌 수 있는데, 하나는 민간에서 이루어진 것으로 민족 융합의 성격을 지니고 다른 하나는 정치적인 것으로 개척의 성격을 지닌다. 전자는 상고 이전부터 계속 존재해 왔던 것이고, 후자는 한대에 주로 이루어졌으며 주동적으로 진행하였다.

하(夏), 상, 주 세 왕조가 지속된 기간은 상당히 길고 이른바 사이(四夷), 팔만(八蠻), 칠민(七閩), 오융(五戎), 육적(六狄) 등으로 부

---

3) 쪼우쩐허周振鶴・요우루지에游汝杰(1986) 참조.

른 주변의 민족들과의 교류도 적지 않았다. 그런데 주대에만 상당히 소수의 서면 형식으로 된 외래어가 존재한다. 예를 들면 당시에 양쪽 날을 세운 칼을 '轻吕' 또는 '轻剑'이라고 하였는데 그 어원은 불분명하다. 郭沫若의 고증에 의하면 흉노의 '径路'라고 하며, 돌궐어 음으로는 qingräk 내지는 kyngrak라고 읽는다. 최근의 고증에 따르면 아마도 토하라(Tocharian)어 kare에서 온 것으로 보인다. 춘추(春秋) 시기에 공자가 언급한 '麒麟'은 아프리카의 기린을 의미하는 것으로 보이는데, 현대 소말리아 동부의 방언에서 giri라고 하는 것을 확인할 수 있고, 그 음은 음양대전을 거치면 麒麟과 같다. 아마도 당시에 아프리카로부터 중앙아시아를 거쳐 풍문으로 간접적으로 들어왔기 때문에 신성한 동물로 여겼을 것이다. 이 시기의 정치적 교류의 특징은 자연적으로 이루어졌다는 점이며, 주동적인 개척은 이루어지지 않았다.

2) 흉노어에서 온 단어

한대에는 흉노족과 장기간 교류하였는데, 때로는 전쟁을 하고 때로는 우호적으로 교류하였다. 최종적으로 흉노는 일부는 한족에 동화되었고 일부는 자취를 감추었는데 유럽으로 이주하기도 하였다. 교류 기간 중 중국어는 흉노어로부터 일부 외래어를 받아들였는데, 주로 왕위와 관직의 명칭이었고, 물건의 명칭도 소수 포함된다. 예를 들면 다음과 같다.

- 胡: 흉노족이 스스로를 칭하는 말로, '匈(奴)'의 또 다른 음역 형식이다. 본의는 사람 또는 하느님을 뜻한다. 여러 가지 외국어의

기록과 중국어의 흉노에 관한 이명(異名) 자료에 의하면 근원 단어4)는 *ghua(n)(a)와 같이 재구해 볼 수 있다.

- 单于/善于: 흉노족 군왕의 칭호이다. 근원 단어는 šenogu/šenhu 혹은 sanok/tsanak이다.

- 撑犁孤涂: 单于의 부가적인 칭호로 천자天子를 뜻한다. '撑犁'의 근원 단어는 아마도 tangara/tängri(天)이고, '孤涂/孤屠'의 근원 단어는 아마도 kutu/togh(子)일 것이다.

- 阏氏/烟支: 흉노족 왕후로, 单于의 정실 부인이다. 두 가지 형식이 있는데 서로 다른 어원을 갖는 것으로 보인다. '阏氏'는 ashi/aši이거나 hatsi/katsi 혹은 hati/hatin일 것이다. '烟支'는 燕支/焉支/撚支로도 쓰는데 焉支山의 옛 이름인 *yanči/yanši(흉노어)에서 왔다. 焉支山은 烟支/胭脂연지 꽃이 많이 생산되므로 여성과 관련이 있고, 따라서 아내라는 뜻으로 확장되었을 것이다.

- 屠耆/诸耆: 单于보다 낮은 지위의 흉노 왕과 제후의 칭호이다. 근원 단어는 아마도 tuki 혹은 šoki/čoki와 유사할 것이다.

- 犀比/胥纰/犀毗/师比/私纰/鲜卑: 버클이나 금속 고리를 말하며 원래는 흉노족이 상서롭게 여기는 동물 중 한 종류이다. 근원 단어는 *serbi일 것이다.

- 郭落/郭洛/钩络/廓落/络: 허리띠이다. 근원 단어는 *qwaghlag/*qwaghrag로 재구할 수 있다.

3) 서역어에서 온 각종 명물

서역의 범위는 상당히 넓다. 옥문관 밖부터 계산하면 좁게는 파미

---

4) 여기서 '근원 단어'란 근원어에서 해당 단어에 대응하는 단어를 말한다.

르고원을 서쪽 경계로 볼 수 있고, 넓게는 북아프리카와 서아시아, 인도, 아라비아, 동로마 등을 포함한다. 기원전 138년에 장건이 한 무제(武帝)의 명으로 서역행에 나서 서역의 여러 나라와 연합하여 흉노에 대항하고 기원전 60년에는 서역에 파견한 병사를 관리하는 장군인 서역도호를 두고 파미르고원 동쪽 지역과 한 왕조가 공식적으로 행정 관계를 맺게 되었다. 장건 이후로 중국어는 서역의 생활용품에 관한 용어들을 많이 받아들이게 되었다. 예를 들면 아래와 같다.

- 骆驼: 낙타는 처음에는 橐它/橐他/橐佗등으로 쓰였고, 시간이 흐를수록 점차 표의적인 한자로 바뀌어 橐驼/駞驼 등이 되었다가 음이 와전되어 최종적으로 骆驼로 쓰게 되었다. 근원 단어는 흉노어 *dada일 것이다.
- 狮子: 사자도 처음에는 师/师子로 쓰였다. 근원 단어는 고대 페르시아어 šer 혹은 이란어 šē/šī 등이다. 같은 시기에 狻猊/尊耳 이라는 단어가 있었는데 사자의 또 다른 명칭으로 출처와 근원 단어는 불명확하다.
- 苜蓿: 거여목은 目宿/牧蓿/木粟 등으로도 쓴다. 이란어인 근원 단어는 *buksuk/*buxsux/*buxsuk 등으로 재구할 수 있다.
- 石榴: 석류도 초기에는 '安石榴'로 썼고, '若榴'로도 쓴다. 근원 단어는 미상이며, 이란어 Arsak(이란족 파르티아 왕국 국명) 또는 소그드어(Sogdian language anārāka)에서 왔을 것이다.
- 箜篌/空侯/坎侯: 공후는 23개의 현으로 구성된 이란 계열의 현악기이다. 후대에는 7개, 17개, 30여 개 현을 갖는 등 여러 종류가 생겨났다. 근원 단어는 돌궐어 火不思에 상응하는 qobuz/qūbūz일 것이다.

- 琵琶: 비파는 원래 批把라고 썼으며, 枇杷 또는 鼙婆로도 쓴다. 근원 단어는 이란어 barbat 혹은 고대 그리스어 barbiton과 관련된 것으로 보인다.

4) '奶'의 유래

중국어의 고유성분인 '乳'는 현재는 '奶'와 동일하다. 한대에는 '奶'를 '嬭(妳)'로 썼고, 최초에는 '어머니'와 '유방'의 의미를 지녔다. 이 단어는 중국어의 고유한 단어가 아니라 고대의 다른 민족의 언어에서 왔을 것이다. 현재 우방언에 속하는 상하이와 쩌지앙 남부, 푸지엔 북부 등의 방언에는 '奶'를 단독으로 사용하여 어머니(또는 할머니를 지칭하는 것으로 변함)를 가리키는 경우가 있다. 예를 들면 오랫동안 상하이에 살았던 거주민의 방언에서는 $a^?_1na^1$(할머니)로, 원쪼우温州에서는 a^7na^1로, 푸쪼우福州에서는 $noung^6nê^3$으로, 푸똥福东에서는 $nê^3$으로, 푸딩福鼎에서는 $a^1nê^1$으로, 찌엔오우建瓯에서는 nai^3으로, 찌엔이앙建阳에서는 nai^3으로 읽는다. 연구 결과, '奶'는 어쩌면 고대의 다양한 위에 민족이 사용한 고대 위에어의 기저유형에 있었을 것이다. 고대 위에어와 관련된 캄타이 어족의 언어 중, 똥어로는 $nəi^4$, 거라오어仡佬语와 슈에이어, 마오난어毛南语로는 ni^4, 따이어(윈난 더친현德钦县)와 뿌이어布依语, 쭈앙어로는 me^6이라고 읽는데 모두 동일한 형식에서 변화된 것이다.

이 밖에 상고 중국어에는 일부 기저유형의 단어가 잔존해 있는데 중고(中古) 중국어 부분에서 함께 소개하도록 한다.

3. 중고 중국어 외래어 개관 : 위진남북조(魏晉南北朝)와 수(隋), 당(唐)

1) 서설

동한과 삼국은 서한에 이어 중고로 넘어가는 과도기이다. 한편, 만당과 오대는 근고로 이어지는 과도기이다. 편의를 위해, 불교 용어를 설명할 때 동한과 삼국을 중고 시기에 포함시킨다. 중고 시기의 외래어는 주로 불교 용어와 실크 로드를 따라 유입된 일상 용어, 이민족과의 교류 또는 침공으로 전파된 단어, 민족 융합 중의 언어 기저유형 등 네 가지로 나눌 수 있다. 이 시기의 외래어는 상고와 비교할 때 수량 면에서 큰 폭으로 증가하였을 뿐 아니라 포괄하는 분야도 변화와 확대가 이루어졌으므로 외래어의 첫 번째 절정기라고 할 수 있다. 이는 한족과 타민족의 교류가 시간이 흐를수록 빈번해졌음을 의미하며, 교류의 깊이 면에서도 사회적인 명칭과 진귀한 물품에 국한되는 것이 아닌 생활용어와 신앙 의식 등 더욱 심도 있고 폭넓은 차원에서 이루어졌음을 의미한다.

2) 불교 용어

동한 시기에 불교는 이미 중국으로 전래되었으나, 위진남북조 시기에 이르러 왕성한 활동을 보였다. 이 시기에는 불교 외래어가 대량으로 유입되었다. 불교 용어의 번역 및 유입은 기본적으로 세 단계로 나누어 볼 수 있다. 먼저 동한 시기에 서역 언어로 번역된 후 중국어로 유입되었고, 그 후에는 인도와 서역의 승려들이 중원에 와서 중국어로 번역되었으며, 마지막으로는 당대의 현장이 천축으로 가 경전을 가지고 돌아온 뒤 이루어진 대규모의 체계적 번역으로 인한 차용이 있다. 불교 외래어의 양이 매우 많기 때문에, 여기서는 아래와 같이 간략히 소개하기로 한다.

- 佛/佛陀: 수행이 자각(自覺)·각타(覺他)·각행원만(覺行圓滿)의 삼각(三覺)의 경지에 다다른 이에 대한 칭호이다. 최초의 명칭은 동한의 浮屠₁였는데 이와 동일한 浮图₁는 모두 산스크리트어 속어 Buddho를 번역한 것이다. 이후로 서역의 토하라어 pat(토하라어A, 즉 아그니어)/pud/pud(토하라어B, 즉 쿠차어)을 거쳐 '佛'이 되었다. '佛陀'는 '佛' 보다 차용이 늦게 이루어졌는데, 정식 산스크리트어 Buddha에서 왔다.
- 阿弥陀佛: 대승 불교의 삼세불(三世佛) 중 하나로, 서방 극락세계의 교주이다. 근원 단어는 산스크리트어 Amitābha이다. 보통 앞에 '南无'를 붙여 연달아 사용하는데, 신앙과 귀의를 뜻한다. '南无'는 팔리어 Namo에서 왔다.
- 卢舍那佛: 대승교의 삼신불(三身佛) 중 하나로, 한족 지역에서는 毗卢舍那법신불/대일여래과 卢舍那 혹은 卢遮那보신불가 합쳐진 것이다. 산스크리트어 Vairocana에서 왔다.
- 弥勒佛: 미래불이다. 여래불의 계승자이다. 근원 단어는 산스크리트어 Maitreya이다.
- 罗汉: 원래는 '阿罗汉'으로 열반에 들지 않고 인간 세상에서 불법(佛法)을 전하고 중생을 제도한다. 근원 단어는 산스크리트어의 Arhān/Arhat이다.
- 阎罗/阎摩罗: 귀신의 왕으로 지옥을 주관하는 신이다. 정식 명칭은 '阎摩罗社'로, 일반적으로는 '阎(罗)王'으로 불린다. 근원

단어는 산스크리트어의 Yama-rāja이다.
- 魔: 불교에서 악귀를 가리킨다. 정식 명칭은 '魔罗'로, 근원 단어는 Māra이다.
- 和尚: 불교의 선교자로 일정 정도의 수행을 쌓아야만 한다. 원래는 '和上'으로 썼으며 서역 언어 khosha('和社')가 와전되어 harshi(a)ng으로 번역된 것으로 보인다. 산스크리트어 근원 단어는 Upādhyāya로, '邬波驮耶'로 번역된 바 있다.
- 僧/僧伽: 불교에서 출가한 남성을 말한다. 원래는 출가한 사람이 이루는 단체를 지칭하였으나 나중에 명칭으로 바뀌었다. 근원 단어는 산스크리트어 Saṁgha이다.
- 比丘: 20세 이상의 구족계(具足戒)를 받은 출가한 남성을 말한다. 근원 단어는 산스크리트어 Bhikṣu 또는 팔리어 Bhikhhu이다.
- 比丘尼/尼姑: '比丘'와 동일한 출가한 여성을 말한다. 근원 단어는 산스크리트어 Bhiksuṇi이다.
- 沙门: 승려의 개별 명칭이다. 서역 쿠차어 Samane(<팔리어 Samaṇa)에서 왔을 것이다.
- 沙弥: 7세에서 20세 정도의 십계(十戒)를 받은 출가한 남성이다. 서역 쿠차어 Samir에서 왔을 것이다. 팔리어로는 Sāmaṇerī인데, '比丘尼'에서 유추되어 온 것으로 보인다.
- 头陀: 여러 곳을 돌아다니며 고행을 통해 불도를 닦는 행각승이다. 근원 단어는 산스크리트어 Dhūta이다.
- 伽蓝/僧伽蓝: 사원, 절이다. 정식 명칭은 '僧伽蓝摩'로 산스크리트어 Saṁghārāma에서 왔다.
- 塔: 원래는 '塔婆'라고 쓴 적이 있으며, 산스크리트어 속어 Thūba/Thūpa에서 왔다. 탑은 '浮屠$_2$' 또는 '浮图$_2$'로도 불리는데 '佛陀

窣堵波'의 약칭에서 온 것으로 의심된다. 부처의 무덤이라는 뜻으로 산스크리트어로는 Buddha Stūpa이다.

- 刹: 깃발을 세우는 기둥으로 승려의 묘, 부처의 무덤에 세우는 깃발의 기둥에는 사리를 내장할 수 있었다. 탑으로 변모한 뒤에는 탑 꼭대기의 쇠붙이로 된 원기둥 모양의 장식인 '相轮'이 되었고, 의미의 확장을 통해 사찰을 가리키게 되었다. 정식 명칭은 '拉刹底'로, 근원 단어는 산스크리트어 Lakṣatā이다. 사찰의 의미로 해석되는 '刹'은 '刹多罗논밭'로 근원 단어는 Kṣetya이며, 혹은 앞의 '刹'과 뒤섞인 후 둘 다 사원을 지칭하게 된 것으로 보인다.

- 梵: '梵摩'의 축약형이다. 원래의 의미는 욕심을 멀리하는 청정함인데, 브라만교의 주요 신 중 하나이기도 하며 불교의 삼계(三界) 중의 하나로서 '梵天'으로 번역되었다. 중국에서는 불교를 상징하는 수식어로 쓰인다. 근원 단어는 산스크리트어 Brahmā이다.

- 涅槃/涅槃那: 입적, 소멸을 뜻한다. 팔리어 Nibbana 또는 산스크리트어 Nirvāṇa에서 왔다.

- 盂兰盆(节): 불교의 기념일로 음력 7월 15일에 고통에 처한 조상의 영혼을 구제하는 행사이다. 산스크리트어 Ullumbana에서 왔다.

- 偈: 불교에서 불조를 찬송하는 노래 가사로, 승려들도 불가의 이론을 알리고 신도들을 인도하기 위해 스스로 노랫말을 지어내곤 한다. 원래는 '偈陀'로 번역되었으며, 偈句/偈颂/偈语로도 쓰인다. 산스크리트어 Gāthā에서 왔다.

- 曼荼罗/曼陀罗: 십법계(十法界)가 두루 동일하게 수레바퀴의 살이 축에 모여 둥근 원을 이루듯이 모든 법을 다 갖추었다는 뜻

으로, 즉 신성한 단을 마련해 놓은 장소 또는 도량이다. 밀교(密教)에서는 흔히 사각형의 그림으로 만드는데, 온갖 부처와 보살을 그린 뒤 예배나 수행에 사용하는 법물(法物)로 쓰인다. 산스크리트어 Maṇḍala에서 왔다.

- 菩提: 깨달음, 깨달음의 지혜와 깨달음에 다가가는 길이다. 근원 단어는 산스크리트어 Bodhi이다.
- 瑜伽: 몸과 마음이 상응한다는 뜻으로, 불교에서 신체와 정신을 수련하는 방법 중 하나이다. 산스크리트어 Yoga에서 왔다.
- 禅: 마음을 거두고 고요히 사색하여 밝고 맑음에 다다르는 것으로, 불교의 좌선 수행 방법 중 하나이다. 원래는 '禅那'라고 번역하였으며, 산스크리트어 Dhyāna에서 기원하였다.
- 忏: 참회, 용서를 구하는 것으로 원래는 불교 의식 중 하나이다. 정식 명칭은 '忏摩'로, 근원 단어는 산스크리트어 Kṣama이다.
- 劫: 윤회하는, 길고 긴 대 재난, 대 멸망이다. 정식 명칭은 '劫波'로, 산스크리트어 Kalpa에서 왔다.
- 刹那: 불교에서 극도로 짧은 시간의 개념으로, 약 0.08초이며 이 시간 내에 900번의 죽음과 삶을 수용할 수 있다. 산스크리트어 Kṣaṇa에서 왔다.

불경은 중국에 '支那'라는 수수께끼와도 같은 단어를 유입시키기도 하였다. '支那'는 '脂那', '至那'라고도 표기되며 불경에서 인도 사람들이 고대 중국을 부르는 이름이다. 당대(唐代)의 의정義净이 남긴 『남해에서 보내는 법전·스승의 도南海寄归内法传·师资之道』에서 '且如西国名大唐为支那者, 直是其名, 更无别义도 예를 들면 서쪽 나라에서 당나라를 支那라고 부르는 것은 단지 명칭일 뿐 다른 의미는 갖고 있지 않습니다'라고 한 것을 예로 들 수 있다. '支那'에 대응하는 산스크리 트어 원어는 Cīna이다. Cīna는 그리스에 전해져 Thin이 되었고, 로마에 전해져 Sinae가 되었다. Cīna로부터 산스크리트어 Cinisthāna를 구성하였고, 이는 고대 인도에서 중국을 부르는 또 다른 명칭이 되었으며 중국어에서는 '震旦'으로 번역한다. 예를 들어『불설관정경佛说灌顶经』제6권에서는 '阎浮界內有震旦国세속에는 震旦이라는 나라가 있다'라고 하였다. 과거에는 보통 Cīna가 고대 인도 사람들이 '秦'을 음역한 것이라고 생각하였는데, 쑤만슈苏曼殊의『서찰집书札集』에 의하면, 인도 고대 서사시『마하바라타Mahābhārata』에 이미 '支那'라는 이름이 있었다고 한다.『마하바라타』는 인도의 바라타 왕조를 기록한 시로 중국의 상대에 해당하며, 이때에는 진나라가 존재하지 않았다. 만약 이 시에서 기록한 것이 사실이라면, '支那'라는 명칭은 인도에서 다른 근거로 명명되었다고 보아야 할 것이다. 근래에 들어 Cīna가 '晋'을 나타낸 것이라고 추측하는 이도 있다. 그러나 상대에는 晋나라가 존재하지 않았던 것으로 보인다. 만약 존재하였다고 하더라도, 높고 험준한 산으로 가로막힌 수만 리 밖의 인도에 어떻게 전해졌을지 따로 고증이 필요하다. 그러므로 Cīna는 '문물', '사유', '지혜'를 뜻하는 산스크리트어 고유어 cina가 고유명사화된 것으로 전설 속의 머나먼 북쪽의 대국에 대한 상상의 결과일 가능성이 더 높다. 보통명사가 지명으로 변모하는 것은 매우 흔한 일이며, 지금까지 파악한 사실에 더욱 부합하는 설명이다.

3) 여러 가지 물건의 명칭

중고 시기에는 대량의 물품이 여러 지역으로부터 중원에 들어왔고, 이와 동시에 외부에서 온 명칭들도 유입되었다. 이러한 것으로 식물, 채소, 과일, 보석, 광물, 약재 등이 있다.

(1) 식물, 채소, 과일 류의 명사

- 橄欖: 진대(晉代)에 이미 중국에 수입되었다. 근원 단어는 아마도 남쪽 바다 지역의 언어 중 하나로 k(a)lam/k(a)riam과 같을 것이다.
- 苹果: 수, 당대에 이미 수입되었다. 원래는 '頻婆羅'로 '頻婆/頻螺/頻果' 등으로 쓰기도 하였다. 근원 단어는 산스크리트어 Vimbara(>Bimba)이며, 또 다른 어원은 산스크리트어 Bilva('頻螺'에 대응)이다.
- 菠菜: 원래는 '菠棱菜'로 사용하였고, 당대에 네팔로부터 유입되었다. 근원 단어는 아마도 그 주변의 국명인 Palinga이다.
- 蒔勒: '蒔蘿소회향', 향신료로 쓰이는 식물이다. 당대에 이미 유입되었다. 중고 페르시아어 zīra 혹은 산스크리트어 Jīra(ka)에서 왔을 것이다. 지금은 위구르어에서 차용하여 '孜然'으로 쓴다.
- 耶悉茗: 자스민꽃이다. '野悉蜜'라고도 한다. 진(晉)대에 이미 서역으로부터 유입되었다. 근원 단어는 옛 페르시아어/아라비아어 yāsamīn이다.
- 豆蔻: 육두구는 당대에 이미 수입되었다. 근원 단어는 아라비아어 takur로, 옛 항구명 Takola와 관련된다.

(2) 약, 염료 등의 명칭

- 沒食子: 교목에 나는 벌레혹으로, 타닌산을 함유하고 있다. '无食子/沒食' 등으로도 쓴다. 수, 당 시기에 이미 페르시아에서 수

입되었다. 근원 단어는 maxzak/muzak이다.
- 阿魏: 즙이 많은 초본식물의 진액을 건조한 것이다. 살충, 해독, 적체를 해결하는 효능이 있다. 당대에 서역으로부터 수입되었으며, '央匮'라고도 쓴다. 근원 단어는 토하라어 aṅkwa일 것이다. 인도에서 유입되어 '形虞/兴耀'라고도 하며 이는 산스크리트어 hiṅgīu의 음역이다.
- 没药/末药: 몰약나무의 진액으로, 혈액 순환을 돕고 어혈을 제거하며 통증을 멎게 하고 위를 튼튼하게 한다. 북조 시기에 서역으로부터 들어왔다. 페르시아어 mor에서 왔을 가능성이 있고, 아라비아어로 지금은 murr라고 하는데 '쓰다'라는 뜻이다.

(3) 광물, 보물 등 명사

- 瑟瑟: 비취, 터키석과 비슷한 보석이다. 위나라 때 서역에서 들어왔다. 근원 단어는 중고 페르시아어로 sirsir과 비슷한 형식이었을 것이다.
- 镔铁/宾铁: 무늬가 있는 합금강이다. 당나라 때에 이미 서역에서 수입되었다. 근원 단어는 이란어 spaina와 파미르어 spin과 관련 있다.
- 珐琅: 당나라 때 서역에서 들어왔다. 명대에는 '法蓝/蓝'으로 불렸으며 지금의 景泰蓝경태람으로 발전되었다. 근원 단어는 페르시아어 fálang이다.

(4) 방직품 및 선박과 관련된 명사

- 古贝: 면화, 면직물이다. '吉贝/劫贝'라고도 한다. 수대에 남쪽

바다를 거쳐 들어왔다. 근원 단어는 바나어 köpaih과 관련된다.
- 㲲/錦㲲: 일종의 고운 면직물이다. 수대에 페르시아에서 전해졌다. 중고 페르시아어 dēb/dīp/dip에서 비롯되었을 것이다.
- 氍毹: 모 또는 모와 마를 혼합한 직물로 카펫이나 양탄자를 만드는 데 주로 쓰인다. 위나라 때에 서역으로부터 전해졌으며 근원 단어는 아마도 간다라어 koj'ava와 관련있을 것이다.
- 舶: 동한 말, 삼국 시기에 중국으로 차용되었다. 근원 단어는 말레이어 계열일 것이다. '舶'의 중고 중국어 음은 buak이다. 현재 말레이어의 boekot은 먼 곳을 다니는 배이다.

4) 음악, 가무와 관련된 명사

수, 당 시기에는 주변 여러 나라와의 교류가 상당히 활발하여 각지의 음악과 춤도 중원으로 유입되었고 궁정과 민간 모두에서 이러한 음악과 춤을 즐길 수 있었다. 수 대의 궁중에서는 각종 음악을 일곱 가지 또는 아홉 가지로 나누었는데, 서량, 한반도의 고구려와 신라, 고대 인도 천축국, 서역의 파르티아, 쿠차, 문강, 소륵, 강, 고대 일본 등을 포함한다. 이로부터 당시 대외 교류의 범위와 빈도를 알 수 있다. 동시에 자연스럽게 이와 관련된 많은 양의 외래어 단어들이 유입되었는데, 악기와 춤의 명칭 등을 예로 들 수 있다.

- 篳篥: 세로로 부는 짧은 피리이다. '悲栗/貝蠡'라고도 한다. 동한, 진(晉)대에 서역에서 전해졌다. 근원 단어는 돌궐어 bäri/beri 일 것이다.
- 答臘鼓: 두드리는 북면이 크고 깊이는 얕은 쿠차 악기이다. 손가

락으로 두드려 소리를 낸다. 당대에 전래되었다. 근원 단어는 페르시아어 tabūrah와 관련있다.
- 柘枝舞: 몸에 방울을 매달고 흔들면서 추는 페르시아 풍의 춤이다. 당대에 이미 유입되었다. 근원 단어는 알려진 바 없다.
- 苏幕遮: 머리에 '苏幕遮'라는 모자를 쓰고 추는 서역의 춤이다. 당대에 전해져서 널리 유행하였다. 근원 단어는 알려진 바 없다.

이 밖에 쿠차의 7음 음계도 중원의 5음 음계와 다른 점 때문에 중시되었다. 7음 음계에 쓰이는 명사도 음악과 함께 수대에 유입되었다.

- 鸡识/乞食: 상(商) 음을 으뜸음으로 하는 조이다. 쿠차어 keṣe 혹은 산스크리트어 kaiśika에서 온 것으로 보이며 긴 소리라는 뜻이다.
- 沙识/沙折: 각(角) 음을 으뜸음으로 하는 조이다. 쿠차어 śaiṣṣe 또는 산스크리트어 ša-dja/sasīka에서 온 것으로 보이며 천지라는 뜻이다.
- 沙侯加滥/沙俟加滥: 변치(變徵) 음을 으뜸음으로 하는 조이다. 쿠차어 säkgranth 또는 팔리어 sāgikrām, 산스크리트어 saha-grāma/sadja-grāma에서 온 것으로 보이며 메아리라는 뜻이다.
- 沙腊/洒腊: 치(徵) 음을 으뜸음으로 하는 조이다. 쿠차어 sāle 또는 산스크리트어 šāḍava에서 온 것으로 보이며 비어있는 현이란 뜻이다.
- 般赡/般涉: 우(羽)음을 으뜸음으로 하는 조이다. 쿠차어 pañcam 또는 산스크리트어 pañcama에서 온 것으로 보이며 5라는 뜻

이다.
- 侯利箠/俟利箠: 변궁(變宮) 음을 으뜸음으로 하는 조이다. 쿠차어 orkamñe 또는 산스크리트어 ṛṣabha/vṛṣa에서 온 것으로 보이며 혼탁하다는 뜻이다.
- 娑陀力/沙陀(力): 궁(宮) 음을 으뜸음으로 하는 조이다. 쿠차어 ṣātar 또는 산스크리트어 sādharika에서 온 것으로 보이며 부드럽다는 뜻이다.

5) 일곱 개의 요일

 대략 당대(唐代) 쯤에는 서역의 마니교 교도들이 서쪽 세계의 일곱 개의 요일로 이루어진 달력을 가져왔다. 이때 요일이라는 제도가 처음으로 전해졌는데, 시기가 맞지 않았고 중국어 번역명도 중국어의 특징에 부합하지 않아 잠깐 나타났다가 바로 사라졌을 뿐 사용되지는 못하였다. 그러나 이 또한 기록해 둘 필요가 있다. 예를 들면 다음과 같다.

- 密/蜜: 일요일이다. 강거어康居语 mīr에서 왔다.
- 莫/莫空: 월요일이다. 강거어 māq/mâh 혹은 소그드어 mākh에서 왔다.
- 云汉: 화요일이다. 강거어 wnqān 혹은 소그드어 wunkhān에서 왔다.
- 咥/滴: 수요일이다. 강거어 tīr 또는 소그드어 tir에서 왔다.
- 温没司/鹘勿斯: 목요일이다. 강거어 wrmzt 혹은 소그드어 wurmazt에서 왔다.

- 那頡/那歇: 금요일이다. 강거어 nāqit/nâhid에서 왔다.
- 鶏缓/枳浣: 토요일이다. 강거어 kēwān 혹은 소그드어 ke'wân에서 왔다.

6) 타국 관직 제도의 명칭

중고 시기에는 민족 간의 전쟁이나 융합으로 인해, 혹은 타국 지배 계층과의 왕래로 인해 주변 국가의 통치 체계를 어느 정도 접하게 되었고 관직명도 일부 유입되었다. 그중 동일한 계열에 속하는 선비와 돌궐, 회흘 세 민족과 페르시아의 영향이 가장 크다.

(1) 선비족 명칭

선비족은 돌궐과 거의 동시에 세력이 왕성해진 북방 민족으로, 각각 동쪽과 서쪽에 위치하였으며 사용하는 언어도 친족 관계에 있었다. 선비족은 북위 정권을 세운 뒤로 주동적으로 중국화되어 한족의 테두리 안으로 융화되었다. 그 전에, 그들은 선비족 관직명을 사용한 바 있다. 예를 들면 다음과 같다.

- 可汗: 선비족 군왕의 명칭이다. 돌궐 왕의 명칭에서 왔다. 근원 단어는 qaghan이다.
- 可孫/恪尊: 선비족 可汗의 부인이다. 돌궐 왕후의 명칭에서 왔다. 근원 단어는 qasun이다.
- 直勤/直懃: 왕실 자제의 작호이다. 근원 단어는 tägin이다.
- 咸眞: 역참의 역원이다. 근원 단어는 yamčin일 것이다.

이 밖에 선비족에서 형이나 아버지를 '阿干' 또는 '阿步干'(*akan/ *abkan으로 추정)으로 부르는데, 이 호칭은 민족의 융합 과정에서 기저유형으로 남거나 중국어에 전파되어 당대에 아버지와 형을 부르던 '哥'로 변화하였다.

(2) 돌궐족 명칭

돌궐과 회흘족은 앞뒤로 계승관계를 지니는 민족이다. 돌궐은 주로 남북조와 수, 당 시기에 활동하였고, 회흘족은 돌궐에서 분리되어 당나라 때에 돌궐을 섬멸하고 막북의 통치권을 획득하였다. 회흘족은 기본적으로 돌궐과 같은 명칭을 사용하였다. 다음은 돌궐족 관직 명칭의 일부로, 모두 돌궐어에서 유래하였다.

- 可汗: 돌궐과 회흘 군왕의 칭호이다. 돌궐 왕은 '可寒'이라고도 한다. 근원 단어는 qaghan이다.
- 可贺敦/可敦: 돌궐 왕후의 칭호이다. 근원 단어는 qaghatun/qatun이다.
- 特勤/地勤: 친왕의 작호, 부족장의 칭호이다. 근원 단어는 tägin/tegin이다.
- 设: 위임을 받아 돌궐족 외 부락을 통치하러 파견된 장관이다. 근원 단어는 šad이다.
- 叶护: 위임을 받아 다른 부락을 통치하러 파견된 장관으로, '设'와 유사하다. 흉노어에서 왔으며 근원 단어는 yabghu이다.
- 颉利发/俟利发: 부족장 또는 대신 아래의 중·고급 관직 명칭이다. '发'(bär/bat)는 통칭이다. 근원 단어는 eltäbär일 것이다.

- 吐屯: 감찰관이라는 뜻으로 뒤에 '发'를 덧붙일 수 있다. 근원 단어는 tudun일 것이다.
- 亦都护: 부락 수장의 또 다른 칭호이다. 근원 단어는 iduq-qut이다.
- 土门: 만부장이라는 뜻으로 근원 단어는 tümän이다.

7) 백월과 삼묘로부터 잔존한 언어 기저유형

(1) 민방언 중의 고대 캄타이어 기저유형 단어

푸지엔성에서 가장 먼저 거주한 사람들은 고대 위에 민족, 즉 백월이었다. 그들은 현재 캄타이어족의 조상이다. 서한 무제 때(기원전 110년)에 민월국(閩越國)을 멸망시킨 후 지앙쑤성과 안후이성 일대로 위에 민족을 이주시키고, 많은 수의 한족을 푸지엔성 일대로 이주시키기 시작했다. 진(晉) 영가(永嘉) 연간(대략 서기 300년)에 한족의 이동이 첫 번째 고조기에 다다랐고, 오대에 이르기까지 제2, 제3의 고조기가 있었다. 한족과 위에 민족 사이에는 점차 융합이 이루어졌고, 한족의 문화가 좀 더 발전하였기 때문에 고대 위에 민족은 차차 한족의 문화를 받아들이고 한족에 융화되면서 중국어를 사용하기 시작하였다. 이와 동시에 중국어에도 백월어의 성분이 일부 유입되었고, 민방언을 형성하였으며 기저유형의 단어를 많이 남겼다. 예를 들면 다음과 같으며 오른쪽 위의 숫자는 조류를 나타낸다.

- 舔핥다: 민방언-푸쪼우 lia?^{7}, 푸티엔 liou^5, 따티엔 lê^5, 롱시 li^7, 찌엔오우 la^7
  캄타이어-쭈앙어 ri^2, lei^2(남부), 린까우어 lek^7, 시슈앙반나 따이어 le^2, 뚱어 lja^2, 슈에이어 lja:k^7

- 褪, 脱落벗다, 벗겨지다: 민방언-타이완 민남방언 lut^8, 짱쪼우 lut^8
  캄타이어-쭈앙어 lo:t^7, 뿌이어 lo:t^7
- 饮마시다: 민 방언 '啉'-시아먼 lim^6, 짱쪼우 lim^6
  캄타이어-쭈앙어 dum^5/lim^2, 린까우어 um^3, 시슈앙반나 따이어 dum^5, 뚱어 wum^5, 슈에이어 rəm^3
- 缩, 龟缩움츠리다: 민방언-푸쪼우 kieu^1
  캄타이어 '弯曲굽다'-쭈앙어 kot^8, 시슈앙반나 따이어 kot^8
- 蟑螂바퀴벌레: 민방언-푸쪼우 ka1la↗^{8}, 시아먼 ka6tsua↗^{8}, 찌엔오우 tsuê^8, 푸안 sa↗^{8}
  캄타이어-쭈앙어 tu^{2}sa:p, 뿌이어 tuə^{2}sa:p, 린까우어 sia:^{2} lap^7, 뚱어 kwa:p^9

(2) 민방언 중의 고대 미아우 – 야우어 기저유형의 단어

고대 푸지엔성 지역에는 고대 삼묘족도 거주하였다. 그들은 현재 미아우-야우어족의 조상이다. 삼묘족은 처음에는 주로 지앙쑤성, 안후이성, 후난성, 꾸이쪼우성貴州省 일대에 거주하였으나 한족이 남쪽으로 이주함에 따라 후난성과 꾸이쪼우성 일대 외에도 오늘날의 광시성, 쓰추안성四川省, 윈난성 등지로 점차 이주하였고 그중 일부는 푸지엔성으로도 오게 되었다. 지앙쑤성과 안후이성에 남아있던 삼묘는 이주해 온 백월처럼 차차 현지의 한족과 융합하고 동화되었다. 한편 푸지엔성으로 이주한 삼묘도 차차 한족과 융합하였고, 중국어를 사용하게 되는 과정에서 일부 기저유형의 단어를 남겼다. 예를 들면 다음과 같다.

- 厝놓아두다: 푸지엔성 남부 tshu, 푸지엔성 동부 tshw, 꾸이쪼우성

동부 미아우어 tsê³, 야우어 pau³
- 坏나쁘다: 푸지엔성 남부/동부 phai, 꾸이쬬우성 동부/후난성 서부 미아우어 pu¹, 쓰추안성, 꾸이쬬우성, 윈난성 미아우어 pua⁴
- 识알다: 푸지엔성 남부 bat, 푸지엔성 동부 pai?, 꾸이쬬우성 동부 미아우어 pu¹, 쓰추안성, 꾸이쬬우성, 윈난성 미아우어 pou1, 서어 pe¹, 야우어 pei¹
- 闭(眼)(눈을)감다: 푸지엔성 남부 gap, 푸지엔성 동부 khai?, 꾸이쬬우성 동부 미아우어 qa⁵, 후난성 서부 미아우어 ca³, 쓰추안성, 꾸이쬬우성, 윈난성 미아우어 qe⁵
- 何处어디: 푸지엔성 남부 to³, 꾸이쬬우성 동부 미아우어 tei⁶, 쓰추안성, 꾸이쬬우성, 윈난성 미아우어 tu⁶, 서어 tat⁸

위에방언에도 민족 융합으로 인한 기저유형의 단어가 일부 존재하나 민방언 보다 시기가 늦어 근고(近古) 전기의 현상으로 볼 수 있다. 제1장 제1절과 제2장 제4절에서 소개하고 있으므로, 여기에서는 생략하기로 한다.

4. 근고 중국어 외래어 개관 : 송(宋), 원(元), 명(明), 청(淸)

1) 서설

근고 시기는 송대에서부터 청대 전기까지 연결된다. 만당오대(晚唐五代)는 중고와 연결되는 과도기이며, 청대 중기는 근·현대의 과도기이다. 이 시기에는 다음과 같은 특징들이 나타난다. 먼저 상업이 빠르게 발전하였고, 한족이 아닌 타민족이 수차례에 걸쳐 중국 전체 또는 일부 지역을 다스리게 되었다. 중국 내의 각 민족간의 관계는 빈번한 접촉이 일어나는 한편 한쪽으로 기울어지거나 긴장이 지속되기도 하였다. 대외 교류에 있어서는 개방을 위주로 대담한 외교 경로 개척이 여러 차례 이루어졌는데, 산 넘어 북쪽으로 바다 넘어 남쪽으로 다른 국가들과 교류하며 우호를 다졌다. 민간 측면에서는 무역 활동이 활발해졌다. 송대에는 여러 번 사신을 파견하여 해외 시찰을 하였다. 원대에는 몽골(蒙古) 제국의 영토 확장과 함께 서쪽의 여러 민족과 전례 없는 폭넓은 접촉을 하였고, 처음으로 정부의 정식 역관(譯館)을 열게 되었다. 명대에는 널리 알려진 바와 같이 삼보태감 정화(鄭和)가 일곱 차례에 걸쳐 서쪽으로 항해하는 업적을 이루었다. 이로부터 중국은 동남아시아 각국과 정식 왕래를 시작하였고, 서양 선교사들도 처음으로 중국에 들어와 서양의 과학기술 저작들을 번역하기 시작하였다. 청대 전·중기에는 중국 내 각 민족들의 교류에 중점을 두었고, 서양의 국가들과 제한적으로 교류하였다. 이에 맞추어 외래어도 중고 시기와는 질적인 차이를 보인다. 과학기술 용어가 점차 중국으로 알려졌고, 중국은 처음으로 근대 과학을 접하게 되었다. 중국 내부에서는 민족간의 융합이 더욱 심화되어 중국어 방언에 한족 외 다른 민족의 언어에서 온 기저유형의 단어들이 끊임없이 생겼다. 구체적으로 짚어보자면 다음과 같이 요약할 수 있다.

2) 거란, 여진, 몽골, 만주족의 중국어에 대한 영향

거란, 여진, 몽골, 만주 네 민족은 역사적으로 요, 금(金), 원, 청 정권을 수립하여 중국 전체 또는 일부 지역을 통치하였다. 그들은 각 민족의 언어로 된 단어를 중국어에 유입시켰다. 그런데 한족의 문화가 더 발전하였기 때문에 언어 접촉 과정에서 중국어가 우위에 있게 되었고 지배 계층은 통치를 위해 중국어를 배울 수밖에 없었다. 그들 중 일부는 시간이 흐르면서 자연적으로 그들의 모어를 버리고 중국어를 대신 사용하게 되기도 하였다. 거란어, 여진어, 몽골어, 만주어에서 온 외래어들은 세 가지 특징을 지닌다. 첫째, 수가 많지 않다. 둘째, 제한성이 크다. 셋째, 통치 지위를 상실함에 따라 상당수의 외래어도 소실되었고, 실제로 사용하지 않게 되었다.

(1) 거란어를 어원으로 하는 외래어

거란족은 지금의 랴우닝성遼寧省 일대에서 서기 916년에서 1125년까지 이어진 요나라를 세웠다. 거란족의 고위 계층은 한족의 문화를 숭상하였고, 따라서 거란어 단어도 소수를 제외하고는 대부분은 스쳐가듯이 중국어에 들어왔을 뿐이었다. 예를 들면 다음과 같은 것들이 있다.

- 可汗: 거란족 수령의 칭호이다. 선비족과 돌궐족의 영향을 받은 뒤의 호칭이다. 근원 단어는 돌궐어 qaghan이다.
- 疑离堇: 거란족 수령이 돌궐에 복속했을 때의 칭호이다. 돌궐어 俟斤(irkin/erkin)에서 왔다.
- 惕隱: 요대에 황족의 정권과 종교를 관장하던 관직명이다. 근원 단어는 teyin일 것이다. 돌궐어 特勤(tägin/tegin)에서 왔다.
- 斡鲁朵/斡耳朵: 궁중 시위로, 요대에 존재한 경제와 군사가 하나로 합쳐진 조직 형식이다. 근원 단어는 ordo일 것이다.
- 达马: 호위하는 시종으로 斡鲁朵의 시위 조직이다. 근원 단어는 tama일 것이다.

- 猛安: 부락 또는 부락 연맹의 단위이다. 근원 단어는 mängan일 것이다.
- 谋克: 거란족의 조직 단위의 일종이다. 근원 단어는 mäke일 것이다.
- 乣: 잡것, 북방 여러 민족을 통틀어 말하는 명칭. 요대에 광범위하게 사용된 수식어이다. '乣民'은 한족 외의 이민족을, '乣军'은 이민족으로 이루어진 군대를 말한다. 이 밖에 '乣将', '乣官', '乣户', '乣首' 등이 있다. 이 글자는 원래 거란 문자로 여겨졌으나 실제로는 한자 '札'의 이체자로 '닭'을 뜻한다. 이 한자의 독음은 아직 정설은 없는데 초기에는 ča(察)로, 근래의 연구에서는 ja(札)일 것으로 추정하고 있다5).

(2) 여진어를 어원으로 하는 외래어

여진족은 현재 만주족의 주된 조상으로 보인다. 여진족은 서기 1115년에서 1234년까지 지속한 금나라를 건국하였고, 전성기에는 국토가 황하 유역까지 넓어져 중원의 절반을 차지하였다. 여진족의 문화보다 한족의 문화가 우위에 있었는데, 여진족이 사용하는 여진 문자인 여진 대자大字와 여진 소자小字는 한자를 본떠 만든 것이고 여진족의 상류층은 한문을 보편적으로 익혔다. 따라서 비록 여진족이 한족의 거주지역을 통치하였을지라도 중국어에 유입된 여진어를 어원으로 하는 단어의 수는 많지 않고 대부분은 일시적이고 초보적인 것이었다. 비교적 알려진 단어들로 다음과 같은 것들이 있다.

---

5) 제6장 2. 외래어의 어원 연구 378~385쪽 참조.

- 猛安/明安/闵阿: 여진 부락의 단위이다. 이후에 군사, 생산, 행정이 삼위일체를 이룬 조직이 되었고, 관직명(千夫长천부장)으로도 쓰였다. 근원 단어는 mingan이다.
- 谟克/穆昆: 여진 부락 연맹 중의 씨족 단위이다. 300호가 하나의 谟克를 이루고, 10개의 谟克가 하나의 猛安이 된다. 이후에 관직명(百夫长백부장)으로 쓰였다. 근원 단어는 möke/mukön이다.
- 勃极烈: 부락 또는 씨족 수령의 칭호로, 금나라 초기에는 관직명으로도 사용하였다. 근원 단어는 begile이다. 이 명칭은 다음과 같이 나눌 수 있다. '都(du)두목勃极烈'는 부락 연맹 중 최고 통치자를, '谙版(amban)대신勃极烈'는 최고 통치자의 바로 아래 지위에 있는 수령을, '国论(gurun)국가勃极烈'는 재상을, '忽鲁/胡鲁(kuren)총수勃极烈'는 군의 총수를 말한다.
- 勃堇/孛堇: 작은 부족의 수령이다. 근원 단어는 begin이다.
- 安答海: 손님이다. 근원 단어는 antaha이다.
- 珊蛮/萨摩: 샤먼교 또는 샤먼교의 무속인이다. 근원 단어 saman의 원래 의미는 샤머니즘이다.

(3) 몽골어를 어원으로 하는 외래어

몽골족은 고대 돌궐족과 관련있는 민족으로, 한족과 교류해온 시간이 비교적 길다. 테무친이 칭기즈 칸이라는 칭호를 받아들여 칸으로 봉해졌을 때부터, 몽골은 162년(서기 1206년-1368년) 동안 건재했다. 이 기간 중 1271년에는 남송을 멸하고 중국을 통일하여 원 제국을 세웠고, 중국을 거의 100년 정도 통치하였으므로 몽골의 영향이 작다고는 할 수 없다. 그러나 진정으로 중국어에 남긴 단어는 결코 많지 않다. 원대 당시에는, 분야별로 몽골어를 차용하여 사용하는 정도가 달랐다. 그중 원대 잡극에는 피진 식의 혼합 형태가 출현하기도 하였다. 원나라가 멸망한 후, 이렇게 몽골어를 어원으로 하는 외래어들은 대다수가 시대의 흐름과 함께하지 못하고 도태되었다. 정치, 군사와 관련된 단어들은 거의 흔적도 없이 사라져 버렸고, 살아남은 외래어는 대부분 일상용어들이었다. 예를 들면 다음과 같다.

- 成吉思汗: 천자, 황제, 즉 최고 지도자인 칸이다. 근원 단어는 čingiz(kha)gan으로, '成吉思'와 '汗'으로 구성된다. 앞부분은 여러 가지로 해석 가능한데, '가장 큰'을 뜻하는 흉노어 '单于(sanok/tsanak 또는 senogu/senhu/snkn)'에서 왔다는 설이 있고, '하늘'을 뜻하는 흉노어 tängri(몽골어 tegri)에서 왔다는 설이 있다.
- 札鲁花赤/札鲁火赤: 판관이다. 근원 단어는 jarguči이다.
- 达鲁花赤/达剌火赤: 원대의 각급 행정 장관의 관명으로, 감독을 맡았다. 근원 단어는 darugači이다.
- 也可那颜/也可那寅: 장관을 두루 일컫는 말로, 전문적인 직함은 아니다. 근원 단어는 yeke noyan이다.
- 一赤: '-či'가 어떤 성분의 뒤에 놓이면, 그 직책을 전문적으로 맡아 함을 뜻한다. 예를 들면 그 직무를 전문적으로 담당하는 사람을 말한다. 예를 들면 '必者赤'(bičigeči, 문서), '怯里马赤'(kelemürči, 번역, 역관), '火都赤'(xotuči, 건설 담당 관리), '火鲁赤'(xoruči, 활과 화살을 관리하는 직위), '兀剌赤'(ulagači, 역참 담당 관리), '仓赤'(sangči, 창고를 관리하는 직위, sang은 중국어의 '仓'에서 왔음), '阔端赤'(kotüči, 시위와 시종)가 있다.

- 怯薛(丹): 칸의 근위군이다. 근원 단어는 kešig(ten)이다.
- 秃鲁花军: 고위 관리의 아들로 이루어진 군대이다. 삼품 이상 관원들은 반드시 아들을 1명씩 보내야 했고, 관원의 자제들로 군대를 조직하였다. 근원 단어는 turug/torug이다.
- 探马赤: 선봉군, 변방에 주둔하여 지키는 부대이다. 근원 단어는 tamači이다.
- 奥鲁: 후방의 보급 부대 또는 기관이다. 근원 단어는 oro이다.
- 札撒(克)/札萨克: 대법전이다. 나중에는 정부 기구, 통치의 뜻으로 의미가 전환되었다. 근원 단어는 jasag이다.
- 站赤/醮/驿站: 정부의 공문 등을 전달하며 다니는 길에 있던 정거장이다. 처음에는 돌궐어 yamči(n)이었고, 이후에 선비어 '咸真'이 되었는데 둘 다 역마 등을 관리하는 사람이었고, '站赤'도 이에서 비롯되어 원대에는 역참제의 뜻으로 변화하였으며 더 나아가 역참이라는 의미를 갖게 되었고, 지금은 '站'으로 간략화되었다. 근원 단어는 jamči/jam이다.
- 斡耳朵/兀鲁朵: 막사, 궁전을 뜻한다. 근원 단어는 ordu이다.
- 兀鲁思: 백성, 영지이다. 근원 단어는 ulus이다.
- 斡脱: ① 상인, 상단이다. 근원 단어는 ordu이다. ② 술을 권하는 것, 건배이다. 근원 단어는 ötök/xötök이다.
- 安达/按答: 친구, 의형제이다. 근원 단어는 anda이다.
- 孛兰奚/卜兰奚/不兰奚: 도망쳐 주인이 없는 노비이다. 근원 단어는 bogulčid이다.
- 喇嘛: 티베트 불교(밀교)의 승려이다. 근원 단어는 lama이다.
- 也里可温: 기독교 신도로 주로 네스토리우스파의 선교사이다. 근원 단어는 erkegün이다.

- 术忽/主吾/主鹘: 유대인이다. 근원 단어는 juɣu/juxu(유대어 jew) 일 것이다.
- 胡同: 작은 골목이다. 근원 단어는 아마도 우물이라는 의미의 ottek/xuttuk 혹은 gudum일 것이다.
- 戈壁고비사막: 암석 사막이다. 근원 단어는 gobi이다.
- 和必斯: 3현처럼 생긴 4현의 현을 뜯어 소리를 내는 악기이다. 근원 단어는 xubis(돌궐족 악기 qobuz/qūpūz, 즉 '火不思'에서 왔음)이다. 이 악기는 현재 윈난성과 샨시성陝西省에 원형 또는 변이형이 남아있다.
- 纳石失: 원대 위구르족이 직조한 금사를 씨실로 삼아 무늬를 넣어 짠 비단을 말한다. 근원 단어는 načid(페르시아어 nasij에서 왔음)이다.
- 扫花/撒花: 팁, 포상금이다. 근원 단어는 sauɣa로, 예전에는 šang(고대 중국어 '賞'에서 왔음)에서 온 것으로 생각하였다.
- 歹: 좋지 않은 것, 나쁜 것이다. 근원 단어는 아마도 tai이다.
- 哈叭儿/哈叭狗: 발바리, 페키니즈이다. 근원 단어는 xaba이다.
- 失利(孙)/猞猁스라소니: 1미터 정도 길이의 숲에 사는 고양잇과의 동물이다. 근원 단어는 silügüsü(n)/silegüsü(n)이다.

(4) 만주어를 어원으로 하는 외래어

만주족의 본래 명칭은 滿洲 또는 滿珠이다. 불교의 문수보살(산스크리트어 Mañjusrī)과 만주족의 옛 이름 중 하나인 '珠申/诸申'(jusen) 두 가지가 하나로 합하여 형성된 것으로 보인다. 만주족의 조상은 한 시대를 주름잡았던 여진족으로, 약 400년이 지난 뒤 후손이

다시금 권토중래하여 중원을 호령하는 통치자가 되었다. 청대에 만주어는 황실의 조상들이 사용하던 모어였으나 한족과의 문화적 차이로 인하여 중국어를 사용하게 될 수밖에 없었고, 만주어는 점차 쇠락하여 최후에는 기본적으로 실생활에서 사용하지 않는 언어가 되었다. 이러한 상황은 만주어에서 중국어에 유입된 단어에 한계가 있음을 말해준다. 그러나 청나라는 약 300년 동안 지속되었고, 만주어를 어원으로 하는 외래어의 수량은 몽골어랑 비슷하며 그중 상당수는 기저유형을 이루는 단어이기도 하다. 이러한 단어는 주로 베이징에서 집중적으로 나타나고, 그 다음으로는 중국 동북 지역에서 많이 나타난다. 청나라의 멸망과 함께 만주어를 어원으로 하는 이들 외래어도 차차 사라져갔고, 소수의 개별적인 예만이 중국어에 남았다. 그러나 지금까지 남아있는 만주어 어원의 외래어들은 몽고어를 어원으로 하는 외래어보다 그 수가 훨씬 많다. 다음과 같은 예를 볼 수 있다.

① 사회 조직과 인물의 칭호, 호칭 관련 단어

- 固伦/国伦: 국가로, 나중에는 종실의 작호 중 하나로 쓰였다. 근원 단어는 gurun이다.
- 牛彔: 여진족 씨족 시기에 만들어진 생산-군사조직이다. 나중에는 300명을 하나의 牛彔으로 하고, 八旗팔기제도중의 군사-생산-행정 삼위일체의 하부 조직이 되었다. 근원 단어는 niru이다.
- 甲喇/札栏: 牛彔보다 큰 단위로, 5개의 牛彔이 하나의 甲喇를 이룬다. 근원 단어는 jalan이다.
- 固山: 旗기이다. 5개의 甲喇가 하나의 固山이 된다. 나중에는 귀족 칭호의 하나로 쓰였다. 근원 단어는 guusa이다.
- 堆子/堆卡: 청대에 도시의 길가에 팔기군을 주둔하는 장소이다.

근원 단어는 juce이다.

다음의 예는 각종 호칭(이하 괄호 안은 베이징어 독음을 한어병음으로 표음한 것이다)이다.

- 大阿哥: 베이징어에서 阿哥(àge)는 만주족 도련님이나 귀한 집안의 자제를 일컫는 호칭이며, 大阿哥는 황태자를 칭하는데 쓰인다. 근원 단어는 age이다.
- 贝勒: 청대에 亲王친왕, 郡王군왕의 바로 아래에 해당하는 작호이다. 근원 단어는 beile이다.
- 贝子: 贝勒보다 지위가 낮은 작호이다. 근원 단어는 beise이다.
- 格格(gēge): 亲王, 郡王, 贝勒, 贝子의 자녀의 작호이다. 근원 단어는 gege이다. 현재의 gége라는 독음은 사실 잘못된 음이다.
- 额驸: 황실, 귀족의 사위의 작호이다. 근원 단어는 efu이다.
- 和硕: '책봉된'이라는 뜻으로, 일등의 亲王, 公主, 额驸 등의 칭호 앞에 붙여 쓴다. 근원 단어는 hošo이다.
- 昂邦/谙版: 대신(大臣)으로, 청나라가 중원을 차지한 뒤에는 旗의 수령이나 변경에 주둔하는 대신을 칭했다. 근원 단어는 amban이다.
- 福晋: 귀인, 왕비라는 뜻으로 亲王과 郡王 및 그들의 아들의 본처에게 쓰는 작호이다. 근원 단어는 fujin(<중국어 夫人)이다.
- 哈番: 비교적 광범위하고 유동적으로 사용되는 관직명 및 작호이다. 근원 단어는 hafan이다.
- 笔帖式: 서기관으로 번역, 문서, 보존할 서류 등을 관리한다. 근원 단어는 bithesi(<몽골어 bičgči<중국어 笔)이다.

- 伯什户/拔什库: 팔기군의 문서 기록과 출납을 관장하는 벼슬을 뜻하며, 하급 관원을 부르는 말이다. 근원 단어는 bošokuu이다.
- 谙达/安达: 친구라는 뜻으로 황자의 스승의 칭호이며 연로한 내시의 존칭이다. 근원 단어는 anda이다.
- 达达: 머리라는 뜻으로, 황족 자녀가 조부모 연배의 내시를 존칭으로 부르는 말이다. 근원 단어는 da이다.
- 达拉密: 두목이라는 뜻으로 구체적인 기구의 책임자를 말한다. 근원 단어는 dalambi이다.
- 戈什(哈): 호위병, 고위 관직에 있는 사람의 시종 중 무관(武官)이다. 근원 단어는 gocika이다.
- 卡(伦): 정탐원이다. 근원 단어는 karun이다.
- 阿玛(àma): 베이징의 만주족이 아버지를 부르는 호칭이다. 근원 단어는 ama이다.
- 额娘(éniáng): 베이징의 만주족이 어머니를 부르는 호칭으로, 왕의 아들이 왕인 아버지의 후궁을 부르는 호칭으로도 사용할 수 있다. 근원 단어는 eniye이다.
- 嬷嬷/嬷嬷(mómo)/嬷儿(mōr): 베이징의 만주족이 유모를 부르는 호칭으로 관리의 유모를 지칭하는 경우가 많다. 근원 단어는 meme eniye이다.
- 妞妞: 베이징어로 어린 여자아이이다. 근원 단어는 nionio(어린 아이의 귀여운 모습을 말함)일 것이다.

② 일상 생활에 쓰이는 기타 단어
- 萨其马/萨奇马: 베이징어이다. 사치마를 뜻한다. 근원 단어는 sacima이다.

- 溫朴(wēnpu): 베이징어이다. 산사열매와 설탕을 볶아 만든 음식이다. 근원 단어는 umpu(tepse)이다.
- 莽式/莽势: 만주족 춤으로 喜起舞라고도 부른다. 근원 단어는 maksi이다.
- 哈士蟆/哈士蟆: 동북 지역의 보양 작용을 하는 개구리류이다. 근원 단어는 hasima이다.
- 喇辣蛄: 땅강아지이다. 근원 단어는 lagulako이다.
- 妈虎子/麻胡子(māhuzi): 전설 속의 괴물으로, 눈은 빨갛고 코는 크다. 베이징 사람들이 어린 아이들을 겁줄 때 쓴다. 근원 단어는 mahuntu이다.
- 皮马虎: 가죽으로 만든 방한모이다. '马虎'의 근원 단어는 mahuu이다.
- 挂懒儿: 베이징어이고, 긴 조끼이다. 근원 단어는 guwalasur이다.
- 挖单/哇单(wādan): 베이징어이다. 두 겹으로 된 보자기 또는 마술에 쓰는 가리개이다. 근원 단어는 wadan이다.
- 乌拉/靰鞡(wùla): 동북 방언이다. 원래의 뜻은 강과 하천이다. 나중에는 보온에 쓰는 풀의 한 종류를 의미하게 되었고, 안쪽에 이런 풀을 깔아놓은 신발을 의미하기도 하였다. 근원 단어는 큰 강을 의미하는 ula이다.
- 哈拉巴/哈肋巴/哈力吧: 베이징어이다. 어깨뼈, 견갑골이다. 다른 사람에 대한 멸칭이나 가난한 사람을 말하기도 하였다.
- 胳肢/隔肢: 간지럼을 태워 웃기는 것이다. 근원 단어는 gejihesembi이다.
- 摩驼子: 베이징어이다. 꾸물거리고 느릿느릿한 것을 말한다. 근원 단어는 modo이다.

- 喇忽: 베이징어이다. 부주의, 소홀함을 말한다. 근원 단어는 lahu 이다.
- 骨力/骨立: 베이징어로는 튼실한 것, 동북 방언으로는 풍만한 것을 말한다. 근원 단어는 modo이다.
- 肋脦: 베이징어로, 옷이 단정치 못함을 말한다. 근원 단어는 lete이다.
- 妈虎儿/麻虎儿(māhǔr): 베이징어이다. 사람을 놀라게 할 때의 얼굴 모양이다(두 손으로 눈가와 입가를 늘려서 만드는 표정). 근원 단어는 mohu이다.
- 嚊(zhè): 베이징의 만주족이 자주 사용하는 감탄사로 '예'(응답)의 의미이다. 근원 단어는 je이다.

3) 외국 특산품의 명칭

서역 및 동남아 지역과의 교류와 개방 정책을 통해 중국에 여러 가지 기이한 물건들이 소개되거나 수입되었다. 이러한 물건으로는 동·식물, 식물의 진액, 광물과 보석 등이 있는데, 예를 들면 다음과 같다.

① 동식물과 그 산물

- 徂蜡/祖剌法/麒麟: 기린이다. 명대에 유입되어 번역되었다. 徂蜡와 祖剌法는 아라비아어 zurafa/zarāfa에서 왔다. 麒麟은 명대에 마환马欢이 정화를 따라 항해를 하며 예멘을 지날 때 처음으로 기린을 보았을 때 사용한 것이다. 이 방법은 옛 이름을 빌려 해석하였지만 상당히 합리적이었기 때문에 이렇게 번역하는 것

으로 자리잡았다. 麒麟은 소말리아 방언 giri/géri에서 왔고, 현지의 아라비아어 방언으로는 giraf(f)e이다. 19세기 후반에는 '支列胡', '支而拉夫', '吉拉夫', '支拉斐' 등으로 영어 giraffe를 번역하였다.

- (花)福禄: 얼룩말이다. 명대에 들어와 번역되었다. 아라비아어로는 foro/fara이다.
- 昔雅锅失/雅锅失: 대형 야생 고양잇과 또는 살쾡이의 한 종류이다. 명대에 번역되었다. 페르시아어로는 siyāh-gōš이다.
- 毗梨勒: 약용 식물의 한 종류이다. 송대에 번역되었으며 페르시아어로는 balīla, 산스크리트어로는 vibhītaka로 불린다. 이 식물은 가리륵의 열매(페르시아어로 halila)와 여감자 혹은 참여우구슬(페르시아어로 amola)과 배합하여 삼륵주를 만드는 데 쓰인다.
- 苦鲁麻(枣): 대추야자이다. 원대에 들어와 번역되었다. 페르시아어로는 khurma/xurma이다. 혹은 해상을 통해 번역되어 들어왔는데, 중고 페르시아어 gurmań/kermań에서 왔다.
- 巴榄/芭榄/杷榄/巴丹杏: 납작복숭아이다. 송대에는 巴榄이라고 하였는데, 해상에서 华南화남 지역을 거쳐 들어왔다. 원대에는 芭榄/杷榄이라고 하였는데, 기본적으로 송대의 번역어를 따른 것이었고, 명대에는 巴丹(杏)/八担이라고 하였는데, 육로로 서북 지역을 거쳐 들어온 이름이었다. 신페르시아어로는 bādām이라고 한다.
- 映日果: 무화과이다. 신 페르시아어 anjīr/enjīr에 해당한다.
- 波罗蜜: 보리수 나무의 열매이다. 명대에 화남 지역을 거쳐 들어왔다. 산스크리트어로는 panasa이다.
- 押不芦: 독말풀, 흰독말풀이다. 원대에 들어왔다. 아라비아어로

는 yabruh/abruh이고, 페르시아어로는 abrūh이다.
- 芦荟: 알로에 일종의 약용식물과 그 진액이다. 송대에 들어왔다. 페르시아어로는 alwā(＜아라비아어 alua/alwa＜그리스어 aloē)이다.
- 胡芦巴: 1년생 약용 콩과식물 및 콩꼬투리이다. 송대에 들어와 번역되었다. 페르시아어로는 hulbat이고, 아라비아어로는 hulba/hulbah이다.
- 婆固脂/补骨脂/破故纸: 일년생 약용 콩과 식물과 그 씨앗이다. 송대에 들어와 번역되었다. 산스크리트어로는 vākucī이다.
- 鲊答/札答: 우황과 비슷한 약용 광석이다. 돌궐어와 몽골어로는 각각 jada, yada이다.
- 薰陆: 유향, 일종의 나무 진액이다. 송대에 들어와 번역되었다. 아라비아어로는 kundur, 산스크리트어로는 kundura/kundu(ruka)이다.
- 阿芙蓉/鸦片/阿片: 양귀비의 진액에서 추출한 물질로 마약인 아편을 뜻한다. 阿芙蓉은 명대에 들어왔다. 아라비아어로는 afyūm이다. 阿片과 鸦片 등은 청대 중엽에 들어와 번역되었으며, 영어로는 opium이다.

② 광물과 진귀한 보석, 직물류 등

- 撒白植/撒巴尔: 호박, 나무 진액이 암석화한 물질이다. 명대에 들어와 번역되었다. 페르시아어로는 šabhoi/šabhari이다.
- 助木剌/祖母绿: 상등의 녹색 보석이다. 원대에 들어와 번역되었다. 페르시아어와 아라비아어로 zumurrud/zmerud/zamudag이다
- 古木兀/窟没蓝: 빨간 바탕에 검은 색이 있는 진귀한 보석이다.

원대에 들어와 번역되었다. 말레이어로 kumala/kumula이다.
- 鴉鶻/押忽: 여러 가지 색의 보석이다. 원대에 들어와 번역되었다. 아라비아어와 페르시아어로는 yāqūt이고, 돌궐어와 몽골어로는 yakut이다.
- 撒哈剌: 페르시아 모직물의 일종으로, 숄을 만들 수 있다. 명대에 들어와 번역되었다. 페르시아어로는 saqalāt/saqallāt이다.
- 麽斯/毛夕里紗: 세밀하게 짜인 면포이다. 아라비아어로는 'mossul/mōsul이다.
- 靉靆/矮納: 안경이다. 송대에 번역되었다. 아라비아어로는 'uwainat이다.
- 艉: 큰 배, 함대이다. 원대에 말레이계 언어로부터 들어왔을 것이다. 현재 말레이어로 jong 또는 diong라고 하며, 자바어로는 jongque이다.

4) 초기 과학기술 용어의 수입

중국 고대에는 찬란한 문명을 창조하였다. 전국시대 제자백가가 서로 학문을 다툴 때부터 3,000여 년에 달하는 역사 속에서 중국 본토에서는 수많은 고대 과학기술 발명과 발견이 이루어졌고, 서구 사회보다 더 이른 것도 많이 존재했다. 그러나 우리가 짚고 넘어가야 할 점은, 중국 고대의 이러한 과학기술 활동 및 방법은 체계적이지 못했고, 여러 측면에서 논증과 실험적 요소가 부족하며 다시 반복하여 실현할 수 있는 경우가 적고 이론으로 발전하지는 못하였다는 점이다. 따라서 상당히 제한적이었고, 근대적인 의미에서의 과학으로 빠르게 발전할 수가 없었다. 이런 상황에서는 반드시 외국의 과학기술을 도입하고 참고로 해야 할 필요가 있다. 어느 시대에 외부인에 대한 편견이 적은 문화적 특징이 있다면, 그 시대는 비교적 더 개방적일 것이고 외국의 과학기술 개념과 과학기술 산물도 많이 도입할 수 있을 것이다. 중국 역사에서는 원대가 그러한 예에 속한다.

(1) 원대에 유입된 천문 기구와 무기

원대의 몽골족 통치자들의 낙후한 문화와 그들의 영토 확장이라는 군사적 행동은 또 다른 측면에서는 긍정적인 의미를 지녔다. 그들은 한족 통치자들이 조상의 관습을 견지하는 보수적 성향을 타파하였고, 외부에서 온 기이하고 교묘한 기술과 외국의 기술자들을 매우 환영하였다. 이를 배경으로 원대에는 아라비아와 페르시아의 천문 분야의 인재와 과학기술을 들여왔고, 발전을 앞당겼다. 13세기 중엽에 일 칸국의 회족 천문가와 페르시아의 천문학자 자말 알딘Jamal ad-Din 등이 연이어 중국으로 초청되었다. 자말 알딘은 아라비아의 천문 지식을 들여왔고, 그리스에서 탄생한 십이궁의 개념도 도입하였다. 1267년에 그는 원나라 조정을 위해 두 가지의 대업을 완성하였다. 하나는 만년력을 완성한 것이고, 또 다른 하나는 아라비아 양식의 천문 관측 기구 일곱 가지를 설계하고 제작하여 중국의 천문 관측 분야의 발전을 일으킨 것이다. 이 밖에 비교적 영향력 있는 것으로 명대에 원대를 계승하여 서구의 화포를 도입한 것이 있다. 아래와 같은 예들이 있다.

- 咱禿朔八台: 방위계이다. 몽골어 čag odu sabatai에서 왔다.
- 苦来亦撒麻: 천구의이다. 몽골어 küriyen saba에서 왔다.
- 苦来亦阿儿子: 지구의이다. 몽골어 küriyen gajar에서 왔다.

- 佛郎机/伏狼机: 서구의 화포(총이라는 설도 있음)이다. 명대에 들어와 번역되었다. 페르시아어로는 f(a)rangi, 아라비아어로는 efranki로, 외래의 또는 라틴계의 서유럽에 대한 호칭을 뜻한다. 이는 Farang과 관련이 있을 수도 있는데, 원대에는 이와 같은 형식으로 '发郎', '拂郎', '富浪'으로 번역하여 서구를 지칭하였다.

(2) 명, 청 시기에 번역된 과학 개념

근대 과학 기술이 사실적이고 체계적으로 중국에 도입된 것은 명대였다. 명대의 과학 기술 도입은 서양 선교사들과 관련되며, 번역 사업과도 관련된다. 원대에 진행된 서쪽으로의 영토 확장은 실패로 끝났고, 마르코 폴로Marco Polo의 『동방견문록游记』도 현대에 와서 그 진위와 존재 여부에 대해 의심받고 있지만 당시에 서구 사회를 놀라게 한 것은 사실이었다. 명대에 예수회 선교사들이 잇달아 중국으로 온 것도 이와 무관하지 않을 것이다. 명대에 중국에 온 유명한 선교사 5명 중 이탈리아인이 4명인데, 미켈레 루지에리Michele Ruggieri, 마테오 리치Matteo Ricci, 줄리어스 알레니Julius Aleni, 야고프스 로Jacobus Rho이고 각각 1580년, 1583년, 1613년, 1624년에 중국에 왔다. 5명 중 나머지 1명은 포르투갈인 프랜시스코 푸어타도우Francisco Furtado로 1621년에 중국에 왔다. 청대에도 선교사들은 계속하여 중국에 왔는데, 이 시기의 선교사를 예로 들면 벨기에의 페르디난트 베르비스트Ferdinand Verbiest, 독일의 진 아담 샬 폰 벨Jean Adam Schall von Bell, 프랑스의 미셸 베르누아Michel Bernoit 등이 있으며 각각 1659년, 1662년, 1744년에 중국에 와서 선교 활동을 하였다. 명,

청 시기에 중국에 온 선교사는 대략 70명 정도이다. 이들은 높은 문화적 소양을 갖추고 있었으며, 선교와 종교 서적의 번역 외에도 일부는 서구의 과학 기술서를 번역하였는데 모두 약 120종 정도가 있다. 이들 선교사 중 또 다른 일부는 사전류를 편찬하기도 하였는데, 로버트 모리슨Robert Morrison이 1815년부터 1823년까지 편찬한 『중영자전华英字典』(그중 『오거운부五车韵府』는 1818년에 편찬됨)이 있고, 로우브샤이W.Lobschei가 1866년, 1871년에 지은 『영중자전英华字典』과 『중영자전汉英字典』이 있다. 전문적인 지식을 갖춘 선교사들도 중국에 와서 전공 서적의 편역이나 저술에 참여했는데, 그중 가장 유명한 사람은 영국에서 온 선교사 벤자민 홉슨Bejamin Hobson이었다. 그는 『전체신론全体新论』(1851), 『박물신편博物新编』(1855), 『서의약론西医略论』(1857), 『내과신설内科新说』(1858), 『부영신설妇婴新说』(1858) 등 5종의 서적을 편역하였다. 그중 사람들로부터 가장 추앙받은 것은 『전체신론』으로, 서구의 해부학 개념을 완벽히 옮기고 구체적인 인체 해부 성과를 소개해 중국의 의학계, 심지어는 일본 의학계에도 상당히 큰 영향을 주었다.

외국인 외에도 외국어에 능통한 중국의 인재들이 많았는데 혼자 번역을 하거나 외국인 동료와 함께 근대 과학 기술 서적을 대량으로 번역해 낸 인물로 명말의 쉬꽝치徐光启, 리쯔자우李之藻, 왕즈王徵, 리징티엔李经天 등이 있었다. 당시의 주된 번역 방법은 '구술+윤문'이었는데, 외국인이 구두로 번역한 것을 중국인이 기록하며 정리하고 수정하고 다듬는 것이었다. 이러한 번역 방법은 구두 번역과 윤문을 맡는 두 사람이 해당 분야의 전문 지식을 지니고 있는지, 또는 서로의 전문 분야가 맞는지에 따라 난이도가 높아진다[6]. 이러한 역저나 편역 작품에 그들이 주로 사용한 방법은 의역이었고, 때로는 서구 언어의 음역어를 참고로 제공하기도 하였다. 그중 외래어와 가장 관계있는 것은 명대에 프랜시스코 푸어타도우와 이지조가 라틴어를 번역한 『명리탐名利探』으로, 이 책에 포함된 음역어들은 모두 주석과 같은 성격의 보조적 용법으로 쓰였을 뿐 실제로는 사용되지 못했다. 실제로 사용된 음역어는 마테오 리치와 쉬꽝치가 공동으로 번역한 『기하원본几何原本』의 '기하(학)(이탈리아어로 geometria)' 정도만 있을 뿐이다. 다음은 『명리탐』에 출현하는 임시 음역어의 예이다[7].

- 斐录琐费亚: 철학이다. 이 책에서는 爱知学로 번역하였다. 라틴어로는 philosophia이다.
- 额各诺靡加: 경제학이다. 이 책에서는 治家로 번역하였다. 라틴어로는 oeconomica이다.
- 薄利第加: 정치이다. 이 책에서는 治世로 번역하였다. 라틴어로는 politica이다.
- 额勒玛第加: 문법이다. 이 책에서는 谈艺로 번역하였다. 라틴어로는 grammatica이다.
- 勒读理加: 수사학이다. 이 책에서는 文艺로 번역하였다. 라틴어로는 rhetorica이다. 현대 중국어의 '修辞学'는 일어에서 왔다.
- 络日伽: 논리학이다. 이 책에서는 辩艺로 번역하였다. 라틴어로는 logica이다.
- 斐西加: 물리학이다. 이 책에서는 形性学로 번역하였다. 라틴어로는 physica이다.

---

6) 왕종양王宗扬(2003) 참조.
7) 제2장 2) 서양 과학 서적의 번역 125~129쪽 참조.

- 默达费西加: 형이상학이다. 이 책에서는 超有形之性之学로 번역하였다. 라틴어로는 metaphysica이다.
- 亚利默第加: 산수이다. 이 책에서는 算法로 번역하였다. 라틴어로는 arithmetica이다.
- 慕细加: 음악이다. 이 책에서는 乐艺로 번역하였다. 라틴어로는 musica이다.
- 亚斯多落日亚: 천체학이다. 이 책에서는 星艺로 번역하였다 라틴어로는 astrologia이다.

5) 중국에서의 이슬람교 발전

이슬람교는 일찍이 당대(651)에 중국과 접촉이 있었다. 송대에는 더 진전이 있었고, 변경 지역에서는 더 이른 시간에 더 빨리 확산되었다. 고증에 의하면 천산 남북의 위구르는 10세기 북송 때에 카라한 칸국을 세우면서 불교를 이슬람교로 개종하기 시작하였고, 약 명대 중엽까지 진행되어 완성되었다. 이슬람교가 진정으로 중원 지역에서 영향을 미친 것은 원대부터이다. 원대에는 중국에 오는 아라비아인의 숫자가 크게 증가하였고, 그중에는 상인뿐 아니라 정치가와 종교 인사들도 있었다. 그들은 중국에서 대부분 행상을 하였고, 소수는 관직에 올랐다. 이 시기에 중국어에 유입된 이슬람교 관련 단어는 다음과 같다.

- 木速(鲁)蛮: 이슬람교 신도이다. 원대에 번역된 명칭이다. 아라비아어로는 mussulman이다.
- 別谙拔尔/癖颜八儿: 이슬람교 중 선각자, 선지자이다. 원, 명대에 번역된 명칭이다. 페르시아어로 paighambar이다.

- 喀吧/恺阿白: 이슬람교의 카바신전, 성전이다. 현재는 克尔白로 사용한다. 아라비아어로 ka'ba이다.
- 答失蛮/答苏蛮/大石马/达实密: 이슬람교의 전교사, 학자이다. 원대에 번역된 명칭이다. 페르시아어로는 danishmend이다.
- 锁鲁檀/算端/速檀/苏檀: 술탄, 이슬람 제국 군주의 칭호이다. 원대에 번역된 명칭이다. 페르시아어로는 sultān이다.
- 火者/和卓: 이슬람교에서 선지자 모하메드의 후예와 학자에 대한 존칭이다. 명, 청대에 번역된 명칭이다. 페르시아어로는 khwaja이다.

6) 위에방언 중 고대 백월어 기저유형의 단어

중국 링난岭南 지역은 원래 백월이 주로 거주했고, 이후 진대(秦代)에 이 지역에 대군을 파견하여 주둔하게 되었다. 그러나 진나라 군대의 수령인 영남해위 조타赵陀는 기원전 206년 한나라가 진나라를 멸망시킬 때를 틈타 백월의 각 부족 수령과 연합하여 남월국을 세웠고, 스스로 남월왕이 되었다. 서한 무제 때(기원전 111년), 정벌군을 보내 남월국을 공략하였고, 이후로 병사들이 그 지역에 남아 국경을 지키게 되었다. 그 이후로 각 시기마다 변경을 지키는 병력과 좌천된 관리들, 상인 등이 꾸준히 링난 지역으로 이주하였으며, 전란을 피하려는 백성들도 끊임없이 남하하여 이 지역에서 생활하게 되었다. 그러나 상고 시기에 현지의 거주민들은 백월 위주였고, 당시의 남월국의 한족 지배계층은 계속 지배하기 위해 한족의 습관을 버리고 백월의 풍습을 따랐다. 따라서 그때의 백월은 중국어를 사용하지는 않았다. 중고 시기의 링난 지역은 여전히 위에 민족이 많고 한족이 적은 상태로, 두 언어가 계속 공존하였고, 중국어로 모두 통일될 기미가 보이지는 않았다. 근고 시기에 속하는 북송 시기에도 두 민족의 인구가 비슷해졌을 뿐, 인구수는 위에 민족이 여전히 약간 더 많았다. 두 민족은 1000여 년에 걸쳐 서서히 공존해 나가다가, 원과 명대 및 그 후에 민족 융합의 속도가 빨라지기 시작했고 명말에는 현재의 광뚱성广东省 지역에 살던 고대 위에 민족의 후예가 되었다. 따라서 위에방언에 남아있던 백월어의 기저유형은 중고 시기에 이미 출현하였지만, 대체로는 근고 시기에 완성된 중국어 사용의 결과로 볼 수 있다. 본서의 제1장 제1절에서 위에방언 기저유형의 예를 살펴본 바 있는데, 여기에서는 약간의 예를 다시 보충하려 한다[8].

- [柚子]
  위에방언: 시루西路 luk⁷puk⁷
  캄차카어: 쭈앙어 lɯk⁸puk⁸, 바이타이어白泰语 pok⁸
- [蟒]
  위에방언: 광쪼우 naːm²
  캄차카어: 쭈앙어 nuːm¹, 린고어 njəm², 더홍 따이어 ləm¹
- [眨(眼), 闪]
  위에방언: 광쪼우 jap⁷
  캄차카어: 쭈앙어/타이어/뚱어/슈에이어 jap⁷
- [咬, 欺负]
  위에방언: 광쪼우 kʰap⁸(咬), hap⁷(欺负)
  캄차카어: 쭈앙어 hap⁸, 시슈앙반나 따이어 xop⁷, 타이어 k'ap⁸

---

8) 음성기호 우측 상단의 숫자는 조류調類를 나타낸다.

- [雌性, 母]

  위에방언: 광쪼우 na³

  캄차카어: 쭈앙/따이어/타이어 na⁴(姨母), 뿌이어 na⁴(舅母)

- [双生, 一对儿]

  위에방언: 광쪼우 ma¹

  캄차카어: 쭈앙어 wa¹, 따이어 fa¹

- [软, 烂]

  위에방언: 광쪼우 nam²

  캄차카어: 쭈앙어 noːm², 따이어 noaːm²

- [这]

  위에방언: 광쪼우 ni¹

  캄차카어: 쭈앙어 nei⁴, 시슈앙반나 따이어 ni⁴, 뚱어 naːi⁶, 리어 nei⁶

- [不, 没]

  위에방언: 광쪼우 mou⁴

  캄차카어: 쭈앙어 ʔbou³, 시슈앙반나 따이어 ʔbou⁵

- [不要, 別]

  위에방언: 광쪼우 mi⁴

  캄차카어: 쭈앙어 mi⁶, 타이어 mi³, 슈에이어 mi⁴

5. 근·현대 중국어 외래어 개관(상) : 청말에서 20세기 상반기

1) 서설

아편전쟁(1840) 전후에 중국은 정치적으로 새로운 시대가 시작되었다. 언어적으로는 청대 중기에 이미 근·현대 중국어로의 과도기에 접어들었다. 이 시기에 청대 봉건 왕국은 이미 멸망을 향해 가고 있었고 새로운 애국 계층과 신흥 계급이 정치와 역사의 무대에 등장하기 시작하였으며, 중국 전체가 외부 세력의 작용 아래 피동적으로 그러다가 점차 주동적으로 현대 사회를 향해 힘겹게 나아가고 있었다. 이때의 외부 세력은 외국의 제국주의와 식민주의, 열강의 침략과 위협, 서양 총과 대포, 견고한 배와 함포, 기괴한 물건과 기술 및 그에 상응하는 이데올로기 등이다. 이러한 외부 세력은 동시에 중국의 언어에도 역사적으로 드문 변화를 일으켰는데, 어휘에서 어법과 언어 사용에 이르기까지 외래어가 대량으로 늘어난 점은 단지 변화 중의 하나일 뿐이었다. 1840년에서 1940년대 말까지를 한 시대로 볼 수 있다. 정치적으로도 이렇게 구분할 수 있고, 언어적으로 이렇게 볼 수 있다. 외래어에도 음역 혹은 임시 음역으로 표기하거나, 직접 한자를 차용한 형식 등 서로 다른 두 가지 유형이 나타났다.

2) 서양 과학 서적의 번역

번역은 새로운 사물이 외부에서 들어온 뒤에 계속 이루어지는 행위이며, 또한 새로운 사물이 뿌리내리기 위해 필요한 선결 작업이다. 선교사들의 번역이 이루어진 근고 시기를 지나면서, 청말에는 독립적인 번역 활동이 급속히 증가하기 시작하였다. 정부 주도의 관영 번역 기구의 지원과 조직이 있었고, 각종 외국어 학당과 외국 유학을 통한 인재 양성이 이루어지면서 과학 기술 서적의 번역도 이에 상응하는 절정을 이루었다. 이 분야의 걸출한 인재로는 린저쉬林則徐, 쉬타오徐寿 부자, 리샨란李善兰, 화헝팡华蘅芳, 왕타우王韜, 쭈즈신朱执信 등이 있다. 번역을 지원하고 조직한 사람들 중 유명 인사로는 이신奕訢,

린저쉬, 리훙짱李鸿章, 웨이위엔魏源, 쉬지위徐继畲, 성이화이盛宜怀, 주오쭝탕左宗棠, 캉요우웨이康有为, 리앙치차우梁启超, 마지엔쭝马建忠, 이엔푸严复 등이 있다. 그중 웨이위엔이 기획하여 린저쉬를 계승한 성과로『해국도지海国图志』60권이 있는데, 당시의 대백과사전이라고 할 수 있을 정도로 새로운 번역어들이 상당수 이 책에 출현하였다. 예를 들면, 公司, 磅, 新闻, 国会, 贸易, 出口, 铁路, 法律, 政治, 文学 등이다. 당시의 베이징에는 동문관이 설치되어 번역을 전담하였는데, 그중 윌리엄 알렉산더 파슨스 마틴William Alexander Parsons Martin이 가장 큰 공헌을 하였다. 상하이의 강남제조국에는 번역을 담당하는 곳이 있었는데, 그곳에는 외국과 중국의 수많은 학자가 있었다. 번역을 가장 많이 하고 성과가 가장 뛰어난 사람으로는 영국인 존 프레이어John Fryer가 있다. 그는 1875년 중국 최초의 과학 상식 잡지『격물휘편格物汇编』(1876-1892)을 발행하였고, 혼자 또는 공동으로『지지학 요강地志须知』,『지학 요강地学须知』,『전기학 요강电学须知』,『음성학 요강声学须知』,『열학 요강热学须知』,『식물학 요강植物须知』,『화학 원리化学鉴原』,『수학 이론数学理』등 10여 부의 작품을 편역하였다. 중국의 번역가 중에서 가장 영향력 있고 큰 성과를 이룬 사람은 이엔푸이다. 그는 유명한 '신뢰할 수 있는 번역信, 조리 있는 어투达, 저속하지 않은 표현雅' 3대 원칙을 제시하였고, 솔선수범하여 10여 편의 서적을 번역하였다. 종합적으로 말하자면, 번역서와 외국어 사전의 대량 출현 및 일반인을 대상으로 한 현대과학의 교육은 이 시기의 외래어 도입과 확산에 있어 비정치적인 결정 요소였다.

(1) 이엔푸의 번역물 중 외래어 예시

이엔푸의 역저 중 가장 유명한 것으로『천연론天演论』(영국 토마스

헨리 헉슬리Thomas Henry Huxley, 1898년 번역), 『국부론原富』(영국 아담 스미스Adam Smith, 1902년 번역), 『사회학연구群學肄言』(영국 허버트 스펜서Herbert Spencer, 1903년 번역), 『자유론群己权界论』(영국 존 스튜어트 밀John Stuart Mill, 1903년 번역), 『사회통전社会通诠』(영국 에드워드 젱크스Edward Jenks, 1904년 번역), 『법의 정신孟德斯鸠法意』(프랑스 몽테스키외Charles-Louis de Secondat, Baron de La Brède et de Montesquieu, 1904-1909년 번역), 『논리학 체계穆勒名学』(영국 존 스튜어트 밀, 1905년 번역), 『기초 논리학 강의名学浅说』(영국 윌리엄 스탠리 제번스William Stanley Jevons, 1909년 번역)이 있다. 이 번역서들에 쓰인 음역어는 대부분 이미 다른 음역어나 의역어로 바뀌었지만, 역사적으로 영향을 남겼다. 비교적 알려진 음역어들로 다음과 같은 것들이 있다.

- 乌托邦: 이상적인 사회나 국가 제도, 이상주의, 실현할 수 없는 계획이나 바람을 두루 지칭한다. 영어로는 utopia이다.
- 斐洛苏菲: 철학이다. 영어로는 philosophy이다.
- 亚摩尼雅: 암모니아이다. 영어로는 ammonia이다.
- 涅菩/捏普剌斯: 성운(星雲)이다. 영어로는 nebula(단수)/nebulas(복수)이다.
- 伊脱: 에테르이다. 가상의 에너지 기본 전달 매체의 일종이다. 영어로는 ether이다.
- 芝不拉: 기린, 또는 얼룩말과 당나귀의 교배로 태어난 동물을 뜻한다. 영어로는 zobra이다. 이 단어가 쓰이기 전에 giraffe를 여러 사람이 서로 다르게 번역한 支列胡, 吉拉夫 등이 있다[9].
- 戈栗拉: 고릴라이다. 영어로는 gorilla이다.

- 青明子: 침팬지이다. 영어로는 chimpanzee이다.
- 逻辑: 논리학으로, 사유 형식과 규율을 연구하는 과학이다. 영어로는 logic이다.
- 逻各斯: 이념, 이성을 말한다. 영어로는 logos이다.
- 斐辑: 물리학이다. 영어로는 physics이다.
- 沙: 차르, 러시아 황제의 칭호이다. 영어로는 tsar(<러시아어 цɑрь)이다.
- 林肥: 림프(액)이다. 영어로는 lymph이다.
- 图腾: 원시사회에서 숭배하는 동식물 또는 자연물, 그것을 수호신 또는 자기 부족의 상징물로 삼았다. 영어로는 totem이다.
- 板克: 은행이다. 영어로는 bank이다.
- 伯理玺(天德): 대통령이다. 영어로는 president이다.
- 甲必丹: 선장, 선주 및 수령을 지칭한다. 영어로는 captain이다.
- 斯旦税: 인지세이다. 영어로는 stamp duty이다.
- 毕协: 주교이다. 영어로는 bishop이다.
- 朴柏: 교황이다. 영어로는 pope이다.
- 啤儿: 맥주이다. 영어로는 beer이다.
- 加非: 커피이다. 영어로는 coffee이다.
- 勺克力: 초콜릿이다. 영어로는 chocolate이다.
- 鮭鼠: 식용 쥐의 한 종류이다. 영어로는 wallaby이다.

이엔푸는 종종 새로운 이름이나 새로운 글자(위의 예 중 마지막 단어 등)를 즐겨 만들었으며, 이전에 번역되어 쓰인 이름은 버려둔

---

9) 제2장 ① 동식물과 그 산물 113~114쪽 참조.

채 쓰지 않았다. 그가 구사한 민방언 음은 음역과 글자 선택에 영향을 주었다. 따라서 그가 처음으로 사용한 음역 형식은 대중의 기호에 맞지 않는 경우가 많았고 역사 속에서 도태되는 경우가 많았다. 그러나 그중 일부는 지금까지 남아있거나 장시간 동안 쓰였는데, 예를 들면 逻辑, 乌托邦, 图腾, 亚摩尼亚, 镉(영어 nickel, 즉 니켈镍) 등이 있다. 또 다른 일부는 더 적절한 외래어 탄생의 재료 혹은 기초가 되었는데, 예를 들면 啤儿(→啤酒), 勺克力(→巧克力) 등이 있다. 중립적인 입장에서 보자면, 이옌푸가 사용한 음역어들은 당시의 상황에서 서구의 과학 기술을 알고자 하는 수요를 만족시키기 위함이라는 측면에서 임시방편의 역할이 더 크며 그 공로를 인정하지 않을 수 없다.

3) 각종 경로를 통해 들어온 외래어

서양 열강이 중국의 문호를 개방한 뒤로, 5.4운동 전후 또는 20세기 상반기까지 서양의 과학 기술 및 기타 사상과 문화가 중국으로 대거 유입되었다. 이러한 외래어들은 서로 다른 경로를 통해 중국어에 유입되었고, 그 유형은 더욱 다양하다. 그중에는 전체음역(欧姆, 영어 ohm)과 비슷한 음을 이용한 음역(雷达, 영어 radar)이 있었고, 의미 표시를 더한 음역(酒吧, 영어 bar/卡宾枪, 영어 carbine)과 반음역(沙文主义, 프랑스어 chauvinisme), 축약음역(泵, 영어 pump/铝, 영어 aluminium), 축약음역에 중국어 성분을 더한 것(麻省, 영어 Massachusetts/费城, 영어 Philadelphia) 및 알파벳 자모를 그대로 차용한 것(O.K.)이 있었다. 의미상으로 분류하면 대략 다음과 같다.

① 정치·경제·군사 분야

- 德谟克拉西/德先生: 민주이다. 德先生은 5.4운동 때 가장 많이 사용된 단어 중 하나이다. 영어로는 democracy이다.
- 布尔乔亚: 자본가 계급이다. 프랑스어나 영어로 bourgeois이다.
- 普罗列塔利亚/普罗(阶层): 무산계급, 노동자이다. 프랑스어로 prolétariat이다.
- 哀的美顿书: 최후 통첩이다. 영어로는 ultimatum이다.
- 布尔什维克: 구 러시아와 소련에서 레닌의 공산당에 속하는 유파로, 이후에는 진정한 공산당(원)을 두루 지칭하게 되었으며 원래는 다수파라는 뜻이다. 러시아어로 большевик이다.
- 苏维埃: 소련에서 노동자·농민·병사의 대표자가 구성한 평의회 체제로 나중에 중국의 혁명 근거지 중 일부에서도 도입하여 사용한 바 있다. 러시아어로 совет이다.
- 沙文主义: 협의의 민족주의이다. 프랑스어로 chauvinisme이다.
- 苦迭打: 쿠데타, 정변이다. 프랑스어로 coup d'État이다.
- 纳粹: 독일 히틀러의 국가사회당이다. 독일어로 Nazi(Nationalsozialist 에서 밑줄로 표시한 부분으로 만든 축약어임)이다.
- 法西斯(主义): 극단적인 배외적 독재 체제 및 그러한 행동 사상. 이탈리아어로는 fascismo(＜라틴어 fascis)이다.
- 杯葛: 배척, 거부이다. 영어로는 boycott이다.
- 托拉斯: 고도의 독점 조직이다. 영어로는 trust이다.
- 乞克: 수표이다. 영어로 check이다.
- 坦克(车): 무한궤도를 갖춘 전차이다. 영어로는 tank이다.
- 加农炮: 원거리 대포이다. 영어로는 cannon이다.
- 来复枪: 총신 안에 라이플선을 새긴 총이다. 영어로는 rifle이다.

② 과학 기술·기계·의약 분야

- 安培: 전류의 세기를 나타내는 단위이다. 프랑스어로 ampère이다.
- 声呐: 수중 음파 탐지 장치이다. 영어로 sonar이다.
- 德律风: 전화이다. 영어로 telephone이다.
- 麦克风: 확성기, 또는 확성기의 마이크를 지칭한다. 영어로는 microphone이다.
- 吉普(车): 오프로드 차량의 한 종류이다. 영어로는 jeep이다.
- 马达: 전동기이다. 영어로 motor이다.
- 帮浦/泵: 내연기관 또는 모터의 동력으로 액체를 뽑아올리는 장치이다. 영어로는 pump이다.
- 卡路里: 열량 계산 단위이다. 영어로는 calory이다.
- 维他命: 비타민이다. 영어로 vitamin이다.
- 荷尔蒙: 사람이나 동물 체내의 생리 활성 물질이다. 영어로 hormone이다.
- 阿斯匹林: 해열진통제의 한 종류이다. 영어로는 aspirin이다.
- 奎宁: 학질을 치료하는 특효약의 한 종류이다. 영어로는 quinine이다.
- 配尼西林: 페니실린이다. 영어로는 penicillin이다.

③ 문화·예술·체육 분야

- 葛郎玛: 문법이다. 영어로는 grammar이다.
- 奥伏赫变: 지양하다는 뜻이다. 독일어로 Aufheben이다.
- 引得: 색인이다. 영어로 index이다.
- 卡通: 만화, 만화 양식의 그림을 말한다. 영어로는 cartoon이다.
- 蒙太奇: 몽타주, 영화에만 있는 화면 구성 기술이다. 프랑스어로

는 montage이다.
- 开麦拉: 카메라, 영화 촬영 카메라를 주로 가리키거나 크랭크 인을 말한다. 영어로 camera이다.
- 吉他: 6개의 현으로 이루어진 현악기이다. 상하이어 구어로는 gêta로 읽는다. 영어로는 guitar이다.
- 巴松(管): 바순, 비교적 큰 목관 악기이다. 프랑스어로 basson이다.
- 探戈(舞): 두 명이 추는 스텝에 변화가 많은 라틴풍의 사교춤이다. 영어로 tango이다.
- 华尔兹(舞): 두 명이 추는 3박자의 사교춤이다. 영어로 waltz이다.
- 桑巴(舞): 브라질에서 시작된 라틴 댄스이다. 영어로 samba이다.
- 扑克(牌): 카드놀이의 한 종류이다. 영어로 poker이다.
- 马拉松: 42.195km를 뛰는 장거리 종목이다. 영어로 marathon이다.
- 高尔夫(球): 골프채로 공을 쳐서 홀에 넣는 실외 스포츠이다. 영어로 golf이다.
- 奥林匹克(运动会): 고대 그리스에서 기원한 현대의 국제 종합 운동 경기 대회이다. 영어로는 Olympic Games이다.
- 费厄泼赖: 공평하고 정정당당한 승부이다. 영어로는 fair play이다.

④ 일상생활류(의, 식, 주, 행위 등)
- 夹克: 밑자락과 소매가 조여져 있는 상의. 영어로는 jacket이다.
- 开司米: 산양의 털로 만든 실 및 그 털실로 만든 모직물이다. 영어로는 cashmere/casimire(＜Kashmir 원산지인 카슈미르)이다.
- 卡其/咔叽: 사선 무늬의 면직물로 가장 보편적인 것은 황토색이다. 영어로는 khaki이다.

- 法兰绒: 봄·가을용 모직물으로 가장 보편적인 것은 회색이다. 영어로는 flannel이다.
- 酒吧(间): 원래는 여관이나 서양식 레스토랑에 딸린 전용 바를 말했지만, 나중에는 이러한 바를 모방한 주점도 가리키게 되었다. 영어로는 bar(room)이다.
- 香槟酒: 프랑스가 원산지인 탄산이 있는 백포도주이다. 프랑스어로는 champagne이다.
- 白兰地/孛兰地: 포도 등 과일을 발효하여 증류해 얻은 술이다. 영어로는 brandy이다.
- 布丁: 잘게 찢은 빵 조각이나 과일, 계란, 유크림으로 만든 서양식 디저트이다. 영어로는 pudding이다.
- 吐司: 굽거나 튀긴 식빵이다. 영어로는 toast이다.
- 白脱(油): 버터이다. 영어로는 butter이다.
- 沙拉/色拉: 생채소를 드레싱에 버무린 서양 요리이다. 영어로는 salad이다.
- 水汀(dīng): 증기(장치)이다. 영어로는 steam이다.
- 派司: 허가증, 통행증, 월정액권 등 장기 차표이다. 영어로는 pass이다.
- 幽默: 유머, 해학이다. 영어로는 humour이다.
- 摩登: 현대적인, 최신의, 유행이다. 영어로는 modern이다.
- 开司: 입맞춤, 키스이다. 영어로는 kiss이다.
- 密司脱: 미스터. 영어로는 mister이다.
- 蜜丝: 미스. 영어로는 miss이다.
- 达令/大令: 사랑하는 사람이다. 영어로는 darling이다.
- OK/喔开: 좋다, 옳다, 동의, 가능 등. 영어로는 OK 또는 O.K.이다.

4) 일어 한자어의 도입10)

　현대의 과학 기술 용어에 대해 말하자면, 일어를 어원으로 하는 한자어를 언급하지 않을 수 없다. 일어를 어원으로 하는 한자어의 지위에 대해 서로 다른 견해가 있지만, '일어에서 온 한자어'라는 점은 어쩔 수 없는 사실이다. 중국과 일본 양국의 교류는 이미 오랜 시간 지속되어 왔는데, 대부분은 중국에서 일본으로의 단방향이었다. 1868년 시작된 일본의 메이지유신 전후로 일본에서는 서구화가 시작되었고, 빠른 속도로 진행되었다. 아편전쟁(1840) 전후 일본이 중국을 호시탐탐 노리다 무력으로 위협하고 침공하게 되자 당시 청나라 조정도 부득이하게 일본을 주의하며 끊임없이 사신을 보내 상대방을 관찰하였다. 이렇게 일본에 파견된 사신들은 연이어 견문록을 집필하였고, 중국 국내로 일본의 생활상과 언어를 소개하였다. 이와 같은 작품에는 적지 않은 수의 일어 한자어가 포함되어 있었지만, 단지 신기한 것에 대한 소개였을 뿐 필요에 의해 도입하고 차용한 것은 아니었다. 다만 갑오해전(1895) 이후로 중국인들이 현실을 인식하기 시작했고, 일본을 통해 서양의 과학 기술을 도입하고 학습할 필요성을 절실히 느꼈다. 1896년부터 시작된 일본 유학 붐이 바로 이것으로, '중국의 학문을 근본으로 하고 서양의 학문을 응용하는' 양무洋务의 사조였다. 100여 년 전에 시작된 이러한 시대적 흐름으로는 '양무운동'도 있고 '경자년 의화단 배상금'을 빌미로 한 일본 유학도 있다. 이때부터, 일어의 한자어가 끊임없이 유학생의 입과 손을 통해 중국어에 차용되었다. 단방면의 교류가 쌍방향으로 바뀌기 시작하였고, 심지어

---

10) 본 항의 (1)과 (2)는 주로 마시니(1993)과 선구오웨이沈国威(1994; 1995)를 참조하였다.

거의 일어에서 중국어로의 새로운 단방향으로 바뀌기도 하였다. 일본의 메이지유신이 이미 시작되었기 때문에, 서구의 물건들이 언어와 함께 정부의 지지를 받으며 물밀듯이 일본으로 들어왔고 사용한 지도 오래되었기 때문에 외래어의 번역도 중국에 비해 성숙한 편이었다. 이 중에는 고대 중국어 단어를 차용한 것도 있고, 스스로 한자어를 만들어 외래 단어를 번역하기도 했는데 사회적으로 실제 사용되고 있었다. 이러한 외래어들은 이엔푸의 보급·사용되지 못한 음역어들보다 대중에게 더 쉽게 다가갈 수 있었다. 이에 따라 19세기 말에서 1930년대 초까지 중국어에는 점차 일어에서 온 한자어들 및 일어로부터 회귀한 한자어들로 가득하게 되었고, 직접 서구의 언어로부터 온 음역어는 오히려 그 수가 많지 않았다. 이러한 상황은 1940년대부터 변화가 일기 시작한다. 그러나 지금까지도 외래어 중에서 일어 한자어가 차지하는 비율은 여전히 높다. 『현대 중국어 사전』(제3판)의 수록 단어 통계에 의하면, 비교적 파악 가능한 일어 어원의 한자어 및 회귀한 한자어는 768개가 있고, 서구의 언어에서 온 각종 음역어는 721개로 전자가 후자보다 많다. 이런 맥락에서 보면 중국 사회가 현대 생활에 진입하고 세계와 소통하는 데 있어 일어 한자어의 공이 크다. 아래에서는 일어를 어원으로 하는 외래어에 대해 구체적으로 살펴본다.

(1) 이른 시기에 이루어진 일어 단어 소개

일본에서 출판된 『신민보新民報』 등에서 일어 단어를 소개한 것 외에도, 더욱 주목받는 것은 근대에 일본에 사신으로 가서 비교적 이른 시기에 일본을 기록한 서적들이다. 주요한 것으로 1854년 루오썬罗森의 『일본일기日本日记』, 1877년 허루짱何如璋의 『일본사신기 및 잡영

使东述略并杂咏』과 짱쓰꾸이张斯桂의『일본사신기 시록使东诗录』(1893년 출판), 1879년 왕타우의『일본유람기扶桑游记』, 1880년 리샤오푸李筱圃의『일본유람기日本纪游』, 1887-1889년 푸윈룽傅云龙의『그림을 담은 일본 유람기游历日本图经馀记』(1893년 부분 출판), 1889년 이에 칭이叶庆颐의『일본유학기策鳌杂摭』, 1894년 황칭청黄庆澄의『일본유람기东游日记』, 황쭌시엔黄遵宪이 1879년에 완성한『일본잡사시日本杂事诗』(1895년 출판, 1890년 최종본 완성)와 1890년의『일본국지日本国志』등이 있다. 이 밖에도 리앙치차우가 일본에 있을 때 창간한『시무보时务报』와 그가 저술한 일본 신문물을 소개하는 다량의 저술(『음빙실합집饮冰室合集』에 수록, 1896-1929년)이 있다. 아래에서 일부 서적에서 소개한 일어 단어를 예로 들어본다.

① 허루짱의『일본사신기 및 잡영』에서 소개한 일어 단어

   元老院일본입법부 大政院일본행정부 大审院일본사법부
   外务省외교부   大藏省재정부   裁判所법원
   警视厅경찰청   议员의원   出张所행정분소
   常备兵상비병   少佐(군대)소령   市场시장
   公园공원   师范(学校)사범(학교) 幼稚园유치원
   铁道철도   邮便우편   经费경비
   意匠구상/고안   淡巴菰담배   神社일본의 신사

② 이에칭이의『일본유학기』중 '사물의 다른 이름' 1권(권8)에 수록된 130개 단어 중 대부분은 일어이며 몇몇은 한자어이다. 예를 들면 다음과 같다.

时计师시계공　　裱具师표구사　　大工목수
左官미장이　　　支配人지배인　　两替屋잔돈교환소
大问屋도매점　　质家전당포　　　雪隐화장실
佃煮조린 생선이나 조갯살　　　　寒天한천
天麸罗일식 튀김　海老새우　　　熨斗다리미
瓦斯灯가스 램프　蒸汽车증기기관차　硝子유리11)
燧木성냥　　　　叠다다미

③ 푸원룽의 『그림을 담은 일본 유람기』에 실린 일본에 관련된 것은 33권이다. 그는 일어에 대해 '문자는 중국과 같으나 일본음으로 읽는다'라고 하였으며, 일본음 또한 '방언음'이라고 하였다. 상고 시대에는 다른 나라를 '변방 국가'라고 하고 다른 나라의 언어를 '방언'이라고 하였으니 '지방' 또한 넓은 의미의 '국가'라고 할 수 있다. 이 책에서도 기본적으로 소개하는 정도로, 중국어에 도입하는 것은 아니었다. 예를 들면 다음과 같다12).

大审院일본사법부　裁判所법원　　内阁내각　　　银行
金库　　　　　　　国债　　　　　议员　　　　　协会
主任　　　　　　　干事　　　　　科长과장/처장　技师엔지니어
定员　　　　　　　卷扬机　　　　中将　　　　　大尉
大佐(군대)대령　　宪兵　　　　　工兵　　　　　军曹(군대)중사
警察　　　　　　　图书馆　　　　运动会　　　　体操
物理　　　　　　　卫生　　　　　公园　　　　　学科

---

11) 고대 중국어에서 기원한 단어로, 본의는 인조 수정이다.
12) 아래 예 중 内阁, 银行, 博士, 教授, 教谕, 清酒, 保险의 근원어는 중국어이다.

解剖	统计	写真[13]	博士
教授[14]	教谕중등교사	反射	风琴
清酒정종[15]	麦酒맥주	手洗所화장실	化妆
邮船	保险	电灯	电话机
人力车	幼稚园		

이 외에도 曹达소다, 瓦斯가스 등 소량의 일본 한자 음역어가 있다.

④ 황쭌시엔의 『일본국지』(1890)에서도 메이지유신 이후의 일본 사회를 소개하였는데 여기서 소개한 일어 용어는 다음과 같다[16].

社会	国体	立宪政体	国旗
共和	封建制	国会	议院
政党	共和党	自由党	民主党
立宪党	主义	宪法	内阁
总理	议长	议员	总裁
投票	解放	进步	权限
民权	法律	民法	刑法
法庭	预审	公判	保释 国民军
中将	常备	后备士官学校	操练场
征兵令	警部	警察	交番교통초소

---

13) 의미가 변화되었다.
14) 教授와 教谕의 본의는 공부를 가르치는 관리이다.
15) 의미가 변화되었다.
16) 아래 예 중 雅乐, 相扑, 广场의 근원어는 중국어이다.

巡查	消防	银行	证券
会社	制造所공장	纺绩所	造币场
纸币	棉织物	市场	统计
会计	建筑	经费	金额
规模	印纸	料理	屋
知识	博物馆	学科	生物学
政治学	艺术	小说	课目
训导	教员	公立	私立
师范学校	幼稚园	公园	邮便局
印刷局	记者	雅乐[17]	和歌
三味线	能	猿乐	落语
体操	相扑[18]	卫生	洋服
镜饼	杂煮	昆布	巴菰
叠다다미	蒲团	写真	参观
祇园祭	稻荷祭	宗教	
神道일본종교명[19]		竞马	广场[20]

(2) 『신이아新尔雅』에 수록된 새 단어

조기의 일본 유학생과 무술변법戊戌变法(1898) 실패 후에 일본으로 망명한 혁명가들 중 많은 수가 당시의 내지는 후대의 유명인사였다.

---

17) 의미가 변화되었다.
18) 일어에서 이미 훈독으로 바뀌었다.
19) 이 경우는 한자만 중국에서 차용하였다.
20) 의미가 변화되었다.

예를 들어 망명 인사로는 리앙치차우와 쨩타이이엔이, 유학생으로는 왕룽바우汪荣宝와 이에란叶澜 등이 있었다. 왕룽바우는 이후 타이완에서 의원을 지내고 주스위스공사와 주일본공사를 맡았으며 동시에 저명한 언어학자이기도 했다. 이에란은 천두시우陈独秀를 도와 일본에서 혁명단체인 '도쿄청년회'를 조직하였고, 이후 러시아의 침략에 대항하는 의용군과 국민교육회를 창설하였다. 왕룽바우와 이에란은 1903년에 함께 『신이아』를 저술하고 출판하였는데, 정치, 법률, 경제, 과학, 문화와 교육 등 14개 측면의 기본 개념을 소개하였다. 그중 많은 부분이 일본 유학에서 얻은 지식으로, 일본의 신조어를 상당히 많이 사용하였다. 따라서 이 책은 분야별로 단어의 의미를 해설하는 새로운 용어 사전인 동시에 비교적 잘 쓰여진 새로운 사물에 대한 대중도서이기도 했다. 이 책의 14장에서 소개하고 해설한 단어는 이미 일본에서 유학하고 있는 학생들에게 광범위하게 받아들여졌고, 중국 내에서도 부분적으로 전파되었다. 이 책을 쓴 목적은 새로운 학문을 더 널리 알리고, 중국을 부강하게 만드는 데 기여하고자 함이었다. 이 책은 모두 14개 부분으로 나뉘는데, 각 부분에서 다시 몇 개의 하위 분류로 나누어져 있다. 예를 들면 '释政'에는 '释国家', '释政体', '释机关' 등 세 편篇으로 나뉜다. 어떤 편은 다시 몇 개의 절로 나뉘는데, 예를 들어 '释国家'는 정의, 기원, 종류, 변천 등으로 다시 나뉜다. 이 책은 구체적인 해석에 있어 관련되는 각종 새 단어를 소개하고 있다. '释名' 부분을 예로 들면 다음과 같다.

论人心知识之用于推知者。谓之名学。亦谓之伦理学。
사람의 사고와 지식에 대해 논하고 추론하는 학문이다. 명학이라고 한다. 또 논리학이라고도 한다.

不论如何之个体。苟在同类之中。即无不可通用者。谓之公名。亦谓普通名词。

어떤 개체를 막론하고 같은 종류에 속한다면 두루 쓰일 수 있는 것을 통칭 명사라고 하며 보통명사라고도 한다.

名词之为判定之主题者。谓之主词。就此主题。而表示其所与一致或不一致者。谓之所谓词。

명사로서 화제를 결정하는 것을 주어라고 한다. 그 화제에 대해 일치 또는 불일치를 나타내는 것을 술어라고 한다.

각 부분에서 해설하는 새 단어는 일반적으로 글자 옆에 강조점을 모두 표시하였다. 예를 들어 아래에서 나열한 예들은 일어에서 만들어지거나 새로운 의미가 부여된 단어일 것이다.

释政:	国籍	权限	参政权	选举法
释法:	国际法	公法	动产	治外法权
释计:	公债	资本	财政	保险
释教育:	教材	训育	一元论	宇宙论
释群:	共产主义	阶级	国际	人道主义
释名:	命题	概念	三段论法	主词
释几何:	多边形	切线	圆柱体	平行线
释天:	抛物线轨道	太阳系	海王星	天文学
释地:	高气压	回归线	古生代	化成岩
释格致:	加速度	气压	引力	电话
释化:	化合	盐基	硬水	电离
释生理:	汗腺	淋巴管	动脉	迷走神经
释动物:	属	纲	目[21]	哺乳类
释植物:	球茎	花序	细胞膜	互生叶

『신이아』에서 135개 단어를 추출하여 초보적으로 조사한 바에 따르면, 현대 중국어에서 만들고 번역한 것이 23개, 일어가 어원임이 확실히 알려진 것이 36개이며 나머지 76개 단어 중 부분적으로 고대 중국어 단어를 차용한 것이 있으나 지금까지 알려진 바로는 현대적 의미로서의 용법은 대부분 일어에서 온 것으로 추정된다. 이러한 새 단어들은 대부분 중국에서 지금 사용되고 있는 것과 일치하거나 유사하다. 이는 20세기 초 일어의 수많은 외래어가 이미 대량으로 중국어에 유입되었음을 증명한다.

(3) 각종 경로를 통해 들어온 현대 실용 일어 단어

20세기에 접어든 뒤, 일어 한자어는 각종 경로를 통해 끊임없이 중국어에 유입되었다. 그중에는 일본 유학 후 귀국한 유학생이 사용하고 소개한 것도 있고, 일어 서적의 번역을 통해 들어온 것, 각종 언어 사전 편찬을 통해 유입된 것이 있다. 아래에서는 전체 중 한두 분야를 예로 들어 알아보고자 한다.

① 수사학 용어

천왕따우는 1938년에 『수사학개요修辞学发凡』을 저술하였다. 이 책은 사실상 천왕따우가 일본 수사학에서 영감 또는 영향을 받아 탄생하였다. 중국에는 일찍이 '수사'라는 말이 존재하였고, 원대의 왕구王构(자는 肯堂) 『수사감형修辞鉴衡』이라는 책을 저술하였으나 '수사학'이라고 명확히 제시하지는 않았다. '수사학'이라는 말은 일어에서 영어 rhetoric, 독일어 Rhetorik(천왕따우는 '勒托列克'로 전사함)을 번

---

21) 属, 纲, 目 세 단어는 중국에서 건너갔을 것으로 추정된다.

역한 것이다. 일본 와세다 대학에서는 수사학 연구 풍조를 처음으로 일으켜 수사학 연구 센터를 설립하고 수많은 전문 서적을 출판하였다. 조사에 의하면, 1889년 도쿄 전문학교의 쓰보우치 쇼요坪内逍遥/坪内雄藏는 '수사학'으로 명명된 강좌를 개설하였고 20세기에 접어들기 전까지 최소 3부의 '수사학'이란 이름을 지닌 전문 서적이 출판되었다. 20세기에 진입한 이후 출판된 전문서는 더욱 많다. 일본에서 유학한 천왕따우가 활발히 발전하는 일본 수사학 연구의 영향과 자극을 받았음은 자명하다. 중국이 옛부터 수사기교에 대한 토론과 연구를 얼마나 중시하였고 훌륭한 저술들이 얼마나 많이 있는지, 그리고 천왕따우 등이 일본의 수사학과 일어 용어 사용을 얼마나 회피하려 했는지와 상관없이 새로 성립된 학문으로서 도입을 완전히 배제할 수는 없었다. 현재까지 알려진 바에 의하면, 예를 들어 아래 나열한 것과 같이 중국어 수사학에서 사용했었거나 아직까지 사용하고 있는 학술 용어는 대체로 일어에서 먼저 사용했던 것이 확실하다. 비록 고대 중국어에서 온 것도 있지만, 일어에서 새로운 의미를 부여하거나 서양의 용어를 번역하는 데 사용하였다.

场合	定义	段落	构想
胶着语	脚韵	结合	解释文
借代	括弧	浪漫主义	例证
联想	目的	目的论	内容
内在	配列	配置	人道主义
审美学	术语	题名	推断
文学革命	新文化运动	形式	形态论
言文一致	要素	议论文	引语

隐喻　　　预言(豫言)　　　原理　　　终结
转义

② 의학 용어

만약 '수사학'이 인문과학, 즉 외래 요소가 비교적 적은 유형을 대표한다고 하면, 의학은 자연과학, 즉 외래 요소가 비교적 많은 유형을 대표한다고 할 수 있다. 서양 의학 분야에 있어 일본과 영국·미국은 거의 동시에 중국에 영향을 주었다. 비록 일본의 의학도 서구에서 도입한 것이었지만, 일본은 지리적 이점과 한자를 사용한다는 편리함이 있기 때문에 중국인이 가기도 쉽고 배우기도 쉬웠다. 19세기 말부터 시작된 일본 유학 붐 중에 중국 학생은 체계적인 근대 과학 지식을 배우는 동시에 일본으로부터 간접적으로 서양 의학을 배울 수 있었다. 일본은 독일 의학의 영향을 많이 받았기 때문에, 중국은 동일한 시기 또는 약간 더 이른 시기에 독일 의학을 배우는 과정에 있었고, 영·미파와 나란히 거론되는 이른바 독일·일본파를 형성하였다. '의학'이라는 단어는 중국어에서 처음으로 만든 것이지만, 수많은 서양 의학 용어들이 초기에는 대부분 일본을 통해 간접적으로 의역되어 들어온 것이다. 제1차 일본 유학 붐에서 많은 수의 학생들이 의학을 전공하였다. 예를 들면 루쉰과 꾸오모루오도 비록 나중에 전공을 포기하고 문학과 정치를 택하였지만 일본에서 의학을 전공한 유학생 출신이다. 그런데 그들과는 달리 더 많은 수의 유학생들은 초심과 같이 의학에 종사하였다. 따라서 당시에 일어에서 도입된 의학과 관련된 어휘들은 실제로는 현재의 외래어 사전 몇 권에 수록된 범위를 크게 넘어선다. 아래에 나열한 예는 대체로 일어에서 온 용어임이 명백하다.

白血病(독 Leukemia) 鼻翼(독 Nasenflügel)
剥离(라 ablatio) 大气污染(영 air pollution)
当量(독 äqavalent) 动脉瘤(영 aneurysm)
导出(독 Ableitung) 副肾(독 Nebenniere/영 adrenal gland)
腹壁(영 abdowall) 钩虫(독 Ancylostoma)
关节炎(영 arthritis) 横膈膜(독 Zwerchfell)
假死(영 apparent death) 结节(영 node)
解剖学(독 Anatomy) 巨细胞(독 Riesen Zelle)
抗体(영 antibody) 抗凝血性(영 anticoagulant)
麻醉药(영 anesthetic) 脉管炎(영 angi[i]tis)
盲肠(독 Zökum) 凝集(영 agglomeration)
脓疡(영 abscess) 器官(영 organ/organum)
牵引(독 Zug) 潜血(영 occult blood)
软膏(영 ointment) 弱视(영 amblyopia)
色盲(영 achromatop[s]ia) 神经炎(영 neuritis)
肾结石(영 renal calculus) 食道(독 ösophagus)
食道炎(라 oesophagitis) 手术(영 operation)
糖尿病(독 Zuckerharnruhr) 调节(영 accommodation)
听力(영 audibility) 细胞(독 Zelle)
腺癌(영 adenocarcinoma) 血压(영 blood pressure)
义齿(독 Künstlicher Zahn) 营养/容养(영 nutrition)
运动失调(영 dynamic ataxia) 智齿(독 Weisheitszahn)
中耳炎(독 Mittelohrentzündung)

이상의 예는 의학 어휘 중의 아주 작은 일부일 뿐이다. 그러나 위의 예에서 볼 때, 현재 사용하는 중국어 외래어 사전에서 상당히 많은 수의 일어를 어원으로 하는 한자어를 누락하였음을 알 수 있다. 그도 그럴 것이 같은 문자를 쓰고 같은 조어법을 사용하므로 확실하게 증명해 줄 자료가 없다면 어느 누구도 어떤 단어가 어떤 언어에서 먼저 만들어졌다고 100% 확신할 수 없기 때문이다. 중국어에 일어에서 온 대략의 단어가 존재하는 것에 의문을 느끼고 일어에서 온 단어가 그렇게 많을 리가 없다고 묻는 사람도 있다. 이와 같은 견해는 사실 정확하지도, 이성적이지도 않다. 일어에서 온 단어가 얼만큼인지는 객관적인 사실이므로 주관적이고 비이성적인 태도로 부인할 수는 없다. 단어의 성격을 어떻게 정하고 명명하였는지는, 또 다른 차원의 문제이다. 또한 한 언어에 다른 언어에서 온 단어가 비교적 많다는 것은 그 언어에 문제가 있다는 것이 아니라 반대로 해당 언어는 개방적이며 강한 수용성과 융합 기제를 지니고 있는 우수한 언어임을 말해준다. 영어는 외국어로부터 많은 양의 단어를 차용하였고, 차용어가 총 단어량의 80% 이상을 차지한다. 그중 프랑스어를 포함한 라틴어 계열의 언어에서 온 단어가 가장 많은 비율을 보인다[22]. 그렇지만

---

[22] 켄트R. G. Kent(『언어와 철학Language and Philology』)의 영어 단어 2만 개 및 Paul Roberts(Understanding English)의 영어 단어 14만 개에 대한 통계 자료에 의한 비율이다. 구체적으로는 다음과 같다:

	2만 개	14만 개
영어 고유어	19%	14%
라틴어 어원의 단어	15%	36%
프랑스어 어원의 단어	36%	21%
그리스어 어원의 단어	13%	4.5%
북유럽계열 어원의 단어	7%(네덜란드/독일어 포함)	2%
이탈리아, 스페인어 어원	1%	3%
타 언어 어원의 단어	9%	19.5%

100만 개 단어에 대한 통계는 꾸지아주顧嘉祖(1990)을 참조할 수 있다.

이 사실은 영어에 아무런 해를 끼치지 않을 뿐 아니라 영어의 표현-사교 기능 및 사회 지위를 향상시켰고, 영어가 사실상의 준 세계공용어로 발돋움하는데 기여하였다. 하물며 일어의 대부분을 차지하는 한자어는 중국어의 형태소와 형태소의미를 따르고 중국어의 조어법에 의해 만들어진 것으로 중국어의 입장에서는 전혀 이질적이지 않다. 일어를 어원으로 하는 한자어의 존재는 중국어의 형태소와 조어법의 생산 능력 및 새로운 사물에 대한 적응력이 얼마나 강한지를 증명할 수 있는 것으로 중국어와 한자의 우수성을 증명한다. 따라서 중국인이 아님에도 불구하고 이렇게 수많은 한자어를 만들어 놓은 것은 분명 중국어에 유용한 일이니 수용하지 않을 이유가 없다.

6. 근·현대 중국어 외래어 개관(하) : 20세기 후반

1) 서설

만약 19세기 후반에서 20세기 상반기까지의 외래어를 영어와 일어 두 종류의 언어에서 주로 왔다고 한다면, 20세기 후반에는 중국어 외래어의 근원어에 큰 변동이 생긴다. 이는 국가에 극단적인 변화가 생겼기 때문이다. 중화인민공화국이 성립한 후로 미국과 영국 등 서구권 국가들이 중국에 대해 봉쇄와 억제 정책을 실행하였고, 일본 또한 미국과 군사 동맹을 맺고 친미 정책을 펼쳤기 때문에 이 기간 동안 미국, 영국, 일본 등 국가는 중국 대륙의 언어에 직접적인 영향력을 주지 못했다. 동시에 신중국은 성립 후 최초 10여 년 동안 근거리 외교에서 소련 일변도의 정책을 시행했기 때문에 이 시기에는 러시아어가 외부 개념을 전달하는 거의 독점적 지위에 있었다. 1950년대에서 1960년대에는 영어와 프랑스어, 독일어에서 중요한 외래어를 차용한 일이 거의 없었고, 일어는 더 말할 필요도 없을 정도였다. 일어는 중국어로 외래어가 들어오는 중간 정류장이었는데, 이 시기에는 중간 정류장의 역할도 정치에게 양도할 수밖에 없었다. 더구나 2차대전 이후로, 일본에서는 가나로 서구의 언어를 음역하는 것이 유행하였고 정치적 흐름에 따라 전통적인 한자 의역을 거의 하지 않게 되어 중국어에 대한 직접적인 영향력을 잃어버리게 되었다. 따라서 중국이 새로운 정권을 수립한 이후, 2차 대전 후 경직된 관계와 냉전 구도에서의 대치 상황이 이어졌고 일어에서 의역이 많이 이루어지지 않게 됨에 따라 외래어로서 일어가 지녔던 주요 근원어로서의 지위에 마침표를 찍게 되었다. 이 밖에, 중국 정부가 주도한 언어 규범화 정책이 외래어에 대해 취한 신중한 태도도 위와 같은 분위기를 고조시켰다. 이후로 중국 대륙은 중국어를 사용하는 주요한 사회집단으로서 외국어와의 접촉에 있어 최대한 독립적으로 단어를 번역하고, 스스로 만든 외래어를 사용하는 등 새로운 시대를 열게 되었다.

이 시기에 중국 대륙과 세계 각국과의 연계, 타이완 해협을 사이에 둔 중국 대륙과 타이완과의 연락은 주로 홍콩에 의지할 수밖에 없었고, 우호적인 여러 나라의 도움을 필요로 할 수밖에 없었다. 유럽과 미국, 일본에서 온 어휘들은 모두 상술한 경로를 통해 전해진 것이었다. 신중국은 평화와 호혜평등의 원칙으로 각국을 대하였고, 다방면의 국제 교류는 중국 정부로서는 필연적인 거동이었다. 따라서 이론적으로는 1950년대부터 더욱 다양한 언어들이 중국어 외래어의 어원으로 작용할 수 있는 기회가 생겼다.

한편으로는 이 시기에 중국 대륙 내에서 민족 관계에 많은 변화가 생겼다. 소수민족의 지위가 높아지기 시작했고, 각 민족 간의 평등한 교류에 큰 진전이 있었다. 소수민족의 문화가 다민족 가정의 구성 성분으로서 중시 받기 시작했고, 소수민족의 언어 중 특색 있는 단어들이 점차 현대 중국어에 유입되어 한족의 언어생활을 더욱 풍부하게 하였다.

2) 러시아어를 어원으로 하는 단어의 흥망성쇠

　1950년대 이전의 현대 중국어는 주로 유럽과 일본, 미국에서 외래어를 차용한 반면, 러시아어를 근원어로 하는 단어는 苏维埃소비에트, 布尔什维克볼셰비키 등 몇몇 단어에 한정될 정도로 매우 적었다. 중화인민공화국 건국 이후, 중국과 소련이 외교 동맹을 맺게 됨에 따라 소련을 본보기로 발전을 이루고자 다수의 소련 전문가를 중국으로 초청하여 각 분야별 사업을 진행하여 영어 교사들이 러시아어를 새로 배우고 가르치게 되었고, 많은 수의 러시아어 서적들이 끊임없이 중국어로 번역되었다. 동시에 정치상의 변화와 맞물려 언어적으로도 외래어를 독자적으로 번역하고 중국에서 자주적으로 번역한 단어를 주로 사용하고자 하는 등 독립·자주적인 노선을 걷게 되었다. 중국이 음역어를 사용하는 데 있어 취한 신중한 태도로 인해 이 시기의 음역어는 주로 러시아어에서 차용하였고, 의역은 더욱 확실히 주도적인 위치를 차지하게 되었다. 당시의 실제 상황은, 러시아어에서 온 어휘의 수량이 적진 않았지만 대다수는 외래어 고유명사로 중국어에서 진정한 의미로 사용되고 받아들여진 단어는 매우 제한적이었다. 예를 들면 다음과 같다(앞 시기의 단어 소량 포함).

- 康拜因: 곡식의 수확과 탈곡을 함께 하는 기계. 러시아어로는

комбáйн이다.
- 布拉吉: 원피스이다. 러시아어로는 платье이다.
- 喀秋莎: 이동식의 연발 로켓포. 러시아어로는 катюша라고 한다.
- 乞卡/契卡: 소련의 반혁명 운동 숙청 위원회. 러시아어로는 чека이다.
- 杜马: 러시아의 의회. 러시아어로는 дума이다.
- 习明纳尔: 연구-토론 모임, 세미나, 교육기구의 회의 형식이다. 러시아어로는 семинар이다.
- 拖拉机: 바퀴나 캐터필러가 있는 특수자동차이다. 러시아어로는 трактор이다.
- 斯普特尼克: 인공위성이다. 러시아어로는 спутник이다.
- 布特: 무게 단위, 16.38kg에 해당한다. 러시아어로는 пуд이다.
- 客里空: 없는 사실을 날조하는 현상을 가리킨다. 러시아어로는 крикун이다.
- 杜洛克: 포커 게임의 일종이나 게임에서 진 바보를 가리킨다. 러시아어로 дурак이다.
- 马哈烟: 소련에서 생산된 맛이 매운 하급 담배이다. 러시아어로는 махорка이다.

위에 나열한 예들은 한동안 쓰였던 것들로 일부는 상당히 유행하기도 하였다. 비록 일부 사전에는 많은 수의 러시아어 어원의 외래어를 수록하고 있지만, 실제로 대다수는 자주 쓰이지 않고 사용 빈도가 현저히 낮다. 예를 들면 다음과 같다.

- 康秉纳: 종합 기업, 공장이다. 러시아어로 комбинат이다.
- 耐普曼: 소련에서 신 경제정책을 실시했을 때의 자본가 또는 투기상이다. 러시아어로 нэпман이다.
- 阿札林: 노란색 안료의 일종이다. 러시아어로는 азарин이다.
- 万卡: 조잡한 승객용 마차의 일종이다. 러시아어로 ванка이다.
- 阿依尔: 알타이 또는 키르기스 공화국의 마을이다. 러시아어로는 аил이다.
- 爱匹配舞: 카잔타타르족의 민속춤이다. 러시아어로는 эпипэ이다.
- 奥罗斐拉: 그루지야의 옛 민요의 일종이다. 러시아어로는 оровела이다.

이상의 예에서 알 수 있듯이, 옛 소련의 일부 연방국가의 사물도 러시아어를 통해 소개된 것이었는데 외래어로서 중국어에서의 수명은 상당히 짧았다. 상술한 예에 해당하는 사물이나 개념 등이 당시 중국의 입장에서 진짜로 수입이 필요한 것이 아니었다는 점도 원인 중 하나일 것이다. 러시아어의 유행은 주로 1950년대에, 단지 10여 년 정도만 이어졌을 뿐이다. 중국과 소련의 관계가 악화됨에 따라 소련에서 파견된 전문가들은 모두 철수했고, 러시아어도 중국에서 신속히 쇠퇴하기 시작했다. 다만 중국과 소련의 접경 지역에서는 일상 개념을 나타내는 러시아어 외래어가 여전히 안정적으로 사용되는 양상을 보였다. 단시간의 쇠락기를 거쳐 1960년대 중반에 들어서자 문화대혁명의 막이 올랐고, 정치·사회적 변화와 혼란으로 인해 중국과 외부세계의 교류가 줄어들며 러시아어가 외부 개념의 공급자 역할을 맡는 일도 거의 없었다. 현재 국제 정세의 재조정에 따라 중국어와 러시아어의 접촉도 정상적인 국면에서 이루어질 수 있을 것으로 기대한다.

3) 대륙, 타이완, 홍콩, 마카오의 상황이 외래어에 미친 영향

역사적인 원인으로 인해, 중국은 1949년에 대륙, 타이완, 홍콩, 마카오의 특별한 상황이 형성되었다. 대륙은 처음에는 소련과 동맹을 맺어 러시아어가 독점적인 근원어가 되었다. 타이완은 일제 점령기에 일어로부터 유입된 단어 및 대륙에서 넘어간, 특히 주로 상하이어에서 유입된 영어를 근원어로 하는 외래어를 제외하면 친미정책으로 인해 미국 영어가 타이완 외래어의 근원어 중 절대적인 우세를 차지했다. 홍콩은 100여 년 동안 이어진 역사에 따라 영국 영어가 계속해서 홍콩의 중국어 외래어 중 거의 유일한 공급자의 위치에 있었다. 중국과 타이완은 모두 홍콩을 통해 이어질 듯 말 듯 관계를 유지하고 있었고, 동시에 두 지역 모두 홍콩을 통해 상대방이 사용하던 일부 외래어가 유입되었다. 마카오는 비록 포르투갈어의 영향을 받았지만(예: 啊囡薯쌀밥 < 포르투갈어 arroz, 煲沙장학금 < 포르투갈어 bolsa), 면적도 작고 인구도 적어서 언어에 미친 영향은 미약했고 또한 언어면에서 홍콩을 뒤좇는 경향이 있었기 때문에 홍콩과 하나로 간주할 수 있다. 이 네 지역의 이러한 상황은 외래어가 유입되는 창구가 더 늘어난 것으로 중복되는 작업이 증가하였다. 언어가 나오는 경로가 많아지면 필연적으로 상이하거나 단절되는 부분이 생겨나게 되고, 외래어에도 동의관계에 있으나 어원이 다르고 한자가 달라지는 불편이 생긴다. 1980년대 이래로, 중국 대륙의 개혁·개방 정책의 시행과 함께 중국과 타이완 사이의 교류가 증가하면서 다른 나라

와의 관계도 새롭게 조정되었고 언어 접촉 및 외래어의 도입도 더욱 다원화되었다. 그러나 1950년대 이후에 도입된 외래어 부분에 나타나는 불일치 현상에는 뚜렷한 감소세가 보이지 않고, 홍콩이라는 중간 지역을 거친 일부 새로운 외래어, 예를 들면 巴士버스, 雅皮士여피족, 卡拉OK가라오케, MTV엠티비 등에서만 모종의 공통점이 발견될 뿐이다. 다음은 대륙과 홍콩, 타이완의 일부 외래어의 차이이다(영어를 근원어로 하는 외래어에는 따로 표시를 하지 않는다).

중국 대륙	홍콩	타이완	외국어 근원어
氨/阿摩尼亚	亚摩尼亚	阿摩尼亚	ammonia
按摩	按摩	按摩/马杀鸡	massage
表演/演出	骚/表演	秀/表演	show
尺寸/尺码	晒士	尺码	size
大型飞机	珍宝机	珍宝机/大型客机	jumbo
迪斯科	的士高	狄斯可/迪斯可	disco
抵制	杯葛	杯葛/抵制	boycott
电动机/马达	摩打	马达	motor
高尔夫球	哥儿夫球	高尔夫球	golf
博客	博客/部落格	部落格	blog
黑客	黑客/骇客	骇客	hacker
果酱	果占	果酱	jam
胶卷	菲林	底片	film
卡片	咭	卡片	card
(大型公开)联欢活动	嘉年华会	(大型公开)联谊会	canival
领班	kip^{5}tən^{35}	领班	captain
奶酪	芝士	起司/乳酪	cheese
奶稀/冰蛋奶	奶昔	奶昔/奶雪	milkshake
奶油	忌廉	奶油	cream
(比赛终结前)平局	tieu^{55}si^{21}(丟士)	平手	프 dulxe듀스
苹果甜饼/苹果排	苹果批	苹果派	applepie

日杂食品店	士多	杂货商店	store
萨克斯管	色士风	萨克斯风	saxophone
三明治	三文治	三明治	sandwich
桑那(浴)	桑拿(浴)	三温暖	sauna
沙发	梳化	沙发	sofa
生鱼片	鱼生/刺身/sašimi	撒西米/沙西米	sashimi
邮票	士担/邮票	邮票	stamp
梵蒂冈	梵蒂冈	梵谛冈	Vatican
哥斯达黎加	哥斯达尼加	哥斯达黎加	Costa Rica
利比里亚	利比里亚	赖比瑞亚	Liberia
莫三比给/莫桑比克	莫三鼻及	莫三比克	Mosanbic
沙特阿拉伯	沙特阿拉伯	沙乌地阿拉伯	Saudi Arabia
悉尼	雪梨	雪梨	Sydney
新加坡	星嘉坡/新加坡	新嘉坡	Singpor
意大利	意大利	义大利	Italy
乍得	乍得	查得	Cha'd
迪斯尼乐园	迪斯尼乐园	狄斯奈乐园	Disneyland
奔驰	平治	宾士/朋驰	Benz
布什	布殊	布希	Bush
里根	列根	雷根	Reagan
尼克松	尼克逊	尼克森	Nixon
撒切尔(夫人)	戴卓尔(夫人)	柴契尔(夫人)	Thatcher
斯大林	史太林	史达林	Stalin/러 Сталин

위의 표에 나열된 단어들 중, 어떤 것은 대륙과 타이완, 홍콩이 다 다르고 어떤 것은 그중 한 군데만 다르다. 또 어떤 것은 1950년대 이전에는 동일하게 사용하였지만 정치적으로 시행한 각 지역 언어 정책의 추진 결과로 달라지게 되었다. 뜻 있는 사람들은 이러한 언어 괴리 현상이 교류와 국가 통일의 장애물이 된다고 지적하며 어휘를 통일하기를 바라고 있고, 관계 기관도 이 점을 어느 정도는 인식하고

있다. 그렇지만 하루아침에 실현할 수 있는 일이 아니기 때문에 적극적인 노력과 교류 강화가 선행되어야만 할 것이다.

4) 중국 내 소수민족 언어를 어원으로 하는 외래어

중국에는 55개의 소수민족이 존재하고, 그들은 현지의 한족과 교류하며 서로 언어를 배우고 어휘를 교환한다. 과거에는 정책적인 한계와 소수민족 언어가 지니는 방언적 성질로 인해 전국적인 언어 체계에 편입되지는 못하였다. 1950년대 이후, 민족 정책에 큰 변화가 일어나 소수민족의 지위도 보편적으로 높아지고 민족 간의 문화 교류도 국가적 수준으로 향상되었다. 소수민족에 대한 연구가 시작되고 매스컴에 소개되면서 전국 단위로 소수민족의 문화와 그로 인해 파생된 외래어를 접할 수 있게 되었다. 몽골어, 만주어는 이미 앞에서 소개한 바 있는데 아래에서는 소수민족 언어 일부와 그 언어들을 어원으로 하는 외래어를 간략히 소개하고자 한다.

(1) 티베트어를 어원으로 하는 외래어

한족과 티베트의 교류는 당대부터 이어져 왔고, 당대에는 티베트어로부터 拂庐(sbra, 당대 토번 사람의 천막)라는 단어를 차용하였다. 근·현대, 1950년대 이전에도 티베트 불교와 옛 티베트 지방 정부의 일부 호칭 등 일부 단어를 차용한 바 있다. 그러나 차용이 더 많이 일어난 것은 1950년대 이후로, 아래에서 소개하고자 한다.

- 曼巴/门巴: 의사이다. 티베트어로 mẽ:^{n55}pa^{54}이다.
- 热巴: 티베트족의 전통 예능 공연자이다. 그 공연을 热巴说唱이

라고 한다. 티베트어로 re¹¹pa⁵⁴이다.
- 氆氇: 수공예로 만든 모직물로 옷과 침구를 만들 수 있다. 티베트어로 pu⁵⁵ruʔ⁵²이다.
- 卡垫: 직사각형의 양털 방석이다. 티베트어로 kʰa⁵⁵tẽⁿ⁵⁵이다.
- 糌粑: 티베트족의 주식으로 쌀보리를 볶은 후 만든 가루, 버터를 넣어 만든 차나 쌀보리술에 개어서 경단 형태로 만들어 먹는다. 티베트어로 tsam⁵⁵pa⁵⁴이다.
- 克: 티베트 지역에서 농경지를 계산하는 단위로 종자를 파종하는 양에 따라 계산하며 중국의 전통 도량 단위로 약 1묘, 즉 666.7m²에 해당한다. 티베트어로는 kʰẽ:⁵⁵이다.
- 切玛: 행운을 비는 그릇으로, 안에 쌀보리, 녹두, 참파, 양의 머리 등을 넣어 새해를 맞이할 때 행운과 풍작을 기원한다. 티베트어로 tɕʰə⁵⁵ma⁵⁵이다.
- 哈达: 신을 공경하거나, 선물을 보낼 때, 접대와 참배 등에 바치는 긴 실크 수건으로 경의와 축하를 의미한다. 빨강, 노랑, 파랑, 녹색, 흰색의 다섯 가지 색으로 나뉘며 티베트 불교를 믿는 몽골족도 哈达를 사용한다. 티베트어로 kʰa⁵⁵taʔ⁵²이다.
- 扎西德勒: 길상과 안녕을 뜻하는 말로, 명절 때 쓰는 축하의 말이다. 티베트어로 tsrə⁵⁵ɕiʔ⁵²te¹¹ləʔ⁵²이다.
- 果谐/国卓/锅庄(舞): 티베트족의 민속춤으로 원형으로 둘러싸고 추는 춤이다. 티베트어(문자 전사)로 skor gzhs/skor bro이다.
- 根卡: 티베트족의 현악기로 이호(二胡)와 비슷하나 3현으로 되어 있다. 티베트어로 ken¹¹tɕʰa⁵⁵이다.
- 碧秀: 소리나는 화살로 티베트족의 스포츠 중 하나이다. 티베트어로 mpi¹¹ɕu⁵⁵이다.

- 林卡: 모두에게 개방된 공원을 말한다. 티베트어로 $liŋ^{55}ka^{54}$이다.
- 格桑花: 티베트에서 가장 귀한 꽃으로 행복을 상징한다. 티베트어로 $ke:^{55}sã^{52}me^{11}tɔʔ^{52}$이다.
- 旺果节/望果节: 풍작을 기원하는 명절이다. 티베트어로 $õ^{11}ko:^{55}$이다.
- 喇嘛: 상인(上人)이나 승니(僧尼)라는 뜻으로 승려에 대한 존칭이다. 티베트어로 $la^{55}ma^{54}$이다.
- 格西: 티베트 불교 승려의 높은 등급의 학위이다. 가장 높은 등급을 拉让巴(티베트어 $ɬa^{55}raŋ^{52}pa$)格西라고 한다. 티베트어로 $ke^{11}ɕiʔ^{52}$이다.
- 拉仁巴/拉让吧: 拉让巴格西이다. 위의 格西 참조.
- 吗呢/嘛尼/嘛呢: 티베트 불교의 여섯 글자로 된 진언으로, 염주는 吗呢珠라고 한다. 티베트어로 $ma^{11}ni^{54}$이다.
- 嘛尼堆: 부처가 있는 돌 무더기로 위에는 吗呢/嘛尼/嘛呢가 새겨져 있으며 신도들은 이것을 에워싸고 돌면서 기도한다. 티베트어로는 $ma^{11}ni^{54}do^{11}poŋ^{55}$이다.
- 唐卡/唐嘎: 불상이 그려져 있는 큰 천이다. 일반적으로 5-6층 높이의 건물 정도의 크기이며, 사찰에서는 말아서 보관하고 매년 꺼내어 펼친 후 신도들이 참배하도록 한다. 중국어로는 晒大佛라고 한다. 티베트어로 $t^hã:^{55}ka^{54}$이다.
- 噶厦: 1959년 이전의 옛 티베트 지방 정부. 티베트어로 $ka^{55}ɕaʔ^{52}$이다.
- 噶伦: 옛 티베트 지방 정부의 고위 관리로 장관에 해당하는 직위이며 총 4명이다. 티베트어로 $ka^{55}\ lõ^{55}$이다.
- 堪布: 라마교의 고승, 사원의 주지나 계율을 주관하는 라마승, 티베

트 지방 정부의 승관(僧官) 이름이다. 티베트어로 kʰẽ:⁵⁵po⁵⁴이다.
- 代本: 티베트 지방 정부의 군직 명칭으로 군사 500명을 거느렸다. 티베트어로 ta¹¹põ:⁵⁵이다.
- 郎生: 옛 티베트 농노주의 가노이다. 티베트어로 nã¹¹sẽ⁵⁵이다.

(2) 신지앙新疆 지역 소수민족 언어를 어원으로 하는 외래어

　신지앙 지역에서 중국어가 아닌 언어를 사용하는 주요 민족으로는 위구르족, 카자흐족, 키르기즈족, 우즈베크족, 타타르족 등이 있다. 그들은 이전에 조로아스터교, 마니교와 불교 등을 믿었고, 그 후에는 이슬람교로 개종했다. 한대부터, 중원과 지금의 신지앙 일대는 활발한 교류와 왕래를 해왔다. 고대의 흉노족, 돌궐족, 회흘족 등도 신지앙 지역에서 한족과 교류했다. 그런 이후로 한족과 신지앙 지역 간에 밀접한 언어 접촉이 있어왔다. 청대 아편 전쟁 후에 린저쉬가 아편 몰수로 인해 죄를 받고 신지앙으로 유배되었는데, 그 때 지은 『후이지앙죽지사回疆竹枝词』 24수 중에 위구르어 외래어를 많이 차용하였다. 그중 한 수에 기재된 이슬람교의 로자헤이트Roza hayit를 다음과 같이 볼 수 있다.

　　　把斋须待见星餐, 经卷同翻普鲁干。
　　　新月如钩才人则, 爱伊蒂会万人见。

　위의 시에서 普鲁干은 古兰经코란(위구르어 koran＜아라비아어 qur'ān)의 아라비아어를 잘못 기록한 것이고, 入则는 肉孜(라마단 기간 동안의 금식, 위구르어 Rozi), 즉 肉孜节로즈제, 开斋节라고도 함의

축약형이며 爱伊蒂는 라마단 금식의 종료, 즉 위구르어 로자헤이트의 뒷부분(위구르어 qʰəyt)이다. 이러한 위구르어의 한자 형식이 중국어에 들어온 외래어인지 여부는 아직 조사와 연구가 필요하다. 임시로 한자를 사용해 음을 기록한 것일 가능성이 가장 크지만, '普鲁干'과 같은 잘못된 음역 형식이 출현했던 것으로 보아 안정적이지는 못했던 것으로 보인다. 현대 중국어에서는 이러한 소수민족 언어에서 온 단어들이 더 많아지고 더 안정화되는 추세를 보인다. 아래의 예는 위구르어에서 온 외래어이다.

- 胡大: 알라, 이슬람 교리에서 만물의 창조자이며 주재자를 가리킨다. 위구르어로는 Xuda, 카자흐어로는 Qudaj(<페르시아어 kʰuda, 胡达후다/알라)이다.
- 乃麻孜: 이슬람교에서 매일 다섯 차례 행하는 예배이다. 위구르어, 카자흐어, 키르기즈어로 namaz(<페르시아어 namāz, 乃玛孜)이다.
- 肉孜节: 이슬람교의 로자헤이트이다. 위구르어로 Rozi qʰejt(rozi <페르시아어 Roza, 斋戒사움ṣaum/금욕금식)이다.
- 库尔班节: 이슬람교에서 소·양·낙타 등을 제물로 신에게 바치는 제일, 현대표준중국어로는 古尔邦节이다. 위구르어 Qurban qʰejt(<아라비아어 'id al-Qurbān)이다.
- 雅克西: 좋다는 뜻이다. 위구르어로 jaxʃi이다.
- 柔巴依: 위구르족의 고전 시가 중 4구절로 이루어진 문체이다. 위구르어로 rubay(<페르시아어)이다.
- 坎土馒: 호미의 일종으로, 쇠 부분이 비교적 크다. 위구르어로 ketmen이다.

- 坎儿井: 산 위의 눈이 녹은 물로 만든 지하 관개 수로 시스템이다. 위구르어로 kariz이다.
- 袷袢: 위구르족 등의 소수민족 남자가 입는 가슴 중앙에서 단추를 채우는 긴 겉옷이다. 위구르어로 ʧapan이다.
- 馕/烤馕: 신지앙 지역의 구운 빵으로, 비교적 크고 저장성이 있다. 위구르어로 nan이다.
- 巴扎: 장터, 시장이다. 위구르어로 bazar(<페르시아어 bāzār, 巴扎尔)이다.
- 买西热甫: 위구르족의 가정 연회이다. 위구르어로 meʃrep(<아라비아어 mašrab)이다.
- 达瓦孜: 위구르족의 고공 줄타기이다. 위구르어로 dawaz이다.
- 木卡姆: 위구르족의 전통 고전 음악으로, 12조의 대곡으로 이루어진다. 위구르어로 muqam이다.
- 热瓦甫: 위구르족의 현악기로 5개 또는 7개의 금속 현을 뜯어 소리를 낸다. 위구르어로 rawap(<rabāb, 喇叭卜)이다.
- 独它尔/都塔尔: 위구르족의 현악기로 길고 가는 모양이며 2개의 현을 뜯어 소리를 낸다. 위구르어로 dutar(<페르시아어)이다.
- 弹拨尔/弹布尔: 위구르족의 현악기로 独它尔과 비슷한 모양이나 더 길고 가늘며 5개의 현으로 이루어진다. 위구르어로 tʰembur(<아라비아어)이다.
- 达甫(鼓): 탬버린을 닮은 타악기이다. 위구르어로 dap(<페르시아어 tabīrah)이다.

이 지역에 분포하는 다른 민족의 언어에서 온 외래어는 다음과 같다.

- 拿吾肉孜节/诺鲁孜节: 카자흐족의 중요한 명절로, 이슬람력으로 12월에 있다. 카자흐어로는 naw(ə)rəz이다.
- 东不拉/冬不拉: 카자흐족의 현악기로 양의 장기로 만든 현이 2줄 있다. 카자흐어로는 dombra이다.
- 柯布斯: 카자흐족의 현악기로, 3개의 현을 활로 마찰해 연주한다. 카자흐어로 qobəz이다.
- 阿肯: 카자흐족의 민간 시인, 가수의 호칭이다. 阿肯이 출연하는 강창 공연을 阿肯弹唱이라고 한다. 카자흐어로는 aqən이다.
- 库木孜(琴): 키르기즈족의 현악기로 3개의 현을 뜯어 소리를 낸다. 이것과 한족의 공후나 돌궐어로 qobuz 혹은 qūbūz라 말하는 중국 고대의 현악기 및 중동 일대 같은 계열의 악기는 아라비아 국가들에서 온 것으로 보인다. 키르기즈어로 q^{h}omuz(＜아라비아어)이다.
- 纳仁: 키르기즈족이 먹는 잘게 다진 고기를 넣은 국수이다. 키르기즈어로 naren, 카자흐어로 narən이다.
- 切克满: 키르기즈족이 만드는 낙타 털로 직조한 직물이다. 키르기즈어로 ʧ^{h}ekmen이다.
- 东布: 우즈베크족의 악기로 현을 뜯어 연주한다. 우즈베크어로 tumbur이다.
- 写格乃: 우즈베크족의 삼각형 모양의 악기이다. 우즈베크어로 ʃaqne이다.
- 克赛勒: 타타르족의 음료로 까마귀머루, 감자, 설탕 등으로 만든다. 타타르어로 k^{h}esel이다.

(3) 동북 지역, 내몽골 지역에 분포하는 소수민족 언어를 어원으로 하는 외래어

　동북 지역과 내몽골 지역에는 몽골족, 만주족, 조선족, 다우르족, 오르죤족, 오원커족 등이 분포한다. 몽골어와 만주어를 어원으로 하는 단어들은 근고 시기에 이미 중국어로 상당수 유입되었다. 현대에 접어들자 만주어는 쇠퇴하기 시작했고 몽골어는 활발하게 계속하여 중국어로 새로운 어휘를 유입시켰다. 조선족은 뜻밖에 일어난 한국전쟁으로 인해 그들의 언어와 문화가 주목받게 되었고 전국으로 확산될 수 있었다. 이 밖에도 정도는 다르지만 다른 소수민족들이 사용하는 언어도 중국어에 일부 유입되었다.

　① 몽골어를 어원으로 하는 외래어. 그중 어떤 것은 비교적 이른 시기에 차용되었으나 이 시기가 되어서야 눈에 띄게 사용되기 시작했다. 예를 들면 다음과 같은 것들이 있다.

- 苏木: 내몽골 지역에 있는 원래는 区구에 해당했던, 지금은 乡향에 해당하는 행정 단위이다. 몽골어로 sumu(화살)이다.
- 敖包: 돌과 흙으로 쌓은 무더기, 길의 경계나 표식으로 사용하거나 산을 관장하는 신령, 도로를 관장하는 신령이 머무는 곳의 역할을 했다. 몽골어로 obuga이다.
- 浩特: 도시, 촌락. 몽골어로는 xota이다.
- 卡伦: 국경의 초소이다. 몽골어로 karon이다.
- 乌兰牧骑: 1949년 중화인민공화국 성립 이후 만들어진 문화선전단으로 말을 타고 옮겨다니며 문예 예술 활동을 하였다. 몽골어로는 ulaan mǒčir이다.

- 安代: 몽골족이 단체로 추는 민속 무용이다. 몽골어로는 andai 이다.
- 代日丽查: 둘이서 번갈아가며 말하고 노래하는 몽골족의 예술 형식이다. 몽골어로 dairalčaa이다.
- 好来宝: 몽골족의 민속 행위예술로 4현으로 된 四胡호금, 이호, 말머리가 새겨진 사다리형의 몽골 현악기로 반주한다. 몽골어로는 xolboga이다.
- 那达慕: 엔터테인먼트와 스포츠, 쇼핑을 한 번에 즐기는 몽골족의 체육활동이다. 몽골어로 nagadum이다.
- 桃子: 몽골족 여성의 긴 겉옷 가장자리의 레이스 또는 꽃무늬이다. 몽골어로 togosu이다.

② 한국어를 어원으로 하는 외래어. 예를 들면 다음과 같다.

- 鼓打铃: 한국의 예술로 몸에 큰 북을 메고 치면서 노래하는 것이다. 한국어로는 북타령이다.
- 判索里: 한국의 예술로 한 명이 소리를 하며 북을 두드려 반주한다. 한국어로 판소리이다.
- 才谈: 중국의 만담과 비슷한 한국의 예술이다. 한국어로 재담이다.
- 三老人: 1940년대 말에 '재담'을 기초로 발전한 예술 형식이며 서로 다른 유형의 '노인' 3명이 공연한다. 한국어로 삼노인이다.
- 伽倻琴: 古筝고쟁과 비슷한 한국의 현악기이다. 한국어로 가야금이다.
- 冬木: 同志동지이다. 1950년대 한국전쟁 시기에 광범위하게 사용되었다. 한국어로 동무이다.

③ 기타 소수민족 언어를 어원으로 하는 외래어. 예를 들면 다음과 같다.

- 靠套: 작은 칼이다. 오원커어로 k^hot^ho이다.
- 安达: 친구, 상인이다. 몽골어 谙达/安答(anda, 친구 또는 의형제)와 관련이 있다. 오원커어로 anda(k)이다.
- 乌力楞: 가족 공동체, 부락이다. 오원커어와 오르죤어로 urirən이다.
- 仙人柱: 원추형 움집, 32개 정도의 통나무로 만든 뾰족한 지붕의 움집으로 한 가족이 살 수 있다. 의미가 확장되어 부부와 그 자녀들로 이루어진 가정을 가리킨다. 네 채에서 십수 채의 仙人柱로 하나의 乌力楞을 구성한다. 오르죤어로 ʃienrənʧu이다.
- 乌力安: 호각, 나무로 만들어진 1m 길이의 뿔 형태의 악기로 기류를 들이마시며 소리를 내는데 수컷 사슴의 울음 소리와 비슷하다. 오르죤어로 ulian이다.
- 木库连: 멜로디언, 다우르족의 악기로 철사 및 강철로 만들어진 진동판으로 구성되며, 입으로 불면서 손으로는 진동판을 움직여 음악을 연주한다. 다우르어로 mukulien이다.
- 贝阔: 필드 하키의 일종이다. 정식 이름은 波依靠颇列이다. 다우르어로는 boikoo pooliee이다.

(4) 남부 지역의 소수민족 언어를 어원으로 하는 외래어

거주하고 있는 민족의 수로 보자면, 중국 남부 지역은 수가 가장 많고 구성도 가장 복잡하다. 중국 내 소수민족의 절반 이상이 남부 지역에 거주하고, 한족과의 교류도 특히 밀접하다. 따라서 다양하고 풍부한 언어 접촉 현상을 보인다. 소수민족 언어에서 온 기저유형의

단어 외에도, 현지의 중국어에 포함된 소수민족 언어에서 온 단어들이 다수 존재한다. 예를 들면 다음과 같다.

- 察尔瓦: 거친 양털 모포로 만든 망토이다. 이어彝语로 va²¹la³³(음절 도치를 겪었을 가능성이 있음)이다.
- 毕摩: 남성 무속인의 한 종류이다. 이어로 pi³³mo³⁴이다.
- 阿土阿加: 옛날에 이미 가정을 이룬 노예를 말한다. 약칭은 阿加이다. 이어로는 ŋgatɕʰu³³ŋga²¹tɕe³³이다.
- 呷西呷洛: 노예, 锅庄娃子라고도 한다. 약칭은 呷西이다. 이어로는 ka³³ɕi³³ka²³lo⁵⁵이다.
- 东巴: 나시족纳西族이 믿는 전통 동파교의 무속인이다. 나시어로 to³³mba²¹이다.
- 阿仁仁: 나시족이 장례 때 하는 춤의 하나이다. 나시어로 uə³³ze²¹ze²¹이다.
- 四威威: 나시족이 혼례나 장례 때 부르는 시가이다. 나시어로 sɿ⁵⁵uə⁵⁵uə⁵⁵이다.
- 巴乌: 하니족哈尼族의 목관악기로, 피리서가 붙어있고 대나무 또는 플라스틱으로 만들고 피리와 비슷한 모양이며 낮고 중후한 음색이다. 하니어로 ba⁵⁵u⁵⁵이다.
- 游方: 미아우족苗族 청년들의 교제 활동으로, 지정된 공공 장소에서 함께 노래를 주고받으며 부르고 서로 사랑하는 마음을 확인하는 행사이다. 미아우어로 ʑe⁵⁵faŋ⁵⁵(＜중국어)이다.
- 马朗: 游方과 같다. 미아우족 청년 남녀가 교제하는 행사이다. 미아우어로 moŋ³³ɬa¹³이다.
- 亭茶: 차를 마시는 정자, 청년 남녀가 모임을 열고 노래하는 곳

이다. 쭈앙어로 dingz-caz(새로운 쭈앙어 문자로 음절의 마지막 자모가 성조를 표시하는 기호임)이다.
- 勒保: 청년 남자를 미화하여 부르는 호칭이다. 쭈앙어로 lwg-mbauq이다.
- 布: 명, 분 등 사람을 세는 단위이다. 쭈앙어로는 boux이다.
- 赞哈: 따이족傣族의 민속 가수이다. 따이어로 tsaŋ³³xəp⁵이다.
- 统帕: 윈난성의 소수민족이 즐겨 하는 어깨에 메는 주머니로, 천으로 만든 사각형 모양에 아래 부분에는 보통은 술이 달려 있다. 따이어로 tʰoŋ³⁵pa⁵⁵이다.
- 摆: 따이족의 불교 집회로 묘회와 유사하다. 여기에 참여하는 것을 赶摆라고 한다. 따이어로는 pai⁵⁵이다.
- 勐: 지역이라는 뜻, 원래는 1급 행정 단위로 사용하였고, 현재는 지명에 남아있다. 따이어로 məŋ⁵¹이다.
- 多耶: 뚱족侗族의 문예 예술 형식으로, 명절을 축하할 때는 노래와 춤을 섞는 등 여러 가지 조합으로 노래할 수 있다. 뚱어로 to²³ye³⁴²이다.
- 嘎老: 뚱족 민요의 일종으로 嘎玛(qa⁵⁵mak²³)라고도 한다. 뚱어로 qa⁵⁵lau¹¹이다.
- 端节: 슈에이족水族의 전통 명절로 음력 8월 하순에서 10월 상순까지이다. 端节를 지내는 것을 借端(tsie¹ton³, 吃端)이라고 한다. 슈에이어로 ton³³(<중국어 端午단오)이다.
- 打歌: 바이족白族의 스텝을 밟으며 동시에 노래하는 가무형식이다. 바이어白语로 ta⁵¹gau¹¹이다.
- 勒绒: 징포족景颇族의 피리서가 없는 대나무 관악기로 길이는 80-143cm이며 주 연주관과 공기를 보내는 관으로 구성되며 앞

쪽에 1개 뒷쪽에 4개, 총 5개의 구멍이 있고 음색은 맑고 깨끗하면서도 부드럽다. 음역이 상당히 넓다. 징포어景頗语로 la^{55}zuŋ^{51}이다.

- 毕笋: 징포족의 피리서가 없는 관악기 중 하나이다. 징포어로 pyi^{33}sun^{55}이다.
- 铓锣: 징 가운데가 불룩 솟은 모양의 큰 징으로 튀어나온 부분을 두드려 소리를 낸다. 징포어로 pau^{31}moŋ^{33}이다.
- 目脑(舞): 징포족의 대형 가무로 보통은 100여명이 참가한다. 징포어로 ma^{3}nau^{31}이다.
- 毕切: 즉 洞巴로, 징포족의 피리서가 없는 관악기 중 하나이다. 징포족의 한 지파였던 짜이와족载佤族의 짜이와어载佤语로 pyi^{33}k^{h}ye^{33}이다.
- 增疆: 징포족의 큰 북으로 길이가 약 1.67m 정도이다. 짜이와어로 tsiŋ^{51}kiaŋ^{51}이다.
- 龙洞戈: 징포족이 장례 때 추는 춤이다. 짜이와어로 zum^{21}toŋ^{21}ko^{55}이다.
- 索: 뿌랑족布朗族의 민속 악곡이다. 뿌랑어布朗语로 so^{55}이다.

5) 20세기 말 이후에 차용한 새로운 외래어

최근 수십 년간, 특히 1978년 개혁·개방 이후로 중국의 사회와 정치면에서 경천동지할 변화가 일어났고 서구 국가들과의 관계도 근본적인 변화가 있었다. 홍콩과 마카오가 중국으로 회귀하였고 타이완 해협 양안 간에 우편과 항로, 상업이 양방향으로 직접 개방됨으로써 네 지역의 언어 교류가 가속되었다. 이 시기에는 세계의 첨단 과학

기술과 관련 산업이 급속도로 성장하였고, 서구 사회는 현대와 포스트 현대 단계에 처해 일상생활과 오락 활동에도 거대한 변화가 일어났으며 신조어가 물밀듯이 생겨났는데 그 다양성과 트렌드 면에서 다른 시대와 차별화된다. 이는 당연히 중국어에도 영향을 주었고, 중국어는 주동적으로 또는 피동적으로 신조어가 증가하게 될 수밖에 없었다. 그중 대부분은 외부에서 온 개념의 의역어이고, 음역한 신외래어는 그 다음이었다. 그리고 직접 외국어의 축양 형식을 도입하는 경우도 대량으로 늘어났다. 중국 대륙에서는 개혁·개방 이후로 외래어가 끊임없이 서로 다른 경로를 통해 유입되었고, 이 경로로는 홍콩, 타이완, 유럽과 미국 및 동남아 화교 사회, 일본, 대륙 스스로 번역하는 경우 등이 있다. 이 시기의 음역어는 계속하여 들어왔고, 일본에서 온 한자어도 끊임없이 들어왔다. 이 시기에 유입된 새로운 외래어들의 존재는 중국의 발전이 늦었음을 보여준다. 성장과 발전을 위해, 중국은 외래어를 차용하고 새로운 개념과 용어를 도입할 수밖에 없었다. 다음과 같은 예를 들 수 있다.

① 과학·보건 분야

- 克隆: 무성 증식으로 생긴 세포군, 또는 무성 증식을 말한다. 영어로는 clone(단클론은 monoclone임)이다.
- 派典: 과학 이론 중의 범례, 전체 아이디어 설계와 재료의 선택 기준, 과정, 비유 등을 포함한다. 자연과학에서 많이 이용한다. 영어로는 paradigm이다.
- 脉塞: 유도 방출을 이용하여 마이크로파를 증폭하는 장치이다. 타이완에서는 迈射/微射라고 한다. 영어로 maser(약칭)이다.
- 声呐/声纳: 음파 탐지 장치로 수중에서 음파를 받아 항해를 유

도하고 거리를 측정하는 장치이다. 영어로 sonar(약칭)이다.
- 厄尔尼诺/艾尔尼诺(现象): 동태평양 적도 구역의 해수면 온도의 이상 상승으로 지구의 대기 순환에 이상을 초래하는 현상이다. 스페인어로 El Nino(아기 예수의 의미이다. 이 현상이 성탄절 전후에 많이 발생하기 때문에 이렇게 명명함)이다.
- 卡那霉素: 가나마이신, 주로 장관 감염의 치료에 쓰이는 항생제이다. 라틴어로 kanamycin이다.
- 先锋霉素: 세파로신, 페니실린과 유사한 작용을 하며 요로감염의 치료에 적합하다. 라틴어로 cephalothin이다.
- 利福平: 결핵을 치료하는 특효약이다. 라틴어와 영어로 Rifampin이다.
- 白内停: 백내장 치료제이다. 라틴어와 영어로 Bernetin이다.
- 利眠宁: 진정, 최면 효과의 약물이다. 라틴어와 영어로 Librium이다.
- 速灭杀丁: 고효율, 저독성의 광범위성 농약이다. 영어로 Sumicidin이다.
- 艾滋病/爱滋病: 후천성면역결핍증, 인간 면역 결핍 바이러스(HIV)의 감염으로 발병한다. 영어로 AIDS(Acquired Immune Deficiency Syndrome)이다.
- 托福: 외국 학생을 위해 실시하는 영어 능력 시험이다. 영어로 TOEFL(Test of English as a Foreign Language)이다.
- GRE: 대학원 자격시험이다. 영어로 Graduate Record Examination이다.
- OA: 사무 자동화이다. 영어로 Office Automation이다.
- CT(机): 컴퓨터 단층 촬영이다. 영어로 Computerized Tomography

이다.
- IT: 정보기술이다. 영어 Information Technology의 축약형이다.

② 의, 식, 주, 행위 등

- 比基尼: 상하가 분리된 수영복이다. 태평양의 산호섬 Bikini를 따라 작명되었다. 이 수영복이 출시되었을 때 마치 미국이 비키니 섬에서 진행한 첫 번째 핵실험과 같은 폭발적 반응이 일어났기 때문이다. 영어로 bikini이다.
- T恤: 여밈이 없이 머리부터 입는 셔츠, T모양의 편직물로 만든 옷으로 처음에는 홍콩에서 차용하였다. 영어로 T-shirt이다.
- 超纶: 극도로 가는 화학 섬유로 기름 흡수에 상당히 강하며 주방용품의 기름때를 닦을 수 있는 천이다.
- 迷你-: 작은 것, 매우 짧은 것으로 迷你裙미니스커트, 迷你酒吧미니바, 迷你巴士미니버스 등으로 쓰이며 홍콩과 타이완에서 먼저 차용하였다. 영어로 mini-이다.
- 香波: 머리카락에 쓰는 합성 액체 비누, 홍콩과 타이완에서 먼저 차용하였다. 영어로 shampoo이다.
- 摩丝: 머리카락에 발라 머리 모양을 고정하는 제품으로 홍콩과 타이완에서 먼저 차용하였다. 영어로 mousse(원래는 크림에 거품을 나게 하여 차게 굳힌 디저트임)이다.
- 丽丝: 헤어케어 용품, 머리카락을 윤기나고 부드럽게 한다.
- 汉堡包: 서양의 패스트푸드로 둥근 빵에 익힌 고기와 채소 등을 넣어 만든다. 영어로 hamburg(steak)이다.
- 比萨饼/皮查饼: 이탈리아의 피자이다. 이탈리아어로 pisa(이탈리아의 도시 이름을 따라 작명됨)이다.

- 扎: 맥주에 사용하는 양사, 큰 컵이나 크고 넓은 주둥이를 가진 병이며 수식어로도 쓰인다. 영어로 jar이다. 혹은 영어 draft(정화되어 맑은, 가장 원시의)에 대응한다고 여기는 사람도 있다.
- 的士: 택시이다. 홍콩에서 번역된 이름이다. 영어로 taxi이다.

③ 음악·무용·체육 분야

- 迪斯科(舞): 멜로디가 명확하고 속도가 비교적 빠르며 신체 각 부분을 움직이는 현대 유행 댄스, 또는 이 춤의 반주 음악이다. 홍콩에서는 的士高, 타이완에서는 狄斯可로 쓴다. 영어로 disco (원래는 유행 음악에 맞춰 춤을 추는 나이트클럽을 가리킴)이다.
- 呼啦圈舞: 훌라후프를 사용하여 몸을 빠른 속도로 돌리면서 추는 춤으로 하와이의 토속 춤을 개량한 것이다. 영어로 hula hoop/hula-hula이다.
- 霹雳舞: 춤의 전통적인 규칙을 깬 즉흥적인 편성의 춤으로 음악의 비트를 쪼개는 경우가 많다. 미국의 흑인사회에서 기원하였다. 영어로 break dance이다.
- 嘉力索: 중앙아메리카 트리니다드 토바고의 민속 음악이다. 영어로 calypso이다.
- 嘻哈/嬉蹦: 1980년대에 시작된 흑인들의 스트리트 댄스 및 그 음악, 유사한 예술 풍격과 거리 문화를 가리키기도 한다. 영어로 hip-hop(hip은 엉덩이, hop은 한 발로 깡충깡충 뛰는 것)이다.
- 卡拉OK: 반주 음악을 틀고 그에 맞춰 노래를 부를 수 있도록 한 장치이다. 이 단어는 타이완에서 번역하였다. 일어로 karaoke (kara는 빈, oke는 악대)이다.
- KTV: 卡拉OK의 룸이다. 영어로 KTV(karaok (in/for) television)

이다.
- MTV: 뮤직 텔레비전. 영어로 MTV(music (in) television)이다.
- CD: 디지털화된 광신호 기록, 시디이다. 영어로 compact disk/disc이다.
- 拉力赛: 연속하여 수일 동안 치루는 단일 항목의 스포츠 경기 형식으로 자동차 장거리 대회에 많이 사용된다. 영어로 rally이다.
- 卡巴迪: 남아시아에서 유행하는 스포츠로 두 팀이 서로 잡거나 피하는 게임이다. 영어로 kabaddi라고 하며, 와서 잡으라는 뜻이다.
- 煽色腥: 문학, 매체 등이 선정성과 폭력을 조장하는 현상이다. 영어로 sensationalism이다.

④ 사회 조직 및 사회 구성원
- 欧佩克: 석유 수출국 기구. 영어로 OPEC(Organization of Petroleum Exporting Countries)이다.
- 尤里卡: 서유럽 국방 협력 계획. 프랑스어와 영어로 Eureka (<그리스어 Eureka, 방법이 생각났을 때 기뻐서 하는 말. 원래는 European Research Coordination Agency의 각 단어 첫 글자로 약칭을 만들었으나 eureka와 비슷하기 때문에 지금의 형태로 바꾸었음)이다.
- APEC: 아시아태평양경제협력체. 영어 Asia Pacific Economic Cooperation의 축약어이다.
- ECFA: 타이완 해협 양안의 경제 합작 기구 협의체. 영어 Economic Cooperation Framework Agreement의 축약형이다.
- 披头士: 비틀즈 그룹 및 구성원이다. 영어로는 Beetles/beetles이다.
- 雅皮士: 현대 미국 도시의 젊은 전문직이다. 그들은 수입이

비교적 많고 씀씀이가 크며 신자유주의를 지향한다. 영어로는 yuppies이다.
- 嬉皮士: 미국에서 1960년대에 출현한 현실에 불만족하며 퇴폐적인 모습을 지닌 청년들이다. 영어로는 hippies이다.
- 丁克夫妇/顶客士: 1980년대에 서구에서 출현한 모던 부부로, 맞벌이를 하며 자녀를 갖지 않는다. 영어로는 dink(s)이다.
- 旁客/庞克: 현대 서구에서 출현한 퇴폐적이고 무료한, 변태 스타일로 치장한 도시의 실업 청년들이다. 영어로는 ponk(s)이다.

⑤ 일어 한자어의 새로운 유입

- 步道(일어 hodō): 인도(人道)이다.
- 恶评(일어 akuhyō): 부정적인 평가이다.
- 拟音(일어 gion): 무대극이나 영화에서 실제와 흡사하게 모방한 외부의 소리이다.
- 样态(일어 yōtai): 변화 중에 나타나는 모습이다. 주체 또는 객체와 상대되는 외재적으로 드러나는 모습, 상황이다.
- 安乐死(일어 anrakshi): 고통 없이 죽는 방식이나 방법이다.
- 援助交际(일어 えんじょこうさい): 약칭은 '援交'(일어 えんこう). 원조교제이다.

일부는 새로운 회귀 유입어로, 일어가 중국어를 차용한 뒤에 새로운 뜻을 부여하고 다시 20세기 말에 중국으로 회귀하여 차용된 단어들이다. 예를 들면 다음과 같다.

- 人气(일어 ninki): 인기가 있다, 대인관계가 좋다는 뜻이다. 중국

어의 원래 의미는 사람의 기운이나 인체의 냄새라는 뜻으로 鬼气귀기와 반대된다.
- 达人(일어 tatsujin): 학문, 무예, 전공 등 해당 분야에 정통한 사람, 고수이다. 중국어의 원래 의미는 달관, 통달한 사람이었다.

기초 조사에 의하면, 1978년 이후로 중국어에 유입된 새로운 일어 어원의 외래어는 이미 400개를 넘었고 지속적으로 증가하고 있다. 1978년 이전의 20세기 후반기의 일어 외래어는 기본적으로 홍콩과 타이완을 거쳐 중국 대륙으로 들어온 것이다. 오늘날 중국 대륙에서 일본으로 유학하는 학생이 매년 만 명을 상회하고, 일어에 능통한 사람은 부지기수이다. 중국과 일본의 교류는 역대 최고로 빈번히 이루어지고, 언어 접촉도 전례 없이 밀접하게 일어나 일어 단어의 차용도 더욱 직접적이고 편리해졌다. 그러나 일본에서는 한자어를 사용하여 외래어를 차용하는 경우는 점차 쇠퇴하는 추세이고, 가타카나로 음역한 외래어가 날이 갈수록 늘어나고 있어 서구에서 탄생한 신개념 상당수가 이제는 일어를 통해 중국어로 들어오지 않는다. 중국어는 앞으로 대부분의 외래어를 독립적으로 서구 언어에서 직접 차용하게 될 것이다.

7. 현대 중국어 외래어 개관 : 21세기의 현황과 전망

1) 서설

거시적으로 이 단계는 근·현대 시기의 연속이거나 동일한 것으로 볼 수 있다. 다만 서술의 편의를 위해 지금과 같이 단계를 나누기로 한다. 오늘날, 1978년에서부터 2018년에 이르는 40년간은 통일적인 성격을 지니는 시기로 볼 수 있다. 개혁·개방 초기에서부터 20세기 말에 이르는 약 20년 동안은 외래어 도입의 탐색과 복원의 시기로 외래어 유행의 전주곡이자 서막이 되는 때였다[23]. 외래어 유행 풍조의 진정한 시작은 20세기 말부터이다.

이 시기 중 전반기의 20년은 혼란과 동요로 어려움을 겪었으나 1992년 떵샤오핑邓小平의 제2차 남행에 이르러 중국의 개혁·개방은 불가역적인 정책으로 자리잡았다. 같은 해, 일반 국민들의 여권 발급과 해외여행이 자유로워지기 시작했다. 컴퓨터는 1980년대에 일부 정부 기관 또는 연구기관의 사무용 또는 연구용 설비로 쓰이기 시작했다. 마이크로소프트사는 1992년에야 중국에 진출했고, 1990년대 중반이 되어서야 PC가 일반 가정에 보급되기 시작했다. 네트워크 분야를 살펴보면, 국내 로컬 전산망이 1984년 개통되었고, 인터넷은 1994년 4월 20일에야 중국에 개통되어 전 세계와 연결될 수 있게 되었다. 1997년은 중국 인터넷 발전의 기념비적인 해이다. 이때를 기점으로 '시나닷컴新浪网', '바이두百度' 등이 연이어 창립되었다.

후반기의 20년은 개혁·개방 정책이 더욱 확대되고 심화하며 성숙해진 시기로 중국 사회에 큰 변화가 일어났다. 2001년, 중국은 WTO에 가입하였다. 많은 수의 중국인들이 해외 유학을 가거나 해외 취업 또는 해외 여행을 하게 되었고, 해외에서 유학을 마친 지식인들이 대거 귀국하였다. 국제적으로 과학기술, 경제, 정치, 군사 분야가 급속도로 발전하고 변화함에 따라, 중국도 국제 활동에 더 많이 참여하게 되었다. 새로운 상품, 새로운 기술, 새로운 관념이 빠른 속도로 중국

---

[23] 제2장 5) 20세기 말 이후에 차용한 새로운 외래어 167~174쪽 참조.

에 전파되었다. 중국과 타이완의 관계가 빠른 속도로 진전됨에 따라, 언어생활에도 교류와 연동 작용이 빠르게 일어났다. 외래어 차용 활동에 참여하는 계층 및 차용의 매개체나 경로도 종전과는 전혀 달라지게 되었다. 중국 내부 체제의 개혁과 중국의 정치, 경제, 문화 분야 대외 개방 정책으로 인해 경제와 과학기술 분야에서 세계와 나란히 하게 되었고, 해외의 문물이 중국으로 걷잡을 수 없이 밀려들어 대량의 외래어가 유입되는 사회·정치적 기초를 형성하였다.

개혁·개방의 영향으로 외국에서 새로운 사물과 개념, 새로운 단어를 들여오는 이들이 더욱 많아졌다. 또한 교육 개혁과 보급에 따라 외국어와 외국 문자에 익숙한 젊은이들이 늘어났고, 외래어의 수입 주체도 외국의 문물을 접한 몇몇 인물에서 각 분야에 분포하는 일반 대중으로 바뀌었으며, 과거 번역가들의 특권과 같았던 외래어의 차용은 일반 대중, 심지어 청소년까지도 할 수 있는 일이 되었다. 이러한 변화는 외래어가 중국어에 유입하는 데 있어 새로운 집단 기초가 되었다. 세계 정세와 정치, 경제, 군사, 문화 분야가 빠르게 변화함에 따라, 새로운 과학 기술의 발전과 여러 분야에서 변화가 일어남에 따라 중국과 세계 각국은 급속도로 변화하는 정보 기술의 시대에 접어들었다. 새로운 사물이 끊임없이 생겨나고, 그에 따라 새로운 외래어도 끊임없이 생겨났다.

2000년 전후의 몇 년간은 PC와 인터넷, 컴퓨터 게임과 애니메이션, 뉴미디어 등 신기술과 새로운 툴(tool)이 중국에서 빠르게 발전하는 결정적인 시기였다. 이러한 것들은 21세기의 젊은이들에게 받아들여지고 최신의 외래어가 중국으로 유입되는 새로운 통로가 되어 외래어 차용 수단의 기초가 되었다. 이 시기 유입된 외래어들은 다음과 같은 두 가지 특징을 지닌다. 첫째는 분포가 넓고 전면적이다. 둘째는 신속한 탄생과 사멸로, 외래어의 탄생과 사멸이 모두 과거보다 빠르게 진행되어 신속히 유입되는 만큼 빨리 사라질 수도 있다는 것이다. 이러한 점들은 오늘날 발전하는 통신 수단과 끊임없이 등장하는 새로운 사물 및 경제 글로벌화와 밀접히 연관되어 있다. 유형상으로 보면, 주목할 점이 세 가지 있다. 하나는 영어의 과학, 기술, 정치, 경제, 군사, 문화 등 분야의 어휘가 전방위적으로 유입되는 것이고, 다른 하나는 애니메이션과 엔터테인먼트, 특수 서비스 분야 등을 중심으로 일어를 어원으로 하는 어휘들이 대량으로 중국어에 유입되는 것이며, 마지막으로는 사람들의 이목을 끄는 자모어의 유행이다.

2) 음역어

이 시기의 음역어는 전방위적이고 수량이 많다는 특징을 지닌다. 이는 생활 수준의 향상으로 사람들이 다양한 여가 생활과 넓은 시야를 지니게 되었음을 반영한다. 이 시기의 음역어는 대부분 영어에서 온 것으로, 중국어에 유입되는 외래어의 근원으로 영어가 제일의 자리를 차지하였음을 의미하는 동시에 세계 각국에 미치는 영어의 영향력도 확인할 수 있다. 이 밖에도 주목할 만한 현상 두 가지가 있다. 첫째는 새로운 사물이나 새로운 개념이 해외에서 생겨나면, 중국어에 거의 동시에 이러한 음역어가 차용된다는 것이다. 과거에는 새로운 사물이나 개념의 탄생과 중국에 유입된 외래어 간에 명확한 시차가 존재하였다면, 현재는 거의 무시할 수 있을 정도이다. 둘째는 중국이 대외적으로 개방 정책을 실시함에 따라, 과거 해외에서 사용되던 일부 사물이나 개념이 재인식되고 차용되어 다년간의 공백을 메꾸었다는 점이다. 이러한 두 가지 점은 오늘날 중국사회의 개방성을 보여준다. 다음과 같은 음역어들을 예로 들 수 있다.

(1) 과학기술, 네트워크, 군사 분야

- 彩芒: 스크린의 정상 동작을 확인해주는 TV나 컴퓨터의 모니터이다. 영어로는 monitor이다.
- 乌班图: 데스크탑에서 사용할 수 있도록 만들어진 Linux의 배포판이다. 영어로는 Ubuntu(<아프리카 줄루어/하우사어 ū-būn-tū, oo-BOON-too)이다.
- 谷歌: 미국의 저명한 웹 검색 서비스 업체이다. 2006년에 谷歌라는 중국어 명칭을 제정하였다. 영어로는 Google이다.
- 推特: 2006년에 창립된 미국의 저명한 SNS 서비스이다. 영어로는 Twitter이다.
- 必应: 마이크로소프트사가 2009년에 선보인 검색 엔진 및 검색 서비스이다. 영어로는 Bing이다.
- 安卓(系统): Linux에 기반을 둔 개방형의 모바일 운영체제이다. 영어로는 Android(OS)(<Android(로봇) Operating System의 축약)이다.
- 皮卡: 앞에는 4인이 탑승할 수 있고, 뒤에는 화물 적재함이 있는 소형 트럭이다. 영어로는 pickup (truck)이다.
- 富勒烯: 다이아몬드와 석묵 외 탄소원자로 이루어진 제3의 결정체이다. 양호한 전도성과 장력을 보인다. 영어로는 fullerene (<buckminster fullerene)이다.
- 模块: 수정한 후를 말한다. 전자 오락이나 컴퓨터 게임에 많이 쓰인다. 영어로는 MOD(<modification의 축약)이다.
- 克隆卡: 컴퓨터 혹은 은행에서 쓰는 복제 카드이다. 영어로는

clone card이다.
- 阿帕奇: 미국의 무장 공격형 헬리콥터로 미사일을 장착할 수 있다. 영어로는 Apache이다.
- 萨德: 중·원거리 탄도미사일 방어 체계이다. 영어로는 THAAD (＜영어 Terminal High-Altitude Area Defense의 축약, 최초의 이름은 Theatre High Altitude Area Defense작전구역고고도방어체계)이다.

(2) 문화, 교육, 의료, 보건 분야

- 慕课: 세상의 모든 사람을 위한 인터넷 무료 강의이다. 영어로는 MOOCs(＜massive open online courses의 축약)이다.
- 弥母: 가상의 문화 전승을 전파하는 문화요소, 혹은 모방을 통해 전파하고 진화하는 문화 요소이다. '媒母', '弥因', '模因', '摹因'로도 음역되거나 '拟子'로 의역된다. 영어로는 meme(＜그리스어 mimeme모방)이다.
- 爱普(考试): AP시험이다. 미국 대학 위원회와 미국 교육 평가 중심(ETS)이 개발한 국제 영어 시험이다. 영어로는 APIEL (＜Advanced Placement International English Language의 축약)이다.
- 乐活/乐哈斯: 건강과 환경, 자급자족, 자기 계발을 추구하며 지구를 지키는 생활방식을 말한다. 영어로는 Lohas(＜Lifestyle of Health and Sustainability의 축약, 1998년 명명)이다.
- 霍尔特: 동적심전도(Dynamic Electrocardiography, DCG)이다. 몸에 지니고 다니는 초소형 심전도 측정기를 말한다. 영어로는 Holter(＜미국 물리학자의 성)이다.

- 特罗凯: 신형 표적 항암제이다. 즉 (염산)엘로티닙(Erlotinib)이다. 영어로는 Tarceva이다.
- 交沙霉素: 에리드로마이신과 비슷한 마크롤라이드계의 항생물질이다. 영어로는 Josamycin이다.
- 阿莫西林: 페니실린 계열의 베타락탐계 항생제로 반합성이며 가장 많이 쓰인다. 영어로는 Amoxicillin이다.
- 奧司他韦: 독감을 치료하는 데 쓰이는 상용약으로 조류독감, 돼지독감, A형 H1N1 바이러스 등에 특효를 보이는 약물 중 하나이다. 영어로는 Osteltamivir이다.
- 达菲: 독감 치료 및 항 조류독감, A형 H1N1 바이러스에 가장 효과를 보이는 약물이다. 영어로는 Tamiflu이다.
- 芬必得: 이부프로펜으로, 진통과 해열, 소염 등 작용을 하는 비스테로이드성 소염진통제이다. 영어로는 Fenbid(＜영어 Ibuprofen Sustained Release Capsules＜라틴어Spansule Capsulae Ibuprofeni)이다.
- 比辛: 2015년에 미국에서 발견된 펩타이드류의 안전한 고효율 천연 항생제이다. 영어로는 Bisin이다.
- 露卡素: 저탄수, 고영양, 저당, 항산화, 유기 생식을 추구하는 혁신적인 식이요법이다. 영어로는 low-carbs(carbs＜carbohydrate 탄수화합물의 축약)이다.
- 诺丽(酵)素: 노니를 자연발효시켜 만든 효소 활성률이 매우 높은 효소이다. 영어로는 inoni이다.
- 赛洛宁: 세포를 재생, 복원시키는 기본 요소 중 하나로, 인체 내에서 합성되는 정상적인 생화학반응에 필수적인 요소이다. 영어로는 Xeronine이다.

- 海扶刀: 수술 없이 종양을 태워 없애는 고강도 집속 초음파이다. 영어로는 HIFU(＜High Intensity Focused Ultrasound의 축약)이다.
- 沙士: 신종코로나 바이러스로 인해 발생하는 전염성 비전형적 폐렴을 말하며, 중국어 약칭은 '非典'이다. 영어로는 SARS(＜Severe Acute Respiratory Syndrome의 축약)이다.
- 诺如病毒: 비 세균성 급성 장염을 일으킬 수 있는 바이러스이다. '小圆结构病毒', '诺沃克病毒'이라고도 한다. 영어로는 Norovirus/NV이다.
- 二恶英(/二噁英): 암을 일으키고 기형을 만드는 강한 독성물질로 염소가 결합되어 있는 방향족 화합물이다. 영어로는 dioxin이다.
- 沙雾: 메스암페타민을 원료로 하는 마약이다. 필리핀어로는 shabu이다.

(3) 금융, 경제, 무역, 방직 분야

- 刘易斯拐点: 노동력이 과잉되거나 부족한 전환점으로 경제 발전의 임계점이다. 영어로는 Lewis Turning Point(Lewis영국 경제학자의 성씨)이다.
- 布尔线指标: BOLL지표, 주식 가격 변동 추세를 분석하는 중장기적인 기술 분석 도구이다. 영어로는 Bolinger Bands이다.
- 比特币: P2P기술에 기반하여 탄생한 익명의 가상 전자 화폐이다. 영어로는 Bitcoin(＜bit+coin)이다.
- 特沃纶: 일본에서 개발한 케블라와 유사한 초고분자량의 파라아마이드 섬유이다. 일본에서 만든 영어 Twaron이 근원 단어이다.

- 贝特纶: 다용도, 고성능의 합성 화합물 탄력 모노필라멘트이다. 영어로는 Bettera이다.
- 维克特纶: 액정 화합물(폴리우레탄)으로 코팅된 고성능, 고강도의 폴리에스테르이다. 영어로는 Vectran이다.
- 欧刻: 신형 스마트 발열 섬유이다. 영어로는 OK이다.
- 莫代尔: 습식방사법을 통해 생산하는 섬유로 펄프를 원료로 한다. 영어로는 Modal(원래는 상품명)이다.
- 天丝: 실크와 같은 성질을 지닌 천연 재생 섬유이다. 영어로는 tencel이다.
- 阿玛尼: 우아하고 대범한 풍격을 지닌 명품 패션 브랜드이다. 이탈리아어로는 Armani이다.

(4) 체육, 엔터테인먼트, 여가생활 분야

- 德比(战): 동일 지역 내부에서 제일 중요한 두 팀(주로 축구) 간의 경기를 말한다. 영어로는 derby이다.
- 呜呜祖拉: 길이가 1미터에 달하는 트럼펫 모양의 남아프리카공화국의 응원도구이다. 영어/줄루어로 vuvuzela부부젤라이다.
- 布拉祖卡: 2014년 브라질 월드컵(6월12일~7월13일)에서 사용한 공인구의 명칭이다. 영어/포르투갈어로 Brazuca이다.
- 舍宾: 온몸을 아름답고 건강하게 만드는 운동이다. 영어로는 shaping이다.
- 乌克丽丽: 하와이의 작은 4현 기타이다. 영어/하와이 토착어로는 ukulele받은 선물(<uku선물/상품 + lele오다 혹은 <하와이 토착어ukulele뛰어다니는 벼룩)이다.

- 布吉: 1960년대 미국 흑인 사회에서 기원한 음악과 춤이다. 영어로는 boogie몸을 흔들다이다.
- 拉布拉多(犬): 맹인안내견에 적합한 뉴펀들랜드종 사냥개이다. 영어로는 Labrador dog, Labrador Retriever(Labrador는 포르투갈의 지명)이다.
- 哈士奇(犬): 옛 시베리아의 썰매개이다. 영어/라틴어로는 Husky, Siberian Husky이다.
- 泰迪犬: 작고 곱슬곱슬한 털을 지닌 개이다. 영어로는 Teddy dog이다.
- 柯基犬: 다리가 짧은 가축 몰이 개이다. 영어로는 welsh corgi(pembroke)이다.

(5) 식음, 디저트, 과일류

- 米其林: 엄격하고 공정하며 까다로운 식음료 평가서 및 발행 기구이다. 프랑스어로 Michelin이다.
- 星巴克: 세계 최대의 미국 커피 체인점이다. 영어로는 Starbucks이다.
- 诺丽(果): 감자와 비슷한 모양이며 높은 영양을 지닌 노니나무의 열매이다. 영어/말레이시아어로 Noni이다.
- 夏威夷果: 마카다미아로 옅은 상아색을 띠는 둥근 모양의 견과류이다. 영어로는 Hawaii nut이다.
- 嘎拉(苹果)/姬娜果: 중간 크기의 새콤달콤한 맛을 지닌 미국의 조생 사과이다. 영어로는 Gala apple이다.
- 新奇士(橙): 오렌지를 말한다. 미국산의 붉은 과육을 지닌 오렌

지를 말한다. 명칭은 홍콩을 통해 전해졌다. 영어로는 Sunkist Oranges이다.

- 百香果: 다년생 덩굴 식물 시계꽃과의 열매로 계란형이며 자색 혹은 황색을 띤다. 영어로는 Passion fruit이다.
- 碧根果: 피칸으로 미국의 산호두이다. 영어로는 pecan(＜paccan ＜인디언 알곤킨족 언어 pukan, pakan딱딱한 껍질을 지닌 견과류)이다.
- 布仑: 미국산 자두 혹은 흑자두이다. 영어로는 plum, black plum이다.
- 玛咖: 약용과 식용으로 사용하는 십자화과의 배추과 식물의 구근이다. 스페인어/영어로 Maca(＜페루 잉카의 한 토착어 maca 엄마)이다.
- 马卡龙: 색채가 다양하고 귀여운 샌드 모양에 필링을 채운 프랑스식 아몬드 과자이다. 영어로는 Macaron(s)(＜프랑스어 소녀의 가슴)이다.
- 芭芭罗瓦: 푸딩과 무스의 중간 형태를 띠는 프랑스식 디저트이다. 프랑스어로는 bavarois이다.
- 布朗尼(蛋糕): 미국식 초콜릿 케이크이다. 영어로는 brownies, chocolate brownie이다.
- 拿破仑(蛋糕): 버터 필링을 채워 여러 겹의 파이지로 구성된 프랑스식 케이크이다. 영어로는 Napoleon(프랑스 황제)(＜영어 Napoli의 오인)이다.
- 提拉米苏: 커피향의 이탈리아식 케이크이다. 이탈리아어로는 Tiramisù(원래 뜻은 '나를 끌어올리다'), 영어로는 Tiramisu이다.
- 玛格丽特: 대중의 연인으로 불리며 계란과 버터로 만든 케이크

이다. 영어로는 Margaret이다.
- 芭菲: 긴 유리잔에 담아 초콜릿과 과일 등을 올려 먹는 파르페이며, 프랑스어로 Parfait이다.
- 马黛茶: 남아메리카가 원산지인 감탄나무과의 마테나무 잎을 덮어 만든 것으로 커피, 녹차, 홍차와 함께 기호식품으로 유명한 음료이다. 남아메리카에서 사용되는 스페인어로는 mate조롱박, 영어로는 Yerba Mate herb이다.
- 阿拉比卡(豆): 작은 타원형의 커피 원두로 뛰어난 향과 산미를 자랑하며 세계 주요 품종 중 하나이다. 영어로는 Arabica이다.
- 玛奇朵(咖啡): 우유 거품에 그물망 형태로 캐러멜 시럽을 올린 이탈리아식 커피이다. 이탈리아어로는 Espresso Macchiato (＜Espresso, Macchiato)이다.
- 可丽饼: 얇게 부쳐 만든 프랑스식 전병이다. 프랑스어로는 crêpe, 영어로는 crepe이다.
- 司康饼: '英国茶饼', '英国松饼'으로도 부르는 영국식 퀵브레드이다. 영어로는 scone이다.
- 波丽多(卷饼): 라이스와 여러 재료를 넣어 또띠야로 감싼 멕시코 음식이다. 스페인어로는 burrito이다.
- 皮塔(饼): 중동에서 먹는 포켓형의 얇은 빵이다. 그리스어로 pita(＜헤브루어 pɑt빵)이다.
- 冬荫功: 태국의 매콤새콤한 새우탕이다. 영어로는 tom yum goong (soup)(＜태국어 tom yum/yam시고 맵게 조리함 + 태국어 goong새우)이다.
- 塔塔酱: 마요네즈에 오이피클과 후추 등을 넣고 만든 서양식 소스이다. 영어로는 tartar sauce이다.

- 萨尔萨(酱): 고추와 고수, 양파 등을 넣어 만든 멕시코식 소스이다. 영어로는 salsa (sauce)이다.
- 面包糠: 빵가루이다. 영어로는 bread crumb, breadcrumbs이다.
- 酷乐: 얼음을 넣은 과일 칵테일이다. 영어로는 cooler이다.
- 特奎拉(酒): 멕시코 고유의 술로 용설란 수액으로 만든다. 스페인어로는 tequila(멕시코의 작은 마을 이름에서 유래)이다.
- 阿斯巴甜: 감미료이다. 학명은 天门冬酰苯丙酸甲酯이다. 당도가 사탕수수당의 150~200배에 달한다. 영어로는 Aspartame이다.
- 安赛蜜: 'A-K糖'으로도 쓰이며 아세설팜칼륨으로 안정성이 뛰어난 감미료이다. 당도는 사탕수수당의 200배에 달한다. 영어로는 Acesulfame-K, Acesulfame Potassium이다.
- 雪克杯: 칵테일을 만드는 뚜껑 있는 컵이다. 영어로는 shaker (＜shake+er접미사)이다.

(6) 인물, 호칭, 옷차림 분야

- 飞特(族): 자유자재로, 관습에 얽매이지 않는 젊은 비정규직 노동자이다. 영어로는 freeter(＜영어 free+독일어 arbeiter의 축약)이다.
- 波波族: 쾌락을 추구하면서도 자유로운 균형을 찾는 사람들이다. 영어로는 bobo, bobos (＜bourgeois+Bohemian의 축약)이다.
- 尼特族: 진학, 취업, 연수를 거부하고 온종일 아무 일도 하지 않는 사람들이다. 영어로는 NEET(＜Not currently engaged in Employment, Education or Training의 축약)이다.
- 闷骚: 겉으로는 냉정하고 감정을 드러내지 않지만 내면에는 감

정이 풍부한 낭만주의자이다. 홍콩을 통해 대륙으로 전해졌다. 영어로는 man show이다.
- 洛丽塔: 10-16세의 키가 130~160센티인 이차 성징이 절반 정도 이루어진 아름답고 개방적이며 귀여운 소녀이다. 영어로는 Lolita이다.
- 脸基尼: 칭다오 사람이 발명한 것으로 수영할 때 사용하는 나일론 재질의 자외선 방지 복면이다. 영어로는 Facekini이다.
- 哈伦裤: 통이 넓으며 발목 부분은 좁은 이슬람풍의 바지이다. 영어로는 Harem Pants이다.
- 波米裙: 화려한 색채의 보헤미안식 긴 치마이다. 영어로는 Bohemian skirt이다.
- 布卡: 이슬람 여성이 입는 전신을 덮는 긴 옷으로 눈 부위는 망사로 되어있어 밖을 볼 수 있다. 아라비아어/영어로 burqa이다.
- 尼卡布: 이슬람 여성이 착용하는 가리개로 눈을 제외한 얼굴 전체를 가린다. 아라비아어/영어로 niqab이다.
- 布布裝: 말리, 세네갈 등의 아프리카 일부 지역에서 남녀가 입는 폭이 넓고 긴 옷이다. 영어로는 bou-bou이다.
- 沙图什(披肩): 히말라야 아이벡스의 털로 만든 최고급의 망토이다. 페르시아어로 shahtoosh(＜shah황제+toosh캐시미어)이다.
- 波波头: 끝을 안쪽으로 말아 볼륨감을 더한 숏컷으로 버섯 모양이다. 영어로는 Sassoon Bob, Bob Haircut(미용사 Vidal Sassoon이 창안)이다.

(7) 일상 유행 용어

- 嗨1: 현대 젊은이들이 서로 인사하는 말이다. 영어로는 hi이다.

- 嗨2: 흥분하여 큰 소리로 노래하거나 외침, 흥분하여 마시거나 먹음, 심히 흥분함을 의미한다. 영어로는 high이다.
- 呬: 감탄사이다. 상대방의 말에 대한 응답 또는 놀람이나 환호를 나타낸다. 영어로는 yeah이다.
- 贴士: 힌트, 조언, 건의, 경고 등이다. 홍콩을 통해 유입되었다. 영어로는 tip(s)이다.
- 晒: 자기의 생활, 경력과 느낌을 인터넷에 올려 다른 사람들과 공유하는 것이다. 영어로는 share이다.
- 蔻: 여자아이가 예쁘거나 작고 귀엽고 트렌디한 것을 말한다. 영어로는 cute이다.

(8) 해음음역의 특수한 '유사 접미사'

상술한 예들 외에도, 중국어 해음음역의 특수성으로 인해 번역된 형식이 점점 더 근원 단어가 가리키는 바에 가까워지기도 하는데 이 경우 일부 음역 성분이 마치 중국어의 형태소처럼 작용하기도 한다. 만약 이러한 형식이 고정구조처럼 굳어진다면, '형태소'로 쓰이는 부분이 해당 한자의 원래 의미와는 유리된 '준'접사, 즉 특수한 '유사 접사'를 형성할 수 있다. 이렇게 특수한 '유사 접미사' 형식의 장점은 음역어를 중국어 고유어에 더 가깝게 하고, 사용자가 더 잘 받아들일 수 있다는 것이다. 예를 들면 '客'가 있다.

- 博客: 1997년에 처음 생겼으며, 2000년 쯤에 중국 대륙으로 전해졌다. 대만에서는 '部落格', '部落阁' 등으로 불렸다. ①인터넷 일지. 최초의 셀프 미디어. ②인터넷에 글을 올리는 사람.

영어로는 ①blog<weblog(웹페이지 기록)의 뒷부분만 사용함, ②blogger<blog+er이다. 영어에서는 블로그에 기록하는 것을 blogging이라 부른다.
- 播客: 인터넷 콘텐츠를 다운로드해 언제 어디서나 즐기는 사람들이다. 영어로는 podcaster이다.
- 摆客: 도시에서 자전거를 타며 친환경적인 여가를 즐기는 사람들이다. 최초에는 대만에서 사용했다. 영어로는 biker<bike이다.
- 拜客: 과거를 회고하며 살거나 과거와 같은 환경에서 생활하고 싶어하는 사람들이다. 영어로는 backer<back이다.
- 极客: 컴퓨터와 네트워크 기술에 열광하는 사람들이다. 영어로는 geek(미국 속어: 초지능인)이다.
- 趴客: '시체놀이'에 몰두한 사람들이다. 영어로는 planker이다.
- 赛客: 과학 연구 경험 및 과학에 대한 견해 등을 기록한 개인 블로그이다. 영어로는 SciBlog(ger)<Sci(<science)+Blog(ger)이다.
- 维客: 위키백과(wikipedia)를 이용하는 사람이다. 영어로 wikier이다.
- 威客: 인터넷을 통해 자기의 지능, 지식, 창의성, 경험을 실제 수익으로 창출하는 사람으로 인터넷에서 지식을 사고 파는 사람이다. 영어로 witkey(<The key of wisdom의 도치 및 축약 혹은 wit와 key의 결합)이다.

이 밖에도 일어에서 온 외래어가 중국에 유입되는 과정에서 음역된 유사 접미사 '-控'이 있다.

- '-控'(일어 -kon<영어 complex): 어떤 취미에 몰입하는 것

- '-控'은 일어를 어원으로 하는 '萝莉控'(일어 rori-kon), '正太控'(일어 正太コン, shota-kon), '御姐控'(日御姉コン: 御姉, onē, 언니/누나의 경어)에서 비롯된 것으로 중국어에 들어온 이후 '大叔控', '微博控', '短发控', '眼镜控' 등이 만들어졌다.

3) 일어를 어원으로 하는 외래어

　일어에서 가타가나로 서양의 용어를 음역하기 시작한 이후로 일어는 중국어에 서양의 새로운 과학 기술 용어를 전파해주는 교량의 역할을 하지 못했다. 이 시기에 중국어가 일어로부터 차용한 단어 대부분은 여전히 한자로 이루어진 단어에 속하나 차용한 분야는 크게 달라졌다. 차용한 단어 중 대부분은 일본 특유의 아이템들로부터 비롯되었다. 일본의 서비스, 애니메이션, 특색 있는 식음료, 일본에서 재배한 과일 등이 중국인의 흥미를 끌었고, 중국어로 유입될 수밖에 없었다. 또 일어에서 이 시기 이전에 이미 한자로 번역한 서양 언어의 단어들 중 2000년 전후에야 중국어에 유입된 단어들이 있다. 이러한 한자어들은 처음에는 대만이나 홍콩을 통해 들어와 대만이나 홍콩 등에서 꽤 유행한 후에야 중국 대륙으로 들어왔다. 그러나 2000년 이후로는 중국 대륙에 직접 도입되어 대만과 홍콩을 경유하는 예가 드물다. 도입된 단어 중 대다수는 한자어이다.

　(1) 대부분은 음독. 즉 중국어 형태소로 구성된 일본에서 만든 한자어이다.

　예를 들면 다음과 같다.

① 상업, 무역, 의약, 식음료 분야

- 量贩(일어 ryōhan): 도매이다.
- 配送(일어 haisō): 송장에 따라 물품을 배송지까지 보내는 것이다.
- 看板(일어 kanban): 간판, 광고판, 게시판이다. 대만을 통해 유입되었다.
- 精算(일어 seisan): 정확하고 세밀하게 계산하는 것이다. 20세기 말에 '精算师'로 도입되었다가, '精算'을 차용하게 되었다.
- 滞纳金(일어 tainōkin): 납부기한을 초과하여 지불하는 벌금이다.
- 容积率(일어 yōsekiritsu): 건축물 총면적과 대지면적의 비율이다.
- 汉方药(일어 kanpō-yaku): 중국 한약이다. 대만을 통해 유입되었다.
- 纳豆(일어 nattō): 메주콩을 삶아 발효해 만든 끈적끈적한 모양의 식품이다.
- 前菜(일어 zensai): 메인 요리 전에 먹는 냉채에 해당하는 요리이다.
- 便当(일어 bendō): 휴대할 수 있는 일본식 도시락이다.
- 王林苹果(일어 ōrin ringo): 일본에서 재배한 겉이 황록색이고 맛이 새콤달콤한 사과이다.

② 문화, 체육, 애니메이션, 엔터테인먼트 분야

- 绘本(일어 ehon): 글을 곁들인 그림책.
- 数独(일어 sūdoku): 규칙에 따라 숫자를 채우는 세로 9칸, 가로 9칸의 지능 게임.
- 投手(일어 tōshu): 야구 또는 소프트볼에서 투구를 담당하는 선수.
- 完胜(일어 完胜kanshō): 운동 경기에서 큰 점수차로 승리를 거두는 것.

- 二次元(일어 nijigen): 애니메이션의 이상적인 허구의 비현실세계. 환상의 문화 또는 세계관.
- 弾幕(일어 danmaku): 영상이 재생되는 동시에 나타나는 여러 줄의 평론을 담은 이동 자막.
- 视觉系(일어 shikaku-kei): 화장, 화려한 차림새 등 시각적으로 강렬한 충격을 주는 음악 공연 방식 또는 그러한 음악을 하는 밴드.
- 声优(일어 seiyūu): 성우, 특히 애니메이션 성우이다.

③ 인물, 호칭류

- 熟女(일어 jukujo): 30-50세의 성숙한 여성이다.
- 腐女(일어 fujoshi): 특수하고 완벽한 세계에 빠져 동성애 남자 이야기를 즐겨 보는 여성이다. 현재는 이상한 취미를 가진 여성을 통칭한다.
- 毒舌(일어 dokuzetsu): 모질고 독한, 남을 해치거나 비방하는 말을 하는 사람.

④ 사회 유행 용어류

- 政治献金(일어 seiji kenkin): 정치 자금이다. 어떤 정당에 기부하여 자기의 이익을 보증하고자 하는 것이다.
- 民宿(일어 minshuku): 여행객이 숙박할 수 있는 민가로 '家庭旅店'이라고도 한다.
- 少子化(일어 shōshika): 출생 자녀가 줄어드는 변화를 말한다.
- 过劳死(일어 karōshi): 신체적 혹은 정신적인 과로로 인한 갑작스러운 사망이다.

- 婚活(일어 konkatsu): 결혼을 목적으로 하는 모든 활동이다.
- 小确幸(일어 shōkakkō): 소소하지만 확실히 존재하는 행복이다.
- 宅(일어 taku<お宅, otaku, 집에 머물며 외출을 하지 않는 사람, '宅'만 차용): 집에만 있고 외출을 하지 않는 것이다.

(2) 부분적으로 훈독어 혹은 음독-훈독 혼합어에서 온 단어들이다.

① 훈독어(일어 고유어 형태소로 구성)

- 腹黑(일어 haraguro): 나쁜 마음을 가진 악독한 심보가 고약한 사람이다.
- 御姐(일어 御姉, onē, 언니/누나의 경어): 외형과 마음이 성숙한 차분하고 강하며 지성적이고 자신감 있는, 견식이 넓고 지혜로운 고귀하고 우아하며 자상하고도 아름다운 젊은 여성상이다. 일반적으로 20-36세이며 키 160센티 이상이다. '御姐'를 선호하는 사람을 '御姐控'이라고 부른다.
- 干物女(일어 himono-onna): 건어물과 같이 무미건조한 여성을 가리킨다.
- 素人(일어 shirōto): 보통 사람, 일반인이다.
- 手打(일어 teuchi): 수제 면을 말한다.
- 萌(일어 moe): (여자아이가) 귀엽고 사랑스러운 것이다.

② 음독-훈독 혼합어

- 纯生(일어 junnama): 생맥주를 가리킨다.
- 回转寿司(일어 kaiten zushi, kaiten sushi): 회전 설비에 놓여 고객이 골라 먹을 수 있는 초밥 또는 이러한 메뉴를 갖춘 식당

이다.
- 丰水梨(일어 Hōsui nashi): 일본에서 재배한 배로 겉이 옅은 적 갈색이다.
- 爆买(일어 bakugai): 집중적인 대량 구매이다. 2014-2015년에 일본을 방문한 중국 여행객들의 대량 구매로 인해 생겨난 일어 단어이다.
- 职场(일어 shokuba): 근무하는 곳이다.
- 必杀技(일어 hissatsuwaza): 단번에 치명적인 타격을 주어 적을 죽이고 승리를 거두는 기술이다.

③ 훈독-음독 혼합어
- 御宅族(일어 otaku): 집에 숨어 바깥 활동이나 일을 하지 않는 사람을 가리킨다.
- 影武者(일어 kagemusha): 막후인물, 조종자이다.
- 备长炭(일어 binchyōzumi ; binchyōtan): 졸가시나무 등을 태워 만든 숯으로 흰색을 띤다.

(3) 일어 가타가나로 쓰여진 단어 혹은 가타가나-한자 혼합어를 중국 어에서 한자로 바꾼 단어가 소수 존재한다.
- 乌冬(面)(일어 うどん, udon, 아마도<중국어 '馄饨'): 매끈한 질감의 굵은 국수이다.
- 御姐控(일어 御姉コン, onē-con, con<complex): '御姐'를 추종하거나 연상녀 컴플렉스가 심한 사람이다.

4) 자모어

외부에서 온 자모어는 중국어에서 일종의 '준외래어'이다. 21세기는 자모어가 물밀듯이 생겨나고 있는 시기이다. 거의 매일 새로 생겨난 자모어 한두 개쯤은 볼 수 있으며, 각 분야에 두루 분포한다. 대부분의 자모어는 축약된 전문용어로, 복잡한 개념을 담고 있어 강한 전문성을 지닌다. 이러한 개념을 만약 한자로 풀이하자면, 7-8자 또는 10여 자에 달하는 긴 길이가 될 수밖에 없을 것이다. 자모어는 쓰기에도 편하고 눈에 띄는 형태인데, 과학기술·문화 분야와 젊은이들 사이에서 빠른 속도로 수용된 이유가 바로 여기에 있다. 자모어는 긴 길이의 외국어 근원 단어를 숨기고 있어 문자로 표현된 외형만 봐서는 단어의미를 직접적으로 알 수 없으며 근원 단어와의 연결관계가 상당히 약화된 모습이다. 이에 따라 자모어 자체가 하나의 특수한 기호가 되며 외국어를 모르는 사람들도 쉽게 받아들일 수 있다. 자모어가 지닌 형태를 보고 의미를 유추할 수 없다는 단점은 이번에는 일종의 장점으로 작용하였다. 많은 사용자들은 심리적으로 다만 자모어를 글자 그대로 받아들여 규정된 몇몇 자모의 조합으로 생각할 뿐이다. 이렇게 되면 자모어를 외국어 근원 단어와 연결시킬 필요가 없기 때문에 중국어로 유입될 때의 진입 장벽은 낮아지게 된다. 현재 자모어는 이미 수백 개가 넘게 존재하며, 각각 중국어에 유입된 정도는 다르지만 그 영향은 상당히 크다. 예를 들면 다음과 같다.

(1) 과학기술·네트워크 건설 분야

- APP: 정보 기술 응용프로그램 상점. 영어로는 APP(＜App Store ＜application store)이다.

- iPad: Apple사에서 개발하고 2010년에 출시한 디지털 태블릿 PC이다. 영어로는 internet/information의 축약과 pad를 조합한 것이다.
- OLED: 스크린에 사용하는 유기 발광 디스플레이다. 영어 Organic Light Emitting Diodes를 축약한 것이다.
- LCD: 액정 디스플레이다. 영어 Liquid Crystal Display를 축약한 것이다.
- MP4: 음성이나 영상 파일의 용량을 줄이는 방식이다. 영어 MPEG-4의 축약이다.
- ETC: 고속도로의 전자과금 시스템/장치이다. 영어 Electronic Toll Collection의 축약이다.
- VR: 가상현실기술이다. 영어 Virtual Reality의 축약이다.
- PM2.5: 폐에 들어갈 수 있는 입자로 대기 중에 떠다니는 직경 2.5마이크로미터 이하의 물질이다. PM<영어 particulate matter을 축약한 것이다.
- PPT: 글과 그림을 나타낼 수 있는 프로그램으로 속칭 '幻灯片'이라고도 한다. 영어 Power Point의 축약이다.
- PS/P: 이미지를 처리하는 컴퓨터 소프트웨어로 사진을 수정, 복제하거나 꾸밀 수 있다. 영어 Photoshop/photoshop의 축약이다.
- BRT: 간선급행버스체계로, 지상의 메트로체계이다. 영어 Bus Rapid Transit의 축약이다.
- TMT: 미래 융합 기술, 미디어와 통신/정보 기술을 지향하는 인터넷 산업이다. 영어 Technology Media Telecom의 축약이다.
- Wi-Fi/WiFi: 고속 무선 데이터 통신 기술이다. 영어 Wireless Fidelity의 축약이다.

- LIFI: 가시광 통신 기술, 가시광 무선통신이다. 영어 Light Fidelity의 축약이다.
- Loft: 30-50제곱미터의 층고가 높고 면적이 작은 공간이다. 현재 상업, 주거, 사무 또는 전시 등 여러 기능으로 사용되는 개방적이고 유동적인 트렌디한 건축물을 의미한다. 영어로는 Loft이다.

(2) 문화·교육·의약·보건 분야

- MFA: 예술석사이다. 세계를 대상으로 한 예술 이론과 예술 실천 및 유사 영역을 다룬다. 영어 Master of Fine Arts의 축약이다.
- IBO: 국제 학력평가 시험 재단이다. 비영리적인 국제 교육체계 기금회이다. 국제학교를 지원하며, 비교적 높은 수준의 대학 예비반 항목을 제공한다. 영어 International Baccalaureate Organization의 축약이다.
- SCI: 과학기술 논문인용 색인이다. 미국 과학정보연구소에서 제정한다. 영어 Science Citation Index의 축약이다.
- SARS: 중증급성호흡기증후군이다. 2002년에 중국에서 대유행한 비전형적 폐렴이다. 영어 Severe Acute Respiratory Syndrome의 축약이다.
- Q热: 전신에 감염되는 자연 세균성 전염병이다. 영어로는 Q fever(<Query fever)이다.
- SPA: 목욕과 안마를 할 수 있는 시설이다. 라틴어 Solus Por Aqua/Solubrious Par Aqua의 축약이다.
- X刀: 방사성 절제에 쓰이는 X선 설비이다. X<영어 X-ray의 첫 글자이다.

- γ刀: 감마 광선을 이용해 방사선을 한 점에 집중하여 치료하는 시스템, 즉 '伽马刀'이다. 영어로는 gamma knife(<그리스어 γ -+영어 knife)이다.

(3) 정치·경제·금융 분야

- RCEP: 역내포괄적경제동반자협정이다. ASEAN 10개국이 2011년에 정식으로 발의하였고, 중국, 일본, 한국, 호주, 뉴질랜드 등 15개국이 참여한다. 영어 Regional Com-prehensive Economic Partnership의 축약이다.
- NGO: 비정부조직이다. 영어 nongovernmental organization의 축약이다.
- FTA: 자유무역협정이다. 영어 Free Trade Agreement의 축약이다.
- ISIS: 2014년에 성립된 테러조직 '이슬람 국가'이다. 영어 Islamic State of Iraq and Al-Shams의 축약이다.
- HR: 인력자원이다. 영어 human resources의 축약이다.
- PPP: 공공부문-민간기업의 합작제도/모델이다. 영어 Public-Private-Partnership의 축약이다.
- CBD: 중심 업무지이다. 영어 centralbusinessdistrict의 축약이다.
- LOGO: 기업, 조직, 기구 특유의 표식이다. 영어 logogos조직의 지표의 축약이다.
- FDI: 외국 기업의 직접 투자이다. 현대 자본 국제화의 주요 형식 중 하나이다. 영어 Foreign Direct Investment의 축약이다.
- ICO: 블록체인기술의 암호화폐공개이다. 영어 Initial Coin Offering의 축약이다.

- Polo衫: 편직 테니스셔츠이다. 영어로는 Polo shirt/polo shirt (Polo<힌디어 pulu<'말 위에서 나무막대를 가지고 하는 구기 운동'이라는 뜻의 티베트어)이다.
- O2O: 온라인 대 오프라인의 상업 모델이다. 영어 Online to Offline의 축약이다.
- SDR: 국제통화기금(IMF)의 특별 인출권이다. 영어로 Special Drawing Rights의 축약이다.
- M2: 광의의 통화공급량이다. 협의의 통화(M1)+저축성 예금(정기 및 부정기 저축)+기타 예금이다. 영어 M<money이다.
- K线: 주식 가격을 보여주는 차트이다. 영어 Candle stick(K는 단어 앞머리 발음과 유사)의 축약 및 의역이다.
- POS(机): 소형 판매 정보 관리기이다. 영어 Point of Sale(terminal)의 축약이다.
- K: 1000을 나타내며 '-元중국 화폐 단위'이나 '-像素화소'와 결합할 수 있다. 영어 kilo-의 축약이다.

(4) 체육·엔터테인먼트·게임 분야

- U20: 20세 이하 연령대(축구팀)이다. 영어 Under 20의 축약이다.
- VAR: 축구 경기에서의 화면 판독이다. 영어 Video Assistant Referee의 축약이다.
- PU跑道: PU를 깔아놓은 인공 트랙이다. PU<영어 Polyurethane의 축약이다.
- KO: 격투나 복싱에서 상대 선수를 녹아웃 시켜 경기가 종료됨을 말한다. 영어 knockout, knock out의 축약이다.

- LOL: '英雄联盟'이라고도 한다. 전 세계에 많은 유저들을 보유한 게임 중 하나이다. 영어 League of Legends의 축약이다.
- 打call: 콘서트에서 관중이 음악의 리듬을 따라 환호나 형광봉 등으로 응원, 대답, 호응하는 형식이다. Call의 중국어 발음은 kāo이다. 영어로는 call('打'는 의미 표지이다. 일어 kōru<영어)이다.
- Cosplay: 애니메이션 캐릭터로 분장하는 것이다. 일본에서 만든 영어로 cosplay(<영어 costumeplay, costume+play)이다.
- C位: 게임 경기에서 실력이 가장 강한 선수의 위치이다. C(<영어 center)이다.
- PS/P: 이미지 처리이다. 원래 의미는 이미지를 가공하는 소프트웨어인데, 이후 동사의 의미로 변화하였다. 중국어에서는 처음에 PS로 사용하다가 나중에는 P로 줄여 쓰게 되었는데 'P图', 'P坏了' 등의 단어를 구성한다. 영어로는 Adobe Photoshop이다.
- ACG: 애니메이션, 만화, 전자/컴퓨터 게임의 총칭이다. 영어 Animation+Comic+Game/GalGame을 합성한 것의 축약이다.
- K歌: 노래방에서 노래하는 것이다. K(<일어/영어 karaoke)의 첫 글자이다.

(5) 사회 유행 용어류

- V/大V: 귀빈, 중요 인물, 고위층이다. V<영어 VIP<Very Important Person의 축약이다.
- Boss: 사장이다. 영어로는 boss이다.
- Hold: 장악하다, 움켜쥐다는 뜻이다. 발음은 hōu이다. 영어 hold에서 왔다.

- Out: 시류에 맞지 않거나 뒤처져서 퇴출되는 것이다. 영어 out에서 왔다.
- NG: 잘못되거나 가치가 없는 하자 있는 물건이다. 영어 no good의 축약이다.
- N(多): 수량이 많아 구체적으로 알지 못하는 것으로 정도가 높다는 뜻으로 확장되어 쓰이기도 한다. N＜수량이 많아 구체적으로 알지 못하는 숫자를 나타내는 부호이다.
- PK: 경쟁, 대항, 도전 등이다. 영어 player kill/killing의 축약이다.
- btw: 인터넷 용어로 덧붙여서 한 마디 하는 것이다. 영어 by the way의 축약이다.
- B4: 인터넷 용어로 예전이라는 뜻이다. 영어 before와 비슷한 발음을 이용한 것이다.
- f2f: 인터넷 용어로 페이스 투 페이스이다. 영어 face to face의 축약 및 비슷한 발음을 이용한 것이다.

이상과 같이 21세기의 외래어 사조의 단면을 볼 수 있다.

제3장
외래어의 특성과 기능

1. 외래어의 다중성

1) 외래어의 세 가지 정체성

첫째로 외래어는 언어적 어휘의 일원이며, 둘째는 언어적 부호이고, 셋째는 문화의 매개체이다. 그러므로 외래어는 문화적 부호 중 하나인 셈이다. 또한 외래어는 사회 활동의 참여자로 사회의 변화와 민족의 교류를 반영하며, 이것을 사용하는 사회 구성원의 계층 유형을 반영한다. 따라서 외래어는 사회적 부호 중 하나가 된다. 다시 말해 외래어는 언어, 문화, 사회라는 세 가지 부호의 정체성을 포함한다. 우리는 이 세 가지 방면으로부터 외래어를 연구하고 관찰할 수 있다. 사실 비단 외래어만 이런 것이 아니라, 어떠한 언어부호라도 모두 이와 같이 이 세 가지 정체성과 세 가지 특성을 지닌다. 다만 오랫동안 그저 언어부호의 언어 특성을 중시해왔을 뿐, 나머지 두 가지 특성에 대해서는 체계적으로 관찰하고 인지하지 못했다. 외래어의 언어 특성은 기타 부호와 본질적으로 차이가 있기 때문에 다시 살피는 것이 당연히 필요하다. 그러나 그 언어가 속한 사회, 문화적인 특성과 함께 관찰해야만 외래어에 대한 인식이 비로소 완전하고 전면적이며, 풍부해진다.

이 밖에도 외래어는 사람이 만들어서 사람이 사용하는 것이고, 인간은 일종의 마음을 갖고 있는 동물이다. 그러므로 외래어는 언어, 문화, 사회 이 세 가지 방면에서 동시에 심리적 색채를 지니고 있다. 특히 글말 형식에서 외래어는 구성의 비동질성 및 문자의 이질성 등에 의해 유발된 깊고 심오하면서도 불분명한 심리가 반영되는데, 우리는 여기에 더욱 주목할 가치가 있다.

예를 들어 冰淇淋ice-cream은 언어 형식 방면에서 살펴보면 중국어의 형태소를 외국어 음역 성분과 결합하여 의역한 것으로, 이 음역 성분의 발음 또한 이미 중국어화 되어 언어 형식상 중국어와 외국어가 융합되었다고 할 수 있다. 이 단어는 冰아이스과 淇淋크림이 의미상으로 융합된 경우이다. 여기서 淇淋의 한자 의미는 명확하게 설명할 수 없으며 冰 또한 '아이스크림'의 '아이스'를 나타낼 뿐 진짜 얼음을 뜻하는 것은 아니다. 한걸음 더 나아가 관찰해보면, 원래 이 음식은 처음에 중국에서 만들어졌을 가능성을 제기하기도 하는데 이러한 견해는 만주어의 '鳥他uta'를 이 단어의 원형으로 본다. 또한 유사한 음식이 더 이른 시기인 명대에 이미 발견되기도 하였다. 지금의 아이스크림은 중국을 방문했던 서양 사람들이 가지고 돌아가 서양 방식과 입맛에 맞춰 개조한 것이라고 할 수 있다. 이것은 절묘한 문화 교류의 실제적인 예 중의 하나이다. 당시의 아이스크림은 주요 빙과류 시장을 거의 점령하다시피하며, 사회적으로 사람들에게 큰 주목을 받았다. 이는 冰淇淋이 당시 하나의 사회적 부호로서 '그 시대'를 상징할 수 있었음을 의미함과 동시에 서양 문화가 동양으로 스며들었다는 사실을 말해준다. 사람들은 冰淇淋이란 단어 자체에 대해서는 그다지 특별한 심리적 반응을 보이지 않은 반면, 可口可乐 Coca-Cola의 경우는 이와 달랐다. 可口可乐는 구체적인 국가, 구체적인 기업, 구체적인 상표로부터 비롯되어 발전된 부호이다. 따라서 이것은 종종 어떤 구체적인 국가산업이나 문화가 다른 나라에 침투한 것을 상징하면서 또 다른 심리적 반향을 일으킨다. 이 단어에 대해 어떤 이는 열광하고, 어떤 이는 시기하며, 어떤 이는 싫어하고, 또 어떤 이는 업신여긴다. 어쨌든 可口可乐는 항상 전형적인 미국문화의 대표이자, 당시 사회를 대표할 수 있는 하나의 부호가 되었다. 또한 卡拉OK 및 DNA와 같이 매우 이질적인 형식의 유형은 중국인이 심리적으로 받아들이기에 부담을 느끼거나 위화감을 불러일으키기도 한다는 점을 무시할 수 없었을 것이다. 2012년 『현대 중국어 사전』(제6판)에 부록으로 수록된 239항의 '西文字母开头的词语라틴 알파벳으로 시작하는 단어들'가 야기한 반대 및 논쟁 또한 상술한 바와 같은 반응이라고 할 수 있다.

2) 외래어의 언어문화 특성

민족 간의 언어 접촉은 넓은 의미에서 문화접촉이라고 말할 수 있으며, 다른 문화 간의 접촉은 반드시 문화의 융합을 야기한다. 문화 융합은 물질적인 면에서 구체적으로 나타날 수도 있고, 제도나 의식과 같이 저변에서 나타날 수도 있기 때문에 외래어는 문화융합이 구현되는 주요한 매체라고 할 수 있다. 언어는 문화 밖에도 있고, 또 문화 안에도 있다. 넓은 의미에서 말하면, 언어는 바로 문화의 일종으로 '언어문화'라 칭할 수 있다. 이러한 언어문화는 매우 중요한 문화 유형으로서, 어떤 범위 내에서 혹은 어떠한 수준에서 다른 문화를 해석하거나 제약할 수 있는 '근원 문화'[1])의 하나로 작용할 수 있다. 이러한 각도에서 살펴보면, 외래어가 언어문화를 체현할 수 있는 형식 중 하나임에는 틀림이 없다. 외래어의 언어 특성을 일정 부분 이러한 위치로 정해 놓는다면 더욱 심도 있게 그 특수한 성질을 드러내고 감지할 수 있을 것이다. 이렇게 본다면 외래어야말로 민족 간 직·간접적인 접촉의 산물이므로 자연스럽게 서로 다른 언어문화를 융합할 수 있어 언어문화의 이중성을 지니게 된다.

2. 외래어를 통해 드러나는 언어문화 융합

외래어는 두 가지 언어문화가 융합된 결과이다. 이러한 융합은 외래어의 두 가지 방면에서 구체적으로 나타낼 수 있다. 첫째, 내용은 의미내용과 어법 내용을 포함한다. 둘째, 형식은 음성형식, 구성형식, 서사형식을 포함한다.

1) 외래어 내용 측면의 언어문화 융합

(1) 의미 내용상의 융합

내용면에서 외래어 유입이 대부분 외래의 개념이라는 것은 의심의 여지가 없지만, 그중 많은 것들이 종종 원래 있었던 개념과 달라지기

---

1) '근원 문화'란 어느 정도 다른 문화를 통제하고 해석할 수 있는 문화를 말하는데 이들은 인류 최초의 가장 기본적인 문화이다. 필자는 인체와 성에 대한 관념, 천인(天人) 관념 그리고 음악과 언어 관념 등 적어도 이 네 가지를 기원 문화의 자격을 가졌다고 생각한다. 스요우웨이(1992) 참조.

도 한다. 서로 다른 민족이 상호 교류를 하게 되면 반드시 접촉을 낳게 마련인데, 그중에는 자연적인 것도 있고 인공적인 것도 있으며 제도와 행위인 경우도 있다. 그러나 접촉이 무엇이든지 간에 언어에 반영되기만 한다면 어휘를 사용하여 명명하게 된다. 그리고 이것들이 사람들에게 알려지고, 이에 대한 주관적 의식이 생기게 되면 자연적인 것일지라도 인문적 특성을 갖추게 된다. 예를 들어, 원앙은 한족들에게 알려진 후에 그 물리적인 속성 외에 '아름답다', '부부간의 애정', '충성스럽다'와 같은 또 다른 함의를 가지게 되었다. 사실 자연 상태의 원앙은 '충성스럽다'라고 할 수 없지만 많은 사람들은 원앙이 부부간의 애정과 충성의 상징이기를 원한다. 이러한 관점에서 보면, 명명을 통한 의미부여는 실제로는 사람이 만들어 낸 것이고 사람이 자연을 임의로 개조하려는 노력의 일환이라고 할 수 있다. 그러므로 그 함의와 형식은 모두 어느 정도 문화적인 특성을 지닌다. 따라서 의미 내용적인 면에서 외래어에는 근본적으로 아래와 같은 세 가지 상황이 존재한다.

① 중국어에 근원을 두지 않는 외국어의 단어 의미

외래어 중 일부는 다년간 사용되면서도 기본적으로 외국어에서의 의미를 유지하고 있다. 이러한 단어들이 가리키는 바는 대체로 구체적인 사물이지만, 간혹 소수의 추상명사도 있다. 예를 들면 다음과 같다.

- 葡萄: 2000여 년 전부터 서역에서 중국으로 유입된 후, 줄곧 이런류의 과일을 가리킨다. 페르가나어로 badaga이다.
- 涅槃: 1900년 전에 수행 불교 사상에서 중국으로 유입되었고 그

사이 비록 음역 형식에 여러 차례 변동이 생겼으나, 그 의미는 오히려 종교에 대한 경건함과 정성으로 인해 항상 변하지 않음을 가리킨다. 그리고 여전히 적멸이라고도 하는데 생사의 경계를 초월하여 석가모니가 입적한 것을 의미한다. 인도어로 nirvāna 혹은 발리어로 nibbana이다.
- 逻辑: 20세기 초에 유입된 이후 지금까지 항상 사유의 규율 및 그것을 연구하는 학문 분야를 가리킨다. 영어로 logic이다.

이런 부류 중 일부는 중국어로 유입될 때 그 의미가 중국어에 선택되어 중국어의 일원이 된 후로는 더 이상 단순히 외국어 단어와 같다고 할 수 없게 되었다. 예를 들면 다음과 같다.

- 沙龙: 원래 외국어 단어에서는 상류층 사회의 문화예술, 정치 토론 집회를 의미하는 것 외에 상류층과는 관계없이 객실, 연회, 미술 전시회라는 의미로도 쓰였다. 그러나 중국어로 유입될 때에는 첫 번째 의미 항목만 선택되었는데 이를 상류층 사회로 제한을 두지는 않았다. 프랑스어로 salon이다.
- 杯葛: 원래 제지하다, 절교하다 두 가지 의미를 나타냈지만 중국어로 유입될 때는 제지하다라는 의미만 채택되어 단일의미의 단어가 되었다. 영어로 boycott이다.

② 원래의 의미를 차용한 후 다시 중국어에서 발전한 새로운 의미

이런 유형의 단어 의미는 더 이상 원래의 외국어 의미가 남아있지 않은 경우들이다. 예를 들면 다음과 같다.

- 菩萨: 원래는 석가모니가 불도에 귀의하기 전에 불리던 칭호로서 불도에 귀의하지 않은 사람을 가리킨다. 중국 불교에서는 불도를 널리 펼쳐 중생을 제도하는 사람을 일컫기도 한다. 중국에 들어온 후 민간에서는 일찍이 이를 통해 행동이 단정하고 용모가 자애로운 자를 존칭하게 되었는데, 『서유기』에서는 승려가 시주, 신도에 대해 '菩萨'라고 존칭하기도 했다. 그 밖에도 사람들 사이에서 '菩萨'는 매우 자비로운 존재를 의미하는 것으로 함의가 단순화되었다. 인도어로 bodhisattva이다.
- 站: 본래 말을 타고 물품을 전달할 때 중도에 말을 바꾸거나 휴식했던 역참을 의미한다. 원대 몽골어에서 중국어로 유입되었다. 이후 점차 오늘날의 정류장으로 변화했으며, 위생방역소, 기상관측소, 홍보국, 방송국과 같은 유형의 하부 사무기관도 가리키게 되었다. 몽골어로 jam이다.
- 习明纳尔: 중국어로 차용될 때 교실에서 이루어지는 토론이라는 의미 항목만이 유입되었는데 이는 원래의 의미보다는 편협한 번역이라고 할 수 있다. 실제로 그것은 교수 방식만을 가리키는 것이 아니라 학급 정도에 해당하는 교육 단위를 뜻하는 말이기도 하다. 아마도 차용이 불충분하게 이루어졌다는 이유 때문인지 이 단어는 사용된 지 얼마 되지 않아 研讨班연구토론반, 讨论班토론반 등으로 대체되었다. 러시아어로 семинар이다.
- 取缔: 원래는 감독, 관리의 의미였지만 중국어에서는 취소의 의미로 변형되었다. 일어에는 원래 동사(torishimaru)와 명사(torishimari) 두 종류가 있지만 중국어에서는 동사로만 사용된다. 일어로 torishimaru이다.

③ 중국어 고유어 혹은 자생어 의미와 동일한 외국어 단어의 의미

이 유형의 외래어는 중국어에 없는 새로운 개념이 아니라 중국어 단어와 동일한 의미를 나타내는 외래 형식일 뿐이다. 이러한 유형의 외래어는 그 수가 많지 않을 뿐만 아니라 외래어에서 주도적인 역할을 하지도 않는다. 예를 들면 아래와 같다.

- 哈罗: 이것은 감탄사로서 본래 개념을 가지고 있지 않으며 중국어의 喂여보세요와 완전히 동일하다. 영어로 hello이다.
- 拜拜: 중국어의 再见안녕과 동일한 개념이며 더 추가된 의미는 없다. 영어로 bye-bye이다.
- 波: 중국어의 球공와 동일한 개념이며 球는 고대에는 '毬', 즉 '鞠'로 쓰였다. 이 단어가 광뚱어를 통해 유입될 때에도 다른 의미가 첨가되지는 않았다. 영어로 ball이다.

(2) 어법 내용상의 융합

중국어 요소는 현재 어법 기능의 중국어화에서도 나타난다. 외래어가 중국어로 유입되면 반드시 중국어 어휘 용법의 영향을 받게 되면서 중국어 사용자 및 중국어 어법 체계로 종속된다. 다시 말해 품사 선택 방면의 제한이 나타나거나, 유사한 품사에서 기능의 명확성이 다르게 나타날 수 있다. 또한 형태소 방면에서의 기능 변화도 나타날 수 있는데, 예를 들면 다음과 같다.

- 仙: 영어 cent로부터 왔으며 홍콩, 마카오 화폐단위의 보조 화폐 단위를 의미한다. 영어의 복수형식 cents는 중국어에서 '仙士'로

차용하였는데 일부 방언에서 제한적으로 사용되며 '동전'을 의미하기도 한다. 홍콩과 마카오에서는 여전히 '仙'으로 사용되는데, 단수로 쓰기도 하고 복수로 쓰기도 한다.
- 幽默: 영어 humour로부터 왔으며 원래는 명사의 의미로 유입되었으나 중국어에서는 명사로 사용되는 '有幽默'와 '一种幽默'를 제외하면 주로 형용사나 이합동사로 사용된다. 예를 들어 '太幽默了', '幽默极了', '幽不幽默', '幽了他一默'와 같이 말할 수 있다.
- 拜拜: 영어 bye-bye로부터 왔으며 원래는 감탄사였으나 중국어로 유입된 후에는 동사의 용법도 생겨났다. 예를 들면 '拜拜了', '跟他拜拜了'와 같다. 이후에 '拜拜'에는 '이별하다'의 의미도 생겨났으며, 북경어에는 '拜拜了您哪!'와 같은 특유한 용법도 존재하게 되었다.

2) 외래어 형식 방면의 언어문화 융합

본절에서 말하는 형식은 주로 음성 형식과 구성 형식을 가리키며 이외에도 일부 작성 형식에 대해서도 논의할 것이다. 외래어 음역 부분의 독음은 외국어에서 왔고 각각의 외래 음소 혹은 음소 조합이 중국어에 받아졌을지라도 여전히 중국어 음운체계에 종속되어야 한다. 그러므로 근원어와 다소 다른 점이 존재하게 된다. 이런 낯선 외래 요소들은 중국어 음운체계 내에서 수정될 수밖에 없으므로 중국어에 동화되기 마련이다. 수정은 주로 독음과 음절 구조 두 가지 측면에서 이루어지며 표기상의 수정도 이루어진다.

(1) 음역 부분 독음 수정

독음의 수정은 음역된 부분의 음성, 음색의 변화, 음절의 가감 및 수정 후의 축약과 관련이 있다. 예를 들면 다음과 같다.

- 莱塞/莱泽: 영어의 laser로부터 왔으며 영어의 첫 번째 음절의 단모음 [æ] 및 두 번째 음절의 자음 [z]는 모두 중국어에 존재하지 않는 음소이므로 비슷한 음으로 대체한 것이다. 첫 번째 음절의 모음은 이중모음 'ai[ai]'를 사용하고, 두 번째 음절의 자음은 마찰음 's[s]'(塞) 또는 파찰음 'z[ts]'(泽)를 대신하여 사용하였다. 홍콩과 타이완에서 들어와 근래에 유행했던 '雷射' 혹은 '镭射'는 근원어와의 음의 유사성을 고려한 후 의미를 생각하여 수정한 것이다. '雷(镭)'에서는 모음이 'ei[ei]'로 변화했고, '射'에서는 글자의 의미를 고려했기 때문에 자음이 권설음 'sh[ʂ]'로 변화하였다.

- 赛因斯: 영어 science에서 왔으며 5·4운동 시기에 구호로 사용되어 유명한 '赛先生'이다. 현재는 이미 '科学'로 대체되어 사용된다. 음성적인 면에서 살펴보면, 근원어는 이음절이며 심지어 일음절로 축약될 수도 있지만 중국어에서는 세 개의 한자를 사용하여 3음절로 음역하였다. 즉, 외국어의 발음을 중국어 음운체계에 적합한 형식으로 수정한 것이다. 왜냐하면 중국어에는 '하강이중모음+비음' 또는 's'로 끝나는 음절 형식이 존재하지 않기 때문이다.

- 锶: 신(新)라틴어 strontium에서 왔으며 근원어는 이음절어이다. 만약 모든 음을 충실하게 음역한다면 '思特隆田姆'와 같이 5개의 한자를 사용하여 음역해야 한다. 하지만 현재 한 개의 한자만

을 사용한 것은 중국어의 단음절 형태소적인 언어 특징에 부합하고 단어 조합의 효율성을 높이기 위함이다.
- 伽藍: 인도어 samghārāma에서 왔으며 원래의 음역은 '僧伽藍摩'로서 중국어의 발음은 근원어 발음이 이미 수정된 것이다. 그러나 중국어는 단음절 형태소 언어이기 때문에 4음절의 어휘가 익숙하지 않았을 것이다. 따라서 사용 과정에서 다시 수정이 이루어져 최종적으로 '伽藍'과 같이 축약된 형식이 상용어로 자리매김하였다.

(2) 단어 구조의 수정

단어 구조의 수정은 단순한 것이 아니어서 종종 독음의 수정과 함께 진행된다. 외래어에서 가장 자주 보이는 것은 순수 음역으로서 대부분 한 개의 형태소로 이루어진 단일어이다. 따라서 내부적으로 더 구분되거나 분리할 수 없다. 예를 들어 '潘查希拉판차실라/평화 공존 5원칙'(영어 Panch Shila < 힌두어 pancā다섯+sila원칙 < 산스크리트어 Pañcaśīla)는 4음절의 단일어이므로 의미 성분을 두 개 혹은 그 이상으로 나눌 수 없다. '禅那선나'(산스크리트어 dhyāna)와 '米突미터'(프랑스어 mètre)가 '禅'과 '米'로 축약되는 경우에도 이들이 각각 하나의 형태소라는 점에는 변함이 없다. 그러나 단어 구조의 수정을 거치면 단일 형태소 형식뿐만 아니라 여러 개의 형태소로 이루어진 다양한 구성 방식의 단어 유형으로 차용할 수 있게 된다. 이러한 방식으로는 부분 의역, 부분 혹은 전체 음의겸역, 의미 표지의 첨가 등을 들 수 있다.

① 부분 의역

일부는 의역하고 일부는 음역한다. 예를 들면 다음과 같다.

- 冰淇淋: 영어 ice-cream에서 왔으며 '冰'은 ice의 의역이고, '淇淋'은 cream의 음역이다. '水'와 관련된 글자로 음역함으로써 연상작용을 일으킨다.
- 摩托车: 영어 motorcycle에서 왔으며 '摩托'는 motor의 음역이고, '车'는 다소 억지스럽지만 cycle의 의역이라고 할 수 있다. 이 부분은 본래 중국어에서 '自行车자전거', '三轮车삼륜차'에서 '车차'를 사용하여 표현한 것과 동일한 방식으로 의역한 것이라고 볼 수 있다.
- X光: 영어 X-ray에서 왔으며 'X'를 '엑스'라고 읽는다는 점에서 음역의 일종으로 볼 수 있지만, 사실 문자 자체를 빌려온 것이라고 해야 한다. 실제 음역에 의역 형식을 병행한 것은 '爱克斯光 엑스레이'이다.

② 부분 혹은 전체 해음음역

해음음역은 해음역(諧音譯)이라고도 하며 과거에는 음의겸역 혹은 음의겸의역이라고 했다. '해음'은 원래 글자나 단어의 음이 같거나 비슷한 것을 가리키며, 번역에 사용될 때 음이 같거나 비슷한 한자를 사용하여 외국어 어휘를 음역하는 데 쓰이지만 한자의 의미도 고려한 경우이다. 만약 한자의 의미가 남아있지 않다면 이는 일반적으로 '음역'이라고 한다. 물론 엄밀히 말하자면, 이런 방식은 여전히 음역 범위에 속하고, 진정한 의역이라고 할 수 없다. 단지 음이 외국어에서 생산된 어휘와 근접함을 유지한다는 전제하에 중국어 형태소로 같거나 비슷한 음을 표현하는 방법을 사용할 뿐이며, 이는 근원어 의미와 어느 정도 연결되도록 하기 위함이다. 어떤 연결은 긴밀하고 직접적이며 의역과 비슷하지만, 대부분의 연결은 비교적 간접적이고 복잡하여 '해음(음)역'이라고 칭할 수 있다. 어떤 것은 심지어 견강부회하거나 혹은 단지 재미를 위한 것이기도 한데, 이들은 '해학(음)역'이라고 할 수 있다. 또 어떠한 것은 부분적으로만 해음음역을 한 경우도 있다. 따라서 또 다른 측면에서는 근원 단어의 독음에 의거하거나 근원 단어의 독음에서 아이디어를 얻어 중국어에서 새로이 만든 단어라고 할 수 있다. 다음은 해음음역의 예들이다[2].

- 士敏土: 영어 cement에서 왔다. 루쉰이 시멘트를 음역한 것이다. 맨 뒤의 한 글자는 해음역이다. 또 다른 음역 형식은 '水門汀'으로, 첫 번째 글자는 해음음역이고, 세 번째 글자는 단지 편방만 어느 정도 관련이 있을 뿐이다.
- 芒果/杧果: 말레이어 mango에서 왔다. 이는 '士敏土'보다 한 단계 더 나아간 유형으로 첫 번째 글자를 '芒/杧'으로 번역한 것은 비록 만족스럽지는 않지만 식물을 연상시켜준다. 또 다른 해음역인 '果'와 배합하면 합쳐져서 중국어 자생어와 같이 될 수 있다.
- 黑客/骇客: 영어 hacker에서 왔다. 이는 '芒果'보다도 한 단계 더 나아간 것으로 두 글자 모두 중국어에서 자주 사용되는 형태소이다. 따라서 중국어 자생어 어휘와 완벽하게 동일하다.
- 逻辑: 영어 logic에서 왔다. 이 단어의 해음역은 분명하지 않은 편이다. '逻'는 '순찰하다'는 의미로 일정한 노선에 따른 행동의

---

2) 제4장 ② 해음음역 249~252쪽 참조.

의미를 지니고 있는 반면, '辑'는 '편집하다'는 의미로 일정한 순서에 따른 행동의 의미를 내포한다. 이 두 글자는 '사유의 법칙'과 약간의 연관성이 있다. 복잡하고 분명하지 않은 이런 의미의 연결은 해음역에 속하는데, 유사한 예로는 '安琪儿천사(영어 angel)'이 있다.

- 瓦夜壶: 영어 wife에서 왔다. '妻子'를 '瓦夜壶'로 음역한 것으로 약간 아이러니한 경우라고 할 수 있다. '아내'의 입장에서도 이 음역은 불만족스럽겠지만 해학적인 음역에 불과할 뿐이다. 비슷한 예로는 영어의 'massage마사지'를 '马杀鸡'로 음역한 것이 있는데 이 또한 일종의 해학음역에 속한다. 사실 홍콩과 타이완 사람들이 '杀'를 썼다는 것은 뜻밖의 일이다.

③ 의미 표지 추가

대부분의 의미 표지는 유형 표지에 속하며 단어의 끝부분에 위치한다. 소수의 경우는 수식 표지에 속하며 단어의 앞부분에 위치하기도 한다. 또 접사 표지에 속하는 경우가 매우 소수 존재한다3). 예를 들면 다음과 같다.

- 沙丁鱼: 영어 sardine에서 왔다. 사람들은 '鱼'라는 글자만으로 이 사물의 종류를 확인할 수 있다. 즉, 정어리 뒤에 유형 표지인 '鱼'를 추가하여 어류임을 표시한다.

한편 沙丁鱼(영어 sardine)는 白塔油버터(영어 butter), 芭蕾舞발레

---

3) 제4장 ④ 음역에 의미 표지 추가 253~255쪽 참조.

(프랑스어 ballet), 香檳酒샴페인(프랑스어 champagne), 坦克车탱크(tank), 高尔夫球골프(영어 golf)와는 달리 맨 끝의 유형 표지를 생략할 수 없다. 이렇게 유형 표지를 생략할 수 있는 외래어는 그 사용빈도가 높아 생략해도 의미상의 혼란을 초래하지 않는 경우이다.

- 沐猴: 티벳어 m(j)uk 또는 미얀마어 mjōk에서 왔다. 많은 사람들이 글자만 보고 뜻을 대강 짐작하여, '猴好拭面, 狀似人沐원숭이는 얼굴 닦는 것을 좋아하여 그 모습이 사람이 목욕하는 것과 비슷하다'로 오해하여 '沐'를 수식어로 사용하였지만 사실은 '沐'가 '猴/猿'이다. 이에 유형 표지인 '猴'를 더해 오해가 생기지 않도록 하였다.
- 保龄球: 영어 bowling에서 왔다. 이 단어가 유입되었을 때 중국인은 이미 이러한 단어 형식에 익숙하였으므로, 신속하게 '保令球'가 아닌 현재의 형태를 갖추게 되었을 것이다. 그 원인은 매우 간단하다. 앞 두 글자가 음을 나타내면서 사람들이 좋아하는 함의를 지녔고, 마지막 글자는 어느 종류의 사물에 속한 것인지를 알 수 있게 해 주기 때문이다.
- 线帕拉子: 융모가 없는 양탄자의 의미로 위구르어 palaz에서 왔다. 사실 단어의 의미로 보자면 '线'은 필요 없는 부분이다. 'palaz'가 바로 '线'이지만 인지적인 측면에서 본다면 오히려 반드시 필요한 수식 표지라고 할 수 있다.
- 阿蛇/阿sir: 홍콩에서 경찰을 부르는 호칭이다. 영어로는 sir이다. '阿'는 중국어에서 인명에 쓰이는 접두사이다.

최근 '哈租(영어 hire)族'는 '哈'가 해음으로 번역한 것이지만 '哈'는 '환심을 사다', '추종하다'를 나타내기 때문에 'hire'라는 뜻으로 보면 '租'가 오히려 의미적으로 더욱 부합한다. 두 글자가 조합되어 동사-목적어 구조를 이루었고 생동감 있게 hire족의 심리적 특색을 나타냈지만 분명하게 분류해낼 방법은 없다.

(3) 자형의 의미화

이른바 자형의 의미화는 음역 부분의 한자를 선택하거나 수정하는 것을 가리키는데 편방을 사용하여 어원의 의미와 연결될 수 있게 한다. 이러한 융합 방식은 중국어 고유의 것으로 형태소의 분합에 영향을 주지는 않지만, 사람들에게 그 의미를 연상하거나 연결시킬 수 있게 해 준다. 이는 외래어 유형에 있어 한걸음 더 나아간 발전 방향을 제시한다. 일단 축약에 성공하면 이 글자는 형태소를 대표하는 형성자가 되어 두각을 나타낼 수 있게 된다. 예를 들면 다음과 같은 경우가 있다.

- 柠檬: 영어 lemon에서 왔고 일찍이 더 정확한 음역인 '黎濛'이 존재하였다. 그러나 독음이 근원어와 다소 차이가 있고 자형이 새롭게 만들어진 '柠檬'의 글자 형태가 보다 식물을 연상시킬 수 있기 때문에 '黎濛'의 자리를 대신하게 되었고, '青柠라임', '柠果레몬', '柠香레몬향', '柠红茶레몬홍차', '芒柠茶망고레몬차' 등 새로운 조합을 탄생시켰다.
- 骆驼: 흉노어 dada에서 왔다. 2000여 년 전 이 글자는 중원으로 들어와 '橐它'의 형식으로 사용됐는데, 곧 형성자 '駝'를 창조하였다. 그리고 이후 다시 어음이 와변되어 '骆驼'가 된 것이다. '駝'자의 창조는 중국어가 조어 범위 내에서 '骆驼'를 '駝'로 축

약히는 것을 촉진시켰으며, '駝背등이 굽다', '駝峰낙타혹', '駝兵낙타를 타는 병사', '駝铃낙타 방울', '駝毛낙타털', '駝绒낙타털로 만든 천', '駝鹿낙타사슴' 등의 많은 신조어를 생성하였다.

- 狮子: 동이란어 šē/šī에서 왔다. 서역에서 이 단어가 들어왔을 때 '师子'로 썼으나 나중에 '狮子'로 의미화되었다. 따라서 '狮'는 단독으로 사용이 가능하게 되면서 단음절 형태소로 활발하게 사용되어 '狮舞사자춤', '狮吼사자후', '狮头鹅사자머리게사니', '石狮돌사자', '舞狮사자춤' 등의 단어를 형성하였다.
- 冰淇淋/冰激凌: 영어 ice-cream에서 왔다. '淇淋'과 '激凌'은 다른 한자를 사용하고 있지만 편방은 모두 '氵'와 '冫'을 사용함으로써 '冰'과 동일한 느낌을 준다. 따라서 이 단어의 의미인 '아이스크림'과 유사한 형태를 나타낸다.

중국어가 단음절 형태소를 기반으로 하는 언어라는 점에서 새로운 어휘를 만들 때 단음절 형태소는 최선의 선택이라고 할 수 있다. 이러한 상황은 자연스럽게 역으로 외래어의 글말 형식에도 어느 정도 영향을 끼치게 된다. '葡萄' 등이 역사적으로 여러 차례 형식을 바꾼 사실만 봐도 이러한 자형적 요소가 중국인의 심리적 측면이나 어휘 구성 측면에서 의의를 지닌다는 것을 알 수 있다. 그러나 일단 음과 뜻을 모두 고려할 수 있는 단계에 이르면 외래어가 안정적으로 사용되면서 형태의 정형화가 촉진된다.

3. 외래어에 반영된 문화 충돌

외래어는 이미 서로 다른 문화의 융합을 구현하므로 외래어에는 다른 문화가 반영되는 동시에 사용자들 사이에서 필연적으로 여러 가지 반응을 일으킬 수밖에 없다. 그중에서 조화로운 것은 자연스럽게 받아들여지고 조화롭지 않은 것은 배척을 받기도 한다. 또한 일부는 어휘가 재조정되기도 하고 또 일부는 사멸하기도 한다. 그 이유를 찾아보면 차용할 때 그 국가의 사회, 정치, 사상, 문화, 전통과 충돌되는 개념이 외래 어휘에 반영되었거나, 자국 언어의 문화적인 요소가 외래어에 충분히 혹은 적절하게 반영될 수 없었기 때문으로 보인다. 사실 문화충돌 자체는 문화 융합 과정에 있어서 필연적인 반응이며 융합 과정의 또 다른 표현이기도 하다. 이것은 광의적인 개념에서 문화 내에서의 충돌이며 주로 두 가지 측면에서 나타난다. 하나는 어휘 간의 충돌이고, 또 다른 하나는 어휘와 비어휘 간의 충돌이다. 이러한 충돌의 결과에 의해 어휘가 선택되거나 변경되어 언어문화를 포함하는 두 문화 사이의 안정적인 거리를 유지하게 되는 것이다.

1) 어휘 간의 충돌

(1) 외래어와 비외래어 간의 충돌

'莱塞 vs 激光 vs 雷射/镭射': 초기에는 영어 laser를 음역한 '莱塞'를 채택했지만, 전문성이 높아 일반인의 이해와 사용이 불가능했다. 즉 일반인이 쉽게 이해하고 사용하기 어려웠다. 이러한 격차는 의역 표현 형식인 '激光'의 탄생을 촉진시켰고, 이는 생생한 이미지로 쉽게 이해할 수 있게 해 주어 더 빠른 속도로 대중에게 보급되었다. 1978년 개혁 개방 이후 홍콩과 타이완 어휘가 쏟아져 들어오면서 상업적 성격을 띤 음의겸역 '雷射/镭射' 또한 대륙으로 들어왔다. 해당 글자 의미의 특이한 조합이 많은 언중에게 어필하였지만

'激光'의 사용이 줄어든 것은 아니며, 각자 고유의 사용범위가 생겨 나게 되었다. '激光'이 기본적으로 원래의 범위를 유지하고, '雷射/ 镭射'는 일부 상업적인 범위와 홍콩, 타이완 등지에서만 한정적으로 사용된다.

'米突/密达 vs 公尺 vs 米': '公尺'와 '米突/密达'는 모두 프랑스 어 'mètre'의 최초 번역명이다. 이들은 비록 동일한 이음절어지만 유 입 후 어휘의 사용 양상은 서로 달라졌다. 도량형 단위는 문화의 중 요성 측면에서 볼 때 응당 한 민족의 중요한 문화적 산물이기 때문에 상용성과 안정성을 지니기 마련이다. 따라서 일반인들에게 있어 전 통적인 도량형 단위와 관련된 '公尺'가 충돌과 실천을 거쳐 선택되었 다. 그러나 이와 동시에 '米突'의 약칭인 '米'는 단음절인 것이 장점 이 되어 과학계에서 '米突'를 제치고 사용되었다. 1978년 이후 개혁 개방에 따라 국제교류의 필요에 의해 과학기술 단위 용어의 국제화 와 표준화 활동이 신속하게 전개되면서 정부에서는 단음절에 기초한 과학기술 단위 용어를 법령으로 공포하였다. 이에 '米'의 지위가 급 속도로 상승하여 '公尺'의 사용범위는 점점 축소되고, 사용빈도가 낮 아지게 되었다.

'维他命 vs 维生素': 전자는 영어 vitamin의 음의겸역이고 후자는 의역이다. 그러나 후자는 분명히 전자의 영향을 받아 과학화의 전제 하에서 생겨난 것이다. 현재 각각 두 지역에서 모두 널리 사용되고 있는데, 대륙에서는 维生素를 사용하도록 규정했고 타이완과 홍콩은 최초의 번역명을 유지하여 维他命을 사용한다. 그러나 대륙의 개혁 개방에 따라 维他命은 상업적 성격을 띤 경우에 한하여 다시 대륙에 서도 사용되고 있는 추세이다.

'DNA vs 脱氧核糖核酸': 전자는 전체적으로 차용되었는데 이 세 자모는 대부분의 사람들에게 생소한 것일지라도 간단명료하기 때문에 광범위하게 수용되었다. 후자는 의역한 것으로 의미상으로는 적절하고 명확하지만 단어 길이가 지나치게 길고 기억하기가 어려워서 가끔 사용하는 전문용어 범주에 머물러 있을 뿐이다. 이와 유사한 예가 많은데, UFO와 '不明飞行物미확인 비행 물체', GPS와 '全球定位系统지구 위치 측정 시스템' 등이 모두 그러하다.

(2) 다른 유형의 외래어 간의 충돌

서로 다른 종류의 외래어가 선택될 때도 두 언어의 문화가 융합할 때 생겨나는 서로 다른 심리에 비례하여 이루어진다. 예를 들면 어떤 것은 학술적인 요소의 영향을 받기도 하고, 어떤 것은 정치적인 요소의 방해를 받기도 한다.

'葛郎玛 vs 文法 vs 语法': 葛郎玛문법는 1898년 『마씨문통马氏文通』에서 그리스어 γραμματική(전사하면 grammaticae)를 최초로 번역한 것인데, 이와 거의 동시에 일본어에서 조어된 '文法문법'(일어 bunbō<고대 중국어)라는 명사도 유입되었다. 이 단어는 원래 중국어에 존재하였으므로4) 사람들이 쉽게 이해하고 수용하게 되어 葛郎

---

4) '文法'라는 말은 고대 중국어에 이미 출현한 바 있다. 『사기史记·이장군열전李将军热战』 중의 '为人廉, 谨于文法됨이가 청렴하여 조정의 법률을 엄격하게 준행했다'에서 '법률, 법규'를 뜻하는데, 원대에 와서야 '문장 작법'의 의미가 생겼다. 그러나 현재 'grammar'로 여겨지는 '문법'은 일본어에서 차입된 것이다. '语法'라는 단어도 고대 중국어에서도 이와 같은 어형을 찾아볼 수 있다. 『좌전左传·소공20년昭公二十年』에 당대(唐代) 공영달孔颖达이 남긴 소(疏) "语法, 两人交互乃得称'相'。문법은 두 사람이 교류함에 격에 맞는 것을 일컫는다"라고 하였는데, 여기에서는 '문맥'을 가리킨다. 또한 구마라습鸠摩罗什이

玛를 대체하게 되었다. 1913년에 중국어는 일어에서 다시 '语法문법' (日 gohō＜古汉语)라는 단어를 차용하여 '文法'와 공존하게 되었고, 사용은 개별적인 선택이 되었다. 이후 1950년대 '文法'과 '语法'의 논쟁 끝에 '语法'가 결국 주류의 지위를 차지하게 되었는데 이것도 일종의 또 다른 충돌이자 해결방식으로 볼 수 있다.

'普罗列塔利亚 vs 普罗(大众/阶级) vs 無产阶级': 처음에는 영어 proletariat을 순수 음역하였으나 일반 대중에게 이처럼 긴 음절조합은 수용되기 어려웠다. 음절의 리듬면에서 볼 때 중국어는 이음절을 선호하기 때문에 이것은 빠르게 '普罗(大众/阶级)'로 대체되었다. 그리고 마침내 일어로부터 유입되고 더욱 중국어에 가까운 형태인 '無产阶级'로 대체되었다.

'爱滋病 vs 艾滋病': AIDS는 처음 발견되자마자 빠르게 중국어로 유입되었다. 한때 '爱滋病', '爱死症', '爱之病' 등의 다양한 번역명이 있었지만 중국에서는 먼저 '爱滋病'이 채택되었다. 그러나 이 번역명이 가져올 부작용을 고려하여 최종적으로 보건부에서 '艾滋病'을 규범적인 형식으로 정하였다.

'爱人'은 또 다른 상황이다. 이 단어는 중국과 타이완에서 모두 통용되지만 서로 다른 것을 가리킨다. 전자는 배우자를, 후자는 애인을

번역한『대지도론大智度论』권404(405)에서는 "天竺语法: 众字和合成语, 众语和合成句。如菩为一字, 提为一字, 是二不和合则无语, 若和合名为菩提, 秦言无上智慧。천축의 어법이란 여러 글자가 결합하여 단어를 이루고, 여러 단어가 결합하여 구절을 이룬다. 예를 들면 菩가 한 글자, 提가 한 글자인데 두 글자가 결합하지 않으면 말이 되지 못한다. 만약 두 글자를 결합하여 菩提라고 하면 중국어로 궁극적인 지혜를 말한다"라고 하여 음절이 단어가 되고, 단어가 모여 어구를 이루는 법을 가리켰다. 근·현대에 갖는 의미와 비교적 비슷하나 아직 조어법의 의미는 아니었다.

지칭하는데 둘 다 일어에서 들어온 것이다. 그리고 일어 역시 고대 중국어에서 빌려온 것이다. 일어에서 이 단어는 두 가지 의미가 있는데, 하나는 사랑하는 사람을 가리키는 것이고 다른 하나는 애인을 가리킨다. 중국은 과거에 사랑하는 사람의 의미만을 차용하였고 배우자의 의미는 1950년대 이전 대륙의 일부 지역에서 발전하고 나서야 전 지역에서 성행하게 되었다. 타이완과 일부 교민 거주 지역에서 사용하는 애인의 의미는 직접 일본에서 온 것이다. 현재 대륙에서 '愛人'의 사용을 반대하는 사람도 있는데, 이는 타이완 등 다른 지역에서 '愛人'을 애인의 의미로 사용하여 오해가 생기기 쉽기 때문이다. 그러나 이러한 충돌은 당장 해결될 수 없기 때문에 실행을 통해 서서히 해소될 때까지 조금 더 기다려야 한다.

2) 어휘와 비어휘 간의 충돌

이러한 충돌은 어휘 사용의 배경적인 측면과 내용적인 측면에서 발생한다. 그중 대부분은 두 민족 사이의 언어 외적인 충돌로 인해 야기되었으나 나중에 다시 언어에 반영됨으로써 배타적인 문화 색채를 띤 외래어가 사용되지 않는 것을 가리킨다. 이러한 유형의 외래어는 일시적으로 종적을 감추기도 하고 역사 속에 묻히기도 한다. 이와 같은 현상은 비교적 적은 편이며 주로 중국의 침략과 관련된 어휘에 집중되어 있다.

'中國 vs 支那': '支那'는 본래 산스크리트어로부터 중국어로 음역된 불경에서 중국을 가리키는 Cina이다. 원래 의미에는 악의적인 색채가 전혀 없고 오히려 긍정적인 명칭이었다. 그렇지만 청나라 말기 이래로 백여 년 동안 중국은 나날이 쇠퇴한 반면 일본의 군국주의는 더욱 번성하여 중국을 번번이 침략하기에 이르렀다. 중국이 갑오해전에서 대패하자 일본에서 주로 사용하던 '支那(일본어 shina)'는 약소국, 패전의 의미와 연관되어 모욕과 경멸의 의미가 생겨났다. 이로 인해 '支那'라는 명사는 일본에서 긍정어에서 중성어로 변했다가 결국 부정어가 되었다. 이후 일본에 있는 중국 유학생들은 일본인이 중국인 앞에서 '支那人'이라는 단어를 사용하는 것에 대해 항의를 제기하기도 하였다. 예를 들어 위다푸郁达夫는 『침윤沉沦』이란 글에서 "일본인들이 모두 중국인을 '支那人'이라 부르는데, '支那人'은 우리가 욕할 때 쓰는 '贱贼천한 놈'보다 더 듣기 싫은 말이다"와 같이 고통스럽게 하소연한 바 있다. 이런 이유로 중국인이 스스로 음역한 '支那'는 단독으로 중국을 지칭하지 않게 되었고 '印度支那(인도차이나)'와 같이 직접적이지 않은 경우에만 사용된다.

'珠穆朗玛峰 vs 埃佛勒斯峰': 珠穆朗玛峰은 티베트인들의 마음속에서 성스러운 산으로서 티베트인들은 일찍이 '여신'이라는 의미에서 珠穆朗玛(티베트어 dzjo^{13}mo^{13}lang^{55}ma^{55} > 영어 Chomolungma)라고 이름지었다. 후자는 영국이 인도를 식민지배할 당시 이 봉우리를 '발견'한 영국인 측량국장 조지 에베레스트George Everest(1790-1866)의 이름을 따서 명명할 것을 강요하여 생겨난 것이다. 후자의 명칭에는 확실히 야욕의 의미가 내포되어 있으므로 중국인들이 이를 용인하지 않았을 것이다.

이 밖에도 많은 단어들이 한때 어떤 사회적인 이유로 사용이 중단됐다가 나중에 다시 점차 차용되기도 하였는데, 이들은 역사적인 일화에 잘 드러나 있다. 청나라 짱쯔뚱张之洞이 신식 학당을 창설하고 당시 참모 루모우路某에게 초안 개요의 작성을 명했다. 루모우가 작성을 마친 후 제출하여 짱쯔뚱이 교정을 했는데, 글에서 '健康'이라는 두 글자를 보고 벌컥 화를 내며 붓을 들어 "'健康'은 일본 명사인데, 이를 사용하다니 한스럽다"와 같이 비판했다. 그리고 루모우에게 돌려주었는데, 공교롭게도 루모우도 서양학과 일본에 대해 박식하여 짱쯔뚱의 글에서 꼬투리를 잡아 "명사라는 단어 또한 일본 명사인데 이를 사용하니 더욱 한스럽다"와 같이 역으로 비판했다. 이를 통해 당시 일어에서 온 단어들이 중국에 성행했음을 알 수 있고, 당시 관청에서는 전쟁 패배로 인해 일어 단어를 사용하는 것에 대해 분노하였음을 알 수 있다.

민간에도 비슷한 경우가 존재한다. 일본에서 유학한 펑원주彭文祖는 1915년 도쿄에서 초판을 진행하고 1931년 보완하여 다시 출판한 『부자연스러운 신명사盲人瞎马之新名词』에서 초기 중국에 들어온 일부 일어 단어에 대해 비판적인 시각을 드러낸 바 있다. 예를 들어 取缔취소하다, 取消취소하다, 手续수속하다, 引渡인도하다, 打消없애다, 目的목적, 场合장소, 代价대가, 要素요소, 法人법인, 文凭증서, 经济경제, 引扬인양하다, 支拂지불하다, 相场시세, 切手수표/어음, 手形수표/어음, 取立징수하다, 让渡양도하다, 差押차압하다, 第三者제삼자 등의 65개 어휘를 가리켜 억지스럽고5), '장님이 눈먼 말을 타고 가는盲人瞎马 식'이라고 비유하였으며, 이 중 일부는 수정 및 교체가 필요하다고 주장했다. 아래의 몇 가지 일어 예를 보자.

'场合'는 时, 事, 处로 변경해야 함
'打消'는 废止 등으로 변경해야 함
'目的'는 主眼 등으로 변경해야 함

---

5) 이 중 몇몇은 사실 원래 중국어 단어이다.

'取締'는 禁止, 管束 등으로 변경해야 함
'取消'는 去销로 변경해야 함
'手续'는 次序, 程序로 변경해야 함
'引渡'는 交付, 交出로 변경해야 함

이들 중 최소 20여 개 이상의 많은 단어들이 현대 생활에서 필요한 새로운 개념에 속하여 지금까지도 여전히 중국어에 존재한다. 당시 그것들을 비난하며 바꿀 것을 주장했던 펑원주도 자기 저작에 해당 개념이 필요한 경우 일어를 꽤 많이 사용하고 있다. 아래의 예가 지금까지도 사용되고 있는 단어들이다.

材料재료	承认승인	存在존재	定义정의
否认부인	干事간사	個人개인	幻觉환각
机关기관	纪念物기념물	金額금액	美观미관
民法민법	缺點결점	人格인격	人权宣言인권선언
认知인지	社会사회	世纪세기	事务所사무소
关税관세	条件조건	系统시스템	宪法헌법
心理심리	议决의결	债权채권	主义주의
自治团體자치단체			(션구오웨이 1994)

펑원주나 짱쯔퉁 같은 사람들은 갑오해전 패배 후 당시 지식계와 정계의 복잡한 심리를 반영한다. 한편으로는 새로운 언어, 신지식, 신기술, 새로운 물건을 도입하고 싶어 하면서도 다른 한편으로는 적국 일본에 대한 분노를 일어에 대한 반감으로 표출하였다. 동시에 중국 지식인들의 또 다른 관점도 엿보인다. 즉 적극적으로 일어에서 번역

한 한자어를 도입하자고 주장한 인물들도 존재했다[6]. 그러나 여전히 대다수의 사람들은 오랜 시간 동안 일어 한자어에 대해 비판적이었으며, 심지어 대립하거나 조롱하는 태도를 취하기도 했다. 혹자는 일어에서 빌려온 단어가 중국어의 수량이나 비율에 있어서 아주 중요한 위치를 차지한다는 사실 자체를 인정하려 하지 않았다. 이러한 상황은 외래어로 인해 발생하는 이질적인 문화 충돌의 좋은 예가 되었다. 이 밖에도 편협한 심리나 오해, 문화 차이 등으로 인해 충돌이 일어나기도 한다.

20세기 말, 상하이의 한 대학 내부에서는 '桑'이라는 호칭이 유행했다. 이 호칭은 일본에서 보편적으로 남녀인명의 뒤에 사용하며 일종의 적절한 존중과 존경을 나타낸다. 상하이어에서 '先生'을 말할 때에도 항상 '桑'이라고 발음하는데, 이는 고대의 호칭인 '-生'이라는 발음과 유사하기 때문이다. 그러므로 이러한 호칭은 상하이에서 일정한 언어적 토대를 가지고 있다[7]. 일어의 이런 호칭은 중국어에 적절한 번역 방법이 없으므로, 사람에 따라 '老-'나 '小-'로 번역될 수밖에 없지만 이는 사실 적절하지 않다. 중국어에도 호칭이 많이 존재하지만 이렇게 남녀노소를 모두 아우르며 보편적인 존중의 의미를 담는 적합한 호칭은 없다. 일부 대학생들은 이런 호칭의 도입을 바람직한 것으로 보았으나, 어떤 사람들은 이것이 피진어이므로 반드시 사용을 멈춰야 한다고 비난하였다. 이처럼 편협한 발언이 의외로 현지 신문에도 실렸다는 사실은 당시 후자와 같은 심리가 사회적으로 상당히 심리적인 기반을 지녔다는 것을 나타낸다. 이러한 심리적인

---

6) 제2장 3) 대륙, 타이완, 홍콩, 마카오의 상황이 외래어에 미친 영향 152~155쪽 참조.
7) 일어의 '-san'은 사실 고대 중국어의 '生'에서 빌려온 것이라는 고증도 있다.

기반이 과거 일본과의 전쟁으로 인한 것이었는지는 알 수 없다.

또 다른 예로 일본의 노지리안경회사野尻眼镜公司는 상하이에 '노지리'라는 안경전문점을 열었다가 1996년 일부 사람들로부터 손가락질을 받은 바 있다. 그 이유는 '노지리' 상표의 한자 표기인 '野尻'가 중국어에서 '엉덩이'를 뜻하기 때문에 의미가 좋지 않아 사용을 금지해야 한다는 것이었다. 이 일은 사회를 순식간에 떠들썩하게 하였고, 외국인 투자기업들의 의구심과 불안감이 투자에도 영향을 미치게 되었다. 사실 '野尻'는 일본인의 성씨로 '들판의 끝田野尽端'이라는 뜻이므로 전혀 나쁜 의미가 아니다. 일본에는 '끝'이라는 의미의 '尻', '尾'를 사용하는 지명이 광범위하게 존재하는데, 이 지명으로 성씨를 삼는 경우가 종종 있다. '尻'는 중국 고대에 '昆仑悬圃, 其尻安在。곤륜산 위의 현포(곤륜산 꼭대기와 하늘이 서로 통하는 곳)는 그 꼬리가 어디에 있는가?'(『초사·천문天问』)와 같이 쓰였다. 이와 비슷하게 중국 민간에도 '거리와 골목街头巷尾/臀'이라는 말이 있다. 그러므로 이러한 충돌은 실제로 오해의 소지가 있기 때문에 불필요한 충돌을 방지하기 위해 외래어를 포함한 외래 사물을 유입할 때에는 신중을 기해야 한다.

4. 외래어의 언어문화 이중성

1) 언어문화의 이중성

두 유형의 언어문화가 외래어에서 융합 혹은 공존하는 것은 자연히 외래어 언어문화의 이중성을 초래한다. 한자로 대표되는 중국어의 고유 언어문화와 외국어 및 라틴 알파벳으로 대표되는 외래 언어문화가 동시에 외래어에 공존하기 때문이다. 따라서 중국어의 관점에서 관찰하고 이해할 수도 있고, 외국어의 관점에서 탐색하고 이해할 수도 있다. 그러나 언어문화의 이중성이 존재하기 때문에 구체적인 말에 있어서 많은 외국인들이 이해하지 못하는 현상이 불가피하게 출현한다. 예를 들어 마우저뚱毛澤東은 일찍이 전 유고슬라비아의 대통령 요시프 브로즈 티토Josip Broz Tito를 가리켜 "그가 '铁托'든, '泥巴托'든 간에……"라고 말한 적이 있다. 여기서 '铁托'는 Tito를 음역한 것이지만 음역에 쓰인 '铁'라는 한자에는 '강함'의 의미가 존재한다. 반면 마우저뚱이 말한 '泥巴托'에서 '泥巴'는 '진흙'을 의미하는 중국어 단어이므로 '강함'에 반대되는 의미를 보여준다. 외국인들은 이해하기 어렵겠지만 이렇게 '铁'와 '泥巴'를 사용한 표현 방식은 중국어의 언어습관에 따른 것이다.

또 연극『茶馆찻집』에서 리우따마즈刘大麻子가 '托拉斯트러스트(trust)'를 '拖了', '拉了', '撕了'로 번역한 것도, 중국어 관점에서 어구를 통속적으로 분석하고 이해한 것이다. 중국어가 아니라면 이러한 해음은 가능하지 않았을 것이다. 그러나 정확한 이해를 위해, 사람들은 외국어나 외래문화의 관점에서 이러한 단어들을 인지해야 한다. 또한 영어의 'dipterex디프테렉스'와 독일어 'Gestapo비밀경찰'의 경우 '敌百虫'과 '蓋世太保'처럼 글자마다 뜻이 있으면서, 표면상 이해할 수 있는 음의겸역의 형식으로 번역하지 않고, '狄普特莱克斯'와 '蓋斯塔波'로 음역하여 썼다면 사람들은 이 단어들을 이해하기 어려웠을 것이다.

음의겸역은 의역이 아니어서 원래 의미와는 상당히 거리가 멀지만 최소한 중국인에게 쉽게 다가갈 수 있는 실마리와 단서를 제공한다. 이러한 단어들은 중국어의 형식을 갖추었지만 그 이면에는 오히려 외래적인 것을 포함하고 있어 두 문화가 한 데 겹쳐진 경우이다.

2) 언어문화 이중성의 계량화

외래어를 분석하는 시각은 모호할 수 있으므로 분명하게 계량하여 파악해야 한다. 이를 통해 각 유형의 외래어가 서로 다른 언어문화를 어느 정도 포함하고 있는지를 분명하게 제시할 수 있을 뿐만 아니라, 외래어인지 그 여부에 대해서도 새로운 인식을 제공할 수 있다. 이에 언어문화를 외래와 고유 두 종류로 나누고 각각에 대해 최고점 10점과 최저점 0점을 부여하기로 한다. 외래어는 내용, 형식, 문자 세 가지 분류와 어의, 어음, 구성, 어형, 자형 다섯 가지 구성요소로 분석할 수 있다. 또한 외래어가 형식 위주라는 관점에 따라 일정한 점수를 부여하여 점수의 배분 비율은 '내용2, 형식7, 문자1'로 잠정 결정하고 다섯 가지 구성요소의 점수를 제시하면 다음과 같다.

- 어의(단어의 의미를 사회, 언어·문자적 관점에서 관찰): 2점
- 어음(단어의 독음과 음성의 구조를 중국어와 외래어 음운체계 간의 거리를 고려하되 해음 여부를 구분, 일본어의 음독과 훈독의 배경도 구분): 5점
- 구성(형태소 단위로 나눌 수 있는지 여부와 형태소 간의 구성 관계): 1점
- 어형(단어의 어음 형식에 부합하는 서면상의 구체적인 형식이 존재하는지 여부): 1점
- 자형(사용한 문자 체계 및 문자의 개별 형식): 1점

예를 들어 '冰淇淋'은 어의면에서는 완전히 외래적이므로 외래는 2점을, 고유한 의미는 일부분이므로 고유는 0.5점을 부여한다. 어음면에서는 외래적인 요소가 차지하는 비중이 절반에 불과하고 표현이

불분명하므로 외래는 2점을, 독음은 중국어로 읽으므로 고유는 5점을 부여한다. 구성면에서는 외래 유형에 속하므로 외래는 1점을, 고유한 부분은 절반에 불과하므로 고유는 0.5점을 부여한다. 어형면에서는 외래나 고유나 모두 절반에 불과하므로 각각 0.5점을 부여한다. 자형면에서는 모두 한자이므로 외래는 0점을, 고유는 1점을 부여한다.

이들을 계산할 때 구체적인 상황에 근거하여 총합을 추정해야 하는데, 예를 들어 일본어에서 '积极적극'와 '手续수속'는 하나는 음독이고 다른 하나는 훈독이지만 중국어에서는 독음에 있어서 외래적 영향이 없기 때문에 외래는 0점을 부여한다. 또한 '腺샘'은 일본식 한자로, 중국어로 읽을 때 일본어의 독음을 참고해야 하므로 외래에 2점을 부여한다. 서양어에서 직접 음역한 단어의 경우는 중국어에 들어올 때 독음이 다소 변하기 때문에 전체적으로 봤을 때 어음면에서 외래는 4.5점을 부여한다. 원문 알파벳 형식을 차용한 경우에도 전체적인 독음은 원래 단어와 같을 수 없기 때문에 외래는 4.7점을 부여한다.

이제 의역형식도 계량화에 포함시켜 외래어의 유형을 대략 22가지로 나누기로 한다. 만약 중국어 고유어 혹은 자생어와 외국어를 양극단에 놓게 되면 총 24가지가 되어 고유어 혹은 자생어로부터 외국어까지 완전한 연속 체계를 형성하게 된다.

또한 분류의 편의를 위해 각 유형마다 약칭을 사용하기로 한다. 그 중에서 '古汉日词고한일어'는 일본이 고대 중국어의 의미를 빌려서 서양어의 단어를 번역하는 것이다. '音读日词음독일어'는 일본어 스스로 창작 또는 서양어를 음역한 것으로 한자는 음역한 한자를 사용하고, '训读日词훈독일어'는 일어 스스로 창작한 것으로 한자는 훈독한 한자를 사용한다. 한편 '日字일본식한자'는 일어 자체적으로 창작한 한자이므로 '日字音译/意译일본식한자로 음역/의역'는 일어에서 서양어를 음역/의역한 한자어이자 차형어이다. '谐音音译词해음음역어'의 경우는 '谐意해의'와 '谐趣해취' 두 가지로 세분된다[8]. 또한 '雙形音译쌍형음역'은 두 가지 다른 체계의 자형으로 음역한 단어를 의미한다. 이렇게 22가지 유형에 대해 언어문화 면에서 외래와 고유 두 가지 기준으로 구성된 이중적인 연속 체계를 구성하여 표로 정리하면 아래와 같다.

순번 유형	예시	문화 유형	어의 (2)	어음 (5)	구성 (1)	어형 (1)	자형 (1)	총점 (10)
1. 纯意译 순의역	墨水 (영어 ink)	외래 고유	2 1	0 5	0 1	0 0.5	0 1	2 8.5
2. 古汉日词 고한일어	革命 (일어 kakumei)	외래 고유	2 1	0 5	0 1	1 1	0 1	3 9
3. 仿译 어의차용어	足球 (영어 football)	외래 고유	2 1	0 5	1 1	0 0.5	0 1	3 8.5
4. 日字+义标 일본한자+ 의미표지	鳕鱼 (일어 tara)	외래 고유	2 1.5	0 5	0.5 1	0.5 0.5	0.5 0.5	3.5 8.5
5. 音读日词 음독일어	积极 (일어 sekkioku)	외래 고유	2 1	0.3 5	0.5 1	1 0.5	0 1	3.8 8.5
6. 训读日词 훈독일어	手续 (일어 tetsuzuki)	외래 고유	2 0.5	0 5	1 0.3	1 0	0 1	4 6.8
7. 谐意+意译 해의+의역	霓虹燈 (영어 neon lamp)	외래 고유	2 0.7	2 5	0.5 1	0.5 0.5	0 1	5 8.2
8. 音译+意译 음역+의역	摩托车 (영어 motorcycle)	외래 고유	2 0.5	2.3 5	0.5 1	0.5 0.5	0 1	5.3 8

---

8) 제3장 (2) 단어 구조의 수정 213~218쪽과 제4장 1. 외래어의 자격과 형식 유형 247~262쪽 참조.

9. 音译+义标 음역+의미표지	卡车 (영어 car)	외래 고유	2 0.5	2.3 5	0.5 0.5	0.5 0.5	0 1	5.3 7.5
10. 借形+义标 차형+의미표지	阿 sir (영어 sir)	외래 고유	1.5 1	2.5 4.8	0.5 1	0.5 0.5	0.5 0.5	5.5 7.8
11. 借形+意译 차형+의역	T.D.K杯 (영어 T.D.K. Cup)	외래 고유	2 0.5	2.5 4.7	1 0.5	0.5 0.5	0.5 0.5	6.5 6.7
12. 日字意译 일본한자의역	腺 (일어 sen)	외래 고유	2 0.5	2 5	1 1	1 0	1 0.5	7 7
13. 日语音译 일어음역	瓦斯 (일어 gasu)	외래 고유	2 0	3.5 5	1 0	1 0	0 1	7.5 6
14. 谐意音译 해의음역	滴滴涕 (영어 DDT)	외래 고유	2 0.2	4 5	1 0.5	1 0	0 1	8 6.7
15. 谐趣音译 해취음역	瓦夜壶 (영어 wife)	외래 고유	2 0	4 5	1 1	1 0.5	0 1	8 7.5
16. 谐意音译 해의음역	雷达 (영어 radar)	외래 고유	2 0.5	4 5	1 1	1 0	0 1	8 7.5
17. 部分谐意 부분해의	奥纶 (영어 orlon)	외래 고유	2 0.5	4.3 5	1 0.5	1 0.2	0 1	8.3 7.2
18. 纯音译 순음역	雅克西 (위구르어 yahxi)	외래 고유	2 2	4.5 5	1 0	1 0	0 1	8.5 8
19. 纯音译 순음역	沙发 (영어 sofa)	외래 고유	2 0	4.5 5	1 0	1 0	0 1	8.5 6
20. 双形音译 쌍형음역	卡拉OK (일어 kalaok)	외래 고유	2 0	4.5 5	1 0	1 0	0.5 0.5	9 5.5
21. 借形+音译 차형+음역	T恤 (영어 T-shirt)	외래 고유	2 0	4.5 4.5	1 0	1 0	0.5 0.5	9 5
22. 拼音借形 병음차형	DNA (영어 DNA)	외래 고유	2 0	4.7 4	1 0	1 0	1 0	9.7 4

위의 표는 비록 모든 유형9)을 포함하고 있지는 않지만 주요한 유형은 모두 포함되어 있다고 할 수 있다. 위 표에서의 수치는 언어학 상식에 비추어 각 구성부분의 경중을 따져 배점한 것이다. 일부 주관적인 요소가 포함되어 있기 때문에 타당하지 않은 부분이 있을 수 있겠지만 전체적인 추세는 잘못되지 않았으므로 문제를 설명하기에는 충분하다. 해당 표에 따르면 외래 문화 요소가 4에 이르지 못한 것은 1-5번까지의 다섯 가지이며, 이 다섯 가지가 바로 외래어 자격에 대해 논쟁이 가장 많이 되는 단어들이다. 그중 의역어, 일어에서 고대 중국어를 차용한 의역어, 어의차용어 그리고 음독일어가 있다. 7번 유형부터 외래 요소가 5점 및 5점 이상에 달하며, 이러한 단어들은 외래어 자격에 대해 의심할 여지가 없는 것들이다. 그중에는 외래어 범주에 속하는 혼합어(hybrid word), 즉 외래혼합어(loan blend)와 차용어(loan word) 및 일어 음역 한자어와 일어로 자체 창작된 한자의 음역 혹은 의역어가 포함된다. 만약 표준을 더 엄밀하게 적용하여 단어 뒤에 있는 근원어 어음과 중국어 어음 간의 차이를 고려한다면 6번 유형인 훈독일어는 5 또는 5점 이상일 것이다. 만약 한걸음 더 나아가 문자의 '특허권'을 고려한다면 4번 유형인 '일본한자+의미 표지' 유형도 5점에 이를 것이다. 또한 위의 표는 외래 요소 수치의 높낮이를 배열 기준으로 하는데, 매우 흥미로운 것은 이런 배열이 기본적으로 고유, 즉 중국어 문화 요소 수치의 높낮이도 보여준다는 점이다. 일반적으로 외래 요소가 높으면 고유 요소가 낮아지기 마련이어서 서로 영향을 주고받게 된다.

마지막 유형에 대한 논란 또한 존재하여 많은 사람들이 외래어라

---

9) 제4장 3) 외래 성분의 자체적인 조어 261~262쪽 참조.

는 것을 인정하지 않고 있다. 사실 이 문제는 그렇게 간단하지 않다. 어떤 사람은 완전히 외국어 음으로 읽는가 하면 어떤 사람은 엇비슷한 중국어로 읽는다. 이것도 일종의 중간 유형이고 '준외래어'라고 할 수 있다. 이러한 자모어의 경우도 중국어로 자리 잡아 처음의 '준외래어'가 나중에는 진정한 외래어가 될 수도 있겠지만 검증의 기준은 사용 시간, 사용 빈도, 문법 귀속, 심리적인 수용도 및 사용자 확산도에 따라 달라져야 할 것이다.

한편 일부는 중국어 자체 구성이지만 차용어의 형식을 모방한 것들로 위의 표에는 넣지 않은 유형이 있다. 예를 들어 중국어에서 해당 단어를 먼저 외국어로 명명한 뒤 이를 음의겸역한 경우로서 '美加净'(치약 브랜드 Maxam)이 있다. 마찬가지로 중국어에서 해당 단어를 외국어로 명명한 후 순수음역한 경우로서 '波司登'(양모직물 브랜드 Bosideng)이 있다. 또 부분적으로만 차용하여 조어한 '安宮噝'(panazol), '强的松'(paednisone)도 있고, 음역어에서 의미적으로 파생한 '红客'(honker, '해커hacker'에서 파생), 그리고 외래 음역 요소가 결합하여 탄생한 '迪吧'(디스코disco와 바bar를 결합) 등이 있다.

5. 외래어의 기능

외래어의 등장과 존재는 그 기능에 기반을 두므로 기능이 없다면 외래어도 존재할 가치와 필요성을 잃게 된다. 이러한 외래어의 기능에는 주로 세 가지가 있는데, 그것은 언어, 문화, 사회적 기능이다. 이 밖에도 심리상의 기능이 존재한다.

1) 외래어의 언어적 기능

외래어의 주요한 기능으로 매우 뚜렷한 것은 언어적인 기능이다. 이는 중국어 고유 어휘의 부족한 점을 보완하여 중국어 복합식 조어법을 강화시키는 경향으로 나타난다. 즉 어휘의 다음절화와 농축화를 촉진시켰다. 또 중국어의 입장에서 음역어의 경우 이질적인 어구지만 중국어 조어법의 부족한 부분을 보완하여 새로운 활로를 만들어 주었다. 특별히 언급할 만한 것은 외래어가 지니는 네 가지의 언어 기능이다.

(1) 파생어 조어법 발전의 촉진

어의차용어와 일부 음역어, 특히 일어에서 유래한 단어는 중국어 형태소를 통해 많은 서양 언어의 파생어를 번역하였다. 그중에서 대부분의 접사들이 모두 의미가 비슷한 한자로 확정되었다. 이러한 현상은 중국어에 '-子', '-儿', '-头'보다 더 많은 실제적인 의미가 있는 접사나 준접사가 생겨나게 하였다. 따라서 이는 더욱 새로운 조어법이라고 할 수 있다. 예를 들어 일어의 '-性, -的, -论, -权, -界, -家, -说, -制, -心, -税, -上, -员, -法, -点, -力, -品, -长, -学' 등은 준접사의 특성을 다소 가지고 있다. 비록 이들 형태소가 원래는 중국어에서 비롯되었지만 이미 본래의 의미와 기능은 상실하였다. 이들은 중국어에 큰 영향을 끼쳤고 대량의 준접사를 탄생시켜 중국어의 기능을 더욱 강화하였다. 예를 들어 '-性(多样性다양성), -化(现代化현대화), -员(服务员종업원), -家(美术家미술가), -师(工艺师공예가), -素(催产素옥시토신), -主义(理想主义이상주의)', '亚-(亚热带아열대), 准-(准军事部队준군사부대), 半-(半封建반봉건), 迷你-(迷

你电视机미니TV)' 등이 있다. 현재 중국어의 '-人(北大人베이징대 동문), -手(多面手만능재주꾼), -派(改革派개혁파), -霸(电霸직권을 남용하는 송전담당자), -热(读书热독서열), -星(笑星개그맨), -坛(足坛축구계), -品(军用品군용품), -盲(法盲법률 문외한), -点(汇合点집합점), -难(住房难주택난), -风(吃喝风먹고 마시는 풍토)', '超-(超能力초능력), 后-(后现代포스트모던), 次-(次常用字차상용자), 反-(反质子반양자), 高-(高消费고소비), 微-(微电子마이크로 전자), 泛-(泛太平洋범태평양)' 등은 어의차용어와 외래어의 직접 도입 또는 간접적인 작용에 의해 나타난 새로운 언어 현상임에 틀림없다.

(2) 분산성 조어형식의 촉진

합성어는 기본적으로 단어 구성 규칙에 따라 한자나 형태소를 결합시키거나 어떤 전체적인 의미로 이해될 수 있다. 이는 밀접성이 있는 구조로 분산성 구조와는 반대된다. 단일어는 형태소의 측면에서 볼 때 하나의 형태소만 있을 뿐이어서 밀접성 및 분산성과는 크게 상관이 없다. 그러나 음절 측면에서 대응할 수 있는 한자 형태소를 놓고 볼 때에는 이러한 음절에 의해 선택된 한자 간에는 분산성이 존재한다. 즉 사용된 한자 사이에 의미적 연관성이 없다는 말이다. 순수 음역어가 한자를 선택할 때 한 가지 원칙은, 글자만 보고 뜻을 짐작하여 잘못 이해하는 현상이 생기지 않도록 선택된 한자들이 의미적으로 서로 연관성 없이 어음만 역할을 할 수 있도록 해야 한다는 것이다. 이런 측면에서 볼 때 음역어 내부의 각 한자는 각자 따로 역할을 하는 분산성 상태이므로 글자의 의미 측면에서 합리적인 전체적 의미를 구성할 수 없다. 반면 중국어 고유어 혹은 자생어 및 의역어의 경우는 기본적으로 선택한 한자(형태소)를 합리적인 구성 관계에 따라 의미적으로 하나의 총체로 결합시켜 비슷한 의미의 문자적 의의를 나타낸다. 그리하여 이런 유형은 밀접성에 해당된다.

예를 들어 순수 음역어에는 '卡曲짧은 외투(영어 carcoat)', '开司米고급 양털(영어 cassimere)', '勃朗寧브라우닝 자동 권총(영어 browning)', '浦式耳곡물 용량 단위(영어 bushel)' 등이 있다.

또 한 가지는 음의겸역 성분을 가지고 있는 경우이다. 먼저 일부 음절이 음의겸역인 경우를 볼 수 있다. 예를 들어 '胞波친척(미얀마어 pau^{955} p^{h}o^{33})', '苦迭打정변(프랑스어 coupd'etat, '苦'와 '打'는 정변과 연관이 있는 것 같음)', '蔻丹매니큐어(영어 cutex, '丹'은 '붉다'는 뜻)' 등과 같다. 다음으로 전체가 음의겸역이지만 구성된 음의겸역 성분들 간에 중국어 조어법에 따라 밀접성을 형성하지 못하는 것도 있다. 예를 들면 '滴滴涕살충제의 한 종류(영어 DDT)', '雪碧사이다(영어 Sprite)', '富圆美만 번 사용 가능한 플래시 램프(영어 Fotomatic)' 등이 있다.

위와 같은 형식의 영향으로 중국어 신조어에서도 분산성의 형식이 나타나기 시작했는데, 주로 상품과 상점의 명칭에서 두드러지며 어떤 것은 자체적으로 만든 것도 있다. 예를 들면 '洁碧丽화장품 상품명', '郁美净일종의 세제 상품명' 등이 있다. 또 어떤 것은 순서를 바꾸어 먼저 외국어 단어를 선정한 다음에 중국어로 '음역'한 것처럼 만든다. 예를 들어 '伯龍일종의 남성용 화장품 상품명(영어 baron)', '奧琪화장품 브랜드명(<영어 orchid)' 등이 여기에 속한다. 그리고 중국어와 외국어를 동시에 고려하여 만든 것도 있다. 예를 들어 '康福寿고급 보양식명(중국식 영어 Konfuso)', '乐口福맥아 분유 상품명 중 하나(중국식 영어 Locavo)' 등이 있다. 끝으로 마치 외국어를 '음역'한 것 처럼 외국

어 명칭을 모방한 경우도 있다. 예를 들어 중국의 고급 양모 브랜드인 '波司登'은 'Boston보스턴(波斯顿)'을 음역한 것 같지만 실제 이 상표의 외국어 명칭은 중국어 병음으로 된 'Bosideng'이다. 이러한 경우는 외래어가 아닌 외래어를 모방한 단어라고 할 수 있다.

(3) 자모 형식 중국어 단어의 증가

알파벳을 사용하는 외래어의 등장으로 인해 중국어에서도 점차 비슷한 형식의 단어들이 생산되고 있다. 예를 들면 다음과 같다.

- 三S研究会: 3S는 SNOW, SMEDLEY, ANNA STRONG을 의미.
- 果味 VC: VC 음료수(비타민C가 함유된 상품명)
- BB机: 무선호출기. 호출 소리(삐삐)를 본떠서 만든 이름. 원래는 타이완에서 소리를 모사한 BB-call에서 유래, 현재는 'BP机'로 잘못 알려지기도 함.
- A股/B股/H股: 내국인 구매용/외국 국적의 일반인 구매용/홍콩에서 상장.
- TCL: (TV브랜드 및 회사명): 자체적으로 만든 영어 The Creative Life(创意感动生活소비자의 감동 생활 창조)에서 유래했으며, Today China leader(今日中国的引领者오늘날 중국의 리더)를 가리키기도 함.
- HSK: '汉语水平考试'의 한어병음 축약. 대외 중국어 교육 및 평가 시험에 사용.
- GB: '国家标准'의 한어병음 축약. 컴퓨터의 한자 글꼴 등에 광범위하게 사용.

(4) 새로운 음소와 새로운 음소 조합이 중국어에 유입될 가능성의 증가

음역어, 특히 자모 형식의 직접 사용은 일부 사람들 사이에서 중국어에 안정도가 다른 새로운 음성 성분이 출현하도록 만들어 중국어의 비교적 폐쇄적인 음성 체계를 변화시킬 가능성이 있다. 예를 들면 앞서 언급한 ③의 예에서 'V, C, B, H, S, G, L' 등 알파벳의 발음은 모두 한어병음에 반영되는 중국어 음운과 전혀 다르게 발음된다.

2) 외래어의 문화, 사회 및 심리 기능

(1) 문화 기능

문화의 전체적인 측면에서 볼 때 외래어는 다른 문화를 전달하는 사자(使者)임에 틀림없다. 중국어 사회집단에 다양한 지역과 사물의 정취를 가져다주고 현대 과학기술과 예술을 전달해준다. 이에 외래어를 통해 종종 새로운 시야를 열고 새로운 세상을 볼 수 있다. 따라서 외래어의 많고 적음이 어떤 언어 사회의 문화 발전과 사회 개방을 평가하는 기준 중 하나로 여겨질 수 있다. 사실 이런 견해는 서양 언어의 측면에서 제기된 것이므로 편파적이라고 할 수도 있다. 외래 문화의 진입은 실제적으로 외래 개념의 도입을 통해 이루어지는데, 외래 개념은 음역 방식으로 도입될 수도 있고 의역 방식으로 도입될 수도 있다. 음역은 그저 빠르게 도입될 수 있다는 장점이 있을 뿐이지만 상당히 많은 외래 사물이나 개념을 중국어 고유의 형태소 체계로 일일이 의역하기 어렵고, 게다가 정확하고 간결하게 의역하는 것은 더욱 어렵다. 이런 측면에서 볼 때 음역은 반드시 필요하며, '다른 문화의 전달자'라고 불려도 과하지 않다. 역사적으로도 대량의 이질

적인 문화가 유입될 때에는 항상 대량의 음역어 유입을 수반한다. 예를 들어 불교가 중국에 전해지면서 대량의 불교 용어가 음역되어 중국어로 유입된 것은 매우 좋은 증거이다. 현재『중국어 외래어 사전汉语外来语词典』(1984)에 수록되어 선별된 일반적인 산스크리트어 어원의 음역어는 모두 794개(별도의 이체 1,808개, 합계 2,602개)이다. 아마도 당시의 음역어는 1,000개가 넘었을 것이 확실하다. 근·현대에 대량으로 문화 유입이 이루어진 사건은 과학·기술 문화의 도입이다. 이때 유입된 외래어는『중국어 외래어 사전』의 통계에 따르면 불완전하지만 영어에서 온 단어가 2,030개(별도의 이체 3,400개, 모두 5,430개)이다. 만약 러시아어, 프랑스어, 독일어에서 유래한 외래어를 더하면 그 수는 2,630개(별도의 이체 3,630개, 모두 6,260개)에 이른다. 그러므로 서양에서 빌려온 외래어의 실제 수량이 3,000개를 훨씬 넘는 것으로 보인다. 그런데『신화 외래어 사전』(2019)에 의하면 영어를 어원으로 하는 외래어가 6,600여 개에 이르고, 일어를 어원으로 하는 외래어도 3,000여 개까지 증가하였다. 두 번의 이질적인 문화 유입으로 인해 생겨난 외래어 수량을 비교해보면 두 번째가 첫 번째보다 훨씬 많았다. 그리고 이들을 통해 각각이 한족 문화에서 일으킨 변화의 깊이도 어느 정도 짐작할 수 있다. 이 밖에도 외래어의 음성 형식을 통해 문화 교류의 영역과 경로를 고찰할 수 있을 뿐만 아니라 그 당시의 교류 실태도 파악할 수 있다[10].

(2) 사회 기능

외래어는 어휘의 특수한 구성성분이다. 각 성분은 사회 구성원들

---

10) 제6장 1) 문화적 관점의 연구 385~390쪽 참조.

사이에 모두 균등하게 받아들여지지 않은 채로 사용될 때 계층성을 가지게 된다. 그러므로 외래어는 일종의 사회적 기호로서 특정한 사회에서 사람들의 사회적 신분, 사회적 계급과 소속된 사회를 나타낼 수도 있다. 고대인들에게는 '택시'나 '초콜릿'이나 '오토바이'의 개념이 없었다면, 현대인들에게는 '발절라(跋折羅)'나 '삼먁삼보리(三藐三菩提)'나 '소막차(蘇幕遮)'의 개념이 없다. 따라서 같은 중국어 사회집단이지만 서로 다른 외래어가 있을 수 있다. 상하이 사람들은 '지팡이'를 '司的克'라고 말하고, 베이징 사람들은 '터무니없는 소리'를 '佬佬'(반어법, 만주어 longlongseme되는대로 말하다에서 옴)라고 말한다. 뚱베이 사람들은 '더럽다'를 '埋汰'라 하고, 광뚱 사람들은 '공'을 '波'라 하며, 타이완 사람들은 'hacker'를 '骇客'로, 홍콩 사람들은 '경찰'을 '阿sir'라고 말한다. 어떤 지역 사회에서 사용하는 외래어를 잘 모르는 상태로 해당 지역 사회에 들어가면 필연적으로 문제가 생기게 된다. 그래서 상대방이 한 마디만 하면, 사람들은 그가 어디에서 왔는지 바로 짐작할 수 있다. '雷根레이건(Reagan)', '甘乃迪케네디(Kennedy)', '杭士基촘스키(Chomsky)', '纽西兰뉴질랜드', '雷射레이저', '脱口秀토크쇼', '统合통합' 등을 사용하는 사람들은 십중팔구 홍콩과 타이완에서 온 사람들이다. 어휘에 따라 나름 각각의 경향성이 있어 사용하는 계층마다 발생하는 수량이나 빈도에 차이가 생기기 마련이다. 그렇기 때문에 '卡拉OK가라오케', '麦当劳맥도날드', 'KTV노래방'는 지금 청년들 사이에서 유행하는 어휘이다. '哈罗헬로우', 'OK오케이', '密斯미스'와 같은 어휘를 자주 사용하는 사람들은 자신이 서구파임을 드러내며 촌스럽지 않음을 보여주려 한다. '的哥남성택시기사', '小蜜정부', '蹦迪디스코를 추다'와 같은 말을 자주 사용하는 사람들은 최근 친구 사이의 의리를 강조하며 향락을 추구하는 젊은이들인 경우가 많다. 또 이와 달리 과학자들의 경우는 '克隆클론', '科斯特코스트(Cost)', 'UFO', 'DNA' 등과 같은 어휘를 자주 사용하고, 직장인들은 'CEO', 'offer', 'HR'을 많이 사용한다. 따라서 이런 것들에서 외래어의 사회적 기능을 어느 정도 엿볼 수 있다.

(3) 심리 기능

외래어에는 언어, 문화, 사회적 기능과 더불어 동시에 심리적 기능도 존재한다. 음역어가 한자 음역을 사용할 때 흔히 분산성 원칙을 지키기 때문에 각 한자 간에 글자와 의미의 집합 관계를 형성하지 못한다. 그러므로 글자만으로는 그 의미를 이해하지 못하고 사람들로 하여금 모호하고 심오함을 느끼게 만들 수도 있다. 그리하여 사용할 때 특수한 심리 효과를 얻게 되고 사람들에게 깊이감, 신비로움 또는 비범함을 느끼게 한다. 예를 들어 아래의 산문11)에서는 속된 말로 '서양 곰보'라고 불리는 식물에 대해 이렇게 썼다.

> 不, 不要忘记它有一个美丽的名字——洋金花, 还有一个高贵的名字——曼陀罗!
> 아니, 그것에게 아름다운 이름이 있다는 것을 잊지 마세요-흰독말풀, 그리고 고귀한 이름도 하나 있지요-만다라화!

일부 상품은 중국어 이름을 쓰지 않고 영어 이름을 지어 부른다. 즉 사람들로 하여금 깊이 있고 아담하며 신비롭게 느끼도록 함으로써 더욱 좋은 시장 효과를 얻게 하기 위함이다. 예를 들어 '르花'를

---

11) 왕즈푸王梓夫, 「흰독말풀洋金花」, 『인민일보人民日报』(해외판), 1996.10.14, 제7판.

쓰지 않고 대응되는 영어 단어인 'Orchid'의 음역명인 '奧琪'를 상표로 하는 것이 하나의 예이다. 물론 이러한 효과는 순수 음역 외래어의 사용 빈도가 증가함에 따라 줄어들 것이다. 왜냐하면 사람들이 오래 사용하면 신비감이나 고귀한 느낌도 점점 사라지면서 사물의 본질과 품질에 대한 인식에 변화가 생기기 때문이다.

제4장
외래어의 유형

1. 외래어의 자격과 형식 유형

1) 외래어 자격에 영향을 미치는 요인

우리는 어떤 단어 혹은 어떤 유형의 단어가 외래어인지 아닌지에 대한 논쟁이 끊이지 않는 것을 쉽게 볼 수 있다. 사실 이는 모호할 수밖에 없는 문제로서 절대적인 옳고 그름을 가린다는 것은 매우 어려운 일이다. 외래어의 자격이나 지위에 영향을 미치는 것에는 다양한 요인들이 존재할 뿐만 아니라 이런 요인들 중 어떤 것들은 절대적인 것이 아니기 때문이다. 또 이런 요인들이 결합한 후에는 더욱 모호해지기 때문에 자격의 정도가 증가 혹은 감소했다는 식으로 표현할 수 있다. 좀 더 구체적으로 말하면 외래어 자격에 영향을 미치는 요인에는 차입 방식 및 응용 그리고 빈도, 사회집단, 의미 등 네 가지가 존재한다. 이때 차입 방식과 응용에는 문자 유형, 의미 변화, 독음 유형, 문법 귀속, 심리적인 수용도 및 사용자 확산도 등이 포함된다. 이들 네 가지 요인들이 동시에 외래어의 서로 다른 유형을 만들어내기도 한다. 이밖에 기능적인 측면에서 보면 단어나 구는 언어, 문화,

사회 이렇게 세 가지 기능을 갖추고 있다. 이것들이 앞서 언급한 네 가지 요인들과 각각 대략적인 대응을 하게 되는데 먼저 차입 방식, 응용 그리고 빈도 등의 요인은 주로 언어 기능과 상관관계를 맺는다. 또 외래어가 존재하는 사회집단 요인은 주로 사회 기능을 반영하게 되는 반면 의미 요인은 언어와 문화 기능을 반영하는 것으로 볼 수 있다. 네 가지 요인이 조성하는 서로 다른 유형에 대해 논의하는 것은 결국 외래어의 기능에 대해 논의하는 것이라고 할 수 있다. 따라서 우리는 외래어 자격에 대한 전통적인 틀에서 벗어나 기능과 유형이라는 새로운 시각으로 이 문제를 다루고자 한다.

2) 외래어의 형식 유형

외래어의 형식이라 함은 단어의 음과 글자 형식을 가리키며 이상적인 경우 단어의 음과 글자 형식은 마땅히 일치해야 한다. 그러나 문자의 형식만 존재하고 비교적 오랜 시간이 흐르면 한 언어의 음과 문자 표현 사이에는 거리가 생기기 마련이다. 중국어는 본질적으로 표의 문자이기 때문에 이런 거리는 더욱 선명하게 드러난다. 따라서 모든 언어에 존재하는 단어의 음과 의미 이 두 가지 항목의 영향 외에 중국어에는 글자 형식이라는 한 가지 항목이 더 추가된다. 이런 점에서 중국어가 외래어를 들여올 때에는 서양의 언어와는 차이가 있을 수밖에 없다. 따라서 이 세 가지 요인에 의해 글자 형식을 빌린 경우, 즉 차형(借形)을 포함한 네 가지 형태의 유형이 만들어지게 된다.

(1) 음을 빌린 경우

단어의 의미를 빌려옴과 동시에 단어의 독음도 함께 빌려오는 경우가 있다. 이런 경우를 일반적으로 음역이라고 말한다. 음역은 어음의 전환과 동시에 문자의 각도에서 볼 때 전사(轉寫)도 포함하고 있다. 음을 빌린다는 것은 우선 구어적인 일이다. 문자로 표현되더라도 음을 빌리는 것은 대부분 구어를 배경으로 하게 된다. 한족의 경우는 보통 한자로 표현하겠지만 이따금 라틴 알파벳을 섞어 쓰거나 외국 문자 형식을 직접적으로 사용하기도 한다. 그렇지만 독음은 여전히 기본적으로 한어의 풍격을 지닌다. 한자의 독음은 시대와 지역의 영향을 받는다. 이에 한자와 근원어음을 대조할 때 차입되던 시대와 지역이 밝혀지기도 한다. 이를 몇 가지 유형으로 분류하면 다음과 같다.

① 단순음역

- 可汗: 최고 통치자의 칭호. 돌궐어 qaghan에서 고대 중국어로 차용되었다.
- 比丘: 승려. 산스크리트어 Bhikšu에서 고대 중국어로 차용되었다.
- 的士: 택시. 영어 taxi로부터 광뚱어로 차용되었다.
- 派司: 통행증. 허가증. 장기간 사용하는 차표. 영어 pass로부터 상하이어로 차용되었다.
- 喀秋莎: 소련제 카츄샤포. 러시아어 катюша로부터 북부지역 중국어로 차용되었다.
- 卡拉OK: 녹음 반주에 맞춰 노래하는 일종의 가창 형식. 원래 글자의 표면적인 의미는 '空(卡拉)乐队(OK, 영어 orchestra에서 연원)'이며 일어 karaoke에서 타이완으로 차용되었다.

② 해음음역

음역 중에 해음을 겸하는 경우가 있다. 근원어의 의미와 관련이 있는 한자를 골라 사용하는 것인데 이런 경우는 '谐音(音)译해음(음)역'이라고 칭할 수 있다. 전통적으로 '音译兼意译음역겸의역' 혹은 '音意兼译음의겸역'라고도 하지만 '兼意译겸의역'라고는 칭할 수 없다. 왜냐하면 대부분이 사용된 글자의 의미가 근원어 원래의 뜻과는 거리가 있기 때문이다. 이런 경우를 세분해 보면 두 가지 유형으로 나누어 볼 수 있다. 먼저 일반적인 해음음역인 경우로 '谐意(音)译해의(음)역'라고 칭할 수 있다. 다음은 해음의 목적 혹은 결과가 해학적인 재미를 주는 것으로서 단어에 사용된 글자의 의미가 원래 단어의 의미와 매우 거리가 있는 경우이다. 재미를 주는 효과를 위해 만들어진 경우이므로 이런 유형은 '谐趣(音)译해취(음)역'라고 칭할 수 있다[1]. 예를 들면 다음과 같다.

- 乌托邦: 존재하지 않는 이상국가, 허무주의. 실현될 수 없는 바람. 영어 Utopia로부터 의미를 고려하여 음역한 경우로서 음의 겸역 중에 가장 잘 만들어진 예로 여겨지는 단어이다. '乌'는 고대 한어에서는 확실히 '없다'의 의미가 존재했지만 지금의 보통 사람들에게는 이 '乌'의 의미가 난해할 수도 있다.
- 夜叉: 불교에서 사람을 먹는 일종의 악귀. 산스크리트어 yakša를 의미를 고려하여 음역한 경우로서 '夜'를 사용해 귀신이 출몰하는 시간을 암시하고 '叉'를 써서 악귀가 사람에게 해를 입히고 잔인하다는 것을 표현했다. 그러나 이런 의미는 매우 제한적이어서 원래 의미와는 거리가 멀다.
- 朴心: 파이프 혹은 연결관. 영어 bushing으로부터 의미를 고려하여 음역한 경우인데 파이프와 부싱과의 관계가 분명하지 않아

---

1) 제3장 ② 부분 혹은 전체 해음음역 214~216쪽 참조.

이런 '겸의역'은 억지로 의미를 끼워 맞춘 예라고 할 수 있다.
- 尖头鳗: 신사. 영어 gentleman으로부터 의미를 고려하여 음역한 경우로서 이런 '겸의역'은 완전히 언어유희라고 할 수 있다. 비슷한 예로 '黑漆板凳남편'이 있는데 영어 husband로부터 의미를 고려하여 음역한 경우이다.

인터넷에서 출현하는 '沙发'(영어 so fast)와 예능계에서 등장하는 '粉丝'(영어 fans)는 또 다른 유형의 해취음역으로서 이미 있는 글자의 단어를 사용해 외국어를 번역한 경우이다. 아울러 예를 들면 '坐沙发첫 번째 댓글을 단 사람'와 같이 원래 있던 단어의 연어(collocation) 기능을 이용하여 일련의 새로운 표현을 만들어내기도 한다.

어떤 경우는 부분적으로만 의미를 고려하여 단어 자체는 여전히 음역에 속하는 경우가 있다. 예를 들면 미얀마어 pau^{955}pʰo^{33}의 음역 '胞波'는 친척을 의미하는데 '胞'만 의미를 고려한 경우이다. 영어 nylon의 음역 '尼纶'은 나일론을 의미하는 것으로 일종의 화학섬유를 가리키므로 '纶'이 의미를 고려한 부분이다. 영어 Teflon의 음역 '特氟隆'은 코팅 처리된 프라이팬의 일종으로 '氟'가 의미가 고려된 부분이다.

이밖에 자모어로 된 축약어 중에 개별적으로 의미를 고려하여 음역한 경우가 있다. 예를 들면 'W.W.W.'를 '万维网'으로 번역한 경우는 음역이 성모 부분만 고려했기 때문에 전체적으로는 의역에 더욱 가깝다고 할 수 있다.

의미를 고려한 음역의 방법에도 단점이 존재한다는 점에 주의해야 한다. 먼저 의미를 맞추기 위해 종종 의미를 왜곡하여 불분명하게 하거나 억지로 관계를 맞추려고 하는 경우가 있다. 예를 들면 '幽默유머

(humor)'나 '逻辑논리(logic)'가 그런 경우이다. 다음은 의미에 대한 고려 때문에 정확한 표음을 못하게 되는 경우가 있다. 예를 들면 '霹雳舞브레이크댄스(영어breaking)', '派典패러다임(영어paradigm)'처럼 근원어의 여러 음절을 삭제해 버리게 된다든지 '安喘通애스메톤(영어Asmeton)'처럼 근원어의 음을 부득이하게 왜곡시키게 되는 경우를 들 수 있다.

③ 음역 글자의 의미화

문자의 표의 특징과 결합된 또 다른 유형의 음역은 자형의화(字形意化) 혹은 형성화(形聲化)로서 새로운 글자를 만들어내는 것도 불사하는 경우이다. 사실 이런 방식은 고대에도 있어 왔다. 상고 시기의 '葡萄포도'나 '骆驼낙타', 중고 시기의 '琉璃유리' 등이 모두 이런 경우이다. 근·현대 시기의 예로는 다음과 같은 것들이 있다.

- 槟榔: 기생충을 없애고 소화를 돕는 교목이나 그 과실. 말레이어 pinang을 음역한 푸지엔福建 지역의 말에서 유래한 것으로 '宾郎' 등으로 음역하기도 했다. 두 글자가 모두 '木'변을 두어 식물류임을 나타내었다.
- 镭锭/镭: 원자 번호 88번의 기호 Ra인 방사성 원소. '金'변을 가진 두 글자 '镭锭'을 써서 처음으로 영어 radium을 음역하여 이 원소가 금속 성질의 것임을 나타내었으며 후에 간략히 '镭'로만 쓰게 되었다.
- 氨: 분자식 NH_3를 쓰는 악취가 나는 기체의 일종으로 압력을 가해 암모니아수를 제조. 영어 ammonia를 음역한 것으로 '阿摩尼亚'나 '安摩尼亚' 등으로 음역된 바 있으며 최종적으로 새로운 글자 형태를 만들어 간략히 '氨'이 되었다. 이것과 연관된 화학

품은 모두 이와 유사하게 만들어졌다. 예를 들면 '氨'의 수소원자가 히드록실기(hydroxyl)로 대체된 R·NH₂를 '胺'이라고 칭한 경우를 들 수 있는데 고기를 뜻하는 '月'변을 써 유기물임을 표현하여 영어 amin(e)을 음역하였다. 또 '氨'의 유도체, 즉 양전하를 띠는 일종의 기초를 '铵'이라고 칭하였는데 '钾'의 경우와 마찬가지로 '金'으로 금속과 관련이 있음을 표시하여 영어 ammonium을 음역하였다.

④ 음역에 의미 표지 추가

음을 빌리는 또 다른 유형으로 해음음역을 포함하여 음을 빌려오는 것 외에 중국어 고유의 글자를 첨가하여 의미 표지로 삼는 경우가 있다. 대부분의 의미 표지는 의미 유형을 표시하며 어말에 수식을 받는 중심 위치에 놓이므로 '유형 표지'라고 칭할 수 있다. 소수지만 어두에서 수식 위치에 놓이는 의미 표지는 '수식 표지'라고 칭할 수 있다. 또 역시 소수지만 의미 표지가 접사의 성질을 지니는 경우도 있는데 이는 '접사 표지'라고 칭할 수 있다. 유형 표지의 경우 만약 음역 부분이 단음절이면 표지를 생략할 수 없다. 반면 음역 부분이 다음절이면 사용 과정 중에 표지가 때때로 생략되거나 탈락한다. 예를 들면 다음과 같다.

- 卡片, 卡车: 전자는 영어 card를 음역. 후자는 영어 car를 음역. 여기서 '片'과 '车'는 각각 음역된 부분의 소속을 알려주는 것으로 일종에 첨가된 유형 표지라고 할 수 있으며 서로 구별해 주는 역할을 한다.
- 胶姆糖: 껌. 영어 gum을 음역. '胶' 부분은 해의역이고, '糖'을

첨가하여 유형을 표시하였다.
- 白兰地(酒): 포도나 복숭아, 사과 등을 이용할 수 있고 발효정제하여 만든 중급 정도의 술. 영어 brandy를 음역한 것으로 뒤에 '酒'를 첨가하여 유형 표지를 넣을 수도 있고 생략할 수도 있다. 비슷한 또 다른 예에는 프랑스어 ballet를 음역한 '芭蕾(舞)', 영어 bassoon을 음역한 '巴松(管)', 영어 fugue를 음역한 '賦格(曲)' 등이 있다. 모두 뒤에 유형 표지를 첨가할 수도 있고 생략할 수도 있다.
- 酒吧: 영어 bar의 음역. '酒'가 수식 표지라고 할 수 있다.
- 蛋挞: 계란을 넣어 만드는 서구식 타르트. 영어 tart를 홍콩 방언으로 음역한 것으로 '蛋'이 수식 표지라고 할 수 있다.
- 阿蛇: 남성에 대한 존칭. 홍콩에서는 경찰에 대한 호칭으로 쓰인다. '蛇'가 영어 sir를 음역한 부분이고 '阿'는 중국어 접두사로서 접사 표지라고 할 수 있다.
- 洋杠子: 연상의 젊은 여자를 부를 때 쓰는 호칭. 위구르 지역의 '토착 중국어'로서 앞 두 글자가 위구르어 yaenggae에서 왔고 '子'는 중국어 접미사로서 접사 표지에 속한다.

지금까지 명사류 외래어의 의미 표지에 대하여 논의하였다. 동사류 외래어의 경우는 상대적으로 그 수가 적은 편이지만 의미 표지가 출현하는 경우가 있긴 하다. 조사한 바에 따르면 이들 의미 표지는 기본적으로 목적어 위치에서 나타나기 때문에 '보충 표지'라고 칭할 수 있다. 중국어의 목적어는 전형적인 목적어 유형으로 분류되기 어렵다. 이에 object라는 말과 정확히 대응되지 않고 대체로 동사를 보충해주는 역할을 한다. 뤼슈시앙도 이 점에 착안하여 목적어를 '보어'로 고쳐 불러야 한다는 의견을 제시한 바 있다. 러시어아의 경우도 목적어 위치의 성분을 '보어'라고 하기도 한다. 따라서 본서에서도 이런 점을 고려하여 '보충 표지'라는 명칭을 쓰고자 한다. 그래야 출현하는 여러 상황들을 잘 설명할 수 있기 때문이다. 예를 들면 다음과 같다.

- 宕机/当机: 정지하다. 컴퓨터가 고장으로 정지되어 갑자기 일을 할 수 없는 것을 말하며 영어 down에서 온 말로서 '机'가 보충 표지라고 할 수 있다.
- 泊车: 주차하다. 자동차를 잠시 정차하는 것을 가리키며 영어 park에서 온 말로서 '车'가 보충 표지라고 할 수 있다.
- 述球: 슛하다. 말레이시아의 차우쪼우潮州에서 쓰는 말로 영어 shoot 혹은 shot에서 온 것이다. 동일한 단어에 대한 음역어인 베이징어 '秀'와 상하이어 '逍'는 모두 단독으로 사용하고 '球'나 '蓝'을 삭제할 수 있는 반면 차우쪼우어의 '述球'는 그럴 수 없고 반드시 하나의 단어로 같이 사용해야 한다. 따라서 이 경우는 '球'가 보충 표지라고 할 수 있다.

(2) 음과 형태를 같이 빌려온 경우

단어의 독음을 빌려옴과 동시에 글자를 함께 빌려오는 경우가 있다. 이런 경우가 가장 철저하게 차용한 경우라고 할 수 있는데 그중 제일 이질감이 느껴지는 것은 자모어이다. 한자를 쓰는 습관과 인지 심리 등의 이유로 자모어 형식의 차입은 필연적으로 매우 제한적일 수밖에 없을 것이다. 그리고 증가하는 것이 바람직한 것은 아니지만 국제적인 접촉과 교류의 증가 및 외국어 교육이 더욱 확대됨에 따라 그 출현 양상은 향후 중국어 발전 양상에 더욱 부합할 것이다. 이런 차용은 세 가지 주요 유형으로 나눌 수 있다2).

① 순수 자모어

- O.K./OK: 영어에서 왔으며 좋다, 괜찮다, 동의하다, 성공했다 등을 의미.
- DNA: 영어 desoxy ribonucleic acid의 축약어로서 유전자의 본체를 의미.
- DVD: 영어 digital video-disc의 축약어로서 디지털 비디오디스크를 의미.
- WTO: 영어 World Trade Organization의 축약어로서 세계 무역 기구를 의미.

---

2) 음과 형태를 같이 빌린 이런 경우에 한 가지 유형이 더 존재한다. 즉 음과 형태를 빌린 후에 의미 표지를 첨가하는 경우가 있다. 예를 들면 '阿sir'와 'PC机'가 있다. 'BP机'도 이런 류에 놓는 경우가 있는데 모두 외래어라고 할 수 있다. 사실 'BP机'는 외래어라기보다는 '가짜 외래어' 정도로 보아야 한다. 무선 호출기의 경우 서양에서는 radio pager 혹은 paging receiver라고 칭하며 미국에서는 그냥 pager 혹은 pocket pager라고 부른다. 'BP机'가 beeper 혹은 bell pager에서 온 것이라고 하는 경우도 있는데 이는 근원어를 잘못 알고 있는 경우라고 하겠다. 실제로 서양에서는 이런 축약을 하지 않기 때문이다. 'BP机'는 사실 'BB机'를 잘못 적은 것인데 'BB机'란 타이완에서 만든 'BB call'로부터 온 것이다. BB는 무선 호출기에서 나는 소리를 모방한 것으로 타이완에서는 'Call 机'(拷机)라고도 부른다. 홍콩을 통해 대륙으로 들어와 'BB机' 혹은 '哔哔机'로 불리기 시작하면서 곧 형태를 빌린 외래어로 잘못 여겨졌던 탓에 근원 단어를 찾을 방법이 없어졌음과 동시에 'BP机'로 잘못 굳어지게 되었다. 따라서 'BP机'가 가짜 외래어인 것은 확실하다.

- BBC: 영어 British Broadcasting Corporation의 축약어로서 영국 방송사의 이름.

② 일어에서 온 한자 음역어

라틴 알파벳 형식 외에 일어가 음역한 한자 형식을 받아들인 경우도 적지 않다. 물론 여기서 가리키는 음의 차용이라는 개념은 상대적인 것으로서 그 정도가 위에서 언급한 것과 사뭇 다르다. 왜냐하면 중국과 일본이 모두 자기 나름의 한자 독음을 가지고 있기 때문이다. 그럼에도 불구하고 한자음 독음의 유래가 서로 같기 때문에 마치 혈연관계처럼 어느 정도 유사한 면이 있다. 따라서 서양 근원어 단어의 발음과 비교해 볼 때에도 현지 발음과 같지 않은 '준'음역겸형태차용 형식으로 여겨질 수 있다. 예를 들면 다음과 같다.

- 瓦斯: 탄소 등 가연성 기체. 일어 gasu에서 왔으며 일어는 영어 gas로부터 음역한 단어이다.
- 虎列拉/虎列剌3): 콜레라. 일어 korera에서 왔으며 일어는 네덜란드어 cholera로부터 음역한 단어이다.

---

3) 리우쩡탄劉正埮 등이 쓴 『중국어 외래어 사전』에서는 '虎列剌콜레라'의 근원어는 일어지만 '虎列拉'의 근원어는 영어라고 하였는데 이는 맞지 않다. 영어 cholera의 첫음절 [ko]가 중국어에서 '虎'로 읽힐 리가 없기 때문이다. 오히려 '虎'의 일어 독음이 [ko]인 것이 영어 독음과 정확히 들어맞는다. 일어에서 이 단어는 일찍이 '格列剌', '酷烈剌', '革列亞', '虎烈剌', '虎列剌' 등으로 쓰였는데 '剌'와 '剌'의 자형이 유사하여 잘못 읽혀지기 쉬웠으므로 중국에서는 현대에 '剌'를 '拉'로 고쳐 쓴 것이다. 예를 들면 '阿剌伯'를 '阿拉伯'라고 쓴 것처럼 말이다. 따라서 '虎列拉'도 중국인들이 일어 '虎列剌'를 고쳐 쓴 것이므로 일어에서 온 것으로 보아야 할 것이다.

- 俱乐部: 사회, 학술, 오락 등의 활동을 진행하는 단체와 장소. 일어 kurabu에서 왔으며 일어는 영어 club의 뜻을 고려하여 음역한 단어이다.

③ 일본식 한자 의역어

이런 한자는 일어가 '형성' 혹은 '회의겸형성'의 방법을 통해 자체적으로 만들어낸 것이므로 음역 성분 역시 때때로 비교적 분명하게 드러난다. 왜냐하면 이런 글자의 독음은 일어의 독음을 반드시 참고해야 하기 때문이다. 예를 들면 다음과 같다.

- 腺: 화학물질을 분비할 수 있는 일종의 생리 조직. 일어 sen에서 왔으며 일어는 영어 gland를 의역하여 만든 한자이다.
- 膵脏: 췌장의 옛 명칭. '膵'라는 글자는 일어에서 만들어진 글자로 영어 pancreas를 의역한 것이다. 일어 독음은 sui이다.

(3) 반은 음역하고 반은 의역한 경우

일반적으로 '반음반의역' 혹은 '음역+의역'이라고 칭하는 경우로 음역된 부분이 외래 형태소가 된다. 예를 들면 다음과 같다.

- 道林纸: 목재를 원료로 하는 재질이 치밀한 고급 용지. 영어 Dowling paper를 번역한 단어로서 paper 부분이 의역되었다.
- 霓虹灯: 광채를 내뿜는 기체를 넣은 관형 전등(tubular lamp). 영어 neon lamp를 의미를 고려하여 번역한 단어로서 lamp 부분이 의역되었다.
- 新西兰: 오세아니아(Oceania)에 자리한 섬나라 이름. 근원 단어

는 New Zealand이며 New가 新으로 의역되었다.

(4) 형태만 빌린 경우

단어의 한자 형식만을 빌려오고 독음은 중국식으로 읽어 발음에 차이가 커지는 경우가 있다. 이때 이체자를 모두 들여오는 것은 아니다. 이런 단어들은 기본적으로 일본으로부터 차용된 것이 많지만 소수 한자문화권인 다른 주변국에서 온 것도 있다. 대략적으로 두 가지 유형으로 나눌 수 있다.

① 원래 독음과는 무관하게 형태를 빌려온 경우

주로 일어의 '훈독'류 한자 형식을 빌려온 경우가 이에 속하며 매우 개별적인 경우로 기타 부호도 포함된다. 이 예들은 한어의 독음과 완전히 무관한데 예를 들면 다음과 같다.

- 手续: 일어 tetsuzuki에서 빌려온 단어로서 일처리의 절차와 그를 통해 얻어지는 증명을 의미.
- 取缔: 일어 torishimaru(원래는 감독·관리하다를 의미)에서 빌려온 단어로서 공식적으로 최소 혹은 금지하다를 의미.
- 卐: 인도에서 빌려온 비문자 부호로 처음에는 서아시아에서 남성미, 번성, 시초, 보호의 형상, 좌지우지 마음대로 하다의 의미를 나타냈다. 남아시아에 들어온 후로는 불교에서 사용되어 태양과 불, 신성(神聖)과 길상(吉祥)을 상징하게 되었다. 이후 당대(唐代)(後周, 693년)에 측천무후의 명으로 한자로 제정이 되어 '길상과 만덕(萬德)의 집체'를 의미하며 형태는 좌만자로 정하고 독음은 '만'

이 되었다.

② 독음의 근원이 동일한 형태의 차용

더 많은 경우가 근원어 글자의 음이 한자와 혈연관계에 있는 경우이다. 이는 독음을 애초에 중국어로부터 빌려간 것으로서 일어에서 말하는 이른바 한자의 '음독'을 말한다. 중국어로 이들 단어를 읽을 때에는 독음면에서 약간의 외래적인 느낌이 들기도 하지만 사실 중국어는 근원어의 독음은 고려하지 않고 무조건 중국식으로 읽는다. 따라서 이 경우도 형태만 빌려온 유형으로 분류할 수 있다. 예를 들면 다음과 같다.

- 相对: 고대 중국어로부터 왔으며 영어 relativity를 의역한 일어 sotai에서 빌려온 단어로서 일정 조건을 기반으로 존재하고 변화하는 것을 의미.
- 马铃薯: 일어 baleishio에서 빌려온 단어로서 속칭 土豆, 洋山芋, 山药蛋이라 일컬어지는 감자를 의미.
- 谚文: 한국어 '언문'에서 빌려온 단어로서 한국의 표음문자를 의미.
- 字喃: 베트남어 chữ'nôm에서 빌려온 단어로서 베트남이 예전에 사용하던 네모난 한자형 문자를 의미.

상술한 음, 의미, 형태 세 가지 요소로 구성된 (1)-(4)까지의 네 가지 유형을 살펴보면 (1)의 음을 빌린 유형이 가장 외래어로서의 자격을 갖추고 있다. (2)도 음과 형태를 모두 빌려왔으므로 외래적이지만 그중 자모어 유형은 쉽게 순수 외국어의 독음으로 읽으므로 유동적인 상태에 있다고 할 수 있다. (3)의 경우는 혼혈적인 성격이 있어 차용 혼성어(loan blend)로서 광범위한 의미에서 외래어로 볼 수 있다. (4)의 경우도 형태만 빌려왔지 독음이 전혀 근원어의 독음과 같지 않다. 그러나 의미나 형태 면에서는 여전히 외래적인 성격을 지니고 있어 (4)에서 ①의 경우는 '외래어'에 속한다고 할 수 있고 ②의 경우는 '준외래어'에 속한다고 할 수 있다. 따라서 모두 광범위한 의미에서 외래어에 포함시킬 수 있다.

3) 외래 성분의 자체적인 조어

일본에는 현재 일본에서 자체적으로 제작한 '영어 단어'가 많이 존재한다. 예를 들면 상품목록식 잡지인 mook(magazine과 book을 축약한 후 합성)나 개인 컴퓨터인 パソコン(pasokon, personal computer를 축약), 도박용 게임기의 일종인 パチンコ(pachinko) 등을 들 수 있다. 이런 단어들은 모두 일본에서 만들어진 '영어 단어'로서 일본에서는 이런 단어들을 '일본식 영어'라고 말한다. 영어를 흡수한 경우만이 영어 단어라고 말할 수 있을 것이므로 영어를 생각하면 이런 단어들은 결코 영어라고 할 수 없을 것이다. 영어와 일어 사이에서 만들어진 중간 생산물쯤으로 볼 수 있을 것이다. 조어 성분을 따져보면 영어지만 조어를 한 주체와 조어된 시기의 환경 및 사용자와 입수 체계를 고려해 보면 일어라고 할 수 있다. 이와 마찬가지로 일어에서 자체적으로 제작되고 조어된 많은 한자어들이 존재한다. 예를 들면 '國立국립, 百分率백분율, 安樂死안락사, 保健보건' 등을 들 수 있는데 이런 단어들은 '일본식 중국어', 즉 일본에서 제작한 중국어 단어라고 칭할 수 있을 것이다. 앞서 설명한 영어와 사정이 비슷

하므로 중국에서 만들어진 중국어 단어라고 할 수 없기 때문이다. 일본에서 먼저 만들어지고 이후에 중국에서 이런 단어들을 입수하여 사용한 것이므로 만들어진 한참 후에야 중국어에 첨가되어 중국어 어휘가 된 경우로 볼 수 있다.

마찬가지로 중국어 혹은 중국이 자체적으로 조어한 '영어 단어'도 영어로 다시 진입하기 전에는 당연히 영어 단어라고 할 수 없으므로 또한 외래어로 취급할 수도 없다. 영어 사전에 그런 단어들이 수록될 수 없기 때문이다. 예를 들면 摩托卡(상하이어에서 오토바이를 지칭. motor+car), 涤卡(각각 축약한 후에 재조합. dacron+khaki), 乐口福(맥아 분유와 같은 일종의 영양 보조 식품. Lacavo), 富士康(타이완의 IT 주문자 생산 방식의 기업명. Foxconn) 등을 들 수 있다. 중국어에는 이런 단어들이 많지 않은 반면 일어에는 매우 풍부할 뿐만 아니라 조어 유형도 중국어와 완전히 일치하는 것은 아니다. 이런 점에서 다음과 같은 또 다른 이론적인 문제를 제기하게 된다. 서로 다른 언어가 외래 성분을 받아들이는 정도 역시 상이하게 나타나는 것은 그 언어만의 특징과 관계가 있는 것일까? 언어마다 어떤 서로 다른 입수 체계가 존재하고 있는 것일까? 이것은 여전히 언어 접촉의 정도 및 적응의 정도와 관련이 있는 것일까? 이런 의문들은 사실 상당히 흥미로운 질문이라고 할 수 있다. 그리고 이런 중간 유형의 생산물은 언어학 혹은 외래어 연구 분야에서 아직 충분히 다루지 못한 영역이라고 할 수 있다.

2. 외래어의 기능 유형

1) 적용 유형에 대한 분석

기능 유형에는 적용과 빈도 두 가지 영역이 존재한다. 적용 유형은 적용 목적에 따라 결정됨과 동시에 종종 그 사용 빈도를 결정해 주기도 한다. 적용 유형은 대체로 도입성 적용, 소개성 적용, 주석성 적용 및 탐색성 적용 네 가지로 분류할 수 있다. 진정으로 의미가 있는 경우가 제1종, 그 다음은 제2종이라고 할 수 있다. 도입성과 탐색성 적용은 차입 유형이라고 할 수도 있고 기저 유형이라고 할 수도 있다. 소개성과 주석성 적용도 광의적으로 볼 때 일종의 문화 차입이라고 할 수 있다.

외래어의 경계는 모호하다. 전형적인 외래어는 빌려온 언어에서 장기간 혹은 여러 차례 통상적으로 사용되다가 어떤 개념이 사용되어야 할 때에 매우 자연스럽게 그 개념을 표현하는 위치에서 사용되는 경우라고 하겠다. 예를 들면 '沙发소파'와 '冰淇淋아이스크림'을 들 수 있는데 이들은 오랫동안 통상적으로 사용되면서 매우 전형적인 단어가 되어 다른 단어로 대체할 수 없게 된 경우이다. 이는 이들 단어들이 확실하게 이미 중국어 언어 체계에 뿌리를 내려 중국어의 일원이 되었음을 말해 준다. 따라서 이런 전형적인 적용을 '외래어의 전형'으로 설정할 수 있으며 이를 외래어의 적용 유형을 구분하는데 사용할 수 있다. 외래어의 전형은 적용 유형과 사용 빈도 면에서 나타낼 수 있는데 본 절에서는 이 기준을 적절하게 적용시켜 상술한 각종 유형에 대해 논의할 것이다.

(1) 도입성 적용

이런 유형 외래어의 목적은 다른 민족의 단어를 한족 사회로 끌어와 사용하기 위함이다. 한족 언어에 결핍된 개념이나 어감의 단어에 대한 수요의 발생으로 생겨난다. 따라서 자주 사용될 것이라고 예상되거나 혹은 이런 개념을 맞닥뜨렸을 때 아마도 사용될 것임을 먼저 고려해서 도입을 하는 경우라고 할 수 있다. 예를 들면 다음과 같은 것들이 있다.

- 狮子: 아시아에서는 존재하지 않았던 것으로서 동이란의 말 šē, šī에서 왔다.
- 喇嘛: 한족에게 전해진 불교와는 다른 티베트족의 밀교(密敎) 승려로서 티베트어로 la^{55}ma^{54}에서 왔다.
- 草库伦: 몽골 초원지역 특유의 것으로 몽골어 öbsön xüree에서 왔다.
- 教科书: 옛 서당에서 사용된 『백가성百家姓』, 『삼자경三字经』, 『천자문千字文』 혹은 사서오경(四書五經)과는 다른 것으로 현대적인 규칙에 따라 집필된 것이며 일어 kyōka-sho에서 왔다.
- UFO/幽浮: 판타지 같은 외계 비행 물체를 나타내는 말로서 영어 unidentified flying object에서 왔다.
- 拜拜: 중국어에 '再见'이 있지만 특수한 정감이 넘치는 단어로서 영어 bye-bye에서 왔다.

이런 단어들의 적용 중에 어떤 것은 고대에 발생한 것이므로 현대에는 이미 중요하지 않게 되었다. 따라서 이들은 단지 고대라는 시간 속에서 외래어 전형에 대한 귀속의 의미가 있을 뿐이다. 예를 들면 '卡拉OK가라오케'나 '幽浮UFO' 등을 현대라는 시간 속에서 외래어 전형에 대한 귀속 정도를 따져본다면 0.6-1 정도에 불과할 것이다.

한걸음 더 나아가 단어 의미 도입의 관점에서 본다면 도입성 적용은 결코 단순하지가 않다. 대략적으로 세 가지 유형으로 나눌 수 있는데 본의의 도입, 확장의미의 도입, 비유의미의 도입이 그것이다. 본의의 도입은 외국어 단어 본래의 의미가 도입된 것으로서 대부분이 이 유형에 속한다. 상술한 6개 예도 모두 이 유형에 속한다. 반면 확장의미의 도입은 중국어가 외국어 단어 원래 의미와는 또 다른 의미를 파생시킨 경우로서 예를 들면 다음과 같은 것들이 있다.

- 写真: 일어 寫眞(shashin)으로부터 왔지만 원래 고대 중국어에서 사용되던 말로서 실제처럼 그린 인물화를 가리키는 말이었다. 일어가 차용한 후에 일어에서 단어의 의미가 확장되어 사진을 찍다, 사진, 촬영 등의 의미를 가리키게 되었다. 그리고 다시 중국어에 유입된 후에는 일본이 홍콩이나 타이완에서 수입한 사진집의 대부분이 색정적, 혹은 성적인 것과 관련이 있어 중국어에서 写真의 의미는 색정적인 혹은 성적인 사진이나 촬영을 의미하게 되었다.
- 柯打: 홍콩의 위에방언 말로서 영어 동사 'order주문하다/주문제작하다'에서 왔다. 홍콩에 유입된 후에는 명사로 사용되어 '주문서'로 의미가 확장되었다. 동사의 의미인 주문하다를 말할 때에는 반드시 '落柯打'라고 말해야 한다.
- 阿蛇/阿sir: 홍콩의 위에방언 말로서 영어 'sir남성 호칭의 경칭으로 선생님, 각하, 장관 등을 부를 때 사용'에서 왔으며 홍콩에서는 경찰을 지칭하는 말이 되었다.
- 哈夫: 상하이어로서 영어 'half절반, 반으로 나뉘는'에서 왔으며 영어에는 명사와 형용사 용법 두 가지가 있지만 상하이어에서는

동사로만 사용되어 '반을 나에게 나누어 주거나 혹은 상대에게 주다, 나누어 먹어버리다, 전부 먹어버리다, 나누어버리다'라는 의미를 가리키게 되었다.

- 撒诶: 상하이어로서 영어 명사 'side경계선'에서 왔지만 상하이어에서는 '구기 종목에서 아웃사이드가 되다'를 가리키게 되었다.

비유의미의 도입은 외국어 단어가 가리키는 것을 차용한 것으로 해당 사회에서 볼 수 있는 사물에 비유하여 중국어 외래어의 실제 의미를 구성하는 것이다. 이런 유형에 해당하는 예는 매우 적은 편이며 일반적으로 모두 본의가 도입되는 단계를 거친 후에 비유를 하게 된다. 예를 들면 다음과 같다.

- 邓禄普: 상하이어로서 영어 'Dunlop'에서 왔다. 원래는 영국산 타이어 회사와 그 회사에서 생산되는 타이어의 브랜드를 가리키는 말이었는데 이것이 질긴 것으로 유명해지면서 사람들이 이 타이어의 고무가 매우 두껍다고 여기게 되었다. 이로부터 상하이 사람들이 낯이 두꺼운 것에 비유하여 후안무치(厚顔無恥)를 뜻하게 되었다.
- 阿三: 상하이어로서 영어 'sir존칭: 선생님, 각하, 장관'에서 왔다. 상하이어에서는 '红头阿三인도 경찰'으로 쓰이며 경찰을 가리키던 것에서 확장하여 '阿三! 老鹰(老英과 음이 유사하여 영국인 상사를 가리킴)来了'와 같이 영국인 상사를 두려워하는 인도 경찰을 풍자하고 조소하는 뜻으로 사용하게 되었다. 이후에 또 '阿三'으로 원숭이를 비유하여 가리키기도 하였다. 상하이어 '阿三'은 홍콩의 위에방언으로부터 전해졌을 가능성이 있다.

- 菩萨: 간다라어 bosa<산스크리트어 Bodhisattva에서 처음 유입되었고, 원래는 부처의 승계자, 불교 정신을 일컬었는데 마음이 자비로운 사람도 비유적으로 가리킨다.

지금까지 상술한 내용을 토대로 보면 본의의 도입이 가장 많고 확장의미의 도입은 비교적 적은 편이며 비유의미의 도입은 매우 적다. 또 비유의미의 도입은 방언의 구어에서 많이 생겨났는데 이는 아마도 방언의 사용 환경이 더욱 자유롭기 때문일 것이다. 즉 문어적인 제약이 없기 때문일 것이다. 확장의미와 비유의미의 도입은 때때로 한 단어 내에서 본의의 도입과 동시에 발생할 때도 있고 도입된 후에 단어의 의미가 변화하여 발생할 때도 있으므로 이 점에 우리는 유의해야 한다. 외래어 의미의 유형에 대해서는 제4장의 4절에서 더욱 많은 논의가 이루어질 것이다. 제4장의 4절에서의 논의는 순수하게 단어 의미 자체에 대한 유형 분석인 반면 여기서 서술한 유형은 근원어 단어의 의미와 외래어 단어 의미를 비교하고 어떻게 변화하였는지를 관찰한 것이므로 좀 더 변화에 초점이 맞춰져 있다고 할 것이다. 그리고 이 두 가지 측면의 의미 고찰은 상충되기 보다는 상호 보완적이라고 할 수 있을 것이다. 단어 의미의 관점에서 이루어진 분석은 현재 매우 적은 편이므로 향후 비교와 변화에 초점을 둔 연구가 더욱 깊이 있게 이루어질 필요가 있다.

(2) 소개성 적용

이런 유형은 어떤 다른 민족의 사회와 문화를 소개하기 위해 사용되어 도입 자체가 목적이 되는 것은 아니다. 따라서 이런 두세 차례 소개만으로 중국어에 진정으로 정착했다고 할 수 없는 경우로서 여전히 '형식적인 외래어' 단계일 뿐 '완전한 외래어' 단계에는 이르지 못했다고 해야 할 것이다. 전형적인 협의의 외래어를 기준으로 본다면 이런 유형은 귀속 정도가 약 0.5 정도로 볼 수 있으며 0.6을 넘을 수 없을 것이다. 그러나 그들이 함의하는 바가 중국의 문화와 다른 면이 있고 또 중국 문화를 보충해 주기도 하므로 우연한 사용뿐만 아니라 상용적인 경우까지도 예측하는 것이 가능하다. 소개성 적용 혹은 극소수 사용의 상태를 벗어나 중국어의 실용 체계로 진정 진입할 때에야 비로소 귀속 정도의 질적 변화를 이룰 수 있게 된다. 『위서·서역전魏书·西域传』의 페르시아에 대한 소개를 예로 들어 보면 다음과 같다.

> 国人号王曰"医囋", 妃曰"防步率", 王之诸子曰"杀野"。大官有 "摸胡坛", 掌国内狱讼; "泥忽汗"掌库藏开禁; "地卑"掌文书及众务。次有"遏罗诃地", 掌王之内事; "薛波勃"掌西方兵马。
> 나라 사람들이 왕을 "医囋"(고대 페르시아어 Ixšed/Ixsed)이라고 부르고, 왕비를 "防步率"(중고 페르시아어 bānbuzwīd/banbusn)라고 부르고, 왕의 아들들을 "杀野"(고대 페르시아어 xšəčrya/satrya)라고 부른다. 대신으로는 "摸胡坛"(고대 페르시아어 magutan/magudan)이 있는데 국내의 송사를 주관하고, "泥忽汗"(중고 페르시아어 mixurghan/nexurghan)은 국고를 주관하며, "地卑"(페르시아어 dipivar/dipibara)는 문서와 여러 사무를 주관한다. 그 다음으로는 "遏罗诃地"(페르시아어 argabides)가 있는데 왕의 생활을 주관하고, "薛波勃"(신 페르시아어 sipahbad)는 서쪽의 병사를 주관한다.

만약 어떤 단어를 진정으로 도입하기를 희망했다면 위에 제시한 소개는 절대로 '杀'나 '卑' 같은 경건하지 못한 글자는 사용하지 않았을 것이다. 이는 또 다른 각도에서 소개성 적용의 객관적인 존재와 이런 유형이 구분될 필요를 증명해 주고 있다.

청대에 일본으로 파견되었거나 일본을 유람했던 관리들 및 학자들이 귀국한 후에 쓴 책들도 소개성인 경우라고 할 수 있다. 그중에 이에칭이가 지은 『책오잡척策鰲杂摭』(1889, 상하이)이 바로 일본과 문물을 소개할 목적으로 지어진 것이며 이것이 일어 명칭의 도입을 시도한 것은 아니다. 예를 들면 책 중에 다음과 같은 내용이 언급되고 있다.

"硝子는 유리의 이름이다. 일본에는 硝子制造会社라는 것이 있는데 유리제품을 만드는 곳이다."
"左官은 미장이를 일컬어 것인데 어디서 유래한 말인지는 알 수 없다."
"雪隐은 화장실이다."
"八百问 혹은 八百屋는 채소들이 줄지어 있는 것을 가리키는 것이다. 八百라는 것은 그 줄지어 진 것 중에 채소와 과일 등이 800여 종(種) 있다는 것을 말한다."
"御德用은 일본인들이 양초를 일컫는 별칭이다."

위에 언급한 단어들은 중국어에 유입하고자 한 것이 아니고 소개하는 차원에서 싣고 있는 것이다. 그중 '硝子'는 원래 명대 중국어에서 인조 수정을 가리켰는데 일어에서 이를 유리에 대응시켜 차용한 것이다. 그러나 이 책에서 어떤 단어들은 이후에 사람들이 지속적으로 소개하거나 도입하려고 노력한 결과 현재 도입성 적용으로 바뀐 경우도 있는데 그런 단어들은 중국어 어휘의 일원이 되었다. 예를 들면 '柔术유도', '商业상업', '公债공채', '下水道하수도' 등을 들 수 있다.

또 『인민일보』(해외판, 1996년 6월 1일자)에서도 소개하는 글이 실려 있다.

"티베트족은 자칭 '博巴'라고 한다. 문헌 기록에 보면 티베트족은 양한(兩漢) 시기에 시치앙족西羌族 중에 '파치앙发羌'('发'는 중국어 고음에서 '博'와 음이 유사하다)의 한 지류로부터 점차 발전하여 형성된 것이라고 한다."

여기서 '博巴'(拉萨藏 phø?^{13}pa^{54}/甘孜藏 pø?^{13})가 바로 소개성인 경우이다. 왜냐하면 '吐蕃'(蕃의 음은 bō), '짱족藏族'이라는 이름은 이미 중국어에서 비교적 오랜 역사를 지니고 존재해 왔기 때문이다. 따라서 티베트족이 자칭한 명칭은 소개성 정도로 보는 것이 맞을 것이다. '먼바门巴'(仓洛门巴 mõ^{13}pa^{55}/错那门巴 mõ35pa^{53})나 '루오바珞巴'(藏/珞巴 ɬopa) 등의 민족과는 달리 중국에서 지은 이름으로 불리어진 민족명이라고 할 수 있다. 그렇다고 해서 이것이 결코 자칭했던 명칭이 경우에 따라 도입성 사용의 외래어가 될 수도 있었음을 부정하는 것은 아니다.

(3) 주석성 적용

다른 민족의 어떤 사물을 설명할 때 이 사물이 원래 다른 민족 언어의 명칭에서 왔음을 주를 달아 밝히는 것을 주석성 적용이라고 한다. 이 경우는 해당 단어를 도입하려는 것도 아니고 소개하여 중국어에서 진일보하게 사용되게 하고자 함도 아니다. 단지 원래 형식에 대한 주석을 달아 기본적으로 일차적인 사용 단계에 있게 하고자 함이지 중국어로의 실제적인 진입과는 거리가 멀다. 따라서 진정한 외래어로 볼 수 없으며 형식적인 면에서도 외래어로 보기 어려우므로 일종의 '가짜 외래어'라고 할 수 있다. 이런 유형의 단어는 외래어 전형의 귀속 정도를 0.1-0.3 정도로 볼 수 있다. 그리고 이런 유형은 예측하기가 매우 어려우며 두 가지 가능성을 지니고 있다. 대부분은 주석의 단계에 머무르게 되고 부분적으로는 그런 상태를 벗어나기도 한다. 명대 푸판지傅泛(汎)際와 리쯔자우李之藻가 번역한 『명리탐』에 나오는 몇 소절을 예로 들어 보자.

> 爱知学者, 西云斐录琐费亚, 乃穷理诸学之总名。
> 철학이라는 것은 서양에서는 philosophia라고 하며 궁극적인 원리를 탐구하는 모든 학문의 총칭이다.
>
> 言语之伦有三: 一曰谈艺, 西云额勒玛第加; 二曰文艺, 西云勒读理加; 三曰辩艺, 西云络日伽; 而又有史, 西云伊斯多利亚; 又有诗, 西云博厄第加。
> 언어의 도에는 세 종류가 있다. 첫째는 문법으로, 서양에서는 grammatica라고 한다. 둘째는 수사학으로 서양에서는 rhetorica라고 한다. 셋째는 논리학으로, 서양에서는 logica라고 한다. 그리고 역사를 서양에서는 historia라고 하며, 시학을 서양에서는 poetica라고 한다.

그 시절의 번역은 일대일 직역이 되지 않고 독자에게 잘 전달하기 위해 종종 변화를 주거나 첨가를 하기도 하였다. 위의 '西云……'은 의역 부분에 대한 주석을 위해 첨가한 부분이므로 근원어는 의역 부분에서 제시된다. 이런 주석성 형식은 확실히 실제 사용으로 보기 어렵다. 이밖에 위의 형식은 그 시기 서양 언어가 매우 낯설었을 것이고 중국어도 실용적인 표음 수단이 없었을 것이므로 부득이하게 한자로 표기됐을 것이다. 만약 오늘날이었다면 라틴 알파벳을 써서 체계적이고 직접적으로 외국어 주석을 달아 밝혔을 것이다. 이런 주석성 사용의 형식은 사실 여전히 외국어 단어였으므로 오늘날 '인터넷(internet)'처럼 뒤에 괄호를 붙여 영문 단어를 써주는 것과 같은 것이라고 할 수 있다. 이 경우도 중국어의 진정한 일원으로 볼 수는 없다. 한자라는 표면적인 형식 뒤에 감춰진 실제를 보지 못해 일반적으로 외래어로 여겨져 왔을 뿐이다. 물론 한자를 사용하는 것과 근원어를 사용하는 것이 완전히 같을 수는 없다. 근원어를 사용할 때에는 완전히 외국 단어로 느껴지지만 한자를 사용해서 쓰면 한자의 어음과 글자의 표면적인 형식을 갖추었으므로 비교적 쉽게 진정한 외래어로 진일보 발전하거나 진정한 외래어라고 오인할 수 있게 된다.

(4) 탐색성 적용

이런 유형의 목적은 해당 단어 형식의 근원어, 함의, 출현 시기 등등을 연구 혹은 탐색하는 것이다. 이것은 언어나 인문 연구 성질의 적용이므로 실제 언어생활에서의 사용이나 빈도는 전혀 고려하지 않는다. 따라서 이런 유형으로 해당 단어의 외래어 전형에 대한 귀속도 정도를 정한다는 것은 불가능하다. 탐색성 어휘는 앞서 언급한 세 가지 유형에서 차지하는 위치를 고려해서 결정해야 한다. 즉 탐색의 경우가 아닌 적용 상황을 기반으로 결정해야 한다. 탐색성 적용에는 대략적으로 두 가지 경우가 존재한다. 학술적인 것과 정치적인 것이 그것이다. 가장 자주 보이는 것은 학술적인 경우인데 예를 들면 다음과 같다.

'桃花石도화석'라는 명칭이 중국 전적에서 진정으로 적용된 것은 단지 두 번 뿐이다. 원대 리쯔창李志常이 그의 사부이며 장춘진인(長

春眞人)인 치우추지丘处机(1148-1227)의 서역행을 기록한 『장춘진인 서유기長春真人西遊记』에 "아리마성阿里馬城의 본토인이 중원의 물 긷는 기구를 보고 기뻐 말하길, '桃花石는 만사가 모두 공교롭구나.'라고 하였는데 여기서 桃花石란 한인(漢人)을 일컫는다."라고 하였다. 여기서 '桃花石'가 가리키는 것이 오늘날의 중국에 해당하며 근원어 형식은 아마도 당(唐) 돌궐어 Tabgač 또는 송원(宋元) 회흘어 Tapkač이었을 것이다. 이 단어는 소개성 적용 단계에 있을 뿐 중국어에서 이 형식을 사용해 지칭해 본 적이 없는 단어이다. 그렇지만 이 책이 출현한 이후로 많은 논저들이 이 형식에 대응하는 근원어 형식 및 함의가 중국어의 어디에서 온 것인가를 연구하고 논의하여 책에 이 형식이 출현한 경우는 백번도 넘는다. 그러나 이런 적용은 탐색적인 성격에 지나지 않는다. 중국어에 귀속된 정도를 확정하려면 여전히 최초의 소개성 적용을 근거로 해야 한다.

　탐색성 적용의 또 다른 유형은 정치성을 띠는 경우로서 예를 들면 다음과 같은 경우이다. 매우 오랫동안 일본 정부가 제2차 세계대전 시기 아시아 각국을 침략한 행위에 대해 회피하고 인정하지 않는 태도를 보이며 진정으로 뉘우치는 마음 없이 지금까지도 이런 침략 행위를 '진출', 일어로 'shinshyutsu'라고 말해 왔다. 중국 정부와 민간은 한목소리로 이런 일본 정부의 파렴치한 행위를 규탄하면서 글에서 자주 일본이 사용하는 '진출'이라는 단어를 인용하였다. 빈도로 보면 백번도 넘게 출현하였고 이미 우연하게 사용한 것이 아니지만 이런 인용은 도입을 위한 것이 아니라 단지 그 당시나 이후의 어떤 상황에서 일본 우익 정치가들의 태도를 연구하고 그들의 진짜 의도를 폭로하기 위해 사용한 것이다. 따라서 또한 탐색성 적용에 지나지 않는다고 할 것이다. 앞서 언급한 세 가지 유형의 구분이 절대적으로 불변하는 것은 아니다. 그들 간에도 때때로 변화가 발생하는데 그 사이의 구분은 점진적인 변화이지 갑작스런 변화는 아니다.

2) 빈도 유형

　빈도라 함은 사용빈도를 말한다. 대체로 '가장 많이 사용, 사용, 많이 사용하지 않음, 거의 사용하지 않음' 네 단계로 분류할 수 있으며 외래어 원형의 귀속 정도를 사용해서도 표시할 수 있다. 적용 유형이 사용 빈도에 영향을 미칠 수 있지만 후자가 더 쉽게 변화한다. 지금 우연히 사용된 것이 일정 기간이 지나 자주 사용되는 것으로 변할 수도 있고 반대로 많은 경우 현재 우연히 사용되는 외래어가 고대나 이른 시기에 이미 유행했던 것이기도 하다. 우리는 당연히 사용 빈도를 보고 그 '활력성'의 정도를 판단할 수 있다. 이전의 경우를 보면 어떤 것은 사멸 혹은 도태되어지거나 일시적으로 사용되다 사라지는 외래어가 되고 어떤 것은 여전히 활력적으로 사용되는 외래어가 되기도 한다. 그렇지만 이런 것을 예측하는 것은 쉬운 일이 아니다. 누적된 대량의 자료와 통계를 필요로 하기 때문이다. 따라서 일시적으로 사용 유형을 통해 예측하는 것도 부분적으로 사용빈도의 효용을 내포하거나 제어할 수 있기 때문에 가능하기는 하다. 그러나 오늘날 세계는 이미 IT 시대에 접어들었고 대규모의 어휘집, 자료집, 코퍼스 등이 출현하였다. 클라우드 컴퓨팅(cloud computing) 방식도 이미 광범위하게 사용되기 시작하였다. 따라서 멀지 않은 미래에 빈도 유형의 연구 및 실제적인 통계 방식은 더욱 구체적이고 흡입력이 있는 방식으로 발전할 것이다.

3. 외래어의 사회 유형

1) 서설

외래어의 사회 유형은 외래어를 차용하거나 사용하는 언어사회집단을 가리킨다. 어떤 특정한 작은 언어사회집단의 경우는 단어의 차용이 모두 의심의 여지없이 외래어가 된다. 반면 중국은 문제가 그렇게 간단하지 않고 유형 간에 차이가 존재하게 된다. 한족의 경우는 외래어를 사용하는 범위로 구분하자면 언어사회집단이 대체적으로 전원사회집단, 모체사회집단, 자녀사회집단 이렇게 세 가지 유형으로 나뉠 수 있다. 사회집단 간의 관계로 보자면 중심사회집단과 지방사회집단(혹은 비중심사회집단)으로 구분할 수 있다. 또 사회집단 성원과 거주지 간의 관계(주관적인 느낌과 객관적인 표현을 포함)를 기준으로 하면 본거지사회집단과 타향살이사회집단으로 양분할 수 있다. 먼저 사용 범위로 크게 구분을 한 후 다른 두 가지 기준을 그 하위 개념으로 놓고 논의를 계속하도록 하겠다.

2) 전원사회집단

중국 내외 중국어를 모어로 하는 사회집단은 모두 전원사회집단이라고 할 수 있다. 근대 이전에는 중국어 사회집단이 현재 중국의 범위 내에서 유지되었다. 그 밖에 예를 들면 동남아시아나 미국 등과 같은 지역은 주동적인 이민이든 강제에 의한 이주든 수적으로 큰 의미가 없었다는 말이다. 따라서 전체 사회집단에서 통한다는 것도 기본적으로 근대 이전에 흡수된 것, 혹은 역사적으로 전해져 흡수된 외래어라고 할 수 있다. 예를 들면, 葡萄포도, 骆驼낙타, 苜蓿거여목, 狮

子사자, 佛부처, 菩萨보살, 罗汉나한, 琉璃유리, 玻璃유리 등등이 그러하다. 외래어의 이상적인 상태는 사회집단 전체에서 폭넓게 사용되는 것일 것이다. 근대 이후에는 화교 혹은 중국어 사용자가 여러 가지 원인으로 인해 해외로 이민을 가거나 주변 지역을 개척함에 따라 중국어 사회집단이 이미 전 세계로 퍼져나가 하나의 집단을 형성하게 되었다. 이들은 지역적으로 집중되기도 하고 분산되기도 하면서 내부적인 연계의 긴밀도가 각기 다른 상황이다. 이런 면에서 중국어의 전원사회집단이라는 개념 자체는 명확하지만 지역 간 경계는 모호한 개념이라고 할 수 있다. 어떤 외래어가 전원사회집단으로 퍼져나가려면 반드시 언어, 정치, 경제, 민족, 문화 등과 같은 더 많은 요소들을 고려해야 한다. 그러나 영어를 선례로 비추어 보면 언어 표준화와 전 세계로의 전파가 이루어진 후에야 이런 이상적인 생각이 정도는 다르겠지만 그래도 실현될 수 있을 것이다. 예를 들면 근대 이후에 출현한 幽默유머, 凡士林바세린, 桑巴(舞)삼바(춤), 安琪儿엔젤, 法西斯파쇼, 雷达레이더, 手续수속, 物质물질, 目的목적, 谈判판단, 革命혁명 등등은 이미 전원사회집단에서 통용되는 외래어들이다.

3) 모체사회집단

역사적으로 장기간 어떤 지역에 거주함과 아울러 이를 근거지로 하는 동족사회집단을 모체사회집단이라고 한다. 중국어로 보자면 타이완 해협 양안에 집중적으로 거주하는 한족 사회를 모체사회집단이라고 할 수 있다. 모체사회집단은 전원사회집단의 주요 부분으로서 일반적으로 중심 부분이기도 하다. 또한 보통 주로 거주하는 사회집단을 말하지만 중심사회집단과 지방사회집단으로 구분할 수 있다.

(1) 중심사회집단

중심사회집단은 주로 행정과 언어를 모두 고려하여 확정하게 되는데 대부분 표준어를 제2언어로 사용하는 지역이 해당된다. 이 사회집단은 일정 지역을 기초로 하지만 어느 정도 협소한 지역 범위를 탈피할 수는 있다. 또 일정 조건 하에서는 모체사회집단이 전원사회집단의 언어까지도 제한하는 중심이 될 수 있다. 오늘날은 대체로 베이징을 거주의 중심으로 삼고, 주로 현대표준중국어를 의사소통의 첫 번째 언어로 삼는 사회집단이 이 경우에 해당하게 된다. 구성원은 기본적으로 베이징에 살지만 다른 지역에 거주할 수도 있는데 심리적으로나 언어적으로 여전히 베이징과 관계를 유지하고 있는 경우이다. 중심사회집단은 모체사회집단의 일관된 향상과 중앙 행정 통치권의 강화에 따라 점차 형성되고 강화된다. 중국은 역사적으로 부단히 중원을 중심으로 강대한 중앙집권을 유지하여 왔다. 이에 점차 북방어를 기초로 하는 관화를 형성하였고 전반적인 하나의 중심사회집단을 형성하였다. 이런 사회집단은 역사적으로 정권이 변화하면 정도의 차이는 있지만 어느 정도 변화와 전환을 겪게 되고 또 정권이 전국을 지배하는 능력이 강화되거나 약화됨에 따라 모종의 강화와 약화를 함께 겪게 된다. 중심사회집단에서 출현하는 외래어는 기본적으로 전원사회집단에서 통용되는 것들이다. 그 구성원이 외래어를 도입하는 것 외에도 중심지가 아닌 지방의 사회집단에서도 지속적으로 새로운 외래어를 흡수할 수 있다. 기본적으로 중심사회집단에 사용된다는 것은 아울러 이미 기본적으로 전원사회집단에서 보편적으로 사용되는 외래어가 된다는 것을 의미한다. 예를 들면 다음과 같다.

幽默유머　　　逻辑논리　　　几何기하

摩登모던　　　　模特儿모델　　　　安琪儿엔젤
沙龙살롱　　　　浪漫낭만　　　　　可口可乐코카콜라
眠尔通밀타운　　客里空없는 사실을 날조　乌托邦유토피아
俱乐部클럽　　　社会사회　　　　　手续수속
华盛顿워싱턴　　丘吉尔처칠　　　　英吉利영국

아래 예들도 기본적으로 중심사회집단으로부터 도입되었지만 모체사회집단에서만 사용되는 예이다.

胞波동포　　　　艾滋病에이즈　　　潘查希拉판차실라
布拉吉원피스　　旁客펑크　　　　　肯尼迪케네디
里根레이건　　　新西兰뉴질랜드

모체사회집단이 사용하는 외래어는 매우 많다. 그러나 그들 중에 어떤 단어들은 기타 중국 내외의 중국어 사회에서 사용되지 않는 경우가 있다. 예를 들면 아래와 같은 단어들이 그러하다.

潘查希拉판차실라　习明纳尔세미나　布拉吉원피스　胞波동포

어떤 경우는 아래와 같이 또 다른 형식을 사용하기도 한다.

爱滋病에이즈　傍客/朋客펑크　朱古力초콜릿　甘乃迪케네디
列根레이건　　纽西兰뉴질랜드

다음은 상하이 일대에서 흡수한 예이다.

沙发소파　巧克力초콜릿　米突미터　啤酒맥주　白脱油버터

또 다음은 홍콩 및 광쪼우를 중심으로 위에방언 지역에서 흡수된

278　제4장 외래어의 유형

예이다.

  快巴급행버스 巴士버스 的士택시 T恤티셔츠

끝으로 홍콩을 통해 타이완으로 들어온 것을 흡수한 예는 아래와 같다.

  卡拉OK가라오케 KTV MTV

(2) 지방사회집단

 지방사회집단도 여전히 중심사회집단 주변을 둘러싸고 있는 사회집단으로 비중심사회집단이다. 예를 들면 중국에서 소수민족 지역 외의 각 한족 방언 지역의 사회집단이나 중국어를 사용하는 후이족回族들이 모여 사는 사회집단 등이 그러하다. 다만 오래전 러시아에서 이주해온 후이족이 특수한 뚱깐족東干族을 형성하고 그 언어가 크레올(creole)화 색채를 분명히 띠게 된 경우가 있는데 이 경우는 본서 논의의 범위를 벗어난다. 중국어 사회집단이 오래 전에 타이완으로 점차 확대되면서 타이완은 새로운 지방사회집단이 되었다. 지방사회집단은 중심사회집단의 영향을 받을 뿐만 아니라 일반적으로 해당 사회집단의 각도에서 보면 처리해야 할 언어 문제가 더 많아지게 된다. 어느 정도 자주성을 지니고 있으므로 항상 농후한 방언 문화의 깊은 흔적을 함께 가지게 된다. 사실 지방사회집단 자체도 상대적으로 중심인 부분과 그렇지 않은 부분으로 나뉠 수 있어 부차적인 사회집단 유형을 형성하게 된다. 예를 들면 광쪼우는 광뚱의 기타 지역에 비해 중심적인 사회집단이라고 할 수 있다. 또 지방사회집단은 상대적으로 각기 다른 주변성을 지닐 수 있어 이런 주변성은 변이와 타파의 중요한 요소 중 하나가 된다. 따라서 지방 특색이 분명할수록 더욱 강렬한 사회집단이 되고 외래어의 종류와 그 흡수에 있어서는 중심사회집단을 타파할만한 표현력을 갖춘, 중심사회집단 외래어의 풍부한 중요 근원지가 되어준다. 1950년대 이전의 상하이 사회집단과 1950년대 이후의 홍콩이 바로 이런 경우의 극적인 예라고 할 수 있다. 중국 타이완과 홍콩 사회집단은 '4) 자녀사회집단'에서 다시 논의하기로 하고 아래 몇몇 사회집단을 먼저 예로 들어 보기로 하겠다.

① 우방언

상하이 사회집단으로서 우방언 지역은 1920년대부터 그 문화가 다른 지역보다 지속적으로 높은 수준을 유지해 왔다. 이 지역의 외국어 수준은 가장 높은 수준이며 대외적인 접촉도 가장 많은 지역이라고 할 수 있는데 상하이가 중심지라고 할 수 있다. 상하이는 지앙쑤성과 쩌지앙성의 인사들이 주로 모이는 곳이면서 외래어 도입의 중심지이기도 하다. 1949년 이전 상하이는 여러 나라 조계지(租界地)가 소재하던 곳이었으므로 영어의 영향이 매우 컸다. 또 모든 분야에서 영어에서 온 외래어를 매우 많이 사용하였으며 대량의 외래어가 전체 모체사회집단에 들어온 것 외에도 매우 많은 지방 구어 속에 남게 되었다. 스포츠 분야를 예로 들면 다음과 같다. 일반적으로 문자로는 쓰지 않지만 본서에서는 잠시 한자로 기재하고 라틴 알파벳을 사용하여 그 음을 기재하도록 하겠다. 그중에서 상하이어의 성조는 모두 다섯 개지만 실제로는 음평(陰平)과 음상(陰上)만이 구분되므로 음을 표시한 오른쪽 상단에 1과 3을 써서 구분하도록 하겠다.

- $[la?^5fi^1li^2]$(辣斐理): 스포츠 경기 심판, 영어 referee

- [gɔ²ə¹²c̠](搞尓): 골/골키퍼, 영어 goal
- [sa¹ɦie²](撒诶): 아웃/파울, 영어 side
- [ɕiɔ¹](逍): 농구 슛, 영어 shoot
- [dʑiaŋ²bo²](强搏): 농구의 점프볼, 영어 jump ball
- [pha¹](派／帕): 패스, 영어 pass
- [dɔ²bə?⁵ə¹⁰](道勃尓): 배구의 드리블, 영어 double

몇몇 문자 기록은 40년대 상하이 사람들이 사용하던 구어 속 외래어로서 당시 이런 풍조의 유행을 예로 들면 아래와 같다.

> 洋式的手杖剛传到上海的时候, 上海人有三句口号: "眼上克罗克, 嘴里茄力克, 手里司的克!"有了这三克, 俨然外国绅士, 大可以高视阔步了。
>
> 서양의 지팡이가 상하이에 막 들어왔을 당시, 상하이 사람들이 얘기하는 다음과 같은 세 마디 말이 있었다. '눈에는 크룩스 안경, 입에는 양담배, 손에는 서양식 지팡이'. 이 세 가지 克를 갖추면 외국 신사처럼 고개를 빳빳이 들고 거리를 활보하기에 충분했다.

왕리王力(『행行』(1994.8.27.), 昆明中央日报增刊)에 따르면, '克罗克'는 크룩스(Crookes) 렌즈를 일컫는 것으로 그 렌즈를 사용한 안경을 가리킨다. '茄力克'는 일설에 당시의 외국 담배 상표라는 말이 있다. 또 3음절을 만들고 '克' 세 개의 발음을 원활하게 하기 위해 영어 cigarette을 고의적으로 잘못 음역한 것일 수도 있다. '司的克'는 서양식 지팡이(stick)를 말한다.

② 위에방언-광쪼우 사회집단

광쪼우는 가장 이른 시기에 개방이 이루어진 무역항 중 하나로서 아편전쟁이 발발했던 곳이다. 100여 년 동안 주로 영어로 교섭이 이루어졌고 홍콩과도 가까워 영어로부터 온 외래어의 흡수가 매우 자연스럽게 이루어졌다. 위에방언 자체의 특수성 때문에 매우 많은 단어 및 한자의 사용이 기본적으로 그곳 방식을 따르고 있다.

- 梳化: 소파, 영어 sofa
- 花臣: 유행, 영어 fashion
- 克力架/体力架: 과자, 영어 cracker
- 朱古力: 초콜릿, 영어 chocolate
- 曲奇(饼)/曲奇士: 쿠키, 영어 cake/cakies
- 唛/嘜: 표지, 영어 mark
- 冷: 털실, 프랑스어 laine
- 波: 공, 영어 ball
- (车)呔$_1$: 타이어, 영어 tire
- (领)呔$_2$: 넥타이, 영어 necktie
- (迈)咪$_1$: 마일, 영어 mile, 迈는 이미 현대표준중국어에 흡수
- 咪$_2$: 마이크, 영어 microphone
- 士坦: 우표, 영어 stamp
- 车卡: 열차객실, 영어 car
- 扮带: 멜빵, 영어 band
- 摆乌龙: 실수하다, 영어 wrong에서 왔으며 '乌龙'이 실수의 의미
- 咪仙: 스트렙토마이신, 영어 streptomycin

③ 민난閩南 사회집단

시아먼, 짱쪼우, 취엔쪼우泉州 삼각 지대가 중심이 되는 민난 지역

을 말하며 예부터 해외와의 교류가 빈번했던 곳이다. 취엔쪼우 항은 일찍이 남부 제1의 항구로서 고대에 지금의 동남아 지역과 교류해 왔으나 이후에는 시아먼이 이를 대신하게 되었다. 근대 이후로는 민난어가 동남아 지역의 언어로부터 적잖은 외래어를 흡수하게 되었는데 인도네시아어를 포함한 말레이어가 주요 근원어라고 할 수 있다. 다만 어떤 이는 말레이어만 해당한다고 주장하는 경우도 있다. 예를 들면 다음과 같다.

- 濫斧: 램프, 말레이어 lampu < 영어 lamp
- 洞葛: 지팡이, 말레이어 tongkat
- tsim[1]: 키스하다, 말레이어 chium, 오른쪽 모서리 위의 숫자는 성조를 나타냄
- 五脚忌: 건물 사이를 사람들이 건너다닐 수 있도록 설치한 다리, 말레이어 gokhaki
- 巴刹: 시장, 말레이어 pasar < 아랍어 bāzār
- 老君: 의사, 말레이어 dukun
- 道郎: 돕다, 말레이어 tolong
- 雪文: 비누, 말레이어 sabon

④ 뚱베이 사회집단

뚱베이는 언어적으로 베이징어와 가장 근접한 지역이지만 또한 만주족이 대대로 살아오던 지역이기도 한다. 중국과 러시아의 국경에 근접한 지역이기에 일찍부터 러시아 사람들이 이주해 와 살기도 하는 곳이다. 따라서 이 사회집단의 언어에는 적잖은 단어가 만주어로부터 왔을 뿐만 아니라 러시아어에 근원을 둔 외래어도 어느 정도

존재한다. 그밖에도 뚱베이 지역에는 이엔비엔延边의 조선족을 비롯 다양한 소수민족이 살고 있어 그들 또한 함께 거주하는 한족의 중국어에 적잖이 새로운 단어를 제공해 주었다. 이런 단어들 중에 어떤 것은 여전히 사용되고 있고 어떤 것은 다른 것으로 대체되었다. 예를 들면 다음과 같다.

- 洛索: 어수선하다. 만주어에서 옴
- 埋汰: 더럽다. 만주어에서 옴
- 嬤性: 못나고 크다. 만주어에서 옴
- 特勒: 의관이 정제되지 않다. 만주어에서 옴
- 裂粑/黑列巴: 빵. 러시아어 хлеба에서 옴
- 壁里砌/壁里气: 러시아식 벽난로. 러시아어 печь에서 옴
- 马神: 기계, 농기계. 러시아어 машина에서 옴
- 积米棋: 한국 김치. 한국어 kimtsʰi
- 梅云汤: 작은 생선과 채소 등을 넣어 만든 매운탕. 한국어 mai'untʰang
- 道拉吉: 도라지. 한국어 toratsi

⑤ 베이징 만주족 사회집단

만주족은 베이징에 오랜 시간 거주하여 이미 베이징을 주요 거주 지역으로 삼고 있다. 이에 베이징어에는 만주어에서 유래한 외래어가 상당히 많이 포함되어 있을 뿐만 아니라 베이징의 만주족들은 종종 제한적인 만주어 근원의 어휘를 보존하고 있다. 즉 전체 베이징으로 보자면 비록 수도 지역일지라도 사회언어학적인 관점에서 볼 때 베이징어 또한 방언의 하나일 뿐이므로 중국어를 사용하는 그 사회

집단도 지방사회집단일 뿐이다. 그리고 이러한 사회집단이 날로 그곳의 한족 사회집단과 융합하게 되면서 그 특수성이 점차 약해지게 된다. 일찍부터 기본적으로 만주족 사회집단에 국한되었던 어휘는 아래와 같고 괄호 안은 저자가 발음을 한어병음으로 표기해 본 것이다.

- 阿玛(àma): 만주족의 아버지 호칭. 만주어 ame
- 额娘(éniáng): 만주족의 어머니 호칭, 첩, 어머니 세대 분에 대한 칭호. 만주어 eniye
- 阿个/阿哥(àge): 옛날 만주족의 도령, 귀공자 호칭. 만주어 age
- 格格(gēge/gége): 옛날 만주족의 아가씨, 공주 호칭. 만주어 gege
- 搭拉密(dàlami): 정상, 책임자. 만주어 dalambi
- 塌塌儿搭(tātardā): 지방의 건달. 만주어 tatan i da(지방 수령)
- 克什(kēshi): 제사용 음식, 제사 후 나누어주는 떡. 만주어 kesi (제물)
- 奶乌他(nǎiwūta): 우유를 섞어 만든 케이크. 만주어 uta
- 挖单(wādan): 이중으로 된 보자기. 만주어 wadan
- 哆嘆壺(duōmōhú): 술을 데우기 위한 용도의 복층 주전자. 만주어 dolmombi (첨잔하다)
- 哆啰(děle): 짧은 조끼. 만주어 delehe
- 哈拉巴(hǎlaba): 어깨뼈, 견갑골. 견갑쪽의 살. 만주어 halba
- 得得(dēidei): 부들부들 떨다. 만주어 ededei(떨다)
- 磨驼子(mótuózi): 꾸물거리다. 꾸물거리는 사람. 만주어 modo (느리다)
- 恶愫(wùsu): 기분 나쁘게 하다, 초조하다. 만주어 usun
- 嘥(sē): 낙타를 눕힐 때 쓰는 말. 만주어 sohu(앉다)

3. 외래어의 사회 유형　**285**

이 밖에 만주어에서 온 어휘 중에 이미 베이징을 넘어 더 넓은 범위의 사회집단에서 받아들여진 것들도 있다. 예를 들면 다음과 같다.

- 把式/把势: 사부, 기예가 있는 사부, 무술사부, 무술. 만주어 baksi(스승, 학식과 능력이 있는 사람에 대한 존칭), 몽골어 baksi로부터 왔을 수 있음. 老师는 고대 중국어 '博士'에서 옴.
- 萨其马: 베이징의 풍미가 느껴지는 달콤한 간식의 일종. 만주어 sacima
- 狅达罕/堪达罕: 낙타사슴, 사불상(四不像). 만주어 kandahan

⑥ 후이족 사회집단

티베트 지역을 제외하고 후이족은 통상적으로 한족의 언어를 사용하므로 그들도 한족 언어사회집단의 성원이다. 후이족은 지방사회집단 중에서 특수한 부류로서 많이 모여 살기도 하고 전국에 흩어져 살기도 한다. 후이족 사회집단은 이미 한족 언어사회집단이 일반적으로 지닌 지방색을 갖추고 있고 또 다른 민족으로서의 민족성도 갖추고 있다. 예를 들면 베이징의 후이족은 매우 강한 결속력을 보유하고 있어 한족과는 다르게 보존되어진 특성이 더욱 많다. 그들은 일반적인 베이징 사람들의 어휘를 사용하는 것 외에도 후이족 내부에서 그들 특유의 어휘도 사용한다. 그중에 터키어로부터 온 외래어가 특히 많다.

- 爸爸(bǎba): 베이징 후이족의 경칭으로 할아버지를 의미. 터키어 baba(웃어른)
- -爸(儿)(bǎ(r)): 베이징 후이족의 경칭으로 큰아버지를 의미. 이

름 뒤에 붙임. 터키어 baba
- -巴儿(bar): 베이징 후이족의 애칭. 성인 남자를 부를 때 성(姓) 뒤에 붙임. 터키어 baba
- 大爸/大把(dàbǎ): 베이징 후이족의 경칭으로 큰아버지를 의미. 터키어 baba
- 乜帖(niětie): 베이징 후이족의 용어로 선심(善心), 하사하는 금전을 의미. 터키어 niyet
- 撒摩萨(sǎmesā): 베이징 후이족의 식품으로 익반죽한 피로 양고기 소를 넣은 튀김 만두를 의미. 터키어 samsa

이밖에 후이족 사회집단에는 종교적인 분야의 수많은 외래어가 존재하는데 어떤 지역이든 모두 대동소이하다. 예를 들면 깐쑤성甘肅 린시아臨夏와 칭하이성 쉰후아循化 구허쪼우古河州 지역의 후이족(한족의 언어를 사용하는 싸라족撒拉 포함)의 중국어에 존재하는 외래어를 예로 들면 다음과 같다.

- 主麻: 예식. 매주 금요일 회교 사원에서 거행하는 설교와 예배. 아랍어 jum'ah
- 伊玛尼/伊曼: 신이 복을 주시다, 알라신에 대한 신앙. 아랍어 imān
- 哈的/卡迪: 혼례와 장례 의식을 거행하는 이슬람 종교 법관, 혼례와 장례 의식. 아랍어 khādī
- 尼卡罕: 결합, 이슬람교 결혼 의식. 아랍어 nikāh
- 者那则: 이슬람교도의 회장(會葬) 의식. 아랍어 janāzah

4) 자녀사회집단

모체사회집단 밖에서 생겨나고 비교적 크고 자주적이면서 모체사회집단의 영향이 매우 제한적인 동일한 언어의 사회집단을 자녀사회집단이라고 한다. 중국인이 해외에 세운 중국어 사회집단이 전형적인 자녀사회집단이라고 할 수 있다. 모체사회집단과 자녀사회집단 사이의 구분이 절대적인 것은 아니며 자녀사회집단이 일정한 조건 하에 모체사회집단이 될 수도 있다. 일찍이 미국의 영어 사회집단도 본래는 영국이 모체사회집단으로 영국 영어를 표준으로 받들었다. 그러나 2차 세계대전 이후 미국의 지휘가 급속히 상승함에 따라 미국 영어의 지위도 방언에서 영국 영어와 동등한 위치를 차지하게 되면서 영어 세계의 양대 산맥인 모체사회집단이 되었다. 지금은 미국 영어의 영향이 심지어 영국 영어를 초월하여 더욱 우세해졌다. 이밖에 자녀사회집단에도 비록 중심과 지방의 구분이 있을 수 있지만 일반적으로 모두 모체사회집단에 속했던 일부분(방언구)으로부터 나오기 때문에 지역 범위에 있어 일정 정도까지 발전하지 않는다면 중심과 지방을 구분하는 것이 크게 의미가 없다. 모체사회집단의 경우는 모두 주거(主居)사회집단이지만 자녀사회집단의 경우는 주거와 객거(客居)의 구분이 두드러진다. 다음은 그 구분에 대한 논의이다.

(1) 주거사회집단

그 지역을 고향으로 생각하며 자신을 본토 사람이라고 여기기 때문에 이미 객거의 감각이 사라진 유형의 사회집단을 가리킨다. 동남아시아 일대의 중국인 지역이 기본적으로 이런 유형에 속하며 그중에서 싱가포르와 말레이시아의 중국인들이 주거사회집단의 전형이라고 할 수 있다. 그들은 언어 사용에 있어 중심이 아닌 주변적인 특징을 많이 보여준다. 싱가포르를 예로 들면 그곳의 중국인들은 이미 중국 대륙의 중국어 규범을 매우 많이 그곳으로 가져가 사용하고 있지만 그들의 외래어에는 여전히 그들만의 특수성이 엿보인다. 예를 들면 다음과 같다.

- 巴仙: 백분율(영어 percent)
- 巴刹(bāshā): 청과물 시장. 말레이어 Pasar(<페르시아어 bāzār 시장)
- 巴冷刀: 긴 칼, 장작 패는 칼. 말레이어 Parang
- 峇峇(bābā): 싱가포르, 말레이시아, 인도네시아에서 출생하여 그곳 문화의 영향을 많이 받은 남자 화교. 말레이어 baba. 여성 화교는 '娘惹'. 말레이어 nyonya
- 峇迪(bādí): 말레이시아 사람들이 왁스 공예품에 이용하는 일종의 천. 말레이어 batek. 인도네시아어 '巴的'도 인도네시아 사람들의 전통 복장을 가리키며 근원어 단어는 batik
- 曼波舞: 쿠바 흑인에게서 유래한 4분의 4박자의 사교댄스. 영어 mambo
- 亚细安: 동남아시아 국가 연맹의 영어 축약어. 영어 ASEAN

또 객거사회집단에서 주거사회집단으로 넘어가는 과도기적 사회집단도 존재한다. 그러나 때때로 본토인 중에 여전히 그들을 외부자로 여기는 경우도 있기 때문에 일시적으로 그들에게 주근거지가 아니라는 느낌을 불러일으키기도 한다. 비교적 분명한 예가 인도네시아의 화교 사회집단으로서 기본적으로 인도네시아로 귀화했음에도 불구하고 여전히 민족주의자들의 희롱과 배척을 당하는 경우이다. 싱가포르의 경우처럼 그 화교집단이 국가의 주요 일원으로 완전히 받아들여져 권리와 의무 등이 모두 다른 민족집단과 평등한 취급을 받을 때에야 비로소 그들의 주거사회집단으로서의 성격도 완전해진다고 할 수 있다.

(2) 객거사회집단

모체사회집단으로부터 갈라져 나온 구성원이 모체사회집단이 아닌 곳, 혹은 자기 민족의 언어를 사용하는 곳이 아닌 지역으로 이민을 온다면 그들은 심리적으로 타향살이의 느낌이 있을 것이고 객관적으로 그곳 사회와 분명하게 거리감이 있을 것이다. 이에 어느 정도 외부자로서의 대우를 감수하게 되는데 이런 경우의 사회집단을 객거사회집단이라고 한다. 객거사회집단은 일반적으로 모두 역사가 길지 않다. 그러나 삼대(三代) 이상 살았다고 해도 여전히 객거의 느낌이 존재하기도 하고 현지 사회로부터 분명한 외부자 취급을 받기도 한다. 따라서 객거사회집단은 일종의 불안정한 과도기 상태에 처한 사회집단이라고 할 수 있다. 동남아시아의 몇몇 국가에 존재하는 화교사회집단이 이에 속한다. 이중 어떤 경우는 이미 혹은 현재 화교주거사회집단으로 넘어가는 과도기에 처해 있기도 하고 어떤 경우는 이미 혹은 현재 현지 언어의 사회집단으로 융화된 경우도 있다. 객거사회집단도 일종의 주변적인 사회집단이어서 그 주변성이 그들의 언어에 더 크고 더 많은 변이를 발생시킨다. 외래어를 도입할 때에도 주변 다른 나라에 의해 강대한 타민족 언어 환경에 둘러싸여 차용된 어휘에 더욱 강렬한 지방 색채가 존재하게 된다. 뿐만 아니라 더욱 임의적이고 더욱 강압적일 수밖에 없기 때문에 임시변통의 색채도 더욱 분명하게 나타난다. 전형적인 객거사회집단은 1950년대 이래 해외로 이주해 간 화교들의 새로운 이민사회집단이라고 할 수 있다. 즉 현대표준중국어를 주된 특징으로 하는 미국의 신흥 화교지역을 예로 들 수 있으며 일본의 화교지역도 이런 예에 해당한다.

일본의 화교사회집단에는 두 가지 유형이 존재한다. 하나는 두 세대에 걸쳐 거주한 사람들이 이룬 화교집단이고 다른 하나는 신흥 이민자들에 의해 조성된 화교집단이다. 전자의 경우는 1세대가 가족이나 친지들과 중국어로 소통하는 습관이 남아있는 경우지만 언어에 이미 적잖은 일어 어휘가 섞여 들어간 경우라고 할 수 있다. 일본의 정책 때문에 그들은 여전히 강한 객거의 느낌을 지니고 있다. 후자의 경우는 중국 대륙과 타이완, 이렇게 두 지역에서 새롭게 이주한 사람들로 이루어져 있다. 타이완에서 이주한 사람들은 비교적 쉽게 일자리를 찾을 수 있어 일본으로 귀화한 경우가 많은 반면 대륙에서 이주한 사람들은 대부분 70년대 이후에 일본에 유학을 왔거나 일을 하러 온 사람들이다. 따라서 이 중 일부는 잠시만 소속되는 것이었으므로 더욱 선명하게 객거의 느낌을 간직하고 있다. 이런 사회집단은 널리 분포하며 소규모로 모여 사는 주거 형태를 보이기 때문에 서로 중국어를 사용해 교류할 뿐만 아니라 다양한 중국어 신문이 그들의 관점을 전하기도 하고 소식을 보도하기도 한다. 그러나 그들의 중국어도 일어에서 온 어휘를 많이 사용한다. 예를 들면 일어 한자어를 중국음으로 읽는 경우, 음역된 일어 단어, 라틴 알파벳 축약어 및 신문이나 광고에서 쓰이는 문어체 표현 등을 들 수 있다. 이렇게 사용되는 일어 어휘가 상당히 광범위하고 그 사용이 비교적 임의적으로 이루어지기 때문에 사용하고 안 하고의 상황도 불안정한 편이다. 다음은 이러한 상황을 보여주는 경우를 유형화하여 제시한 것이다.

① 한자 독음을 바꿔 읽는 경우

일본 한자어를 중국어 독음으로 읽는 경우가 있다. 예를 들면 다음과 같다.

留守电话자동응답전화기　　　携带电话(속칭 大哥大)휴대전화
会社회사　　　　　　　　　　面接면접
修士석사　　　　　　　　　　院生대학원생
大学院대학원　　　　　　　　福祉복리
非常勤教师임시/기간제 교사　料理요리
割引할인하다　　　　　　　　不用品불필요한 물건

② 일어의 독음을 바꿔 읽는 경우

중국어 음을 일어의 음과 비슷하게 하여 읽는 경우가 있다. 이 경우 독음은 항상 일어의 영향을 받고 한어병음을 이용해 독음을 표시한다. 예를 들면 다음과 같다.

saximi(일어 sashimi)회
wapulo(일어 wāpuro)워드프로세서
lusibang(일어 留守番 rusuban)자동응답기능
pasokong(일어 pāsokon)개인컴퓨터
tagoyaki타코야키
sixi/寿司(일어 sushi)초밥
xiokelimu(일어 shokurīmu)슈크림
alubayido(일어 arupaito)아르바이트
mangxiong(일어 manshon)고급아파트
apado(일어 apāto)아파트

bonasi(일어 bōnasu)보너스
hotêlu(일어 hoteru)호텔
paqinko(일어 pachinko)파친코

③ 라틴 알파벳 축약어

기본적으로 영어 발음에 따라 읽는다. 예를 들면 다음과 같다.

CD콤팩트디스크
DVD디지털 비디오디스크
FAX팩시밀리
PHS(속칭 '二哥大'의 휴대전화. 중국의 '小灵通'에 해당)PAS폰
NHK일본방송협회
LED발광 다이오드

이상으로 볼 때 일본 화교 사회의 이런 일어 단어는 여전히 일어의 형태를 기본적으로 보유하고 있다. 비전형적인 외래어로서 형태가 변질된 일어 단어라고 할 수 있다. 이 또한 객거사회집단에서 나타나는 매우 보편적인 현상이라고 할 수 있다.

5) 특수한 지방사회집단

모체사회집단의 평범한 지방사회집단 중 하나였다가 정치 혹은 기타 다른 원인으로 인해 모체사회집단과 격리되면서 언어적으로 모체사회집단으로부터 부분적인 거리가 생기는 경우를 말한다. 이 경우는 상당 기간이 흘렀기 때문에 일반적인 지방사회집단에 비해 좀 더

주도적인 경향을 띠게 된다. 또 이런 특수한 지방사회집단은 모체사회집단과 자녀사회집단의 어떤 중간자적 성격을 지니게 되는데 홍콩, 마카오, 타이완 등을 예로 들 수 있다. 역사적인 시각에서 바라본다면 이런 지방사회집단은 불안정하여 정치, 경제적인 조건이 변화함에 따라 얼마든지 변화가 일어날 수 있다. 따라서 모체사회집단으로 취급해서 다룰 수도 있지만 그 특수성 때문에 독립적으로 다루어 논의할 필요가 있다. 이에 타이완과 홍콩의 사회집단에 대해 소개해 보도록 하겠다.

(1) 타이완의 사회집단

타이완은 19세기 말 일본에 의해 침략당한 후 1940년대에 광복을 이룬지 오래지 않아 내전이 이어지면서 중국과 대치국면에 처하게 되었다. 이에 중국과 타이완은 각자 독자적으로 외국과 교류하게 되었는데 중국은 구 소련과 긴밀한 관계를 이어갔던 반면 타이완은 지속적으로 일본과 긴밀한 관계를 유지하는 한편 미국과도 특수한 관계를 강화해 나갔다. 이런 상황 속에서 타이완은 주거사회집단으로서 전통적인 사회집단과 차이가 생기게 되었다. 또 언어의 교류도 중단되었다. 그러나 중국에서 체결했던 '국어'를 견지하면서 국어교육을 추진하고 국어를 정식 언어로 지정하였다. 따라서 외래어를 도입할 때에도 중심에 주변이 섞여 있는 듯한 특수한 색채를 띠게 되었다. 다시 말해 지난 100여 년 동안 전반 50년은 일어에서 유래한 외래어가 주를 이루어 식민지적 색채를 뚜렷이 나타내었고 후반 70년은 영어에서 유래한 외래어가 주를 이룸과 동시에 적잖은 일어 외래어도 계속해서 사용하는 양상을 띠게 된 것이다. 이때 일어 외래어를 계속해서 사용했던 계층은 대부분 노년층과 고산 지대 원주민들이었다. 뿐만 아니라 일어의 특색을 지닌 단어도 계속해서 도입하여 사용하였기 때문에 독특한 색채를 드러내게 되었다. 타이완 학자들의 논의에 의하면 음역 형식 중에 의미를 고려한 음역, 즉 음의겸역이 유행하였고 특히 상품의 명칭과 상표 쪽에서 그런 경향이 나타났다고 한다. 이제 그 예를 들어 설명해 보도록 하겠다.

① 일어에서 온 단어

- 対決: 결투, 대항. 일어 taiketsu
- 出张: 출장. 일어 shutchyō
- 退院: 퇴원. 일어 tai-in
- 看护妇: 간호사. 일어 kangofu
- 料理: 요리. 일어 ryōri < 고한어
- 手当: 보조금, 수당. 일어 te-ate
- 妈妈生: 음식점, 주점의 여주인. 일어 mamasan
- 下女: 여종. 일어 gejo
- 马杀鸡: 서양식 안마. 일어 massāji < 영어 massage < 프랑스어
- 映画: 영화. 일어 eiga
- 企画: 계획, 기획. 일어 kikaku
- 整合: 조정, 병합. 일어 seikō
- -町: 타이페이의 '西门町' 같이 작은 행정 구역. 일어 -ma-chi/ -chō
- -族: 동일한 특징을 지닌 사람들. 일어 -zoku

이 중 '-族'는 이미 준접사에 가깝게 되어 매우 생산적으로 활용되면서 타이완에서 크게 유행하게 되었다. 红唇族빈랑(檳榔) 열매를 즐겨

먹는 사람들, 田鸡族안경 쓴 사람들, 青春族젊은층, 白领族화이트칼라계층, 开车族자가용 운전족, 酷族쿨(cool)한 사람들, 裸泳族벌거벗고 수영하는 사람들 등등을 예로 들 수 있다. 또 일어에서 온 외래어 중에 그곳 방언의 구어에 남게 되면서 또 다른 방언화가 이루어진 경우도 있다. 다음은 타이완 민난어에 남아있는 경우를 예로 든 것이다.

- lai^{53}ta^{21}: 라이터. 일어 raita＜영어 lighter
- la^{22}dzi^{55}o^{11}: 라디오. 일어 raji-o＜영어 radio
- o^{44}to^{55}bai^{53}: 오토바이. 일어 ōtobai＜영어 autobicycle
- tʰo^{22}la^{55}ku^{21}: 트럭. 일어 torakku＜영어 truck
- pʰaŋ^{53}: 빵. 일어 pan＜포르투갈 pāo/스페인어 pan
- se^{33}bi^{55}loʔ^{3}: 양복. 일어 sebirofuku(背広)
- hu^{55}lo^{53}: 욕조. 일어 furo(風呂)

이런 단어들은 지금까지도 노년층 혹은 고산 지대 원주민 언어의 구어에 남아있다. 그러나 젊은 세대들은 이미 직접적으로 '국어'와 미국 영어의 영향을 받아 거의 사용하지 않는다.

② 영어에서 온 단어

1949년을 전후로 중국에서 타이완으로 넘어간 사람들은 서양 언어에서 유래한 외래어를 대거 도입하였는데 주로 상하이를 중심으로 이루어졌다. 50년대 이래로 타이완이 중국과 단절된 상황에서 정치적인 원인으로 말미암아 독자적으로 영어에서 상당히 많은 외래어를 차용하였다. 타이완에서 이들 단어들을 음역할 때에는 비교적 음과 의미를 모두 고려하는 방식을 선호하였다. 예를 들면 다음과 같다.

- 达克龙/达可纶: 데이크론. 영어 Dacron
- 庞克/庞克族: 현대 서양에서 출현한 퇴폐적이고 기괴한 분장을 하는 실업 청년층을 가리킴. 중국에서는 '旁客'라고 함. 영어 ponk/ponks
- 酷: 사람들이 좋아할 만큼 초연하고 냉담한 느낌. 영어 cool
- 培基: 프로그래밍 언어. 영어 Basic
- 迷你裙: 미니스커트. 영어 miniskirt
- 脱口秀: 토크쇼. 영어 talk show/talkshow

이 중 '-秀'는 홍콩에서 '-骚'로 번역하고 있는데 '-族'와 마찬가지로 이미 준접사에 가깝게 되어 政治秀정치쇼, 名人秀유명인쇼, 透明秀공개쇼, 牛肉场秀스트립쇼, 工地秀건설분양쇼, 餐厅秀레스토랑쇼 등등 새로운 어휘를 매우 많이 양산해 내고 있다.

③ 고유명사

고유명사에 있어서는 타이완도 중국과 마찬가지로 의미를 고려한 음역을 선호하며 일면 더 많이 사용하는 것도 같다. 예를 들면 다음과 같다.

- 飘雅: 샴푸 상표. 영어 Pure
- 高露洁: 치약 상표. 영어 Colgate
- 娇生: 유아용 화장품 상표. 영어 Johnson & Johnson
- 丽仕: 비누 상표. 중국에서는 일찍이 '力士'로 번역하여 남성적인 느낌이었다면 타이완의 음역은 여성적인 느낌으로 확실히 차이가 있다. 영어 Lux

- 拍立得: 폴라로이드 사진기 상품명. 영어 Polaroid
- 利怕蚊: 모기 물린 데에 바르는 약. 영어 Repellun
- 必安达: 자동차 상표. 홍콩에서는 '宝马'로 음역. 영어 BMW
- 富豪: 자동차 상표. 영어 Volvo

인명을 표현할 때에는 외국인의 이름을 중국식으로 만들고자 할 때가 많다. 첫 알파벳을 중국식 성(姓)으로 만들고 음절은 축약시킨다. 예를 들면 다음과 같다.

- 艾森豪: 미국 대통령 아이젠하워. 영어 Eisenhower
- 柯林顿: 미국 대통령 클린턴. 영어 Clinton
- 卡斯楚: 쿠바 대통령 카스트로. 영어 Castro
- 欧巴马: 미국 대통령 오바마. 영어 Obama

④ 라틴 알파벳 형식

라틴 알파벳 사용 형식에 있어서는 내내 비교적 개방적이고 중국보다 더욱 대담한 양상을 드러낸다. 특이할 뿐만 아니라 타이완에서 만든 '卡拉OK' 처럼 다른 것으로 대체하기도 용이하지 않게 만든다. 뿐만 아니라 영어 알파벳 자체를 그대로 차용하는 것이 대부분이다.

- NG镜头: 촬영할 때 잘못 찍은 장면. NG는 영어 no good의 축약
- VS: 대. 예) 철수 대 영희. 영어 versus
- LD: 레이저 디스크. 영어 laser disc
- MTV: 가요나 음악 TV 프로그램. 영어 musical (in) television
- DIY: 직접 조립. 예) DIY鸡蛋冰, DIY的日子, DIY家具. 영어 Do it yourself

1970년대 말부터 중국과의 교류가 재개되고 단기간에 대폭 증가하면서 어휘 접촉과 교류도 더불어 시작되었다. 타이완과 중국 각자의 특수한 어휘를 서로 많이 유입하게 되었을 뿐만 아니라 더불어 그런 어휘에 더욱 익숙하게 되고 받아들이게 되었다. 예를 들면, 卡拉OK가라오케, KTV노래방, 雷射레이저, 迷你미니(mini-), 托福토플(TOEFL), 标致푸조(Peugeot) 등은 중국과 타이완 모두에서 이미 많이 사용되고 있는 어휘라고 할 수 있다. 현재 민간의 언어 교류도 자연스럽게 이루어지는 상황으로 미루어볼 때 중국과 타이완의 언어 차이는 한정적인 범위 내로 제한될 것이며 향후 그 차이가 더욱 줄어들 것이다. 두 지역의 관계가 지속적으로 개선되고 교류도 증가하게 되면 타이완이 특수한 지방사회집단의 유형으로 회귀할 것이라고 기대한다.

(2) 홍콩의 사회집단

홍콩은 100여 년 동안 영국이 통치해 왔기 때문에 홍콩 사회의 각 방면은 영어의 영향을 많이 받았다. 홍콩 지역의 위에방언은 이미 광쪼우와는 상당히 다르다. 이는 외래어와 영어 단어의 혼용에서 분명하게 드러난다. 따라서 혹자는 홍콩의 중국어가 가장 서양화된 중국어라고 말한다. 1997년 홍콩의 반환과 더불어 홍콩이 누려왔던 중간자적인 특수한 지위도 점차 보통 지방사회집단으로 회귀하고 있지만 홍콩이 실시하고 있는 '고도 자치高度自治'의 실행은 그들 언어의 독특함을 단시일 내에 사라지게 할 것 같지 않다. 아마도 꽤 오랜 시간 동안 그 중간자적인 특성이 상당히 강렬하게 지속될 것이고 외래어에서도 그런 양상이 드러날 것이다. 이제 이러한 특성에 대해 좀 더 구체적으로 논의해 보도록 하겠다.

① 문어체 형식이 존재하는 어휘

어떤 외래어는 약속된 형식의 서법(書法)을 사용한다. 그중에는 새롭게 만든 특별한 방언 한자를 사용하는 경우도 있다. 예를 들면 다음과 같다.

- 卜: 크림 퍼프. 중국에서는 泡夫로, 타이완에서는 泡芙로 씀. 영어 puff
- 遮哩/啫哩: 젤리. 영어 jelly
- 咭: 카드. 영어 card
- 士的: 지팡이. 영어 stick
- 仄: 수표. 영어 check
- 温拿: 승자. 영어 winner
- 泊车: 주차하다. 영어 park
- 波士: 주인. 영어 boss
- 士多啤梨: 딸기. 영어 strawberry
- 飞: 차나 선박 등의 표. 영어 fare
- 肥佬: 탈락하다. 영어 fail
- 轵: 엘리베이터. 영어 lift
- 波: 공/여성의 유방을 비유. 영어 ball
- 沙律: 샐러드. 영어 salad
- 蛇果/地厘(蛇)果: 미국 사과. 홍색과 황색이 있는데 밑동이 다섯 갈래로 튀어나와 있음. 五指果라고도 함. 영어 Delicious
- 写真: 음란 사진. 일어 shyashin 写真

② 음만 존재하고 한자가 없는 어휘

많은 외래어가 구어에서만 사용되게 되면서 특정한 한자 표기가 없는 경우도 있다. 만약 이런 경우를 굳이 쓰려고 하면 영문 자체를 사용할 수밖에 없다. 예를 들면 다음과 같다.

- [有]feiʃi: [丢]脸. 영어 face
- fit: [你]好. 영어 fit
- fækʃi: 팩스, 명사/동사. 영어 fax
- sen: 전송하다. fax에 사용. 예) sen张fækʃi俾你。영어 send
- fænʃi: -迷. 팬. 영어 fans
- fulen/fæn: 친구. 영어 friend/fan

어떤 경우는 일부분의 음이 대응하는 적합한 한자를 찾을 수가 없기 때문에 외국어를 그대로 가져다 쓰기도 한다. 예를 들면 다음과 같다.

- 阿sir: 남자 선생님이나 경찰의 호칭. sir는 영문 그대로 쓰고 [sœ]라고 읽음. 재미를 위해 '阿蛇[sæ]'라고도 쓰지만 독음은 여전히 동일
- call机: 무선호출기. call은 영문 그대로 쓰고 [kʰo]라고 읽음

현재로서는 영국 식민 통치와 그에 따른 막강한 영어의 영향으로 말미암아 홍콩은 중국 정부의 정식 중국어 규범이 결핍된 것으로 보이기 때문에 홍콩의 주변화는 타이완보다 더욱 심각하다. 그러나 1997년 홍콩의 반환으로 중국과 홍콩의 관계 및 교류가 점차 긴밀해

지면서 주변화의 정도는 이미 한계를 드러내게 되었다. 반면 언어적으로는 대륙과 더욱 가까워지면서 점차 일시적이었던 중간자적 성질도 사라질 것으로 기대한다.

4. 외래어의 의미 유형

보통은 형식적인 각도에서 외래어를 분석하고 외래어의 자격을 논한다. 그러나 외래어의 자격은 사실 의미적인 고려가 이루어져야 하며 그 의미 간 전이를 고찰해야 비로소 외래어에 대한 깊이 있는 인식이 가능하기 때문이다. 단어류와 고유명사류는 서로 매우 다른 유형의 외래어이다. 단어류는 대부분 개념적인 함의가 있고 인식이나 가치 면에서 매우 구체적인 경향을 띠고 있는 반면 고유명사류는 개념적인 함의가 없는 상태에서 구체적인 지칭(指稱)만 지니고 있다. 따라서 일반적으로 고유명사류는 차용어나 외래어에 포함시키지 않는 경우가 많다. 그러나 이 두 가지 유형 사이에 전이가 일어나기도 한다. 보통은 고유명사가 단어류의 보통명사로 바뀌게 된다. 예를 들면 '欧姆'독어Ohm는 원래 독일 과학자의 이름이었으나 전기저항의 단위(ohm)로 쓰이면서 단어가 된 경우이다. '波音영어Boeing'은 미국 항공사의 이름이었으나 이 항공사가 제작하는 비행기가 모두 '보잉'을 기본형으로 했기 때문에 이런 종류의 비행기를 통칭하는 명칭이 되었다. 반면 영어와 프랑스어의 media는 원래 '매개, 중개'를 가리키는 보통명사였지만 베이징의 중일합자(中日合資)회사인 '梅地亚' 및 그 건물을 가리키는 고유명사가 된 경우이다. 또 우르두(Urdu)어 daban의 음역어이며 산 입구를 의미했던 '达坂'도 본래 보통명사였지만 모처(某處)의 산 입구를 가리킬 때마다 계속해서 사용되다가 지명이 된 경우로서 그 유명한 '다반성达坂城 아가씨의 소재지'가 된 것이다. 이와 같이 단어류와 고유명사류의 구분도 상대적인 것이다.

1) 단어류

(1) 단어류의 재분류

유일한 어떤 것을 가리키는 개념이 아니며 구체적인 의미나 비고유명사적인 성질을 지닌 경우가 단어류에 속한다. 의미가 지닌 통상성이나 추상성에 있어 그 정도가 각기 달라 여러 대상에 적용된다. 일반적으로 인식되는 외래어들이 이에 속한다. 이런 단어들은 개념어, 감탄사, 의성어 세 가지로 구분할 수 있는데 중국어에는 아직까지 분명한 의성 외래어로 볼 수 있는 것이 존재하지 않는다. 이 밖에 이론적으로 볼 때 기능 외래어가 있을 수 있다. 문법적인 기능만을 표시하는 경우를 말하므로 의미적으로 일반적인 개념이라고 할 수 없다. 예를 들면 중국어의 '的'나 '了' 같은 조사처럼 문법적인 의미만을 나타내는 경우를 말하는데 아직까지 이런 단어를 차용한 적이 없었다는 뜻이다. 그러나 외국어의 영향을 받아 중국어 자체의 기능어 용법이 확대되는 경우는 볼 수 있다. 즉 존재하지 않았던 기능이 존재하게 되는 것이다. 예를 들면 '的'가 '명사+的+술어' 구조에 사용되어 '这本书的出版이 책의 출판', '孩子的出生아이의 출생' 등으로 쓰이게 된 것도 외국어의 영향을 받은 후 중국어에 나타난 기능이라고 할 수 있다. 그러나 이런 경우는 본서에서 논하고자 하는 범위가 아니므로 더 이상 구체적인 논의를 진행하지는 않기로 하겠다.

① 개념 외래어

개념 외래어란 의미적으로 가리키는 대상의 본질이나 특징이 존재하는 단어를 말한다. 이런 유형에 속하는 단어는 그 대상이 대부분 한 개가 아니라 매우 많게, 심지어 무한하게 적용될 수 있다. 따라서 여러 대상에 대한 비교를 통해 그 공통적인 본질이나 특징을 짚어내면 추상적이었던 것이 하나의 개념으로 탄생하게 된다. 예를 들면 사람, 집, 사상, 국가, 해양 등이 모두 그러하다. 즉 대상이 오직 한 개인 경우도 본질이나 특징에 맞춰 의미를 부여해야만 우주, 태양, 북극처럼 그들 역시 마찬가지로 개념어가 될 수 있다. 지금 차용되는 외래어들도 모두 주로 개념 외래어이다. 예를 들면 다음과 같다.

- 玻璃: 산스크리트어 sphaṭika
- 菠菜: 네팔어 palinga
- 扑克: 영어 poker
- 蒙太奇: 영화 장면 편집 형식. 영어 montage
- 流明: 빛의 속도 단위. 영어 lumen
- 噻唑: 화합물의 일종. 영어 thiazole

② 감탄 외래어

감탄이나 호응 등 특수한 의미만을 표시하고 개념은 갖추고 있지 않는 경우이다. 수량이 많지 않은 편인데 예를 들면 다음과 같다.

- 哈罗: 여보세요. 영어 hello
- 哈伊: 안녕. 영어 hi / 네. 일어 hai

- 亚夏[逊]: 감탄사 만세. 위구르어 yašya/yašisun
- 乌拉: 러시아인들의 돌격 혹은 경축할 때의 탄성 만세. 러시아어 ypa

(2) 단어류 통계

의미적인 측면에 대한 보다 나은 이해를 위해 이제 다음과 같은 통계를 진행해 보고자 한다.

① 품사 통계

단어류는 상대적으로 안정된 그룹이다. 그중 개념어는 명사, 동사, 형용사, 부사 등으로 나눌 수 있다. 『중국어 외래어 사전』에 수록된 단어 품사의 통계는 아래와 같다.

품사	수량	예
명사	7,344	科学, 固体, 安瓿, 扑克영어poker
동사	122	取消, 取缔, 派遣, 抛光영어polishing
명사/동사	123	判决, 批评, 想象, 涅槃산스크리트어nirvāna, 열반/서거
형용사	89	主动, 私立, 内在, 赛音몽골어sain, 좋다
형용사/명사	6	相对, 偶然, 摩登영어modern, 세련되다
형용사/동사	1	明确
부사	7	能动, 强制, 勿伦말레이어bělūm, 아직~지 않다
감탄사	12	喳만주어ja, 네(승낙의 의미), 维프랑스어 oui, 네(승낙의 의미)

이상의 분류는 대략적이며 상대적이다. 왜냐하면 매우 많은 단어들이 문맥을 고려하지 않고 있기 때문에 정확한 사용 양상을 파악

할 수 없고 단지 의미만을 고려하여 추측할 뿐이기 때문이다. 또 어떤 단어들의 용법은 차용된 후에 중국어 자체의 발전에 상응하여 차용된 당시의 용법이 아닐 수도 있다. 뿐만 아니라 몇몇 분류는 포괄의 범위가 비교적 큰 편인데 예를 들어 명사가 수사나 방위사 등을 모두 포함한다거나 '其賽몽골어či sain(안녕하세요)'와 같이 중국어에 들어온 후에 단어화된 경우처럼 형용사가 근원어에서 '주어+형용사'인 구를 포함하거나 구별사를 포함하는 경우 등을 들 수 있다. 그럼에도 불구하고 우리는 대략적으로 다음과 같이 정리해 볼 수 있다. 외래어는 주로 차용하는 사물들에 대한 개념이라고 할 수 있다. 부사나 감탄사는 기본적으로 모두 소개성에 속하고 적용성은 매우 적은 편이다. 접품사는 대부분 일어에서 왔는데 이는 일어에서 동일한 하나의 한자가 명사와 동사 등 두 가지 기능이나 용법으로 긴밀한 관계를 지닐 때라고 할 수 있다. 예를 들면 일어의 한자어는 기본적으로 명사인데 여기에 する(suru)를 붙이면 동사가 되는 경우를 들 수 있다.

② 의미 통계

『중국어 외래어 사전』에 수록된 단어를 대상으로 70건 이상이 발견되는 경우는 언어의 이름을 밝히고 70건 이하일 경우는 기타언어로 처리하여 통계를 진행하였다. 의미 분류는 14가지 유형으로 구분하여 통계를 진행하였다. 어떤 유형은 그 범위가 비교적 크기 때문에 매우 많은 의미 항목을 포괄하는 한편 어떤 경우는 매우 협소하기 때문에 이는 주로 대조의 편의를 위해 사용되었다. 통계는 수작업으로 진행하였으므로 오차가 있을 수 있다. 또 몇몇 단어들의 경우는 귀납하기가 매우 어려웠기 때문에 통계에는 연구자의 주관성과 상대성이 반영되어 있다. 그러나 전체적인 경향이나 대략적인 윤곽에는 오류가 없음을 밝혀 두고자 한다. 14가지 유형의 범위를 간략히 제시하면 다음과 같다.

가. 정치: 정치, 법률, 사회, 계층과 직위 등을 포괄
나. 군사: 군대, 전쟁, 살상 등을 포괄
다. 경제: 경제, 화폐 등을 포괄
라. 직업: 직업, 제품, 기술 등을 포괄
마. 과학: 자연과학, 심리학, 과학기술 단위 등을 포괄
바. 사회주의 교육운동: 인문사회과학, 고고학, 철학, 논리, 교육, 출판 등을 포괄
사. 의료위생: 의학, 위생, 의료, 약물 등을 포괄
아. 문체(文體): 문화, 문학, 예술, 체육, 오락 등을 포괄
자. 종교: 종교, 종교 관련 직위 및 업무, 종교 절기 등을 포괄
차. 생활: 의식주, 생사, 절기, 칭호 등을 포괄
카. 농업: 임업, 어업, 목축업, 수렵 등을 포괄
타. 도량형: 일반적인 도량형 단위 포괄
파. 자연: 동물, 식물, 광물, 금은보석, 산수, 일월성신, 연월요일 등을 포괄
하. 나머지: 상기한 유형으로 분류가 어려운 것들을 포괄

구체적인 통계 수치는 아래와 같다.

	영어	러시아어	프랑스어	라틴어	산스크리트어	아랍어	페르시아어	거란어
가	225	35	21	18	7	7	15	47
나	77	11	2	3	5	0	0	10
다	214	10	13	2	3	2	1	0
라	486	41	8	1	1	0	3	0
마	645	9	7	7	3	0	0	0
바	122	9	2	26	20	3	0	0
사	370	24	6	1	18	4	4	2
아	337	139	23	2	10	1	3	0
자	112	6	2	7	408	63	9	1
차	374	65	18	2	61	15	16	10
카	14	5	0	0	1	0	0	0
타	59	13	39	4	6	1	0	0
파	344	29	11	4	160	19	33	8
하	47	5	10	11	77	2	0	6
소계	3,426	401	162	88	780	117	84	84

	몽골어	티베트어	만주어	위구르어	말레이어	일어	기타	총합
가	105	99	49	17	2	142	171	960
나	18	8	7	0	0	39	22	202
다	3	6	0	1	6	63	17	341
라	5	1	0	0	2	43	8	599
마	1	0	0	0	0	93	2	767
바	4	1	0	0	0	124	10	321
사	3	2	4	0	0	58	9	505
아	17	24	2	18	0	60	114	750
자	65	43	2	12	0	9	43	782
차	74	48	22	24	24	63	161	977
카	15	3	0	3	0	6	14	61
타	0	1	0	1	1	13	11	149
파	53	10	19	3	25	25	101	844
하	37	10	23	6	16	144	52	446
합계	400	256	128	85	76	882	735	7,704

위에 제시된 수치로 볼 때 중국어 사회집단의 최고 관심과 수요 혹은 비교적 관심이 있고 수요가 있는 분야는 정치, 광의의 경제(직업 포함), 광의의 자연과학(의학과 위생 포함), 생활과 자연생물임을 알 수 있다.

2) 고유명사류 외래어

유일한 개체나 대상을 가리키는 부호 혹은 명칭은 고유명사라고 할 수 있다. 예를 들면 인명, 지명, 상표명, 기업명, 직장명 등을 들 수 있다. 기업명이나 직장명인 경우는 고유 명칭 부분과 통칭 두 가지 부분의 조합으로 이루어져 있다. 예를 들어 Harvard University의 경우 Harvard를 뜻하는 '哈佛'는 고유 명칭 부분이 되고 University를 뜻하는 '大学'가 통칭 부분이 된다. 통칭 부분은 일반적으로 의역을 하므로 고유 명칭 부분이 본 절 논의의 대상이 된다. 인명과 지명 속 고유 명칭 부분도 일반적으로 구체적인 개념을 담고 있지 않다. 그 명칭은 대상의 본질과 필연적인 관계가 없다는 말이다. 이런 단어들은 일종의 부호라고 할 수 있다. 다른 언어의 고유명사도 모두 중국어의 외래어가 될 수 있는데 대부분 음역을 통해 차용하므로 그 단어류의 구체적인 의미는 갖추고 있지 않다. 그러나 여전히 적잖은 고유명사 외래어가 강한 문화적 색채를 지니고 있고 심지어 비유의 의미까지 지니고 있기 때문에 이런 단어들도 특수한 의미나 가치를 지니고 있다고 할 수 있다. 예를 들면 耶穌예수, 释迦牟尼석가모니, 爱因斯坦아인슈타인, 好莱坞헐리우드, 可口可乐코카콜라 등이 모두 그런 예라고 할 수 있다. 이런 점에서 보면 일반적으로 협의의 외래어를 단어류 지칭으로만 한정하자는 견해가 비교적 타당한 듯하다. 고유명사 외래어는 대체로 두 가지로 분류가 되는데 기호형과 연상(聯想)형으로 나눌 수 있다.

(1) 기호형 고유명사

전혀 개념을 갖추고 있지 않은 경우의 고유명사를 가리키는 것으로 단순 기호에 불과하며 세 가지로 세분류될 수 있다.

① 한자가 음만 차용한 고유명사

한자로 단순 음역하여 만드는 경우로 가장 일반적이며 사용 범위도 가장 넓은 유형이라고 할 수 있다. 예를 들면 恩格斯영어Engels, 肯尼迪영어Kennedy, 列宁러시아어Ленин, 伦敦영어London, 纽约영어New York, 巴黎프랑스어Paris 등이 있다.

② 자모를 차용한 고유명사

근원어의 문자 형식을 그대로 차용하는 동시에 그 독음도 대체로 같이 사용하는 경우이다. 이런 유형은 기업이나 상표명 등에 많이 쓰이는데 대부분 축약어 형식인 경우가 많다. 축약어가 비록 부분적으로 제시의 기능이 있지만 이는 어음이나 문자 상의 제시로만 국한되고 사물의 특징을 제시하는 것은 아니므로 여전히 단순 기호형에 분류하도록 하겠다. 예를 들면 USA미국, IBM국제적인 상업용 기기 회사, AT&T미국 통신 회사, SONY소니, NHK일본 방송 협회, BBC영국 방송국 등을 들 수 있다.

③ 한자를 차용한 고유명사

기본적으로 일본에서 차용되는 한자어가 이에 해당한다. 일어의 주로 지명과 같은 어떤 고유명사들은 한자를 그대로 차용해 오기도 하는데 이러한 한자어의 한자는 어떤 의미도 담고 있지 않다. 예를 들면 那霸지명. 일어Naha, 富士지명/성(姓). 일어Fuji, 久留米지명/성(姓), 일어Kurume 등을 들 수 있다.

(2) 연상형 고유명사

사용되는 서면 형식으로 볼 때 사물의 부분적인 특징이 연상되도록 표기한 경우를 가리키며 세 가지로 세분류될 수 있다.

① 의미를 고려한 음역의 고유명사

음역을 사용하지만 의미를 어느 정도 고려하여 사물의 특징과 관련이 있는 한자를 사용하여 표기하는 경우를 말한다. 인명에서 종종 중국 성(姓)을 사용하여 첫 번째 음절은 의미를 고려하여 음역하며 주로 홍콩이나 타이완에서 이런 유형이 유행한다. 예를 들면 戴卓尔/柴契尔/佘契尔夫人영어Thatcher, 杭斯基영어Chomsky, 海地영어Haiti, 梵蒂冈이탈리아어Vatican, 洛杉矶영어Los Angeles 등을 들 수 있다.

② 한자를 차용한 고유명사

역사적으로 한국, 베트남, 일본 등도 한자를 사용하여 명명을 해왔기 때문에, 물론 베트남의 경우는 더 이상 한자를 사용하지 않지만 인명이나 지명에는 여전히 많은 대응관계가 존재한다. 현재 일본으로부터 들여온 것이 가장 많고 다음은 한국어에서 들여온 것이 많다. 그들이 한자를 사용하여 명명할 때에 모종의 의미를 포함시키고 있지만 그 한자의 의미가 대부분 사물의 본질과는 무관하다. 예를 들면

大江健三郎일본 소설가 오에 겐자부로, 金笠한국 김삿갓, 刘重庐베트남 시인 르우 쭝 르, 东京일본 도쿄, 大阪일본 오사카, 汉城예전에 한국 서울을 가리킴. 지금은 首尔로 바뀜, 新义州한국 신의주 등이 있다.

③ 음역에 의미표지를 첨가한 고유명사

예를 들면 新英格兰영어New England, 新德里영어New Deli, 大仲马프랑스어A.Dumas père, 小仲马프랑스어A.Dumas fils 등을 들 수 있다.

3) 전문용어류 외래어

일종의 복합형 외래어로서 '의미+사용범위'라는 복합적인 시각에서 고찰할 때 더욱 의미 있고 가치 있는 분류 체계라고 할 수 있을 것이다. 이 경우는 전문용어, 일반어휘, 고유명사 세 가지로 크게 분류할 수 있다. 즉 어휘의 사용 범위에 따라 재분류가 될 수 있는 것이다. 첫째 전문용어는 전문적으로 사용되는 학술용어를 말한다. 예를 들면 基因영어gene, 雷达영어radar, 艾滋病영어AIDS, 克隆영어clone, 科学일어kagaku, 蒸发일어jōhatsu, DNA, GPS 등을 들 수 있다. 둘째 일상생활에서 사용되는 어휘로서 전문용어적인 특징이 없는 경우로 오해의 소지를 없애기 위해 일반어휘라고 칭하고자 한다. 예를 들면 拜拜영어bye-bye, T恤영어T-shirt, 香波영어shampoo, 布拉吉러시아어платье, 味之素일어ajinomoto, 看板일어kanban, 额娘만주어eniye, 安达몽골어anda, 热巴티베트어rêpa, 嚜만주어je, OK 등이 있다. 전문용어와 일반어휘 간에 전이가 일어날 수도 있어 그 사이의 경계가 모호해지기도 하며 두 가지가 중첩이 되기도 한다. 예를 들면 站몽골어jam은 본래 일반어휘였는데 교통학과에서 전문용어로 쓰게 되었다. 维他命영어vitamin

도 원래는 생물학과와 위생학과에서 쓰던 전문용어였는데 지속적으로 사용되면서 일반어휘가 된 경우이다.

개방적인 시각에서 살펴본다면 전문용어 내에서도 광의와 협의의 구분이 있을 수 있을 것이다. 그렇게 본다면 상술한 정의와 예는 모두 협의의 전문용어라고 할 수 있다. 반면 이런 정의를 더 개괄적으로 적용하여 전문과학, 사업, 산업 및 종교 신앙 등의 전문용어로 확장한다면 광의의 전문용어 범위도 만들 수 있을 것이다. 예를 들면 凡士林영어vaseline, 哔叽프랑스어beige, 唢呐페르시아어surnā, 过劳死일어karōshi, 人气일어ninki, 菩萨산스크리트어bodhisattva, 伽蓝산스크리트어saṁghārāma, 涅槃산스크리트어nirvāna, 阿訇페르시아어akhund 등이 그러하다. 이런 관점에서 본다면 단어류 외래어 중에서 절대적인 부분은 전문용어류 단어라고 할 수 있다. 예를 들면 산스크리트어에서 유래한 외래어는 절대 다수가 불교 전문용어라고 할 수 있다.

전문용어는 어휘 중에서 사회 문화 발전에 대해 가장 의미 있고 가장 가치 있는 일부분이다. 그중에서도 협의의 전문용어가 가장 그렇다고 할 수 있다. 전문용어는 어떤 학문분야나 사업, 산업, 종교 신앙 개념의 연결 고리와 같아 상대적으로 의미가 단순하고 명료하며 연역적인 논리 체계를 지니고 있다. 이에 더 많은 새로운 개념과 연결 고리를 추론할 수 있게 한다. 따라서 이런 어휘들은 사회, 문화적으로 매우 큰 추진력을 발휘할 수 있다.

중국의 학자들이 전문용어라는 관점에서 외래어를 연구하는 것은 화학명사나 화학원소명 등에 대한 연구와 논의에서 보이는 바와 같이 전문용어의 과학이나 사회에 대한 가치를 잘 인식하고 있음을 보여준다. 그러나 이런 연구가 모두 균형있게 이루어지고 있는 것은 아니어서 많은 분야에서 전문용어에 대한 인식이 여전히 높지 않은 것도 사실이다. 향후 이러한 논의가 더욱 발전적으로 많이 이루어질 수 있기를 기대한다.

5. 일어에서 온 외래어

1) 중일 어휘 교류의 역사적 현안[4]

형태소나 단어가 중국에서 만들어지고 한자로 쓰여진 단어, 즉 음독 한자어는 일본에서 외래어로 취급하지 않는다. 중국어로 조어된 단어라는 뜻의 '한어(漢語)'라는 명칭으로 부르지만 실제로 대부분이 일본에서 만들어진 한자어이다. 일어 자체가 일종의 혼합어로서 일찍이 일본 고유의 민족어와 서북쪽의 알타이어족 언어와 혼합되어 만들어진 언어라는 것을 감안한다면 이해가 되는 부분이다. 1세기 이후 중국 대륙의 한족이 끊임없이 일본으로 이주해왔고 그 상당수가 일본의 통치 계층이 되었다. 또한 한문은 그들 유일의 공식 서사체계가 되었다. 이후 오랜 시간 융합을 거쳐 이런 한족들이 일본 민족에 융합되었고 중국어 역시 어휘 형식과 조어법이 일어에 융화되어 일어의 일부분을 이루게 되었다. 따라서 '한어'는 상대적으로 늦은 시기에 합류한 경우라고 할 수 있으며 일종의 표층적인 혼합이라고 할 수 있다. 이에 일본에서는 '한어'를 결코 외래어로 간주하지 않는다. 이런 점에서 본서에서는 일어에서 말하는 외래어와 본서에서 말하는 외래어를 구별하고자 한다. 마찬가지로 일본에서 유래하고 일본의 한자 조합으로 차용된 단어의 경우를 중국에서도 오랜 시간 외래어

---

4) 이 부분의 논의는 선구오웨이의 『근대 중일 어휘 교류사近代日中语汇交流史』(1994)를 참조하였다.

로 보지 않았다. 1950년대에서야 비로소 이런 단어들을 외래어로서 인식하기 시작했는데 이 또한 다른 외래어들과는 구별되어 왔다. 극소수를 제외하고 일본에서 들어온 대부분의 음독 한자어는 중국어 고유어 혹은 중국어에서 유래한 단어가 많기 때문에 확실히 구분하기 어렵다. 매우 많은 경우 '동형어'라고 일시적으로 일컬어진다. 이런 단어들은 학자들의 많은 고증을 거쳐 중국어에서 유래한 단어 혹은 일어에서 유래한 단어로 확정되지만 일정 시간이 흘러 그 결과가 바뀌기도 한다. 따라서 일어에서 온 한자어는 별도로 다루어야 할 필요가 있다.

지금까지의 연구 성과로 미루어 볼 때 근대 중일 간의 어휘 교류는 양방향적인 것으로 일본에서 중국으로 흘러들어온 것만은 아니다. 일찍이 일어에서 차용한 것으로 알려졌던 '铅笔연필'는 최근 연구를 통해 원래 중국어가 먼저 일어를 의역하여 사용했던 것으로 밝혀졌다. 1855년 중국의 허즈팅何紫庭이 펴낸 『화영통어华英通语』가 일본에 전해진 후 1860년에 후쿠자와 유키치福澤諭吉가 증보한 『증정화영통어增訂華英通語』에서는 중국어 뒤에 일어 해석을 주(注)하고 있다. 이 책에서는 중국어 '铅笔'는 lead pencil(현재 pencil이라는 것들은 이러한 형식의 생략임)로 번역한다는 사실을 수록하고 있다. 1860-1870년 사이의 많은 중국의 문장에서도 이미 '铅笔'를 사용하고 있다. 1876년 영한(英漢) 『자어휘해字语汇解』와 1882년 『영화자전英华字典』에서도 '铅笔'를 pencil/lead pencil이라고 번역해 놓고 있다. 일본에서는 1873년에서야 독일(獨日)사전에서 '铅笔'를 사용하였고 영일(英日)사전에서는 1885년에서야 이 단어가 보이기 시작한다.

또 다른 예로 '天主하느님'라는 단어도 많은 사람들이 일어에서 유래한 것으로 알고 있다. 그러나 사실 1584년 광쪼우에서 새겨진 『천주성교실록天主圣教实录』(미켈레 루지에리 저)의 서명에서 이미 사용된 바 있다. 또 1704년 청나라 조정에서 번역한 로마 가톨릭 교황의 '禁約금약' 중에서도 마찬가지 '天主'와 '天主教천주교'라는 명칭을 사용하고 있다. 이러한 사실은 교도들 사이에서는 '天主'라는 단어가 이미 오래전부터 사용되어 왔다는 것을 말해 줌과 동시에 일본에서 유래했다는 설을 부정해 준다.

'基督기독'의 경우도 마찬가지로 일본에서 온 것으로 알려져 왔다. 초기에는 '基利斯督'라고 쓰이다가 후에 '基督'로 축약되어 중국으로 전해졌다는 것이다. 사실 서양의 여러 인사(人士)들이 중국으로 넘어온 것이 일본으로 넘어간 것보다 이르다. 마테오 리치 등도 명나라 때 이미 중국으로 온 바 있고 서양 종교의 동아시아 전파 역시 중국에서 먼저 시작된 이후에 일본으로 다시 넘어가 차츰 전개되었다. 따라서 종교에 대한 중요 명칭 번역과 확정이 결코 일본으로 넘어간 후에 이루어진 것이라고 할 수 없을 것이다. 어음 면에서 살펴보아도 일어에서는 현재 kirisuto라고 말하며 '基利斯督' 네 글자의 일어 발음은 ki-ri-shi-toku가 된다. 이는 공공연하게 포르투갈어 Cristo/Christo에서 온 것으로 여겨지는데 광뚱 지역의 발음과 이 세 가지 발음을 비교해 보면 중국의 독음이 일본의 독음보다 근원어 발음에 더 유사하다는 것을 알 수 있다. 이로 볼 때 이 번역명은 중국어로 먼저 번역된 후에 선교사를 통해 중국으로부터 일본으로 전해졌다고 보는 것이 가장 타당할 것이다. 마리쉰马礼逊의 『신유조서新遗诏书』(1823)에 '基利士督'라는 말이 있고, 청대의 『동서양고매월통기전东西洋考每月统记传』에도 1837년 12월에 '基督'라는 명칭이 기재되어 있는데 이러한 것들이 모두 증거가 될 수 있다.

과학 분야 명사 '化学화학'는 일본의 바쿠후幕府 말 메이지明治 초

시기, 대략적으로 1860년대에 처음 보이기 시작했다. 그러나 1856년 중국의 영국 선교사 알렉산더 윌리엄슨Alexander Williamson이 쓴 『격물탐원格物探原』에서 이미 '化学'라는 단어를 사용한 바 있다. 이는 이르면 일렀지 결코 일본에서 이 단어를 사용한 것보다 늦은 것으로 보기 어렵다. 따라서 최소한 서양의 선교사가 중국에서 번역명을 확정한 후에 중국과 일본 두 나라에 동시에 전달했을 가능성이 있는 정도로 보아야 할 것이다. 이에 이 단어가 일어에서 유래했다는 것은 의문의 여지가 있다.

물론 서양 선교사들이 다른 나라와의 교류에 있어 현대 과학의 중국 진입 촉진에 큰 공헌을 한 것은 사실이다. 서양에서는 명나라 때 이미 중국으로 사람을 파견하여 선교를 하였는데 제일 유명한 사람으로 1582년 이태리에서 온 마테오 리치가 있다. 그는 한자로 『만국도설万国图说』과 『건곤체의乾坤体义』 등의 책을 저술하였으며 『기하원본』 6권을 쉬꽝치徐光启와 공동으로 번역하였다. 어휘 공구서와 명사 전문용어 번역서 등을 편찬함으로써 일찍이 19세기 초엽, 서양의 선교사들은 중국의 보조 아래 솔선수범하여 중국어에 대한 실용적인 연구를 진행하였다. 이에 여러 사전 및 교재들이 등장하게 되었다. 사전의 예로 중영사전은 『화영자전华英字典』(1815-1823), 『자전』이라고도 함), 『광뚱성 토착어 어휘广东省土话字汇』(1828), 『한영운부汉英韵府』(1874), 『한영수진자전汉英袖珍字典』(1874), 『광쪼우방언한영사전广州方言汉英辞典』, 『화영자전华英字典』(1892) 등이 있다. 또 영중사전에는 『영한자전英汉字典』(1847-1848), 『영화자전英华字典』(1866-1869) 등이 있는데 대부분 광뚱 사람들이나 광뚱어에 맞춰 편찬된 것이지만 닝뽀어宁波话에 맞춘 『자어휘해』(1876)처럼 기타 방언을 대상으로 한 경우도 있다.

이밖에 최근 연구에 의하면 일어에서 유래했다고 여겨졌던 많은 외래어가 사실은 먼저 중국인 혹은 상술한 선교사들에 의해 창조된 후 일본에 영향을 주어 일어사전에 수록되고 그 어휘들이 공고해지고 보급된 것임이 밝혀지고 있다. 이제 중일 양국의 사전을 바탕으로 비교를 진행해 보고자 한다. 중국 측 사전으로는 중국과 서양 선교사들이 함께 만든『영한자전英汉字典』(1847-1848, 메드허스트W.H. Medhurst 편찬, 이하『영한』으로 약칭)과『영화자전英华字典』(1866, 로브샤이드W. Lobschied 편찬, 이하『영화』로 약칭)을 볼 것이다. 일본 측 사전으로는『영화대역수진사전英華対訳袖珍辭書』(1862, 호리 타쯔노스케堀達之助 편찬,『영화수진』으로 약칭)과『부음삽도영화자휘附音挿圖英和字彙』(1873, 시바타 쇼우키찌柴田昌吉·코야스 타카시子安峻 편찬,『영화자휘』로 약칭)를 볼 것이다.

	『영한』1847-1848	『영화』1866	『영화수진』1862	『영화자휘』1873
审判/(ad)judge	审判	审判	罪ヲ言ヒ付ル, 判断	裁判スル
使徒/apostle	使徒	使徒	宗徒 使徒	耶苏ノ徒弟
天主/the Lord	天主	天主		
基督/Christ	基督	基督	西教	基督
受难/passion	怒, 性情	受难	教祖ノ受タル难	耶苏ノ苦难
天主教/Catholicism		天主教	罗马宗旨ノ人	罗马教
宣传/propagate	传教	宣传	弘メル	弘ル, 博ル
默想/meditation	参禅	默想	思ヒ计ル	默想
真理/truth	真理	真理	信义, 信实	信实, 信义

위의 대조를 통해 매우 많은 번역어가 일찍이 중국 내에서 혹은 중국어로 번역한 사전, 그리고 중국의 학자나 관리들에 의해 먼저 창조되었다는 것을 알 수 있다. 일본은 확실히 선교사들이 편찬한 이런 사전의 영향을 받은 후에야 현재 사용하는 번역어가 생겨나게 된 것이다. 서양 종교가 중국으로 들어온 것보다 늦은 시기에 일본으로 들어간 것을 고려한다면 상술한 추론이 어느 정도 타당하다는 것을 인정할 수 있을 것이다. 또 선교사들이 이런 사전을 편찬할 때에는 대부분 중국의 보조와 영향을 받았을 것이기 때문에 사실 번역어 선정에 있어서도 중국의 작용을 홀시할 수 없을 것이다. 따라서 당시 일어에 존재하던 수많은 번역어가 중국어로부터 왔고 직·간접적으로 중국 사람들의 영향을 받았을 것임은 분명한 사실이라고 할 수 있다. 그렇지만 당시 교회와 선교 활동에 매우 많은 제한이 있었으므로 이런 선교사들의 사전은 대부분 중국 남쪽 지역에서 사용되었다. 이에 중국에서는 유행하지 못했고 중국어에 진정한 뿌리를 내리지도 못하게 된 것이다. 그러다가 오히려 일본으로 건너간 후에 잘 흡수되어 일본식 번역어로 개조된 것이라고 할 수 있다. 중국의 해외 관리들이나 학자들의 저술 역시 이와 같은 운명을 맞이할 수밖에 없었을 것이다. 대략적으로 19세기 말, 20세기 초에는 이런 번역어들이 역방향으로 흘러 중국 남부 지역에서 일본으로, 일본에서 다시 중국으로 되돌아 왔다. 일본으로부터 중국으로 대량 회귀가 일어난 것으로서 이때서야 진정으로 중국어에 자리를 잡아가기 시작한 것이다. 이런 대표적인 예로 일어에서 유래했다고 잘못 여겨졌던 '銀行은행'을 들 수 있다. 이는 중국이 청일전쟁(1894-1895)에 패배한 후 각계의 반성과 쇄신이 이어지면서 1896년 강제로 일본에 국비 유학생이 보내지기 시작했다. 미국 유학생도 초창기에는 13명밖에 되지 않았는데 점차 증가하여 1899년에는 200명을 넘게 되었다. 그리고 1903-1904년에는 각국에서 유학하던 학생들이 속속 번역서를 출간하기 시작하였다. 그 시대를 살았던 사람들의 말을 빌자면 당시 상하이는 '사회적으로 구어가 급변하고 신문은 문명을 일깨우며 법학과 철학 명사가 첩첩산중으로 쌓여있었다'고 한다. 그중 매우 많은 경우가 일어에서 유래한 단어이거나 일본을 통해 중국어로 회귀한 번역어였는데 이를 통해 일어에서 유래한 새로운 단어들의 중국에 대한 영향을 미루어 짐작할 수 있다5).

이제 20세기 초에 출판된 세 가지 영중사전을 더 비교해 보고자 한다. 먼저 1908년 교회대학 교수였던 이엔후이칭顔惠庆이 편찬한 『영화대사전英华大辞典』(상무인서관商务印书馆. 이하 『대사전』으로 약칭)으로 이 사전은 일본의 영일(英日)사전을 참고했다고 분명하게 밝히고 있다. 다음은 1916년 이엔푸의 요청으로 중국으로 와 작업을 했던 헤믈링이 펴낸 표준 중국어에 초점을 맞춘 ENGLISH-CHINESE DICTIONARY of the Standard Chinese Spoken Language(官话) and Handbook for Translations, Including Scientific, Technical, Modern, and Documentary Terms(이하 『관화』로 약칭)가 있다. 이 사전에서도 서문에 현대 전문용어는 고대 중국어와 일어에서 흡수되어 온 것이라고 말한다. 마지막은 1928년 황스푸黄士复 등이 공저로 편찬한 『종합영한대사전综合英汉大辞典』(상무인서관. 이하 『종합영한』으로 약칭)으로서 이 사전은 일본 사전에서 매우 많은 명사와 번역어들을 그대로 베껴놓았다. 서명에 '辞典사전' 두 글자도 일어에서 온 것이 분명하다. 왜냐하면 중국에서는 전통적으로 '字典사전'이라는 두 글자를

---

5) 제2장 4) 일어 한자어의 도입 134~147쪽 참조.

썼기 때문이다. 이 세 가지 사전을 비교하기 위해 앞서 언급했던 사전인 『영화』(1866)를 더 추가하여 모두 네 가지 사전을 비교할 것이다. 이때 『관화』 번역어의 오른쪽 위에 작은 글자 'S'를 쓴 경우는 이 책에서 새로 만든 전문용어임을 표시하는 것이고 'B'는 이 책에서 중국 교육부가 확정한 단어임을 밝힌 것을 표시하기 위해 달아 놓은 것이다.

	『영화』 1866	『대사전』 1908	『관화』 1916	『종합영한』 1928
科学/science	学	学, 智, 专门学, 科学	科学^S	科学
革命/revolution	变, 乱, 叛逆	变革, 革命, 内变	革命, 变革^B	革命
干部/cardre	-	连队之编制	干部^S	[陆]连队之干部
哲学/philosophy	理学	爱智, 哲学	哲学	哲学
空间/space	地方, 间	空间, 空处	空间	空间
抽象/abstract	禅, 虚心	理论的, 抽象的	悬想^B	抽象
世纪/century	一百年	一百年	一百年, 世纪	世纪
手续/procedures	法	法, 秩序, 次第	手续^S	手续
formalities	礼法	成法, 常例	手续	手续

위 표를 통해 비교해 보면 『영화』는 일본의 영향을 받기 전에 자체적으로 편찬되었고 나머지 세 사전은 모두 정도는 다르지만 일정 부분 일본의 영향이 있었음을 알 수 있다. 전체적으로 볼 때 시간이 가면서 그 영향이 더 깊고 광범위하게 미쳤음도 알 수 있다. 『대사전』과 『관화』의 경우도 일본 사전을 비교적 많이 참고한 흔적이 곳곳에서 발견되지만 이후 좀 더 고심하여 자체적인 번역어가 생긴 경우를 볼 수 있다. 반면 『종합영한』은 아예 그대로 베껴놓은 것 같이

일어와 거의 동일한 것을 볼 수 있다. 이에 사람들이 이 사전이 일본인이 지은 것을 모사하였기 때문에 주석에도 이상한 일본 명사들이 많이 섞여 있다고 평가한 이유를 이해할 수 있을 듯하다.6) 왕리도 서양 언어, 특히 영어로 사전을 편찬하는 중국인들이 편리를 좇아 일본인이 편찬한 서양 언어 사전의 번역어를 그대로 베끼고 있다는 점을 언급한 바 있다.7) 이를 통해 이런 모사의 경향은 비단 『종합영한』만의 문제는 아니었고 이미 그 시절 만연한 풍조였음을 미루어 짐작할 수 있다. 『종합영한』 역시 이런 풍조를 답습했을 뿐 특이한 경우라고 할 수 없을 것이다. 그 시절 이런 풍조가 얼마나 유행했었는가는 지금까지도 그 많은 번역어들이 여전히 사용되고 있음을 통해 여실히 느낄 수 있다. 역사적인 사실로도 분명히 증명이 되듯 차용의 속도가 빠를수록 차용어의 개수가 많아지고 나라의 발전 속도도 빨라진다. 이런 점에서 이런 사전들이 번역어의 확정과 보급을 촉진시켰고 중국어 어휘 발전사에 있어 공헌한 바가 있음은 두말할 나위 없이 당연하다고 할 것이다.

2) 일어에서 온 외래어의 분류

일어에서 온 단어가 직접적으로 차용된 것이든, 중국어에 먼저 있었는데 일본으로 넘어갔다가 다시 중국으로 회귀한 것이든, 모두 일종의 문화교류 형식이므로 이를 인정하고 연구하는 태도를 지녀야 할 것이다. 현재 일본에서 온 단어인 것으로 알려진 경우에 대한 분

---

6) 둥치우쓰董秋斯의 「번역 작업에 있어 중국어 규범화 문제翻译工作的汉语规范化问题」(1956) 참조.
7) 왕리의 『한어사고汉语史稿』(下卷) 528쪽 참조.

석에는 이미 다양한 분류법이 존재한다.8) 이때 마땅히 빌려온 언어(중국어)가 빌려준 언어(일어)에 대응한다는 관점에서 출발하여 중국과 일본 공용 한자의 특징을 결부시켜 분석을 해나갈 때 합리적인 분류를 할 수 있을 것이다. 따라서 먼저 고려할 것은 차용 방식으로, 여기서 차용 방식이란 한자를 배합한 후에 형성되는 형(形)·음(音)·의(義)의 종합적인 차용 방식을 말한다. 그래야만 이런 외래어의 본질적인 특징을 포착해 낼 수 있고 일어가 아닌 언어에서 유래한 외래어의 분류와도 구분이 가능해 질 수 있다. 그리고 일관된 결과를 얻어낼 수 있게 된다. 이 밖의 관점들은 하위분류의 기준으로 작용할 수 있을 뿐이다. 따라서 언급한 형·음·의 종합 차용 방식을 기준으로 하여 다음과 같이 세 가지 유형으로 나누어 논의를 진행하도록 하겠다.

---

8) 왕리다王立达(1958b)에서는 외래어를 아래와 같이 9가지로 분류하였다.
   ① 음역한자어: 瓦斯가스, 加答儿카타르
   ② 훈독한자어: 手续수속, 但书단서, 人口인구
   ③ 새로운 의미가 생긴 고대 한자어: 经济경제, 革命혁명
   ④ 근대 일본에서 창조한 한자어: 绝对절대. 支配지배, 哲学철학, 一元化일원화
   ⑤ 일어에서 왔지만 중국어에 들어온 후 의미에 변화가 생긴 한자어:
      劳动者노동자, 辩护士변호사
   ⑥ 일어 히라가나 단어에 대응하는 기능어: 对于~에 대해, 基于~을 기반으로
   ⑦ 일본에서 만든 한자로 구성된 한자어: 腺선, 膣질, 呎피트, 时인치
   ⑧ 이미 폐기되어 사용되지 않는 한자어:
      劳动组合노동조합, 劳农政府(舊)소련정부
   ⑨ 협화어 한자어: 町지명에 쓰이는 한자, 番地번지, 满员만원
   이런 구분은 사실상 유형별로 서로 다른 기준을 적용했기 때문이다. 따라서 명백히 적절하지 않다.

(1) 한자의 의미를 사용하여 형식을 차용한 한자어

수량이 가장 많이 존재하는 유형으로서 일어에서 온 외래어의 본질이며 핵심 부분이라고 할 수 있다. 일어 자체로 볼 때 다음과 같은 세 가지 경우가 존재한다.

① 서양의 언어를 의역한 경우

이 유형을 다시 몇 가지로 세분할 수 있다. 첫째, 원래 고대 중국어 단어였던 것을 일어가 빌려와 서양 언어를 의역하는 데에 사용한 경우이다. 중국어 단어 의미의 전이 혹은 확장 용법이라고 할 수 있으며 일종의 '준외래어' 혹은 '준고유어'로 볼 수 있다. 이 유형에 속하는 단어의 수가 꽤 많은데 예를 들면 다음과 같다.

- 经济: 일본에서 영어 economy를 의역한 말로 이후 '돈을 아끼다', '수지가 맞다'라는 뜻으로도 확장되어 영어 economical과 대응하는 말이 되었다. 고대 중국어에 '경세제민(經世濟民)'이라는 말이 있는데 국가를 잘 다스려 백성을 구한다는 말로서 『송사·왕안석전宋史·王安石传』에서는 '朱熹尝论安石, 以文章节行高一世, 而尤以道德经济为己任。주희가 안석을 논하면서 문장으로 그 절개 있는 행실을 세상에 드높이고, 더욱이 도와 덕으로 다스려 맡은 바를 매우 잘 해내었다'과 같이 사용된 바 있다. 중국어에서는 더욱 확장되어 경제학을 가리키는 말로 사용되면서 영어 economics에 대응하게 되었다.
- 革命: 일본에서 영어 revolution을 의역한 말이다. 고대 중국어에 '혁신천명(革新天命)'이라는 말이 있는데 『역·혁易·革』에서 '天地革而四时成, 汤武革命, 顺乎天而应乎人。천지가 변하여 사계절이

생기듯 탕왕과 무왕이 혁명을 일으킨 것은 하늘에 순응하고 사람에게 부응한 것이니'과 같이 사용된 바 있다. 중국어에서 이후 동사와 형용사 용법으로 더 확장되면서 영어 revolt/revolute 및 revolutionary에 상응하게 되었다.

- 交通: 일본에서 영어 communication/traffic을 의역한 말이다. 고대 중국어에 '교제(交際), 교우(交友)'라는 말이 있는데『사기·관부전史记·灌夫传』에서 '诸所与交通, 无非豪桀大猾。여러 사람들과 교제하는데 호걸과 두목이 아닌 사람이 없었다'라고 쓰인 바 있다.
- 教授: 일본에서 영어 professor를 의역한 말이다. 고대 중국어에 '교과수업(教課授業)'이라는 말이 있는데『사기·중니제자열전史记·仲尼弟子列传』에서 '子夏居西河教授, 为魏文侯师。자하는 서하에 거하며 가르치다가 위나라 문후의 스승이 되었다'라고 쓰인 바 있다.

다음은 일어가 중국어 형태소를 이용해 스스로 조어하여 서양 언어를 의역한 일본식 외래어로서 이 또한 일종의 '준외래어'로 볼 수 있다. 그러나 외래어 자질 측면에서 첫 번째 경우 보다 그 정도가 한 단계 높은 유형이라고 할 수 있으며 이 유형의 단어가 가장 많다. 예를 들면 다음과 같다.

- 干部: 일어 kanbu로서 프랑스어 cadre를 의역한 단어이다.
- 排球: 일어 haikyū로서 영어 volleyball를 의역한 단어이다. 일본에서는 현재 음역어를 사용한다.
- 美术: 일어 bijutsu로서 영어 art를 의역한 단어이다.

또 다른 경우는 일어가 한자를 만들어 조어한 단어들의 경우로 그 수가 비교적 적은 편이다. 이미 존재하던 한자를 이용해 형성이나 회의의 방식을 통해 그 한자의 의미를 확장한 후 편방을 덧붙이거나 바꿔서 만들어 내는 것이다. 한자의 독음과 의미는 여전히 원래 한자에 상응하거나 연관이 있기 때문에 이 유형에 넣을 수 있다. 예를 들면 다음과 같다9).

- 腺: 생물체 내에서 분비되는 각종 물질의 생리 조직을 뜻한다. 일어는 sen이며 영어 gland를 의역한 말이다.
- 鯰: 메기. 중국어를 차용한 후에 의미 표지인 '魚'를 덧붙여 '鯰魚'라는 단어를 사용하였다. 일어에서는 nen/namazu라고 한다.
- 膣: 질. 일시적으로 차용된 바 있다. 일어로는 chitsu라고 한다.

일어가 일어 형태소를 사용해서 조어했으나 한자를 써서 서양의 단어를 의역한 경우도 있는데 말하자면 훈독의 방식으로 조어한 것을 말한다. 수적으로는 많지 않은 편인데 예를 들면 다음과 같은 것들이 있다.

- 组合: ㉠ 직업 단체를 뜻하며 일어로는 kumiai로서 영어 association/union을 의역한 말이다. ㉡ 수학에서 더하기를 뜻하며 일어로는 kumiawase로서 영어 combination을 의역한 말이다.
- 借方: 빌려오는 쪽을 의미하며 일어로는 karikata로서 영어 debit을 의역한 말이다.

---

9) 왕리다(1958a)는 '癌암'을 일본에서 만들어진 한자 외래어로 분류하였으나 사실 '癌'은 중국에서 만들어진 한자로 명나라 때 이미 존재했었다. 스요우웨이(1998b) 참조.

- 引渡: 외교적으로 갑국이 을국의 요청에 응해 갑국으로 넘어온 을국의 범인을 잡아서 을국으로 보내는 것을 의미한다. 일어로는 hikiwatashi로서 영어 delivery/extradition을 의역한 말이다.

끝으로 매우 드물게 반은 훈독, 반은 음독인 한자어가 있는데 예를 들면 다음과 같다.

- 胜负手: 바둑에서 승부를 가르는 모험성을 띤 한 수로서 일어로는 shōbu-te이다.
- 手足口病: 손, 발, 구상 등의 부위에 수포가 생기는 일종의 어린이 전염병으로 일어로는 teashikuchi-byō이며 영어 hand foot and mouth disease에 대응하는 말이다.

② 문자적으로 의역이고 독음 상 음역인 경우

일어가 서양의 언어를 음역하면서 글자 표면적으로 보면 한자의 의미를 사용하고 한자 구조의 형식을 유지한 경우를 말한다. 이런 유형은 수적으로 매우 적은 편이지만 세 가지로 나눌 수 있다.

먼저 고대 중국어 단어 형식을 빌려온 훈독식 음역어로서 예를 들면 다음과 같다.

- 麦酒: 맥주. 일어로는 biru라고 하며 네덜란드어 bier를 훈독식으로 음역한 경우이다. 고대 중국어에는 지금의 啤酒맥주라는 말을 쓰지 않았다. 예를 들어 『후한서·범염전后汉书·范冉传』의 '(王)奂迁汉阳太守, 将行, 冉乃与弟协步贲麦酒, 于道侧设坛以待之. 왕 환이 한양으로 옮겨와 태수가 되어 행차를 하니'와 같이 쓰였다.

다음은 음의겸역의 음독식 한자어로서 예를 들면 다음과 같다.

- 俱乐部: 일어 kurabu로 영어 club을 음의겸역한 말이다.
- 虎烈辣(剌): 콜레라. 일어 korera로서 네덜란드어 cholera를 음의겸역한 말이다.

마지막으로 일종의 회의의 방법으로 만들어진 일본식 한자 외래어로서 한자 원래의 의미를 기초로 의미가 확장된 경우라고 할 수 있다. 또 한자 조합의 측면에서 보면 편방이 덧붙여진 경우로서 일어 독음은 외국어를 음역한 것이거나 훈독 방식인 것이다. 이런 유형의 단어도 매우 적은 편인데 예를 들면 다음과 같은 것이 있다.

- 糎: 센티미터. 일어 senchi-mētoru로서 프랑스어 centimetre를 음역한 말이다. 해당 한자는 중국어에서 '厘米'로 읽도록 규정되어 있으나 현재는 이미 사용되지 않는 글자이다.
- 鱈: 바닷물고기의 일종인 대구. 설국(雪國)에서 자라고 잡힌다는 뜻에서 붙은 이름으로 중국어에서 빌려온 후에 의미 표지를 덧붙여 '鱈鱼'라는 말을 만들었다. 일어로는 훈독하여 tara라고 한다.

③ 일본의 자체적인 인식을 바탕으로 한자를 이용해 만든 단어

서양 언어를 번역한 것이 아니라 일본 사회의 특수한 사물을 반영하는 경우가 많다. 이런 유형이 많은 것은 아니지만 세 가지로 분류할 수 있다.

첫째, 일본에서 음독 한자를 이용하여 자체적으로 조어한 단어로서 일종의 일본식 한자어라고 할 수 있다. 예를 들면 다음과 같다.

- 花道: 일본식 꽃꽂이 예술. 일어로는 kadō라고 한다.
- 俳句: 3단(5, 7, 5음절)으로 구성되는 일종의 일본식 짧은 시. 일어로는 haiku라고 한다.
- 人力车: 인력거. 일어로는 jinrikisha라고 한다.
- 集中: 흩어진 것을 모으거나 귀납하다. 일어로는 shūchū라고 한다.
- 人选: 일정한 목표를 위해 등용하거나 스스로 천거할 때 인선(人選). 일어로는 jinsen이라고 한다.
- 日程: 일자에 맞춰 배정한 행사 일정. 일어로는 nittei라고 한다.

둘째, 고대 중국어를 차용하여 일어 의미를 표시한 경우로서 다음과 같은 예가 있다.

- 柔道: 유도. 일어로는 judo라고 하며 고대 중국어에서 '부드러운 방식이나 수단'이라는 의미로 『후한서·광무제기后汉书·光武帝纪』에서 '吾理天下, 亦欲以柔道行之。내가 천하를 다스리는데 또한 부드러운 도로 그것을 행하고자 하노라'와 같이 쓰인 바 있다.
- 浪人: 일본에서 유민(遊民)이나 유랑민을 뜻하는 말로 일어로는 rō-nin이라고 한다. 고대 중국어에 '강호(江湖)를 떠돌며 고정된 거처가 없는 사람'이라는 뜻으로 유종원柳宗元의 『이적전李赤传』에서 '李赤, 江湖浪人也。이적은 강호에 떠도는 사람이라'라고 쓰인 바 있다.

셋째, 훈독 한자를 사용해 조어한 것으로 그 예가 많지 않지만 예를 들면 다음과 같다.

- 场合: 일정한 시간이나 지점 혹은 상황. 일어로는 ba-ai라고 한다.

- 手续: 수속. 일어로는 te-tsuzuku라고 한다.
- 打消: 어떤 방식을 없애거나 버리다. 일어에서는 원래 어떤 과정을 통해 안건이나 제의를 취소하는 것을 의미하며 uchikeshi라고 한다.

(2) 한자의 의미를 사용하지 않고 형식만 빌린 한자어

일어에 본래 있었거나 일어가 서양 언어를 음역하는데 사용한 음독 한자를 병용해 쓴 단어를 말한다. 사용된 한자들이 모두 원래 한자의 의미와 무관하게 쓰이므로 중국어에 들어올 때에도 특수한 음차의 기능만을 갖출 뿐이다. 마치 방언 간의 음운 변화만 있게 되는 것처럼 일어의 독음과 상당한 차이가 있게 된다. 이는 중국어가 직접적으로 서양의 언어를 음역한 것과는 다르며 이 유형에 속하는 단어는 비교적 적은 편이다. 예를 들면 다음과 같다.

- 寿司: 스시. 맨 처음에는 중국 고대에 존재하던 식초를 이용해 생선이나 육류 식품을 처리하던 것으로부터 왔을 가능성이 있으며 일어로는 sushi라고 한다.
- 瓦斯: 가스. 일어로는 gasu라고 하며 네덜란드어 gas를 음역한 말이다.
- 加答儿: 카타르, 점막염. 일어로는 kataru라고 하며 네덜란드어 catarrh를 음역한 말이다.
- 曹达: 소다. 일어로는 sōda라고 하며 네덜란드어 soda를 음역한 말이다.

(3) 일어에서 유래한 중국어 음역어

중국이 일어 독음에 맞춰 자체적으로 한자를 이용해 전부 혹은 부분적으로 음역한 단어를 말한다. 일어에서는 일반적으로 가나를 이용하거나 한자를 첨가하여 표시하는데 이 유형에 속하는 단어는 매우 적은 편이다. 예를 들면 다음과 같다.

- 卡拉OK: 가라오케. 일어로는 kara-oke라고 하는데 원래 단어는 kara가 '텅 비다'가 되고 oke가 '관현악단' 즉 orchestra인 말의 축약 형식이다.
- 斯纳库: 일본에서 간단한 식사도 제공되면서 술자리를 접대하는 여성이 있는 작은 술집을 뜻하는 말로 일어로는 sunakku라고 하며 미국 영어 snack에서 빌려온 단어이다.
- 多桑: 아버지. 일어로는 tosan이라고 하며 타이완에서 사용되고 있다.
- 欧巴桑: 할머니. 일어로는 obāsan이라고 하며 타이완에서 사용된다.

소수지만 음의겸역도 존재하는데 다음과 같은 예를 들 수 있다.

- 扒金库/扒金宫/拔金库: 파친코. 일본에 있는 특이한 가게로서 고객이 스틸 볼을 집어넣거나 흘려보내는 전자기기로 도박을 하거나 시간을 보내는 곳이다. 일어로는 pachinko라고 한다.

NHK(Nippon Hōso Kyokai, 일본방송협회) 같이 개별적으로 일본에서 만들어진 라틴 알파벳 축약어도 이 유형에 속한다.

6. 피진어와 외국어 혼합 현상

1) 피진어

피진어란 중국어로 '양징방洋泾浜'이라고 부르는 언어 형태를 말하는데 '양징방'은 본래 상하이의 작은 하천 이름이다. 1845년 상하이 영국 조계(租界)의 남부 주변에서 형성된 후 다시 프랑스 조계와 영미(英美) 공통 조계 사이의 경계를 이루는 하천이 되었다. 지금은 이미 매립이 되었지만 상하이 사람들은 물론 중국인들 모두에게 비단 하천 이름 이상의 새로운 의미를 남겨주었다. 즉 외국어를 이용한 어휘를 중국식 문법에 맞춰 말하고 심지어 중국어 단어를 덧붙이기도 하여 형성된 것으로 임시로 한데 모아 사용하는 혼합어를 일컫게 된 것이다. 이런 언어를 '양징방어pidgin speech'라고 부를 수 있는데 어디까지나 언어 층위에서만 사용될 수 있는 용어이다. '양징방어'는 18세기 초 처음에는 중국 마카오, 광쪼우 일대에서 시작되었고 이후 상하이까지 확산되었다. 이 명칭 자체의 근원도 앞서 언급한 작은 하천의 위치와 관계가 있다. 양징방 지역이 상술한 두 조계 사이에 있었기 때문에 서양의 영향도 비교적 이른 시기에 신속하게 받게 되었다. 또 조계의 경계를 넘나드는 상업 활동을 하기에도 편리했기 때문에 연안이 자연스럽게 가장 번화한 조계지 중 하나를 이루게 되었다. 그리고 양안(兩岸)에는 매우 빠르게 찻집, 극장, 상점, 기방(妓房) 등 각종 사람들에게 매력적인 공간들이 도처에 즐비하게 되었다. 일찍이 1858년 왕타우가 저술한 『형화관일기蘅华馆日记』에 다음과 같은 언급이 있다. '양징방이란 상하이현의 북쪽 교외 지역을 가리키는데 오늘날 서양 통상의 선창이 되었다. …… 보라 무릇 거대한 다리와 준엄한 관문, 화려한 건물과 다채로운 수레, 쥐색잡기와 호색이 난무

하고 해마가 먼지를 날리는 모습을. 진귀한 꽃들이 아름다움을 뽐내고 물총새가 날저물도록 지저귄다. 어디 그뿐인가. 남을 이용하는 재주, 귀를 간지럽히는 음악, 음란한 생각과 교묘한 모략, 사치도 이상할 것이 없네'. 13년이라는 시간의 차이만이 있을 뿐인데 이미 이같이 변화하였음을 알 수 있다. 양징방 위치와의 관계 때문에 이 작은 하천의 이름도 거의 조계의 대명사가 되었다. 당시 상하이도上海道는 조계 조약을 체결한 몇몇 관련 조계의 협정 규정에 있어서도 '양징방 …… 규정' 처럼 양징방이라는 말을 많이 덧붙여 썼다. 따라서 양징방에도 '상하이조계지上海洋场'라는 의미가 함께 깃들어 있다. 당시 몇몇 중국 사람들이 조계지의 서양 사람들과 교류를 하고자 할 때에도 영어를 제대로 훈련받은 적이 없었기 때문에 중국어 문법과 방언의 구어음을 사용할 수밖에 없었고 심지어 중국어 단어도 마구 섞어 써서 중국어도 아니고 외국어도 아닌 매우 서툰 영어를 사용하여 상황에 대처하였다. 상하이 사람들은 이런 영어를 '양징방 영어'라고 부른다. 일반 사람들도 때때로 두어 마디 영문을 섞어서 말하거나 좀 더 많은 영어 단어가 섞인 중국어를 구사하기도 하는데 이런 경우 모두 '양징방 구사讲洋泾浜'라고 불린다. 이 시기 '양징방(어)'는 개인적인 색채가 매우 농후했고 일정한 규칙이 존재하지 않은 채 언어 층위에 남겨진 것이다. 이에 당시 상하이에서는 규칙적인, 진일보한 양징방어를 막 형성하기 시작했는데 양징방 영어를 위한 속성 교재가 출판되기도 하였다. 예를 들면 19세기 말 상하이에서 출판된 『양징방영어일용수책洋泾浜英语日用手册』이 있다. 이런 책들은 대부분 닝뽀 사람들이 펴낸 것으로 닝뽀의 구어음이 많이 실려 있다. 책의 일부분을 소개하면 다음과 같다.

6. 피진어와 외국어 혼합 현상 333

来叫"克姆"(come)去叫"狗"(go),

一元洋钿"温得拉"(one dollar),

廿四铜"吞的福"(twenty four),

是讲"也司"(yes)勿讲"拿"(no),

如此如此"沙咸鱼沙"(so and so),

"翘(choose)梯(tea)翘梯"喝杯茶,

"雪堂雪堂"(sit down)请依(你)坐,

红头阿三(指印度守卫)"开泼度"(keep door, 守门),

自家兄弟"勃拉茶"(brother),

爷要"发茶"(father)娘"卖茶"(mother),

丈人阿伯"发茶佬"(father-in-law).10)

---

10) 이런 구어문구에 또 다른 판본이 존재한다. 치엔나이룽钱乃荣(1989)이 기록을 더해 놓은 것을 본서의 필자가 임의로 적절한 영어 단어로 풀이하였는데, 원문 그대로 제시하면 아래와 같다. 필자에 의하면 부분적으로는 가능한 형식을 최대한 제시하였다고 하나 기타 다른 부분은 정문을 참조해야 한다.

来是"康姆"去是"谷", 廿四块洋钿"吞的福", 是叫"也司"勿叫"拿", 如此如此"沙咸鱼沙", 真崭实质"佛立谷"(very good), 靴叫"蒲脱"(boot)鞋叫"靴"(shoe), 洋行实办"江摆渡"(comprador), 小火轮叫"司汀巴"(steamboat), "翘梯翘梯"请吃茶, "雪堂雪堂"请依坐, 烘山芋叫"扑铁秃"(potato), 东洋车子"力克靴"(rickshaw), 打屁股叫"班蒲曲"(beat on the buttocks), 混帐王八"蛋风炉"(? died fruit), "那摩温"(number one)先生是阿大, 跑街先生"杀老夫"(? salable), "麦克麦克"(make money)钞票多, "毕的生司"(? business sense)当票多, 红头阿三"开泼度", 自家兄弟"勃拉茶", 爷要"发茶"娘"卖茶", 丈人阿伯"发音落"。

오다는 "康姆"이고 가다는 "谷"이다. 24위안 은화 "吞的福"는 "也司"라고 불러야지 "拿"라고 부르면 안 된다. "沙咸鱼沙" 어쩌구저쩌구, 매우 좋을 때에는 "佛立谷"(very good)라고 하고, 부츠는 "蒲脱"(boot), 신발은 "靴"(shoe)라고 부른다. 매판(買辦)하는 사람은 "江摆渡"(comprador)라고 하고 소형기선은 "司汀巴"(steamboat)라고 한다. "翘梯翘梯"는 차(茶)를 권유하는 말이고 양징방 영어의 문법은 토착어의 문법과 결합하여 매우 불안정하다. 예를 들면 1912년에 출판된 『상하이여유지남上海旅游指南』에서는 양징방 영어를 '비둘기 영어'(pidgin의 발음이 pigeon과 비슷하기 때문)라고 지칭하여 조소 섞인 뉘앙스를 주고 있다. 또한 아래와 같이 표준 영어와의 대조도 보여주고 있다.

표준 영어	양징방 영어
Do you understand?	Savvy
Can you tell me what this is?	What thing this b'long?
Can you do this for me?	Can do?

반대로 양징방 영어 중에 정식 영어가 된 경우도 있는데 예를 들면 중국어 '好久不見오랜만입니다'의 양징방 영어 'Long time no see'가 그 예라고 할 수 있다.

중국어의 영향을 받았기 때문에 중국의 양징방 영어에서는 수사(數詞) 뒤에 영어 piece에서 온 양사화된 접미사 -pisi가 자주 출현하고, 지점이나 시간을 나타내는 명사나 대명사 뒤에는 영어 side에서 온 방위사화된 접미사 -said와 영어 time에서 온 -taim이 곧잘 출현

"雪堂雪堂"은 앉으라고 권하는 말이다. 구운 감자는 "扑铁秃"(potato)라고 부르고 인력거는 "力克靴"(rickshaw)라고 부른다. 볼기를 치는 것은 "班蒲曲"(beat on the buttocks)라고 하며 "蛋风炉"(? died fruit)는 사람을 비난할 때 쓰는 말이다. "那摩温"(number one)先生은 장남을 뜻하고 "杀老夫"(? salable)는 외판원을 가리킨다. "麦克麦克"(make money)는 지폐가 많다는 것을 뜻하고 "毕的生司"(? business sense)는 전당표가 많다는 말이다. 인도 사람 순경은 "开泼度"라고 하고 자기 형제는 "勃拉茶"라고 한다. 아버지는 "发茶", 어머니는 "卖茶", 장인어른이나 시아버니는 "发音落"라고 부른다.

한다. 반면 명사의 수와 격을 나타내는 성분은 소실되었다. 예를 들면 다음과 같다.

- tupisi man: 영어 two man
- forpisi tebal: 영어 four tables
- hi haus said(hi=영어 he, haus=영어 house): '在他家里그의 집에서'를 의미.
- doksaid(dok=영어 dock): '码头上부두에서'을 의미.
- maisaid(mai=영어 my): '我这里내가 있는 쪽'를 의미.
- distaim(dis=영어 this, taim=영어 time): '现在현재'를 의미.

이밖에 어순에서도 중국어와 비슷한 경우가 있는데 예를 들면 다음과 같다.

- Ning-Po mo far(mo=영어 more): '宁波以远닝뽀보다 먼 곳'을 의미

중국에서뿐만 아니라 당시 미국의 중국인들도 유사한 양징방을 사용하였다. 아래는 화교들 중 세탁소에서 일하던 사람들이 자주 쓰던 표현이다.

- No tickee, no washee(tickee=영어 ticket, washee=영어 wash) '没有票不洗표가 없으면 세탁할 수 없다'를 의미

양징방의 단어와 문법은 모두 지극히 단순하고 조잡하며 안정적이지 않다. 특정한 사회 조건 아래에서 생성되기 때문에 그 기초가 불안정적일 수밖에 없는 것이다. 따라서 그 특정한 조건이 사라지게 되

면 언어도 함께 사라지게 된다. 물론 양징방에도 적극적인 일면이 존재하여 당시에 사용되던 임시적인 소통의 수단이었을 뿐만 아니라 해당 지역 언어에 외래어를 많이 도입하게 하는 역할도 하였다. 즉 양징방은 해당 지역의 사람들이나 주변인들의 모어에 곧잘 영향을 미쳤으며 자주 사용되던 외래어는 점차 보편화되기도 하여 점차 중국어 어휘의 일원으로서 중국어 외래어가 되었다. 다음은 초기의 광둥 지역 양징방 영어의 예이다.

- 三文治: 영어 sandwich
- 之士: 영어 cheese
- 士担: 영어 stamp
- 麦: 영어 trade mark

다음은 이른 시기 상하이어에서 자주 사용되던 예이다.

- ba²fie² ba²fie²: 영어 bye-bye
- sən¹khəʔ⁴jə²: 영어 thank you
- ɡe²vu²mi²: 영어 give me
- wən²dəʔ⁵foʔ⁴: 영어 wonderful
- ve²le²ɡu²dəʔ⁵: 영어 very good
- laʔ⁵fi¹li²: 영어 referee
- dʑiaŋ²bo²: 영어 jump ball
- ɕio¹: 영어 shoot
- sa¹fie²: 영어 side
- ɡɔ²ə⁻¹²: 영어 goal

이상의 많은 어휘들이 양징방으로 사용되다가 점차 사람들에게 보편적으로 쓰이게 된 경우라고 할 수 있다. 비록 많은 경우 글로 남아 있지 않지만 오히려 진정으로 살아 숨쉬던 외래어라고 할 수 있다. 1949년 이후 이런 단어들이 정치적인 대변혁과 언어 규범화 정책에 따라 대부분 소실되었으나 1978년 이후에는 개혁개방 정책이 진행되면서 '拜拜바이바이'와 같은 외래어들은 다시금 쓰이게 되어 언중들의 구어 속으로 돌아오게 되었다11).

2) 외래어 혼합 현상

양징방은 사실 외래어를 위주로 한 일종의 언어 혼합 현상으로 양징방의 혼합이 외래어 혼합보다 더 견고하다고 할 수 있다. 이는 외국어를 배울 때 일정 정도에 다다른 사람이라면 특정 환경에 처했을 때 자주 출현시키는 현상이다. 학술대회에서도 외국어 전문 용어를 섞어서 사용하는 경우를 종종 들을 수 있다. 홍콩이나 타이완에서 그곳의 사람들이 영어 단어를 잘 섞어서 말하는 것도 자주 들을 수 있다. 일본에서도 중국 유학생들이 중국어 사이사이에 일어를 섞어서 말하는 것을 자주 들을 수 있다. 제2언어교수·학습에서도 다른 언어를 섞어서 쓰는 경우를 종종 볼 수 있다. 예를 들면 영어를 가르치는

---

11) 위구르 지역에도 이런 양징방 중국어가 존재한다. 그곳에서는 토착중국어라고 칭하는데 그중에 어떤 것들은 위구르어 단어에 중국어 접사 '子'나 수식 성분을 덧붙여 만든 단어들이다. 그중 몇몇 단어들은 다시 중국어로 흘러들어와 그곳 한족들의 구어에 존재하는 외래어가 되기도 하였다. 예를 들면 위구르어 palaz는 '线帕拉子털실뭉치가 없는 양탄자'로, 위구르어 bala/balang은 '巴郎子아이'로, 위구르어 yênggê는 '洋缸子/洋岗子젊은 며느리나 아주머니'로, 위구르어 dada/dadang은 '大当子아버지'로 되었다.

중국인 교수자가 수시로 영어를 사용해서 가르친다든지 외국인에게 중국어를 가르치는 중국인 교수자가 언어를 가르치면서 발화하는 중국어 속에 학생들이 잘 아는 외국어 성분을 섞어서 말하는 경우 등을 들 수 있다. 먼저 학술대회에서 외국어를 사용하는 것은 대부분 학술대회의 편의를 위한 것으로 학술용어가 동일해서 혹은 동일하지 않아서 일으키는 오해를 피하기 위함이다. 즉 공통적으로 인식할 수 있는 외국어를 사용하는 일종의 언어 책략이라고 할 수 있다. 다음 제2언어교수·학습에서 외국어를 섞어 쓰는 것은 해당 지역의 외국어 교육의 효율을 높이기 위해서거나 외국의 영향이 강해 생겨나는 일종의 언어적인 유행이라고 할 수 있다. 또 다른 경우는 외국어의 영향력이 강한 환경 속에서 자연스럽게 출현하는 언어 침투라고 할 수 있는데 이 또한 언어 책략의 일종으로 볼 수 있다. 즉 학생들이 다른 언어를 쉽게 이해할 수 있도록, 혹은 학생들의 듣기를 강화한다든지 어감을 살려준다든지 하기 위해 일부러 외국어 입력을 제공하는 것이다. 이런 것들은 일반적으로 언어적인 층위에만 머무르게 할 뿐 고정적인 사용 습관을 길러주지는 못해 사람마다 혹은 경우마다 각기 다른 양상으로 나타난다. 이는 비단 현재뿐만 아니라 고대에도 있어 온 현상이다. 예를 들면 원대에는 몽골어 어휘를 섞어 쓰는 문체가 유행하였는데 백화로 쓰여진 비석뿐만 아니라 원곡의 잡극에도 이런 현상이 반영되어 있다. 또 청대에 만주족 자제에 의해 쓰여진 중국어 민간문학 각본인 '자제서(子弟書)'에는 수많은 만주어 어휘가 포함되어 있다. 지금은 더 많은 실례가 존재한다. 예를 들면 어려서 배운 영어가 상하이의 구어에 섞여 들어가는 다음과 같은 경우를 들 수 있다.

father, mather 敬禀者: I 勒拉(在)school, 別样功课侪([ze²], 都)good, 只有English勿及格。……

아버지, 어머니께 알림: 제가 학교에서 다른 과목은 다 잘했는데 영어만 불합격을 받았습니다.

이런 것도 언어 유행과 언어 유희의 혼합이라고 할 수 있다. 여기 쓰인 영어 단어가 비록 학생들의 입에서 다소 상하이 구어음으로 읽히겠지만 여전히 외래어라고는 할 수 없다. 왜냐하면 영어 발음의 기본적인 특징은 그대로 유지될 것이고 단지 비공식적인 의사소통의 장소에서만 사용될 뿐이기 때문이다. 이런 언어는 사용 조건에 매우 의존적이어서 그 조건이 사라지게 되면 외국어를 섞어 쓰는 언어 행위도 사라지게 된다. 따라서 일시적이고 부정확한 특징을 지닌다. 그렇지만 이런 사용 습관이 오히려 외래어가 될 수 있는 조건을 만들어 내기도 하여 매우 많은 외래어가 이런 식으로 쓰이다가 천천히 고정적인 사용으로 변하게 된 경우로서 중국화를 거쳐 중국어의 일원이 된다.

3) 협화어

역사적인 원인으로 인해 중국인들이 일찍이 일본 군인들의 몇몇 어휘를 광범위하게 모방한 적이 있다. 예를 들면 '米西米西밥을 먹다'(일어 meshi, 밥), '拨格亚路망할 놈'(일어 bakayarū, 바보)가 있다. 이런 것은 특수한 상황 아래에서 출현하는 특수한 외래어라고 할 수 있다. 이밖에 일본 침략자들과의 교류 중에 쓰였던 것이 아닌 양징방 언어 현상도 존재한다. 1930-1940년대 중국의 뚱베이 지역은 일본 침략군에 의해 '만주국'이라는 낙인을 뒤집어쓰고 점령을 당하였을 뿐만 아니라 일본인 손아귀에 있는 '협의회'가 건립되었다. 어떤 사람들은 일본 침략자의 양징방 중국어에 비위를 맞추기 위해 일본에 충성을 맹세하면서 양징방 언어와 유사한 일종의 '협화어'를 발전시켰다. 이후 뚱베이 지역에서는 이렇게 일어가 섞인 중국어 비슷한 말을 가리켜 '협화어'라고 일컫게 되었다. 이는 중국어 기초 위에 왜곡이 가해져 생겨난 말로 '町행정구역 정, 番地번지' 등과 같은 일어 어휘가 마구 섞여 있을 뿐만 아니라 비슷한 듯 다른 일어 문법도 섞여 있다. 이런 이도 저도 아닌 언어가 당시에 제한적인 계층에서만 사용되었는데 내부적으로도 매우 일관되지 않아 고정적인 형식과 규칙으로 발전하지 못하고 그저 선명한 식민노예화와 비굴했던 기억만을 남겨 놓았다. 1931년 7월에 『관동보关东报』에 실린 두 가지 글의 몇 단락을 예를 들어 보자.

"今天不又来到星期日了么？当此有意义很快活的星期日，我们实在无意的忽略过去的公园海滨不是游人不绝么？"
오늘 또 일요일이 온 게 아닌가? 이러한 의미 있고도 즐거운 일요일을 맞이해서 우리가 아무 생각 없이 무시해 버린 공원 해변에 관광객이 끊임없이 오지 않니?

"梅雨时泼渐过、酷暑天气已来使至今日、为一年中皮肤生病发时之盛之际……"
장마 때 퍼붓던 것도 슬슬 지나가고 찌는 듯한 더위가 오늘에 이르렀네. 일년 중에 피부병이 가장 많이 생기는 때이니……

"……故药物肤法、莫逾于天恩水、因其杀菌力颇强富于深奥之理想、且毫无刺力痛苦之者而皮肤病竟得豁然冰释、欲购虞请向日本东京芝区田村町东京药房或各药房、订买定也！"
……고로 이 약물을 피부에 바르는 것은 하늘에서 내려준 약수처럼 그 살

6. 피진어와 외국어 혼합 현상 **341**

균력이 매우 강하여 심오한 이치를 담고 있어 조금도 자극적이지 않아 종국에는 피부병이 깨끗하게 낫게 된다. 구매하실 분은 일본 동경의 芝区田村의 동경 약방이나 각 약방에 주문해서 구매하세요.

이런 언어는 기형적인 것이기 때문에 필연적으로 언중의 지지를 받을 수도, 언어가 될 수도 없다. 출현 조건에 따라 소실될 수밖에 없으므로 일본 침략자의 후퇴와 함께 실패하게 되었고 이런 기형성도 사멸하게 된 것이다. 그러나 이런 기형적인 언어가 중국어에 몇몇 외래어를 남기기도 하였다. 예를 들면 뚱베이 지역의 만주 철로와 괴뢰군은 일본인이 관리감독하던 것이었으므로 이 두 가지 체제에서 자주 사용되던 협화어 '满员만원'은 이후 중국어로 편입되었다. 당시뿐만 아니라 일본이 퇴각한 후에도 철로 계통 및 기타 영역까지 그 쓰임이 확대되어 승객이 만원이라는 말뿐만 아니라 또 다른 영역에서 사용되기도 한다.

제5장
외래어의 동향과 규범

1. 외래어의 동향

1) 역사적 관점

  중국어 외래어는 적어도 2000여년의 역사가 존재하는 것으로 보인다. 그 가운데 유입이 고조에 달했던 시기는 두 번의 크고 길게 이루어진 시기와 두 번의 작고 짧게 이루어진 시기로 나눌 수 있다. 크고 길게 이루어진 두 번의 시기는 동한부터 수·당 시기와 청말부터 현대에 이르는 시기이다. 작고 짧게 이루어진 두 번의 시기 중 한 번은 원대 몽골 단어의 대규모 유입과 신속한 소멸을 들 수 있다. 그리고 다른 한 번은 청대 만주어에서 유입된 외래어인데 기본적으로 뚱베이 지역과 베이징 주변의 북방 지역에 국한된 것으로서 몽골어만큼 그렇게 맹렬하게 이루어지지는 않았다. 그러나 더욱 중요한 것은 만주족의 '한문화(漢文化)화'에 대한 열정으로서 만주어 단어는 더욱 많은 지역에서 일종의 기저형의 외래어가 되어 만주족 집단의 한어(漢語) 속에 남게 되는 결과로 이어졌다. 이렇게 외래어는 2000여 년 동안 생겨나고 사라지기를 반복하며 변하지 않는 것이 있는가 하면 크게 변화한 것도 있다. 그럼에도 불구하고 그 과정 중에 일관된 어떤 경향을 발견할 수 있는데 이를 몇 가지 분야로 나누어 논의해 보도록 하겠다.

(1) 단어의 안정성

외래어는 리우쩡탄과 까우밍카이 등의 『중국어 외래어 사전』에 수록된 단어를 바탕으로 두 가지 유형으로 구분될 수 있다. 하나는 음을 빌리는 경우로서 음역, 해음음역과 반음반의역 등을 포함하는 유형이다. 다른 하나는 형태를 빌리는 경우로 대부분 일어에서 온 한자어로서 실제로는 주로 의역에 해당하는 유형이다. 전자의 경우는 대부분 서양 언어로부터 온 것이 많은데, 특히 영어에서 유래한 것이 가장 많고 다음은 산스크리트어, 몽골어, 러시아어 순으로 많다. 또 소수 고대 기타 다른 민족의 언어와 현대 소수민족의 언어로부터 온 것도 있다. 후자는 기본적으로 일어에서 온 것이다. 일어를 제외하고 음을 빌린 경우는 모두 6,822개의 단어가 수록되어 있는데 4,817개의 변체(變體)도 더불어 수록되어 있으므로 모두 11,639개의 단어가 수록되어 있다[1]. 실제 단어의 종류와 표제어의 비율을 따져보면

---

1) 리우쩡탄, 까우밍카이 등의 『중국어 외래어 사전』이 출판된 때에는 그 편폭이 감소하였는데 이는 약 2,000개의 표제어를 삭제했기 때문이며 주로 변체를 정리한 것이다. 본서에서 이 사전에 대한 통계를 진행하면서 소수 오류를 발견하게 되었지만 전체적인 윤곽을 파악하는 데에는 큰 영향을 미치지 않았다. 이 밖에 정문에 제시된 단어 중 50개 이상의 경우에 나타난 15개의 언어 외에도 69개의 근원어가 제시되고 있는데 구체적인 수치는 아래와 같다. 순서는 단어가 많이 포함된 순으로 괄호 밖의 숫자가 단어의 수이고 괄호 안의 숫자는 변체까지 고려했을 때의 수이다.
여진 29(64)   따이 49(54)   선비 48(55)   이족 38(47)
독일 30(55)   스페인 30(38)   흉노 28(58)   한국 23(29)

6,822:11,639 = 1:1.7이라고 할 수 있다. 또 모든 표제어의 평균 사용률은 단어의 종류÷표제어 수 = 0.58$^+$이며, 모든 표제어의 평균 중복률은 변체의 수÷표제어 수 = 1-사용률 = 0.41$^+$라고 할 수 있다.

    그중에서 단어의 종류와 표제어의 비율이 작을 수록 효율은 더 떨어지고 안정성도 더 낮아지게 된다. 사용률은 중복률과 반대로 양자가 1을 최고치로 놓을 수 있고 0을 최저치로 놓을 수 있다. 따라서 사용률이 높을수록 효율도 좋아지고 안정성 역시 더 높아진다. 반면 중복률이 높아지면 효율은 더 떨어지고 안정성 역시 더 떨어지게 된다. 부분적으로만 영어라고 표시된 것은 사실 기타 서양 언어에서 온 것인데 전체적으로 볼 때 크게 영향을 미치지 않는다. 그중 몇 가지 주요한 근원어에서 온 외래어 상황은 아래와 같으며 단어의 종류가 50개 이상인 경우만을 제시하였다.

카자흐 22(26)	인도네시아21(29)	이탈리아 18(26)	와 18(18)
나시 17(18)	쭈앙 14(15)	징포 14(15)	어룬춘 13(13)
이란 11(19)	키르기즈(중국내) 10(12)		타이 9(14)
똥 9(10)	짜이와 8(9)	소그드 8(8)	강거 7(14)
다우르 7(9)	미얀마 7(9)	포르투갈 7(8)	베트남 7(8)
리 7(7)	네팔 6(12)	리수 6(7)	우즈베키스탄 6(6)
구자 5(21)	자바 5(7)	시리아 5(6)	하니 5(5)
미아우 5(5)	그리스 4(4)	힌두스탄 4(4)	바이 3(3)
스웨덴 3(3)	발리 2(3)	방글라데시 2(3)	타지크 2(3)
백이 2(2)	덴마크 2(2)	슈에이 2(2)	타타르(신) 2(2)
페르가나 1(5)	우전(구) 1(3)	우르두 1(2)	아이누 1(1)
이집트 1(1)	팔백 1(1)	빤투 1(1)	폴란드 1(1)
뿌랑 1(1)	타타르(구) 1(1)	핀란드 1(1)	까우샨 1(1)
키르기즈족(중국외) 1(1)		체코 1(1)	쿠충 1(1)
타밀 1(1)	터키 1(1)	토하라 1(1)	토욕혼 1(1)
우환 1(1)	시보 1(1)	시아이 1(1)	

근원어	단어	표제어	단어 : 표제어	사용률	중복률
산스크리트어	780	2,589(1809+780)	1 : 3.31	0.30	0.70
이란어	84	167(83+34)	1 : 1.98	0.50	0.50
돌궐어	52	98(46+52)	1 : 1.88	0.53	0.47
아랍어	117	209(92+117)	1 : 1.78	0.56	0.44
거란어	84	122(38+84)	1 : 1.45	0.68	0.31
영어	3,426	5,456(2,030+3,426)	1 : 1.59	0.62	0.37
러시아어	401	482(81+401)	1 : 1.20	0.83	0.16
프랑스어	162	286(124+162)	1 : 1.76	0.56	0.44
라틴어	88	98(10+88)	1 : 1.11	0.89	0.10
말레이어	74	108(34+74)	1 : 1.45	0.68	0.32
몽골어	400	525(125+400)	1 : 1.31	0.76	0.24
티베트어	256	336(80+256)	1 : 1.31	0.76	0.24
만주어	128	175(47+128)	1 : 1.40	0.73	0.26
위구르어	85	123(38+85)	1 : 1.44	0.69	0.31
예벤키어	54	59(5+54)	1 : 1.09	0.91	0.09

　　이상의 통계 수치 중에는 수록 어휘가 우연하게 어떤 요소의 영향을 받아 그것이 반영된 경우가 있다. 예를 들면 예벤키어의 경우는 중국어 외래어 중에 결코 많은 수를 차지하지 않는다. 태국어나 독일어에서 온 외래어보다 당연히 적음에도 불구하고 제시된 원시 자료의 영향을 받아 태국어나 독일어보다 많아지게 되어 단어의 종류를 보면 예벤키어가 54개, 태국어가 49개, 독일어가 30개이다. 그럼에도 불구하고 이러한 통계수치가 대략적으로 객관적인 상황을 반영하는 데에는 문제가 없으므로 참고할 만한 가치가 있다.

　　또한 이상의 통계 수치는 형태를 빌린 일어에서 유래한 외래어와 대조를 이룬다. 이 사전에 실린 일어에서 유래한 외래어의 상당수가 잘못 인식된 것이거나 잘못 수록된 것들이다. 쭈징웨이朱京伟(1993)의 고찰에 의하면 이렇게 잘못 수록된 단어가 이 사전에는 188개나 존재한다고 한다. 그는 일어를 근원어로 표기한 단어들을 9종류로 나누고 그중 네 종류가 일어에서 온 것이 아니라고 하였는데 본서에서도 그의 의견을 따라 이 네 가지 종류를 근거로 논의를 진행하고자 한다. 예를 들면 '铅笔연필, 天主하나님, 基督教기독교' 등은 잘못 수록된 것이지만 이 사전에서 누락된 더 많은 일어한자어를 고려하여 본서에서는 일단 이 책을 기반으로 통계를 진행하였다. 이에 아마도 아이누어Ainu에 내재하는 882개의 단어(별도로 변체가 7개 존재)는 형태를 빌린 유형에 속하는 것으로 보고 포함하지 않았다. 쭈징웨이(1993)의 통계에서는 이를 887개로 제시한 바 있다. 그중 몇몇은 일어가 서양의 언어를 음역한 것으로 간접적인 음의 차용으로 볼 수 있는데 예를 들면 '虎列剌콜레라, 俱乐部클럽, 瓦斯가스, 淋巴림프, 加答儿카타르, 百斯笃페스트, 室扶斯티푸스, 规尼涅Chininum Hydiochloiicum, 瓦와트, 古柯코카, 曹达Chota, 榻榻米다다미, 沃度요드' 등 21개(변체 한 개)를 들 수 있다. 이밖에 직접적인 음역으로는 '奥巴桑오바상(나이든 여자에 대한 경칭), 吉他기타' 등 두 개가 있고 새롭게 만들어진 도량형 단위 음역어도 8개가 있는데 중국어에서는 세 개만 반음역으로 취급되어질 수 있다. 이렇게 이 세 가지 유형을 제거한 후의 단어를 살펴보면 모두 858개(변체 6개 외)가 된다. 형태를 빌린 유형인 차형류(借形類)의 통계 수치를 음을 빌린 유형인 차음류(借音類)와 비교해 보면 아래와 같다.

유형	단어	표제어	단어 : 표제어	사용률	중복률
차형류(일어)	882	889(7+882)	1 : 1.007	0.993	0.007
차음류	6,822	11,639	1 : 1.7	0.58	0.42

일어에서 온 외래어의 대표는 형태를 빌려온 유형이므로 거의 중복되는 변체가 존재하지 않아 하나의 표제어가 기본적으로 하나의 단어가 된다. 따라서 매우 효율적이고 안정성도 매우 높게 나타나 음을 빌리는 외래어 유형과 분명한 대조를 이루어 사용률 면에서는 70% 높게, 중복률 면에서는 97% 낮게 나타난다. 이에 안정도 면에서 일어한자어를 의역에 속한다고 봤을 때 의역이 음역보다 중국어에 적합한 방식이라고 할 수 있을 것이다2).

(2) 차용 방식의 교체

① 음역을 의역으로 교체

『중국어 외래어 사전』에 수록된 산스크리트어에서 온 외래어를 보면 음역어 794개 단어 중에 현재 '梵불교, 佛陀부처, 菩萨보살, 阿罗汉아라한, 南无나무, 阿米陀佛아미타불, 弥勒미륵, 卢舍那佛로자나불, 韦陀위타보살, 涅槃열반, 菩提보리, 曼荼罗만다라, 和尚승려, 僧승, 头陀두타, 比丘비구, 比丘尼비구니, 沙门사문, 沙弥사미, 阎罗염라, 魔악마, 罗刹나찰, 夜叉야차, 曼陀罗만다라, 伽蓝절, 刹절, 塔탑, 浮屠부처, 偈게, 瑜伽요가, 禅선, 忏참회, 劫波겁파, 袈裟가사, 刹那찰나, 陀罗尼다라니, 盂兰盆우란분,

---

2) 스요우웨이의 『신화 외래어 사전』(2019)에는 13,300여 개의 외래어가 수록되어 있는데 이 외에도 7,170여 개의 이체자가 실려 있다. 『중국어 외래어 사전』(1984)과 비교할 때 산스크리트어에서 온 외래어가 다시 생산될 수 없다는 것을 제외하더라도 기타 주요 어원의 단어들이 모두 대폭 증가하였다. 그 중 영어에서 온 단어가 3,400여 개에서 6,600여 개로 증가하였고 일어에서 온 단어가 800여 개에서 3,000여 개로 증가하였다. 이는 이체자는 계산하지 않은 수치이며 산스크리트어에서 온 단어도 그럼에도 불구하고 대체로 보충이 이루어져 789개였던 것에서 900여 개로 증가하였다.

支那지나' 등 50여 개만이 지금까지 사용되고 있다. 이는 원래 사전에 실렸던 단어의 1/16에 불과하다. 이밖에 산스크리트어에서 온 단어는 기본적으로 의역으로 바뀌었거나 불경과 승려 사회집단에서만 사용되는 경우로서 사회 전체적으로나 언어 체계에서는 이미 사용되지 않고 있다. 산스크리트어 외에도 음역이 의역으로 바뀐 예를 찾는 것은 어렵지 않다. 예를 들면 아래와 같다.

麦克风 → 扩音器, 话筒　마이크
布尔乔亚 → 资产阶级　부르주아
普罗列塔列亚 → 无产阶级, 劳动人民　프롤레타리아
配尼西林 → 青毒素　페니실린
派司 → 月票, 通行证, 执照　패스
莱塞 → 激光　레이저
马达 → 发动机, 电动机　모터
淡巴菰 → 烟草　타바코
白脱油 → 黄油, 奶油, 牛油　버터
康拜因 → 联合收割机　콤바인
习明纳尔 → 课堂讨论 / 研讨班　세미나

또 다른 경우는 먼저 의역 형식이 존재한 후에 음역이 들어온 경우인데 최종적으로 음역이 의역으로 말미암아 도태하게 된 단어들이다. 다음은 5·4운동 전후로 들어온 음역 형식과 현재 사라지게 된 상황을 제시한 것이다.

民主 → [民主/德谟克拉西democarcy] → 民主　민주
科学 → [科学/赛因斯science] → 科学　과학

手杖 → [手杖/司的克stick] → 手杖 지팡이
先生 → [先生/密斯脱Mr.] → 先生 남자에 대한 경칭

이상의 경우들을 살펴볼 때 의역이 비록 음역을 완전히 대신할 수는 없겠지만 여전히 주요 차용 방식은 의역이라고 할 수 있다.

의역의 우세, 그 심층에는 두 가지 요인이 존재한다. 하나는 중국인들의 인지심리로서 의역어가 중국어에 존재하는 전통적인 용어들과 매우 동질적이기 때문에 이해하기가 용이하여 쉽게 받아들여지기 때문이다. 또 다른 하나는 의역어는 한자가 중국어 조어법에 따라 만들어진 단어이기 때문에 그 형식과 의미 모두 비교적 분명하게 보여지기 때문이다. 물론 의역어에도 한자로 인해 의미가 와전되거나 오해의 소지가 생길 수도 있지만 앞서 언급한 대로 형식과 의미가 비교적 분명하기 때문에 음역어에 비추어 볼 때 일반 언중들이 해당 단어의 의미를 더욱 쉽게 이해할 수 있도록 해주는 것은 사실이다. 음역어는 한자와 의미의 연결 정도가 매우 낮고 심지어 전혀 연결되지 않는 경우도 있다. 단지 음역어 전체를 의미적인 연결고리 없이 통째로 받아들여야 하는 경우가 많기 때문에 인지적으로 구성 한자를 분석 혹은 분해하여 받아들이기 어렵다. 이것이 바로 의역어가 대체로 음역어 보다 살아남을 가능성이 많은 이유이다. 그리고 이는 중국어가 기본적으로 단음절 형태소 언어인 것에서 비롯되는데 한자라는 서사 체계가 이런 언어 유형에 잘 맞고 한자를 오랫동안 사용해온 중국인들은 인지적으로 한자의 조합을 분석하는 것에 익숙하기 때문이다.

② 순수 음역을 음의겸역으로 교체

이런 경우는 사실 매우 적은 편으로 30개 정도에 불과하여 본 논

의에서 크게 중요하게 다루지는 않을 것이다. 예에는 盖斯塔波 → 盖世太保게슈타포, 考不令 → 靠背轮커플링, 酉酥 → 幽默유머 등이 있다.

③ 의역을 음의겸역을 포함한 음역 혹은 양자가 함께 존재하는 형식으로 교체

이런 경우는 더욱 소수인데 아래와 같이 몇 가지 유형으로 나누어 볼 수 있다.

가. 의역의 형식이 정확하게 의미를 전달할 수 없어 단순하게 음역으로 바뀐 경우로서 음의겸역도 여기에 포함할 수 있다. 예를 들면 名学/伦理学 → 逻辑논리, 总会 → 俱乐部클럽, 徽章 → 图腾토템, 安乐椅 → 沙发소파, 回教徒 → 穆斯林무슬림 등을 들 수 있다.
나. 동시에 음역과 의역 형식이 생겨난 경우로서 여러 가지 요인으로 인해 최종적으로 음역이 선택된 경우지만 진정한 교체라고는 할 수 없다. 대표적인 예로 의역 后天获得性免疫力후천성면역결핍증와 음역 艾滋病에이즈을 들 수 있다.
다. 의역과 음역이 병존하는 경우도 있는데 각자 적용되는 곳이 있어 아직 그 승패가 갈리지 않은 경우이다. 예를 들면 费厄泼赖페어플레이와 公平竞赛 혹은 公平대우의 경우에 전자인 음역은 문예 방면에서 특수하게 사용되는 반면 의역은 일반적으로 사용되는 형식이다. 古尔邦节쿠르반(Kurban)절와 宰胜节희생절의 경우는 전자가 정식적인 종교 제일(祭日)을 가리킬 때 쓰는 말이고 후자는 풀어서 말할 때 사용되는 말이다.

또 胡同몽골어gudum과 小巷/里弄골목은 전자인 음역은 북부지역에서, 후자인 의역은 고유어로서 남부지역에서 사용된다. 尖头鳗젠틀맨과 绅士신사는 전자가 해학적인 의미로 사용된다면 후자는 정식적인 경우에 사용된다. 이런 경우들이 전체적으로 볼 때 많은 것은 아니어서 그것이 차지하는 비중은 적은 편이다. 그러나 20세기 말(1998-1999) 즈음에는 의역이 만연하던 곳에서 음역 형식이 병존하게 되는 경우가 오히려 새롭게 증가하는 양상을 보였다. 마치 시간을 되돌리듯 말이다. 이런 예에는 小姐 → 小姐/密斯미스(Ms), 激光 → 激光/雷射레이저 등을 들 수 있다. 그리고 이런 현상이 중국사회의 개혁개방과 상당히 맞물려 있음은 매우 분명한 사실이다.

지금까지 논의한 내용을 바탕으로 보면 의역이 음역으로 바뀌는 경우는 매우 적지만 그럼에도 불구하고 음역 형식은 끊임없이 완만한 속도로 증가하고 있는 추세이다. 따라서 개혁개방과 외국어 교육의 보편화에 힘입어 앞으로 음의겸역을 포함한 음역어가 더욱 증가할 것이라는 사실은 충분히 예견할 수 있다. 비교적 최근에 생겨난 음역어 博客블로그와 黑客/骇客해커도 이러한 예의 일환으로 볼 수 있다.

2) 외래어의 최신 동향

(1) 음역과 의역의 실제 비율

음역과 의역 두 유형의 비율을 통계 처리하는 것은 매우 어려운 작업이지만 영어와 일어에서 온 외래어를 대표로 놓고 진행하였다.

왜냐하면 이들이 기본적으로 근·현대에 중국어로 유입되었을 것이기 때문에 동일한 시기의 어휘로 놓고 대조를 진행할 수 있다.『중국어 외래어 사전』(1984)에는 영어에서 온 단어가 3,426개, 일어에서 온 단어가 882개 수록되어 있다3). 이 사전의 경우 일어에서 온 단어의 수록에 있어 매우 보수적인 입장을 보이기 때문에 실제 일어에서 유래한 외래어의 비율은 일어에서 어의항목이 발전한 것을 포함하여 약 1/5~1/6 정도에 불과하다. 최근에 출판된『신화 외래어 사전』(스요우웨이, 2019)에는 일어에서 온 단어 3,000여 개와 영어에서 온 단어 6,600여 개가 수록되어 있다.『신이아』(왕시앙룽汪向榮·이에란叶瀾, 1903)에 대한 초보적인 고찰을 근거로 보면, 1990년대 초에 사용된 의역은 일어에서 온 새로운 단어들이었다. 수록된 21개의 음역과 반음반의역 단어를 제외하면 모두 2,728개의 단어가 수록되어 있는데 그중 대략적으로 절반이 일어에서 온 한자어이며 나머지 절반은 중국어 의역어와 고대 중국어를 차용한 의역어이다. 따라서 '蜈蚣지네' 같은 중국어 고유어는 양적으로 매우 적어 그 수를 파악할 필요도 없을 정도이다. 이렇듯 향후 일어에서 지속적으로 들어오는 것과 중국 자체의 의역을 합하면 의역어의 총합은 영어에서 온 음역어보다 훨씬 많을 것이다. 문제의 또 다른 일면은 동일한 문건의 음역어와 의역어 사용 비율 및 음역이 의역이 되거나 의역이 음역이 되는 향후의 변화 양상에 달려 있다. 현재의 통계에서도『신이아』에 수록된 의역 형식은 2,728개인데 반해 음역 형식은 21개에 불과하여 129.9:1의 비율로 의역이 절대적인 우세를 점하고 있음을 볼 수 있다. 이러한 사실에 비추어서도 향후 의역이 절대적인 우위를 차지할 것

---

3) 이는 일일이 세어서 낸 통계 수치이므로 실제와 다소 차이가 있을 수도 있다.

임을 얼마든지 짐작해 볼 수 있다.

(2) 시대별 유효 사용에 따른 외래어 동향

『중국어 외래어 사전』에는 현존하는 외래어는 물론 오래된 외래어나 사멸한 외래어도 모두 수록하고 있어 역사적으로 어떤 외래어가 존재했었는지를 유일하게 보여줄 수 있는 사전이다. 그러나 어떤 시기에 생존했는지, 다시 말해 어떤 외래어가 정말 유효하게 사용되었는지는 설명해줄 수 없다. 매우 많은 외래어가 갑자기 생겨났다가 반짝 쓰이고는 사라져 버리기도 한다. 이런 경우는 언어 체계로의 진정한 진입을 하지 못한 것으로서 실제 언어적인 가치를 지니지 못하므로 반드시 배제시켜야 한다. 따라서 시대별로 유효하게 사용되었던 외래어는 이 사전을 통해 알기 어려우므로 또 다른 책을 참고해서 통계를 진행해야 한다. 이에 세 권의 현대 중국어 사전을 대상으로 통계를 진행해 보고자 한다.

① 『현대 중국어 사전』(1978년판)

이 책은 규범적인 현대 중국어를 목표로 삼은 사전으로서 외래어라고 해서 기타 외국어 단어와 다른 특별한 제한을 두지는 않았다. 실제 사용된 외래어의 수량이 사전보다 많다고 해도 중형 사전으로서 수록된 어휘가 여러 가지 유형에 상응하고 합당하므로 이 시기 외래어의 전체적인 면모를 반영한다고 할 수 있겠다. 일어에서 중국어로 차용된 후에 어느 정도 음역을 유지하는 단어는 음을 빌린 유형으로 귀납하였다. 의역 부분은 일일이 고찰할 수 없으므로 잠시 일어에서 유래한 중국어 의역어를 임시 대표로 삼아 형태를 빌린 유형으로 표시하였다. "/" 뒤의 숫자는 이체자의 수량이다.

차용 유형		일반 어휘	과학기술신어 (단음절)	과학기술신어 (다음절)	고유 명사	합계
음을 빌린 유형(소계)		476/23	121/4	17/0	77/9	691/36=727
	음역	238/19	119/4	17/0	25/6	
	일어에서 유래	3/0	1/0	-	1/0	
	소계	241/19	120/4	17/0	26/6	404/29=433
	음의겸역	30/1	-	-	-	
	일어에서 유래	1/0	-	-	-	
	소계	31/1	-	-	-	31/1=32
	반음역	138/2	-	-	3/0	
	일어에서 유래	-	1/0	-	-	
	소계					142/2=144
	반음반첨가	65/1	-	-	47/3	
	일어에서 유래	1/0	-	-	1/0	
	소계	66/1	-	-	48/3	114/4=118
형식을 빌린 유형(소계)		761/0	4/0	-	3/0	768/0=768
	라틴 알파벳 유형	-	-	-	-	
	일어에서 유래	761/0	4/0	-	3/0	

이상의 통계 결과를 보면, 음을 빌린 유형은 691개이고 형태를 빌린 유형은 768개로서 후자가 전자보다 77개 더 많은 것으로 나타났다. 음을 빌린 유형은 기본적으로 음역에 속하는 반면 형태를 빌린 유형은 기본적으로 의역에 속한다고 할 수 있는데, 만약 중국어에서 자체 생산된 의역어까지 통계에 첨가한다면 의역어가 음역어 보다 훨씬 많아질 것이다. 우리가 보수적으로 계산한다고 해도 의역어는

음역어보다 적어도 두 배는 많을 것이다. 음을 빌린 유형 중 순수음역어의 비율이 58.46%로 절대 다수를 차지하며 주류를 이룬다. 음의 겸역이 4.48%로 가장 적은데 이는 이런 유형의 생산이 만들기 어렵고 제한적이라는 것을 말해준다. 중간적인 입장이라고 말할 수 있는 반음역/반의역과 반음반첨가의 비율은 각각 20.54%와 16.49%로 합하면 전체의 1/3을 차지한다. 이는 이 두 가지 유형의 유효한 생명력이 결코 홀시될 수 없음을 나타낸다.

② 『현대 중국어 신어 사전現代汉语新词新语词典』(위껀위엔于根元 주편, 1994, 중국청년출판사中国青年出版社)

이 책에는 7,655개의 어휘가 수록되어 있으며 그중 어느 정도 파악이 가능한 각 유형의 음역어는 65개에 불과하여 전체의 0.84%를 차지하고 있다.

③ 『현대 신 전문용어当代新术语』(찐저金哲 외 주편, 1988. 상하이인민출판사上海人民出版社)

이 책에 수록된 새로운 전문용어는 모두 2,197개이며 그중 명백하게 중국적인 개념이면서 중국에서 창조된 '基督教三自革新기독교의 세 가지 자기 혁신'을 제외하면 외래 성분을 포함한 전문용어는 모두 134개로 전체의 6.1%로서 적잖은 비율을 차지한다고 할 수 있다. 여기서 외래 성분이란 포괄적 의미의 외래어를 일컬으며, 그중에는 순수 음역어 다섯 개, 반음역 98개, 전체 혹은 부분 자모어 형식이 27개 존재하고 숫자 혹은 숫자에 자모를 더한 형식도 네 개 존재한다.

이상의 통계 수치로 볼 때 현대 중국어에서도 의역 방식이 주로 사용되고 음역은 상당히 제한적으로 사용됨을 알 수 있다. 이는 규범을 정하는 데에 있어 상당히 참고할 만한 가치가 있다.

3) 언어 문자적 특징에서 바라 본 외래어의 동향

외래어의 규범 문제는 20세기 후반에 들어서 제기된 것으로서 이전에는 전혀 의식되지 않았고, 조직적으로 관여된 바도 없던 문제이다. 그러나 역사와 현실이라는 이 두 가지는 외래어 동향에 있어 확실히 일치하는 양상을 띤다. 다시 말해 의역이 주도적인 위치를 차지하고 음역은 초보적인 단계에서 때때로 발생은 하지만 시간이 지남에 따라 변화를 거쳐 상당 부분이 의역으로 교체되곤 하였다. 이는 우연이 아닌 중국어 심층으로부터 발생되는 것으로 중국어와 한자 자체, 그리고 그 사용자들의 심리로부터 그 원인을 찾을 수 있다.

(1) 언어 문자 요인

① 언어 요인

중국어 자체로 볼 때 조어에 주요하게 영향을 미치는 것이 단어의 길이와 문자의 표의 기능이다. 중국어 형태소의 길이는 기본적으로 일음절이므로 한 음절의 길이 안에서 의미를 분명하게 표현하기 위해 중국어 음절 내 길이는 반드시 적절하게 완만하여야 한다. 그래야 그 안에서 성(聲)·운(韻)·조(調)가 충분히 드러날 수 있다. 따라서 중국어 음절의 길이는 비교적 긴 장음인데 오직 북부 지역의 말에만 상대적으로 짧은 음절, 즉 경성이 존재한다. 이것이 바로 중국어 형태소 음절의 특징이라고 할 수 있다. 그러므로 중국어 형태소의 이러한 단음절성은 중국어 단어로 하여금 하나의 표준 음절 길이

안에서 실현될 수 있게 한다. 현대 중국어의 소위 이음절 단어라는 것은 중국어의 본질 면에서 볼 때 서양 언어에서 흔히 말하는 단어의 개념이 아닌 경우가 매우 많다. 언어 접촉과 차용 중에 외국 단어의 어음 구조는 중국어의 이음절 이상으로 대응되는 경우가 많기 때문에 이는 필연적으로 앞서 언급한 중국어 자체의 본질에 잘 부합하지 않으므로 드러나지 않으면서 점진적인 저항을 불러일으킬 수도 있다. 한편 동시에 일음절 형태소가 외래 성분을 필요로 하는 경향을 띨 때에는 이에 부응하기도 하며 다음과 같은 세 가지 방법으로 표현된다.

첫째는 음의겸역으로서 완전한 음의겸역을 하는 것은 어렵기 때문에 소수 어휘에서만 실현될 수 있다. 그러나 부분적으로 음의겸역을 다양한 정도로 활용한 경우는 흔히 볼 수 있는데 爹地대디, 妈咪마미, 胞波동포, 安瓿앰풀, 水汀스팀, 休克쇼크 등이 그 예라고 할 수 있다. 둘째는 단어 길이의 축소로서 외래어를 일음절화시키는 것이다. 즉 외래 형태소의 일음절화를 이루어 이로써 외래 형태소로 조어할 때 적절한 조건을 만들어낼 수 있게 하는 것이다. 僧伽 → 僧승, 比丘尼 → 尼비구니, 塔婆 → 塔탑, 刹多罗 → 刹오래된 사찰, 米突/密达 → 米미터, 瓦特 → 瓦와트, 蘋婆罗 → 苹果사과, 菠棱(菜) → 菠菜시금치, 卡路里칼로리 → 卡칼로리/大卡킬로칼로리, 的士택시 → 的哥남자택시기사/打的택시를 타다, 玻璃유리 → 玻管유리관/脱玻化불투명화 등이 그 예라고 할 수 있다. 셋째는 중국어화 시키는 것이다. 즉 음의겸역, 의역, 반음반첨가의 방법을 다양하게 활용하여 단어를 전체적으로 볼 때 고유의 조합과 비슷하게 만들어주는 것이다. 그중에 전체를 음역하고 점성(cohesiveness)을 이루는 예에는 维他名비타민(vitamin), 幽浮미확인비행물체(UFO), 的确良데이크론(dacron) 등이 있다. 전체를 음역했지만 점성을 이루지 않는 예에는 滴滴涕디디티(D.D.T.), 逻辑논리(logic), 流明루멘(lumen) 등이 있다. 전체를 의역처럼 하는 방식에는 黑板칠판(blackboard), 篮球농구(basketball), 铁路철로(railroad) 등의 예가 있다. 또 부분적으로 의역하는 경우로는 冰淇淋아이스크림(ice-cream), 登革热뎅기(dengue)열, 安培计전류(ampere)계 등을 들 수 있다. 의미 표지를 첨가해 주는 방식으로는 忏悔참회하다, 卡片카드(card), 吉普车지프(jeep)차 등을 들 수 있다.

② 문자 요인

언어요인과 서로 호응하는 것이 한자이다. 한자는 본래 중국어의 특징과 뗄래야 뗄 수 없는 관계이다. 강한 표의성을 갖추고 있으며 오랜 시간 사용되면 어휘의 모든 글자가 의미를 갖게 되는 습성이 있다. 이런 경향은 다음과 같은 세 가지 방면으로 표현된다.

첫째, 어떤 외래 형태소나 단어의 의미를 표현하기 위해 전용 한자를 만들거나 음이 가까운 적절한 글자를 차용하는 것이다. 이 또한 새로운 한자의 창출이며 새로운 가차자의 확정이라고 할 수 있다. 예를 들면 고대의 僧승, 塔탑, 魔악마, 酪치즈, 佛부처와 현대의 镭라듐, 氖네온, 腙하이드라존, 胩카르빌아민를 들 수 있다. 둘째, 음역을 위해 의미가 비슷하면서 음도 가까운 한자를 찾는 것이다. 즉 음의 겸역을 하는 것인데 예를 들면 전체를 음의겸역한 雷达레이더, 声纳/声呐소나(sonar), 流明루멘(lumen), 乌托邦유토피아이나 부분적으로만 음의겸역한 芒果망고, 纱笼사롱(sarong), 罗汉나한(Śrāvaka) 등을 들 수 있다. 셋째, 음역 성분의 형성화(形聲化)로서 음역어 전체의 의미가 원래 단지 표음한 것뿐이었는데 형성화를 시켜주는 것이다. 즉 표의 기능을 하는 부수를 붙여주는 것이다. 예를 들면 이음절의 葡萄포도,

骆驼낙타, 柠檬레몬, 袈裟가사(kasāya), 琉璃유리, 猛犸매머드, 氆氇티베트에서 쓰는 모포, 吗啡모르핀 등을 들 수 있다. 일음절에는 鲨鱼상어, 菠菜시금치, 狂达罕무스(moose) 등을 들 수 있다. 한자의 이와 같은 특성이 중국어의 의역 경향을 더욱 강하게 만든다. 따라서 중국어 한자 자체의 특징이 의역이 음역보다 선호되는 근본 요인이 된다고 할 수 있다.

(2) 심리 요인

중국어 사회집단의 단어에 대한 태도 중 더 높은 비중을 차지하는 것은 분해식 인지라는 것이다. 이는 고대 중국어에 일음절 단어가 많았다는 것과 전통 한자 교육으로부터 생겨난 자연스러운 결과임과 동시에 현대 중국어에 대한 영향이라고 할 수 있다. 즉 현대 중국어 어휘의 단일 형태소 구성과 복합 구성으로 하여금 서로 다른 방면에서 각각 우위를 점하게 하고 인지로 하여금 더욱 강한 분석적 경향을 띠게 한다. 보다 구체적으로 말하자면, 구어의 동태적 표현에 있어서는 형식적인 동사를 포함하여 일음절 동사가 우위를 차지하고 문어에서 정태적 표현에 있어서는 이음절 단어가 더 우위를 차지한다.

중국어 사회집단의 이와 같은 인지와 조어 심리는 여러 분야에서 증명된다. 예를 들면 단음절 단어가 어휘의 골격을 이루고 임시적으로 만들어지는 단어나 네 글자 어휘도 많다. 단어의 형태소는 자주 임시 대체될 수 있으며 이합사도 많이 존재한다. 한자가 단음절 표의 문자이기 때문에 이런 경향은 더욱 강해지는 것이다. 역으로 분해 인지적 심리 또한 한자의 단음절과 표의 경향을 더욱 공고하게 하고 강화시킬 뿐만 아니라 중국어에 경시할 수 없는 영향을 미치는 것이다. 이런 심리 요인이 어떤 차용 방식을 선택하게 하느냐에 큰 영향을 미친다는 것은 의심의 여지가 없다. 그리고 이것이 바로 의역어와 일본 한자어가 성행하게 하는 심층적인 요인 중 하나라고 할 수 있다.

중국어와 비교할 때 영어 사회집단은 단어에 대해 전체를 인지하고 보충적으로 분해하는 방식을 더 선호하는 것으로 보인다. 또 비복합적인 조어방식에 더 익숙한 듯하다. 음의 차용을 기본으로 하여 단어를 차용하는 비율이 높다는 것이 이를 증명해 준다. 조사에 의하면 백만 개의 영어 단일어 중에 반 이상이 차용어라고 하며 그중 프랑스어와 기타 로만어족 언어를 통해 차용한 라틴계 어휘가 대다수를 차지한다고 한다[4].

음역 방식의 개방이 영어가 중국어보다 우세하다는 것을 뜻하는 것은 아니다. 단지 서로 다른 언어 간에 각자 서로 다른 발전 방식이 존재한다는 것을 말해줄 뿐이다. 자기 언어에 부족한 어휘를 외국어로부터 신속하게 그리고 효과적으로 흡수하여 보충할 수만 있다면 그것으로 충분하다.

2. 외래어 규범

1) 유연한 외래어 규범

(1) 유연한 규범 원칙

역사와 현실을 근거로 동향을 살펴보면 외래어 규범 문제에 있어

---

[4] 앨버트 보우Albert G. Baugh, 『영어사A History of the English Language』(1957), 9쪽을 참조하기 바란다.

'유연한 규범'은 비교적 적당한 원칙이어야 할 것이다. 다시 말해 소위 유연한 규범이란 언어 규범의 모호성과 불확실성을 인정하는 규범이며 매우 많은 요소들이 규범에 관여한다는 것을 인정하는 규범일 것이다. 아울러 이러한 인식을 기반으로 다양한 요소가 참여할 수 있는 규범 모식을 만들고 유형에 따라 다양한 방식과 역량을 이용해 현실적인 규범화 작업을 이끌어야 할 것이다. 그래야만 이런 원칙이 이론과 역사적인 관점 등에서 볼 때 분명히 합리적으로 비춰질 것이다.

외래어의 문화적 이중성, 중국어 체계에서 이런 이중성이 더욱 두드러지고 강렬해지는 것, 두 가지 언어와 문화가 융합되는 과정에서 발생할 수 있는 각종 선택과 충돌로 말미암아 주요 고찰 대상이 중국어 사용자라는 전제하에서만 되도록 동일한 국적 혹은 차용하는 언어가 일치하게 되고 절대적인 방법이 지양될 것이다.

또 역사적으로 이미 증명되었듯이 외래어 어형의 규범에는 일관된 경계나 기준이 존재하지 않는다. 실현 과정에서 중국어의 특징과 외래어의 형식 간에 필요한 긴장만이 유지되다가 일정 기간의 자연 선택과 적응기를 거쳐 점차적으로 규범의 일치가 이루어지는 것이다. 때로는 심지어 아무런 조치를 취하지 않고 어떤 경향이 분명하게 드러날 때까지 차분히 기다린 후에 나중에 선택하거나 어떤 형식의 사용을 유도하는 경우도 있다. 예를 들면 중국 보건부에서 '艾滋病에이즈'을 정식 음역으로 지정한 경우를 들 수 있다.

(2) 다섯 가지 참여 요소

객관적으로 중국어와 외국어 간 형식의 선택과 조화로운 모형에는 음절 구조, 어휘 길이, 문자 특징, 사회 심리와 사용 시간이라는 적어도 다섯 가지 요소가 영향을 미치거나 참여하게 된다.

① 음절 구조: 중국어의 '성·운·조' 음절 구조의 특징을 충분히 살펴야하며 주관적으로 혹은 시대를 너무 앞선 어떤 무성조의 어휘나 자음군(consonant cluster)을 지닌 유형의 어휘를 생산할 수는 없다.

② 어휘 길이: 가장 적합한 중국어 어휘의 길이는 1-4음절 정도로 볼 수 있으므로 그 보다 긴 어휘를 생산하지 말아야 한다.

③ 문자 특징: 한자의 표의성을 충분히 고려하여 어휘 색채에 맞는 한자를 선택해야 한다. 일반적으로는 중성적인 색채를 위주로 하며 해당 어휘의 의미를 정확히 이해하는 것에 방해가 되는 일이 글자 사이에 발생하지 않도록 주의한다.

④ 사회 심리: 중국어 사회 집단이 선호하는 조어 방식과 글자마다 의미가 있다고 여기는 심리 특징을 충분히 고려하여야 하며 현대 과학, 문화, 교육의 혜택을 입은 신세대가 외국어 형식을 대하는 심리까지도 살펴야 할 것이다.

⑤ 사용 시간: 이행에는 시간이 필요하다. 시간은 구체적인 어휘가 상술한 네 가지 요소에 적합한지 아닌지를 가장 잘 판별해 줄 수 있는 요소이다. 즉 각 요소가 어떻게 조합되어야 하는가를 가장 잘 보여주는 관찰자의 역할을 하는 것이다. 이는 우리가 규범적으로 가장 자연스러운 시스템을 인식하는 것에 아직 경험이 부족하기 때문이기도 하다. 따라서 일정 시간 후에 선택된 우세한 형식이 반드시 존중을 받게 되어 있는데 이것이 소위 '사회적인 약속'이 되는 과정일 것이다.

(3) 네 가지 규범

현재의 규범 작업에 있어 위에 언급한 다섯 가지 요소가 잘 배합되어 이상적인 음역으로 실현된다면 다음 언급할 네 가지 사항도 이루어낼 수 있다.

먼저 사회적인 약속이 그것이다. 이는 실제로 사용될 때에서야 비로소 최종적인 판단이 이루어질 수 있다. 다시 말해, 사회적인 약속이 이루어지려면 반드시 실제로 사용되어야 하고, 실제로 사용이 되려면 시간이 걸리게 마련이다. 다음은 용자(用字)의 적합성이다. 음역어에는 반드시 최대한 근원어의 음에 부합하는 한자를 사용해야 한다. 동시에 그 사용된 한자들이 어휘 색채와도 잘 맞아야 한다. 부정적인 색채의 한자 사용을 최대한 지양하고 복잡하거나 벽자(僻字)인 경우도 피해야 한다. 물론 새로운 한자를 만들어내는 것도 되도록 지양해야 한다. 또한 간단하고 잘 읽혀야 한다. 그러려면 단어의 길이가 짧은 것이 바람직하므로 최대 4음절 정도까지를 안정적인 경우로 봐야 할 것이다. 잘 읽히려면 간단해야 하는 것은 반드시 고려되어야 할 요소라고 할 수 있다. 즉 조화로운 음절 조합도 또 하나의 필수 조건이다. 마지막은 순조로운 보급 작업이다. 음역과 외래어의 라틴 알파벳 표기법은 일찍이 우리가 이상적으로 생각했던 것 중 하나이다. 그러나 라틴 알파벳 표기법은 일순간에 이루어지는 것이 아니고 점진적으로 유도되어야 하는 일이다. 이는 외국의 문화와 언어를 보급시키고 교육시키는 것과도 관련이 있으며 중국어 병음이 보다 완전해지는 것, 그리고 사용이 확대되는 것과도 관련이 있다. 뿐만 아니라 음역이라는 방식을 널리 알리고 실제로 도입하는 것까지도 관련이 있다. 병음 사용에 대한 바른 습관과 외국어에 대한 교육 없이는 외래어 라틴 알파벳 표기법의 실현은 거의 불가능한 일이라고 할 수 있다. 이밖에 국가 관련 기관도 적절한 시기에 외래어의 규범적인 명칭을 공포해야 한다. 예를 들면 '愛滋病에이즈', '爱之病에이즈' 등을 사용하지 않고 '艾滋病에이즈'으로 통일할 것을 제안했던 것과 같이 적극적으로 계도해야 한다는 것이다. 요컨대 우리는 앞서 언급한 네 가지를 기반으로 순서대로 고찰을 진행하여 어떤 형식이 규범적인 형식이 될 수 있을 지를 결정할 수 있을 것이다.

2) 외래어의 구체적인 규범

상술한 유동적인 원칙들은 차용 방식과 지칭하는 유형에 따라 다음과 같이 두 가지 측면에서 구체화될 수 있다.

(1) 차용 방식의 구체적인 규범

① 음역과 의역

음역과 의역은 각기 장단점이 있는 차용 방식이다. 전자는 총체적으로 이해하는 것에 적합하고 후자는 분리하여 이해하는 것에 적합하다. 서로 다른 언어사회 집단에는 각기 서로 다른 언어 심리와 인지 심리가 존재한다. 어떤 사회집단은 어휘에 대한 이해가 분리하여 이해하려는 경향이 있고 어떤 경우는 총체적으로 이해하려는 경향이 있다. 서로 다른 언어 심리, 서로 다른 인지 심리가 바뀔 수도 있지만 그러려면 상당히 긴 시간의 접촉을 거친 후에 근본적인 변화가 생기게 된다. 예를 들면, 일어는 한자로 의역하는 것이 주를 이루던 것에서 오늘날에는 가타카나로 음역하는 것이 주를 이루게 되었다. 따라서 음역이나 의역의 많고 적음으로 어떤 언어사회집단의 성숙이나 개방의 정도를 간단하게 판단할 수 없다. 필수적인 외래의 새로운 개념을 해당 사회집단으로 일일이 신속하게 차용할 수 있을 때에만 그 사회집단은 성숙한 개방의 정도에 도달했다고 할 수 있다. 이에 음역과 의역의 문제는 일정한 균형을 유지하면서 단계에 맞춰 선택이 이루어지게 된다. 또 앞서 언급했던 다섯 가지 요소와 네 가지 측면을 기반으로 규범 형식을 확정하게 된다.

현시점에서 볼 때 많은 의역과 음역의 단어들이 병존하는 상황에서 만약 의역이 적절하다면 의역을 선택해야 하고 그렇지 않다면 사회적 약속, 용자의 적합성, 잘 읽히는 정도를 순서대로 따져 그중 하나의 음역 형식을 선택해야 할 것이다. 만약 의역과 음역 형식 중에 어떤 하나가 이미 상당히 우세한 경우라면 먼저 사회적 약속을 확정 기준으로 삼고 해당 형식의 지위를 인정해 주어야 한다. 다른 것들은 잠시 보류해 두고 고려하지 않도록 한다. 이렇게 함으로써 무질서하고 끝없이 이어지는 논쟁의 출현을 피할 수 있을 것이다. 왜냐하면 이전 번역어가 어떻게 번역되었든지 간에 이미 사회적인 약속을 얻었고 이것이 일관성을 지니기만 했다면 해당 사회에서는 안정적이고 순차적이며 합리적이라고 할 수 있기 때문이다.

규범의 중점은 새로운 명사에 있다. 즉 방금 번역된 혹은 곧 번역할 명사에 달려 있다는 말이다. 우리는 신속한 차용을 보장한다는 전제하에 음역을 주장하지만 의역이나 일어로부터 직접 들여온 한자어도 받아들이지 않을 이유가 없다. 이전 역사적 경험을 토대로 일단 음역을 사용하게 하고 차후에 사용자로 하여금 천천히 의역 형식을 고려하게 한다거나 아예 의역으로 대체하게 할 수도 있다. 그러나 음역이든 의역이든 적합성과 잘 읽히는 점에 대한 고려는 반드시 이루어져야 한다.

② 음역과 음의겸역

음역어 형식이 여러 개 존재할 때 가장 먼저 생각해야 할 원칙은 사회적 약속이다. 사회적 약속에도 정도의 차이가 존재하는데, 만약 어떤 형식이 이미 광범위하게 받아들여지고 있어 다른 형식들은 거의 사용되지 않는다면 사회적인 약속이 이루어진 것으로 간주하고 더 이상의 논의가 필요하지 않게 된다. 반면 여러 형식들이 모두 사용되고 있다면 가장 많이 사용되는 것이 우세한 경향을 지니고 있는 것으로 간주하여 주요 고려 대상으로 삼아야 할 것이다. 그러나 만약 여러 형식들이 난립하고 있고 그중 우세한 것을 가리기 어려울 때에는 용자의 적합성과 잘 읽히는 정도를 따져 음역의 형식을 선택해야 할 것이다. 보통 음의겸역의 경우가 안정성 면에서 유리한 면이 있다. 그럼에도 불구하고 음의겸역의 용자가 적합하지 않을 때에는 다시 새로운 번역을 진행할 수도 있는데 보건부에서 '爱滋病에이즈'을 '艾滋病에이즈'으로 고치라고 명한 것이 그 일례라고 할 수 있다.

③ 자형의 전사

가. 한자어 형식: 일본 한자어는 대부분 직접적으로 이용이 가능하다. 그러나 여전히 '전사'가 필요한데 가급적 중국 한자의 자형에 따라 조정하거나 수정해야 하기 때문이다. 21세기 들어 인터넷과 젊은층이 연계가 되어 경솔하게 일어의 한자 형식을 받아들이고 있는데 이는 문제라고 할 수 있다. 예를 들어 '御'의 '御'는 일어에서 훈독한 것으로 일어 명사의 접두사이다. 이러한 '御여성을 높여 부르는 말'와 중국어의 전통적인 의미는 전혀 다른 것이므로 도입한 후 앞으로 오해의 소지가 발생할

수 있을 뿐만 아니라 중국어 조어 체계에 혼란을 초래할 수 있다. 따라서 '御姐控'은 마땅히 '阿姐控' 혹은 '大姐控'과 같이 수정하여 조정할 필요가 있다.

나. 라틴 알파벳 형식: 전체적으로 여전히 전사가 필요하다. 왜냐하면 라틴 알파벳을 사용하는 여러 나라들이 각자 자기들만의 자모 쓰기 특징과 상이한 형태의 자모를 지니고 있기 때문이다. 따라서 이를 가져다 쓸 때 범위나 경우에 따라 제한이 생기게 된다. 지금은 약칭이나 축약어를 위주로 라틴 알파벳 형식을 들여오는 실정이며 인명, 지명, 상품명이 차례로 그 뒤를 잇는다. 라틴 알파벳을 사용하는 많은 국가들이 자신만의 라틴 알파벳 형식 체계를 지니고 있다. 향후 중국도 이에 발맞춰 중국어 라틴 알파벳 형식에 속하는 전사 체계를 건립하여야 할 것이다. 예를 들어 향후 마련될 체계에서는 길이도 조합 유형에 대한 적당한 제한을 둘 수 있을 것이다. 앞서 언급한 바 있듯 1-4음절 정도가 가장 알맞은 길이라고 볼 수 있으며 7음절 이상은 적합하지 않은 것으로 취급해야 할 것이다. 조합에 있어서는 중국어 입장에서 낯선 자모의 조합은 반드시 제한을 가하거나 개조를 해야 할 것이다. 그리고 이러한 제한들은 당연히 실제 조사와 심리 실험 등을 기초로 하여 수립해 나가야 할 것이다. 또한 처음에 언중이 받아들이는 정도를 고려해야 하며 그 문체를 사용할 때에는 처음 출현할 때 대응하는 중국어 단어로 주를 달아주는 것이 가장 바람직할 것이다.

다. 독음의 전환: 한자든 라틴 알파벳이든 모두 독음을 전환해야 하는 문제가 존재한다. 일본 한자어가 중국어를 차용할 때에도 중국어의 한자 독음을 바꾸어야만 하며, 외국어의 라틴 알파벳 형식을 중국어로 바꾸어 쓸 때에도 독음의 전환은 반드시 필요하다. 자국어에 맞지 않는 독음의 전환은 결국 해당 단어가 그 나라에서는 오래도록 뿌리내릴 수 없게 할 것이다. 이점이 바로 직접 전사의 이용을 주장하는 많은 사람들이 종종 홀시하는 부분이다. 규범에 대한 책임을 지는 기관조차도 이런 부분에 대해 소극적으로 대처하는 문제가 존재한다.

음역과 실제 독음 사이에는 종종 일정한 차이가 존재한다. 예를 들어 '派司패스'의 실제 독음은 'pāsi'이고 '沙士소스'의 실제 독음은 'sāzi'이다. '快巴급행버스'는 광풍어에서는 실제로 'faiba'로 읽힌다. 이런 경우는 대체로 음을 먼저 차용하고 한자를 나중에 맞춰 넣은 것인데 여기에 사용된 한자들은 일종의 독음을 나타내기 위한 기호라고 할 수 있다. 다시 말해 모든 차용이 한자 형식이야 한다고 결론짓는 것은 타당하지 않다. 시기적절하게 한자 형식으로 조정하여 읽기에 용이하도록 만들어 보급을 진행해야 할 것이다.

(2) 지시 유형의 구체적인 규범

① 일반 개념어와 대중적인 일상어

여기서 말하는 일반 개념어란 과학 전문용어 외의 것을 모두 포괄하는 광범위한 용어이다. 일반 개념어와 대중적인 일상어는 의역을 위주로 하고 음역으로 보충해야 한다. 현재 상황에서 음역은 일종의 도입 형식으로서 제한적인 역할만을 담당할 수 있으며 과도하게 사용하는 것은 바람직하지 않다.

② 과학 전문용어

음역과 의역이 모두 중시되며 보통 새로운 글자를 창조하지는 말아야 한다. 사실 이 항목이 규범화 작업에 있어 가장 중요하고 핵심이 되는 부분이라고 할 수 있다. 필요하다면 행정적인 수단도 발휘해야 한다. 일반 개념어와 과학 전문용어 사이에서 상당히 모호한 경우가 생길 수 있는데 이들 간의 구분은 도입을 위주로 하는 것이 가장 바람직하다.

③ 인명과 지명

'名從主人'이라는 말이 있다. 즉 그 실제 이름은 주인이 부르는 음대로 불리고 그 의미와 형식, 즉 자형(字形)도 모두 주인으로부터 온다는 말이다. '객(客)'은 그저 그 음을 따를 뿐이다. 사실 세계에는 많은 다채로운 언어들이 존재하고 그 언어들의 문자 표현도 표음 문자 한 가지 유형만 있는 것이 아니다. 표음 문자에도 라틴 알파벳만 있는 것이 아니다. 다양한 언어들의 문자에는 의미를 따르는 경우도 있고 형태를 따르는 경우도 있다. 표음을 하는 경우에도 그대로 처리할 수 없는 수많은 실제 문제들이 존재한다. 서로 다른 언어의 음운 체계는 서로 매우 다른 경우가 많은데 유입되는 많은 인명과 지명은 결국 '객'이 사용하게 되는 것이므로 '객'이 사용하기에 편리해야 하며, '객'의 음운 체계와 허용 능력을 존중해야 한다. 이것이 인명과 지명을 차용할 때 또 하나의 준칙이라고 할 수 있다. 그러므로 비교적 적절한 방침은 '名從主人, 兼顧客人', 즉 이름은 주인으로부터 오되, 객도 살펴야 하는 것이라고 할 수 있다. 예를 들면 한국의 수도를 예전에 '汉城'이라고 부르던 것에서 서울이라는 한국식 발음을 존중하여 '首尔'로 고친 경우를 들 수 있다. 또 미국의 대통령 Obama도 중국 대륙에서 '奥巴马'라고 번역한 반면 미국에서는 'O'를 한자 '欧'로 대응되어야 한다고 보았다. 그러나 중국에서는 원래의 '奥'가 이미 사람들에게 익숙해졌고 'O' 음이 '奥'와 '欧'의 중간쯤 되며 '奥'의 의미가 전혀 적합하지 않을 것이 없음을 감안하여 '欧'로 바꾸지 않기로 결정한 바 있다.

이런 방침은 현 시점에서 볼 때 일반 독자들에게는 음역어 제공을 기본으로 하되 처음 접할 때 원문을 주석으로 볼 수 있게 해주어야 한다. 만약 독자의 수준이 높은 경우라면 기본적으로 원문을 그대로 차용하고 처음 접할 때에는 중국어 음역어를 주석으로 제공해 주어야 한다. 한국어나 일어 또는 베트남어 등과 같이 전통적으로 한자를 써 온 문화권에서 차용하는 어휘는 기본적으로 한자를 차용하거나 그 나라 한자 형태소에 맞춰 대응하는 중국어 한자를 쓰는 방식을 취하도록 한다.

④ 기타 고유 명사

이 경우는 상황에 따라서 의역과 음역, 혹은 반음반의역 등의 방식을 취할 수 있다. 예를 들어 국가나 사회 기관 혹은 기업 등의 명칭은 고유 명사 부분을 음역하고 통칭 부분은 의역을 덧붙이는 방식을 취한다. 구체적인 예로는 美利坚合众国아메리카 합중국, 西门子电气公司지멘스 전기회사, 波音飞机制造公司보잉 항공기제조사 등이 있다. 반면 일본의 회사나 기구들은 기본적으로 한자를 그대로 전사한다. 예를 들면 日本外务省일본 외무성, 庆应义塾大学게이오기주쿠 대학, 松下电器产业株式会社마쓰시타 전기산업주식회사 등이 그러하다. 기업의 경우는 상표와 대표 상품의 문제가 있어 음과 문자를 동시에 차용하기도 하는데 주로 축약 형식의 기업명이 이에 해당된다. 예들 들면 IBM아이비엠, AT&T에이티앤티, SONY소니 등을 들 수 있다. 상공업 분야에서는 시장 요소의 개입 때문에 규범적인 부문에 대해서는 그대로 내버려 두는 방침을 취한다. 명칭이 음란하거나 모욕적이라든지, 혹은 식민주의나 쇼비니즘 등과 같이 부정적인 뜻을 함축한 경우가 아니라면 보통 간섭할 필요가 없다.

언어는 매우 유연한 하나의 체계이므로 유연성이라는 수단만으로도 우리는 그것을 처리할 수 있다. 다시 말해, 달성할 수 없는 많은 이상적인 것들이나 견고한 규정을 많이 설정하기 보다는 자연스럽게 선택되는 것을 기다리는 게 나을 때도 있다. 요컨대 실사구시(實事求是)의 정신으로 중요한 것은 부각시키고, 모호한 것을 처리할 때에는 여지를 두어 상황에 맞게 처리하여 이로운 결과로 연결되도록 하여야 한다. 그렇게 할 때 비로소 유연성을 갖춘 규범이라는 목적에 도달할 수 있게 되고 성공적인 규범이 완성될 것이다.

3) 외래어의 앞날과 미래의 외래어

규범은 미래에 대한 가이드라인의 제시와 예시 작용을 한다. 따라서 상술한 바로부터 몇 가지 간단한 예측을 할 수 있다. 외래어는 어떤 민족과 그 언어의 발전과 발달에 반드시 필요하다. 역사적인 상황으로 미루어 볼 때 외래어와 의역어 생산의 수량 및 이용의 빈도는 그 민족과 언어의 발전 및 발달 과정과 비례 관계에 있다. 다른 나라보다 뒤처지는 것을 원하지 않는다면 적극적이고 합리적인 태도로 다른 나라 어휘의 흡수와 응용에 대처해야 한다. 그리고 음역과 의역 방식에 대한 대응도 마찬가지다.

어떤 나라에 안정적인 표음 습관이 있다면 외국어 교육이나 국제 교류 측면에서 더 크고 좋은 발전이 이루어질 것이다. 아울러 단어를 통째로 인지하는 것에 차츰 익숙해진다면 더욱 좋은 조건으로 음역 형식을 받아들이게 될 것이다. 20세기 말 일찍이 우리는 21세기에 중국어에 음역 형식과 자모 형식이 크게 증가하는 반면 그와 동시에 의역 형식의 비율은 점차 낮아질 것이나 중국어 한자의 작용으로 말미암아 의역이 여전히 상대적으로 우세한 지위를 유지할 것이라고 예상한 바 있다. 2020년 말에 들어선 지금 이상의 예상은 사실상 증명이 되었다. 그리고 외래어가 대대적으로 유입됨에 따라 새로운 언어와 사회 문제가 야기되고 있는데 이는 젊은 세대의 외래어에 대한 접근이 전혀 주저함이 없고 이성적인 분별력이 결핍되어 있다는 점이다. 외국 문화에 대해서는 무조건적으로 추구하는 심리를 드러내는 반면 모어인 중국어에 대해서는 존중하고 아끼는 마음이 결여되어 있다. 더욱이 자모어에 대해서는 장소와 상대를 불문하고 거의 그대로 받아들이고 따르기에 바빠 감당이 안 되는 느낌마저 들 정도이다. 따라서 향후 반드시 새로운 어문 규범이 출현하게 될 것임을 미루어 짐작할 수 있다.

제6장
외래어 연구 개관

1. 외래어 연구에 대한 관점과 분야

  일반 어휘와 마찬가지로 외래어에도 언어 기능, 문화 기능, 사회 기능이 존재한다. 사실 언어와 문화 그리고 사회라는 세 가지 기호가 합쳐진 것이라고 할 수 있다. 이에 이 세 가지로부터 다음과 같은 5대 분야, 22개 연구 방향을 형성하게 된다.

1) 언어 분야

- 어휘 근원: 어떤 언어에서 유래했는지를 고증하고 한걸음 더 나아가 어원을 확정한다.
- 어휘 지위: 어떤 기준을 적용하여 외래어 혹은 외래어의 등급을 구분할 것인지를 감별하고 외래어의 유형과 자격을 검증한다. 또한 섞여 들어올 가능성이 있거나 이미 섞여 들어온 비외래어 혹은 가짜 외래어를 배제한다.
- 어휘 구성: 외래어의 서로 다른 형식과 구성 방식을 분석하고 이를 근거로 확정한 외래어의 유형과 층위를 분석한다.

- 의미 발전: 외래어가 차용되던 시점의 의미를 변별하고 그로부터 어떻게 현재의 의미로 발전했는지를 고찰한다.
- 문자 표현: 외래어가 문어체에서 어떻게 표현될지를 분석하고 외래어가 흡수됨으로써 미치는 영향에 대해 고찰한다. 그리고 이상적인 표현 방식을 구상한다.
- 실제 독음: 문자 이면의 실제 구어 독음을 관찰하고 서로 다른 지역과 집단 간 독음의 차이를 고찰한다.
- 언어 영향: 차용하는 언어의 조어, 어음, 문법, 언어 사용, 수사(修辭) 및 어휘 전체에 미칠 영향을 고찰한다.

2) 문화 분야

- 문화 교류: 외래어 생산의 문화 교류 배경과 차용 경로를 고찰하고 교류의 원인과 결과, 교류의 원동력과 저항 및 그 대응 등에 대해 분석한다.
- 문화 함의: 외래어의 문화적 기능과 그로 인해 발생하는 문화적 함의의 구현을 자세히 살펴본다.
- 문화 융합: 외래어로 표현되어지는 문화적인 융합을 탐구하고 이를 둘러싼 문화적인 충돌을 분석한다.

3) 사회 분야

- 사회 등급: 사회 배경과 기능에 근거하여 서로 다른 외래어의 서로 다른 사회적인 등급을 분석한다.
- 사회 용도: 사회적인 용도를 자세히 조사하여 사회 기호로서의 작용을 고찰한다.

- 상호 영향: 사회와 언어 간의 상호 작용을 고찰하고 해당 분야에 있어 각각의 영향을 평가한다.

4) 종합

- 수량과 빈도 통계: 각종 유형과 다양한 언어로부터 온 외래어의 정태적인 수량과 동태적인 빈도를 통계 낸다.
- 어휘 모음: 고증을 바탕으로 다양한 유형과 용도의 사전이나 어휘집을 편찬한다.
- 규범 검토: 현실적인 문제를 총괄하고 영향을 미치는 원인을 분석하여 규범과 실천 방안을 검토하여 제정한다.
- 과정 관찰: 종합적인 각도에서 외래어의 도입과 차용, 변천과 도태, 쇠락과 소실을 고찰하고 그 원인 및 영향을 미친 요소 등을 탐구한다. 아울러 그 용례와 문헌상의 예증을 기록한다.
- 역사와 미래 연구: 이전 외래어의 발전과 그 연구에 대해 역사적인 분석과 연구를 진행하고 규칙을 총괄한다. 또한 역사적인 발전 규칙에 근거하여 미래의 수요에 순응하고 구체적인 대응과 조정 방안을 제정한다.
- 대조 연구: 방언을 포함한 다양한 언어를 대조하고 동일한 한 언어의 서로 다른 시기 외래어를 비교하여 앞서 언급한 모든 분야에서 필요한 결론이나 규칙을 도출해 낸다. 아울러 이를 통해 다양한 언어의 발전을 위한 참고 자료를 제공해 준다.

5) 학문 분야

- 코퍼스 구축: 외래어가 출현하는 언어 자료를 관찰하고 IT 기술

을 이용하여 여러 가지 유형의 코퍼스를 구축한다. 그리고 이를 통해 다양한 연구를 풍부하고 견실하게 뒷받침한다.
- 학술 용어 연구: 이 분야는 외래어 자체의 연구에는 속하지 않지만 반드시 필요한 과제이다. 예로부터 바른 이름으로 불러야 하며 이름이 올바르지 않으면 말도 순응하지 않는 법이라고 했다. 이는 지금도 마찬가지여서 전문용어(terminology)가 존재하고 이는 명명(命名)의 원칙 및 내포와 외연의 합리성 문제와 모두 관련이 있다. 또한 용어의 국제적인 통용 문제와도 관계가 있으므로 과학적으로 처리해야 한다.
- 철학 이론 연구: 외래어 연구의 방법론과 인식론 문제를 깊이 있게 연구하고 '외래어학' 건립을 위한 이론적인 토대를 제공한다.

지금까지 논의한 분야들에서의 연구는 결코 서로 독립적인 과제가 될 수 없으며 필연적으로 상호 매우 강한 연계성을 지니게 된다. 이에 관련 연구들이 완전히 단일한 문제가 될 가능성은 거의 없다. 이 밖에 언급한 각 분야의 연구들은 모두 평론을 포함하게 되는데 이는 학문 분야 발전의 필수적인 요소이기도 하다. 중국은 아직 학술적인 평론이 자유롭게 이루어지는 분위기는 아니어서 비단 평론이 수적으로도 적을 뿐만 아니라 엄격한 논평이나 정면으로 진지한 비판이 이루어지는 평론은 더욱 드물다고 할 수 있다. 이에 향후 이러한 분위기에 큰 변화가 있기를 바라는 바이다.

2. 외래어의 어원 연구

어원 연구는 가장 중요한 기본적인 연구지만 또한 가장 어려운 연구이기도 하다. 다른 연구들은 모두 어원 연구를 토대로 이루어져야 한다. 따라서 어원에 대한 분명한 조사가 아직 이루어지지 않았다면 이 연구부터 중점적으로 이루어져야 한다. 어원 연구는 외국어, 역사, 지리, 문화, 민족, 민속, 고고학 등 박학다식한 다방면의 능력과 지식을 요한다. 이에 어원을 고증하려면 시종일관 고난이도의 종합적인 작업이 이루어져야 한다.

중국어 외래어 어원에 대한 진지한 연구는 1900년대 초에 시작되었다. 최초의 연구자들은 기본적으로 유럽과 미국에서 온 경우가 많았다. 예를 들면 라우퍼B. Laufer는 『중국이란편中国伊朗编』에서 서역을 거쳐 중국으로 들어온 중앙아시아 식물과 광물의 이름을 고증하였고, 펠리오P. Pelliot, 스테인M. Stein, 마스페로H. Maspero, 샤반E. Chavannes, 레비S. Lévi, 오로소L. Aurouseau와 페랑G. Ferrand 등은 중국 전적(典籍)에서 보이는 서역 남해의 물건과 지역의 이름을 고증하였다. 이들의 연구는 대부분 프랑스의 『통보T'oung Pao』와 『아시아저널Journal Asiatique』이나 『하노이 프랑스 극동학교 학보Bulletin de l'Ecole Francaise d'E-D』에 발표되었다. 어원 고증에 대해 공헌한 것도 일본의 학자들이다. 예를 들면 시라토리 쿠라키치白鳥庫吉는 『흉노민족고匈奴民族考』에서 흉노족의 이름과 호(號)를 고증하였고 하네다 도루羽田亨는 돌궐의 명물(名物)을 고증하였다. 오다 토쿠노織田得能와 모치즈키 신코우望月信亨 등도 불교 용어의 근원어 형식에 대해 탐구하고 이들을 수집하였다.

중국 학자들의 외래어 어원에 대한 연구는 사실 서양과 일본 학자들이 개척해 놓은 연구 성과를 바탕으로 진행되었다. 1949년 이전 외래어 연구에 전념했던 학자로는 펑청쥔冯承钧, 펑지아성冯家升, 천인취에陈寅恪, 천탄陈坦, 한루린韩儒林, 지시엔린季羨林, 쉬푸徐复, 천쭝미엔, 시앙다向达, 꾸오모루오 등이 있다. 그들은 역사를 연구하는 과정에서 부단히 몇몇 외래어에 대한 고증 작업을 매우 열정적으로 진행하였다. 펑지아성은 『흉노민족과 그 문화匈奴民族及其文化』(1937)에서 흉노족 어휘에서 온 외래어를 고증하였고 쉬푸는 『연지음독고阏氏音读考』(1945)에서 흉노족 황후 혹은 군주의 정실의 이름과 호의 독음을 고증하였다. 천쭝미엔은 『묵돌의 어원과 그 음독冒顿之语源及其音读』(1948)에서 한대(漢代) 초 흉노족 선우(單于) 묵돌 이름의 어원을 고증하였고 한루린은 『돌궐관호연구突厥官号研究』(1940)에서 이른 시기 돌궐족 관직명의 어원을 고증하였다. 천탄은 『이슬람교의 중국사回回教入中国史』(1928)에서 이슬람교와 그 교도에 대한 중국어에서의 명칭을 정리하고 고증하였다. 특히 이 분야에서 두각을 드러냈던 학자인 펑청쥔은 『서역지명西域地名』(1980년 개정판, 쭈쥔링朱峻岭 증보)에서 서역의 지명을 모아 해석하고 고증하였다. 이런 작업의 참여자들은 일반적으로 모두 역사학자들이었기 때문에 역사를 해석하기 위해 고증을 진행한 것이다. 따라서 언어학적인 관점에서 이러한 작업이 진행된 것은 거의 없다고 해도 과언이 아니다. 외래어의 연구는 그 시작부터 사회와 문화뿐만 아니라 여러 가지 문물들과 함께 결합하여 연구되어야 하며 이런 점이야 말로 이 분야의 중국적인 특징이라고 할 수 있을 것이다. 일본에서 유래한 외래어의 어원 고증은 서양 언어에서 유래한 외래어의 어원과 완전히 다른 문제로 기본적으로 검증과 선별이 이루어져야 한다. 이 분야의 가장 이른 연구로는 1918년 쪼우치위周起予의 『신명사훈찬新名词训纂』이 있다. 이 책에서는 대부분 일어에서 온 606개의 비교적 이른 시기 새로운 명사에 대한 식별과 질의를 진행하여 그중 많은 명사가 고대 중국어에서 일본으로 건너간 것임을 밝히고 있어 매우 가치 있는 저작이라고 할 수 있다.

1949년 이후에도 중국학자들의 어원 고증은 지속과 중단을 거듭하면서 진행되었다. 대부분은 역사와 지리, 박물(博物), 민족 연구의 필요에 의한 부차적인 연구로 진행되어 여전히 종속적인 지위를 면치 못하고 언어학자들의 참여 또한 저조한 상황이 이어졌다. 이에 연구 성과 또한 산만하고 현저하지 못한 가운데 학계에 깊은 인상을 남기지 못하고 있다. 그럼에도 불구하고 그 가운데 가치 있는 성과를 도출한 경우도 있다. 예를 들면 이에이량叶奕良은 원사(元史)에 나오는 의복명인 '质孙服'에 대해 고증하여 이전 사람들이 '质孙'이 몽골어 jasun(색깔)에서 유래했다고 여기던 것을 바로 잡았다. 이 단어는 원래 중고(中古) 페르시아어 jashn(예의)에서 유래했음을 밝히고 있다. 베이징대학출판사北京大学出版社에서 출판한 『동방연구논문집東方研究論文集』을 보면 '质孙服'는 예복이나 황제가 하사한 복식(服飾)이라고 소개되어 있다. 또 차이메이삐아우蔡美彪는 거란의 료(辽)와 여진의 금(金) 그리고 몽골의 원대 출현했던 '乣'에 대해 고증하고 '糾'나 '九' 혹은 '酉'나 '幼'와 같이 읽는 것을 바로 잡았다. 즉 '乣'는 '鷄'의 대역으로서 '糺'의 이체자인데 이는 '糾'의 속체로 쓰였으며 '札'의 속체로도 쓰였음을 밝혀내었다. 이를 근거로 '乣'는 '札'나 '察'로 읽어야 하며 '잡류杂类, 천민계층杂户'으로 번역해야 한다고 하였다. 『원사논총元史论丛』 제2집 『乣와 乣軍의 변천乣与乣军之演变』에 따르면 '乣民'은 뒤엉켜 거주하는 외족의 가구(家口)들을 말하고 '乣軍'은 그런 사람들이 조직한 군대를 말한다. 또 양쯔지우杨志玖와 지아징이엔贾敬颜은 각각 『요금사논집辽金史论集』에 실린 『요금의 달마와 원대의 탐마적辽金的挞马与元代的探马赤』과 『원사논총』 제2집에 실린 『탐마적군고探马赤军考』에서 거란어의 '挞马'(tama)와 몽골어의 '探马赤'(tamachi)는 사실 돌궐어 '签摩支'(tapmachi)에서 온 동일한 어원의 말임에 대해 깊이 있게 탐구하였다. 그리고 그 의미의 변천이 수행원에서 선봉대에 선 기병 혹은 변경을 기키는 호위병으로 이루어졌음을 알 수 있게 되었다. 이를 통해 『원사국어해元史国语解』의 왜곡과 오해를 바로 잡았으며 잘못된 대역음인 temegechi도 바로 잡을 수 있게 되었다.

    20세기 후반기에는 더 많은 언어학자들의 참여와 어원 고증이 이루어지기 시작했다. 예를 들면 원요우(1980)는 '鸭오리, 鸥갈매기, 鹜집오리' 세 가지 단어에 대해 고증하여 생산 혹은 차입된 시간의 층차를 구분해내었다. 저명한 산스크리트어 학자 지시엔린(1990)은 『대당서역기大唐西域记』를 교정하고 주해(註解)하였다. 언어학자 짱칭창张清常은 중국어의 '胡同골목'에 대해 자신만의 시각에서 자세하게 고증한 것 외에도 『중국어문中国语文』(1978, 第3期)을 보면 몇몇 몽골어 차용어에 대해 많이 고증하였다. 또 원곡(元曲)에 나오는 '赛娘아름다운 소녀'의 '赛'가 몽골어 차용어 '赛因좋다(sain)'의 축약임도 고증하였다. 리우쩡탄은 외래어 사전을 편저할 때 '格素尔' 등 매우 많은 외래어를 고증하고 교정하였다. 후쩡이胡增益(1989, 1995)는 『홍루몽红楼梦』과 『아녀영웅전儿女英雄传』에 출현하는 부사 '白'의 용법과 의미에 대해 고찰하고 이것이 만주어 'bai/baibi'의 차용이며 일찍이 만주어가 이 단어를 중국어로부터 차용한 것이라고 하였다. 어휘 학자 짱이용이엔张永言(1988)은 '沐猴원숭이'의 '沐'가 티베트버마어 성분 'muk/mjuk'임을 고증하고 '浑脱가죽주머니'가 음역어가 아님을 증명하였다. 또 웨이츠쯔핑(1995)은 '飞廉(凤)'을 고찰하였다. 해외에서는 미국 학자 셰이퍼E. H. Schafer의 명작 『당대(唐代)의 외래 문명唐代的外来文明』(1962)에서 당대의 많은 외래 차용어를 고증하였다. 또 일본의 중국어 학자 아라카와 키요히데荒川清秀

(1987, 1990, 1997)는 '热带열대'와 '回归회귀하다' 등을 연속으로 고증을 통해 교정하여 전자는 중국에서 최초 만들어진 것이고 후자야 말로 일본에서 조어된 것임을 밝혀냈다. 이탈리아 학자 마시니(1993)도 역사적 의의를 지니는 저작으로 공헌한 바 있는데 그는 1840-1989년까지 중국어 어휘의 발전에 대해, 특히 외래어의 진입에 대해 매우 많은 고증을 진행하였고 중국어가 먼저 서양 언어에 있는 외래 개념을 번역하였다는 사실을 충분히 긍정적으로 시사하였다. 아울러 중일 간 어휘의 교류와 차용 관계에 대해 상세히 고증하였으며 많은 '동형어'가 원래 일본에서 온 것으로 여겨졌지만 사실은 일본이 중국어에서 먼저 차용해 간 것임을 증명하였다. 중일 어휘 교류 양상은 매우 복잡하기 때문에 일어에서 온 외래어를 고증하는 것은 서양에서 온 외래어를 고증하는 것보다 훨씬 시간과 노력을 요하는 매우 복잡하고 힘든 작업이다. 일어에 능통한 학자가 이러한 일을 위해 힘들지만 착실하게 작업을 진행하는 모습은 많은 이들에게 감동을 주는데 그런 학자들 가운데 특히 선구오웨이와 쭈징웨이의 연구가 최고라고 할 수 있다. 선구오웨이(1994, 2000)는 일본에서 온 것으로 여겨졌던 많은 어휘들에 대해 심도 있는 고증을 진행하여 그들의 중국 '국적'을 회복시켜 주었으며 엄격한 고증을 통해 일본에서 온 외래어를 확정하였다. 쭈징웨이는 1993년부터 시작하여 거의 매년 일본에서 온 외래어 고증에 관한 논문을 발표하였다. 이 외에도 펑광루彭广陆도 '料理요리, 过劳死과로사, 献金헌금, 蒸发증발, 写真사진, 问题문제'와 '-族-족, -屋-집'에 대해 깊이 있고 견실하게 개별적인 고증과 관찰을 진행한 바 있다. 이들의 꼼꼼하고 빈틈없는 학문적 분위기는 이 분야의 연구에 모범적인 사례가 되어 준다. 뿐만 아니라 상술한 성과들은 해당 분야 학문의 과학성과 체계성을 향상시키는 데에도 중요한 역할

을 담당하였다.

이밖에 중국의 신세대 서역학(西域學)과 토하라어 학자인 린메이춘林梅村(1988, 2000)도 서역의 차용어에 대해 매우 뛰어난 고증을 진행한 바 있는데 예를 들면 '徑路오솔길', '翁仲석상(石象)', '麒麟기린' 등에 대해 독창적으로 어원을 고증하였다. 이러한 연구는 근래 들어 매우 보기 드물게 이루어진 매우 끈기 있고 힘든 작업이라고 할 수 있다.

펑청쥔은 거의 평생을 서양 학자들에 의해 쓰여진 백여 편의 논문을 번역하는 데에 공을 들였으며 아울러 『서역남해사지고증역총西域南海史地考证译丛』 9편을 엮어내기도 하였다. 그중 1-4편은 1934년에 초판되었고, 5-9편은 1949년 이후에 엮어 1956-1958년 사이에 초판되었다. 오늘날 해당 분야가 수준 높게 발전할 수 있었던 것은 모두 이러한 펑청쥔의 노고 덕분이라고 할 수 있을 것이다.

1993년에 홍콩중국어문학회가 학술간행물 『데이터베이스 구축 통신』을 발간하였는데 당시 회장이었던 야우더화이姚德怀의 책임 하에 외래어와 의역어를 포괄하는 '외래개념어外来概念词'의 연구를 중점적으로 추진하였다. 이에 '중국어 외래개념어 데이터베이스'를 만들어 4년이라는 짧은 시간에 상당히 가시적인 성과를 이루었다. 또 '홍콩 광뚱어 어휘 데이터베이스'와 '식물명칭 데이터베이스'도 따로 두었는데 여기에도 상당 부분 외래개념어가 포함되어 있다. 해당 간행물에는 국내외 관련 있는 학자들을 흡수하여 몇 백 개의 표제어 어원을 고증하였다. 또 단어 형태의 발전 맥락도 정리하여 명쾌한 논의를 적절하게 전개하였다. 데이터베이스를 만드는 과정에서 더 나아가 '어휘연표(年表)'(황허칭 1996) 제작도 추진하여 어원 연구에 진일보한 과학화와 체계화를 이룩하였다[1]. 이런 간행물의 출판과 활동들은 현대 중국어 외래어 연구에 있어 매우 두드러지는 일대 사건이라고 할 수 있다.

이 외에 허화쩐何华珍(1998)과 스요우웨이(1998)는 비슷한 시기에 각자 '癌癌'에 대한 전방위적인 구분으로 매우 세심한 고증을 진행하여 '癌'이 중국에서 만들어진 글자임을 증명하였다. 그러나 여전히 '癌'이 악성 종양 'cancer'에 대응한다는 것은 최초 일본인 학자에 의해 이루어졌을 가능성이 있다. 스요우웨이(2008, 2016)는 또한 영국식 길이의 단위 '码야드'가 결코 일어에서 온 것이 아니며 중국 민방언과 위에방언에서 의역해서 온 것임을 증명하였다[2]. 필자는 또한 2018년 위챗을 통한 방언학자들의 논의를 통해 '码'가 광쪼우어에서 동사로 사용되며 팔뚝으로 길이를 나타내는 동작을 표현한다는 정보를 입수하였다. 도량 동사가 도량을 나타내는 어휘로 변화한 것은 매우 가능성이 있는 일이며 논리적으로도 납득할 만한 발전이라고 할 수 있다. 따라서 이것이 가능 이른 시기의 어원이라고 말할 수 있다.

21세기 들어 많은 학자들이 새로운 현대 외래어에 대해 또 다른 새로운 고증을 시도하고 연구에 열기를 더하고 있다. 이를 통해 '문화대혁명' 시기 중단되었던 새로운 어휘에 대한 기록과 관찰, 그리고 연구가 회복되고 있다.

3. 외래어의 문화와 사회 연구

1) 문화적 관점의 연구

외래어는 일종의 수단이며 인류 문화의 통로라고 할 수 있다. 서양

---

1) 황허칭의 작업에 대해서는 본서 제6장 5. 외래어 사서의 편찬 395~402쪽 참조.
2) 스요우웨이(1998b, 2008) 참조.

학자 라우퍼의 『중국이란편』, 일본 학자 시라토리 쿠라키치의 『흉노민족고』, 루오창페이의 『언어와 문화语言与文化』 등이 그런 저작의 전형이라고 할 수 있다. 루오창페이(1950)에 따르면 이렇게 서로 글자를 차용하는 것에 대해 자세히 연구하다 보면 문화의 역사에 관한 흥미로운 해석을 찾아내게 된다. 중국과 다른 민족과의 문화적인 관계는 서로 문자를 차용한 규모로부터 그 대략적인 모습을 거의 예측해낼 수 있기 때문이다3). 그의 저작에서는 일반적인 외래어, 지명 외래어, 이름 외래어, 이 세 가지를 통해 민족 간의 문화 교류, 민족의 이동, 민족의 기원과 종교 신앙 등에 대해 탐구하였다. 예를 들면, '狮(师)子사자'의 차용을 통해 동한(東漢)에서 비롯되어 월지(月氏), 소륵(疏勒), 페르시아를 거쳐 중국으로 오게 된 교류 경로를 그려내었다. 또 어형을 거슬러 올라가 원형을 복원하고 이 단어가 이란어 혹은 동이란어에서 왔음을 밝혀내었다. 지명 쪽으로는 리룽李荣이 쭈앙어 지명으로부터 쭈앙족의 고대 지리 분포를 고증한 것4)과 쉬숭스徐松石의 『월강유역인민사粤江流域人民史』의 연구 성과를 인용하여 광뚱과 광시 지명에 있는 '那', '都(/多)', '古', '六(/禄/陆)' 등의 글자가 모두 쭈앙어 성분이라는 것을 밝혀냈다. 그 지역들은 원래 쭈앙족들이 거주하던 곳이었으며 그 범위가 현재의 쭈앙족 분포 지역에 비해 컸다고 한다. 이름 부분에서는 시앙다의 『당대 장안과 서역 문명唐代长安与西域文明』, 허지엔민何建民의 『수당시대 서역인의 중국화 고찰隋唐时代西域人华化考』, 천탄의 『원대 서역인의 중국화 고찰元西域人华化考』 등에 이미 상세한 연구가 이루어져 있다. 그리고 마

---

3) 루오창페이(1950), 제4장 18쪽 참조.
4) 『민족과 언어民族与语言』 제3절 참조.

지엔马坚도 아랍인 또는 위구르족의 중국화 방면 고증에서 괄목할 만한 성과를 이루었다. 루오창페이의 저작은 이런 성과들을 한데 모았을 뿐만 아니라 문화 교류의 관점에서 통일된 해석을 부여하였다. 또 이러한 저술을 통해 중국 민족은 원래 매우 다양한 민족이 융합하여 형성되었다는 견해를 지지하고 있다.

특별히 언급해야 할 저작으로는 짱싱리앙张星烺이 공을 들여 편찬한 역작 『중서교통사료휘편中西交通史料汇编』을 들 수 있다. 1930년에 초판된 후 유고(遺稿)를 증보한 것을 근거로 쭈지에친朱杰勤의 교정을 거쳐 1977년에 6권으로 재판되었다. 수집할 수 있는 자료는 거의 모두 모아져 있으며 고대 전적과 근대 사람들의 고증도 포함되어 있다. 내용 중 많은 부분이 외래어를 통해 중국과 서양의 문화 교류를 연결시키고 있으며 시간과 지리, 두 가지 기준으로 사료를 배열하여 편찬하였다. 고대 중국이 유럽, 아프리카, 아랍, 아르메니아, 이스라엘, 이란, 중앙아시아, 인도와 교류한 것을 엮은 것이 모두 9편에 달해 이후 고대 중국과 서양 문화의 교류를 연구하는 사람들은 모두 이를 기준으로 삼는다.

이와 동시에 적잖은 학자들이 외래어를 통해 외국과의 문화교류를 고찰하였다. 꾸오모루오는 『갑골문자연구甲骨文字研究』의 『석지간释支干』에서 십이간지와 십이월명(月名)을 바빌론의 말과 대조하여 그 연원 관계를 밝혀냈다. 소위 십이간지 중 '摄提(格)'와 '单阏', 그리고 십이월명 중 '辜'와 '涂'라는 것은 바빌론의 말로부터 온 것으로 보이며, 이로부터 은상(殷商) 문화와 바빌론 문화 간 필연적인 연관성이 있는 것으로 추정할 수 있다. 또 지시엔린은 경전을 번역하면서 '佛'가 있은 후에 '佛陀'가 있게 되었다는 것을 밝혀냈고, '来母'자 [l]를 이용해 산스크리트어의 반전음(反轉音, t와 ḍ)에 대응시켰다. 그리고 이 두 가지 현상을 통해 연원 관계를 밝히고 있다. 즉 초기의 불경은 주로 서역의 몇몇 토카리아어 같은 중앙아시아 언어를 통해 번역되어 유입되다가 수대(隋代) 이후에서야 점차 산스크리트어를 직역하여 불경을 번역해 들여왔음을 밝혀낸 것이다. 이렇듯 불교 번역어에 존재하던 두 가지 수수께끼를 풀어주었을 뿐만 아니라 불교 유입에 대한 전체적인 윤곽을 새롭게 그려주었다5).

　1949년 이후에는 외래어와 결합하여 문화 교류를 연구하는 전문 저작이나 논문이 비교적 적다. 통론적인 성격의 까우밍카이와 리우 쩡탄의 『현대 중국어 외래어 연구现代汉语外来词研究』(1958)는 일반적인 의미에서 현대 중국어 외래어가 국제 문화 교류에서 중요한 의의를 지닌다는 것을 분명하게 논하였다. 뿐만 아니라 외래어의 의의 분류 통계를 통해 중국과 외국 문화가 교류하는 동안에 유입된 중요 포인트에 대해 설명하였다. 이 책의 1부는 현대 중국어 외래어에 초점이 맞춰져 있는데 이는 기존에 주목받지 못했던 것에 대한 개척의 의미가 있지만 자료적인 측면의 문제와 외래어 규범에 대해 중점을 두어 논의한 것으로 말미암아 문화 교류 쪽으로는 사람들에게 깊은 인상을 남기지 못하였다. 비교적 가치 있는 것으로는 창런시아常任俠의 『실크로드와 서역 문화 예술丝绸之路与西域文化艺术』(1981)을 들 수 있다. 그중 구자소기자비파칠조龟兹苏祇姿琵琶七调와 서역 이란계 악무(樂舞)의 몇몇 명칭이 중원(中原)과 서역의 왕래를 보여준다. 쪼우쩐허와 요우루지에의 『방언과 중국 문화方言与中国文化』(1986)와 요우루지에의 『중국 문화언어학 입론中国文化语言引论』(1993)에서는 '稻/禾벼' 등의 어음을 추적하여 이들 식물이 떠돌아다닌 흔적을 제

---

5) 『중인문화사총론中印文化史论丛』의 『불탑과 부처浮屠与佛』와 『산스크리트어 td의 음역을 논함论梵文td的音译』을 참조.

시하였으며 문화 교류의 전체적인 윤곽을 그려내었다. 이밖에 적잖은 중국과 일본의 언어학자와 문화학자들도 근현대 중일 문화 교류와 외래어의 관계에 대해 탐구한 논저들을 발표하였다. 예를 들면 왕샤우치우王曉秋의 『근대 중일 문화 교류사近代中日文化交流史』(2000), 쭈징웨이의 『량치차우와 일어 차용어梁启超与日语借词』(2007), 선구오웨이의 『근대 중일 어휘 교류 연구-한자 신조어의 창제, 수용 그리고 공유近代中日词汇交流研究——汉字新词的创制、容受与共享』(2010)를 들 수 있다. 이들은 여러 가지 역사적 사실과 방대한 문헌 및 어휘를 근거로 근현대의 국제 교류와 언어 교류의 역사에 대한 진실된 면모를 심도 있게 묘사해내어 깊은 인상을 남겼다.

또 다른 측면에서는 번역의 관점에서 문화교류를 탐구하기도 하는데 비교적 중요한 것으로 마주이马祖毅의 『중국번역간사-5·4이전부분中国翻译简史——五四以前部分』(1984)이 있다. 이 책은 동한 시기의 불경 번역부터 명말을 거쳐 5·4운동 전까지 서양 과학기술과 사회과학 분야의 저작 번역에 대해 논의하고 있다. 이는 사실상 음역된 외래어를 포함하여 각종 번역방식을 거쳐 어떻게 현대 과학기술과 현대 사회인문과학의 이론이 유입되었는가를 설명해 주고 있다. 이밖에도 스요우웨이(1991, 2000)는 역사적인 시기 구분과 사물의 유형이라는 두 가지 기준을 결합한 관점에서 외래어에 대해 전면적인 문화교류 측면의 소개를 진행하였다. 아울러 언어를 일종의 특수한 문화 현상으로 간주하고 외래어가 중국어 어휘 통합 모델에 미친 영향으로부터 문화교류를 관찰해 나갔다[6]. 리앙샤우홍梁晓虹(1992, 1994) 역시 저서에서 불교 어휘를 통해 중국과 인도 간의 문

---

6) 『이(異)문화의 사자-외래어异文化的使者——外来词』 혹은 『외래어-이문화의 사자外来词——异文化的使者』를 참조.

화 교류 및 불교 어휘가 중국어 및 중국 문화에 미친 영향에 대해 논의하였다.

2) 사회적 관점의 연구

사회적 관점에서 외래어를 연구한 경우는 많지 않다. 그중에 천위엔陈原은 『언어와 사람-응용사회언어학적 탐색语言和人——应用社会语言学若干探索』(1994)의 5절 '차용어를 논함', '언어 접촉', '언어를 논함', '모자이크 현상', '전문 용어를 논함', '한자를 논함' 등에서 차용어 혹은 외래어에 대해 비교적 많은 것을 논의하고 있다. 언어 접촉의 측면에서는 일반적인 논의를 진행하며 주로 언어 차용과 문화 교류에 대해 논하고 몇몇 사회적인 요소와의 접촉도 논하였다. 그러나 외래어가 어떻게 사회적인 요소를 체현하는지, 사회 유형은 또 외래어의 유입과 발전에 어떤 영향을 미치는지, 반면 외래어는 사회와 그 사회의 사람들에게 어떻게 영향을 미치고 있는지, 외래어의 사회적인 기능으로 어떤 것들이 표현되고 있는지, 또 그들이 어떻게 확산되는지 등에 관한 문제들을 다룬 연구는 현재 거의 전무한 상태라고 할 수 있다. 따라서 사회적인 측면에서의 연구는 사회학의 조사 방법이 활용되어야 하는데 지금까지 국내외를 막론하고 서로 다른 한족 사회에 대한 조사가 부족한 실정이다. 그리고 이것이 심도 있는 연구로 진입하는 데에 영향을 미치는 관건이 될 것이다.

4. 외래어 유형 연구

외래어 유형 연구는 유입 유형 연구, 외래어 자격 유형 연구, 언어 간 유형 대조 연구 세 가지 측면에서 이루어질 수 있다.

1) 유입 유형 연구

지금까지 주로 유입 유형에 주의를 기울였는데 이는 외래어 범위에 대한 논의와 관계가 있다. 이 분야에서 일찍부터 언급되어 온 학자로 뤼슈시앙이 있다. 그는 『중국문법개요中国文法要略』(1942)에서 "번역어에는 의역과 음역 두 가지가 있다. 의역된 단어는 고유한 단어나 어근을 사용해 생산되기 때문에 의미복합어로 귀납되어야 하므로 엄격한 의미에서 외래어라고 할 수 없다. 반면 음역된 단어는 분리가 불가능한 조합으로서 함께 읽어야만 그 의미를 나타내는 유형이다"라고 하였다. 후자의 경우에는 전체를 음역한 것과 부분적으로 음역한 것으로 다시 나눌 수 있다. 루오창페이(1950)는 차자(借字)를 네 가지 유형으로 나누었는데 첫째는 '음의 대체'로서 이는 다시 '沙发소파'와 같은 '순수음역', '可口可乐코카콜라'와 같은 음의겸역, '卡车자동차'와 같은 반음반첨가, '爱美的아마추어'와 같이 음역하되 의미가 잘못 전달되는 유형 등 네 가지로 나뉜다고 하였다. 둘째는 '茉莉재스민'나 '铝알루미늄'와 같은 '새로운 해성자'이고 셋째는 '因缘인연'과 같이 '의미를 차용한 단어'이며 마지막은 '胡葱쪽파'이나 '火柴성냥'와 같이 '묘사한 단어'라고 하였다. 이밖에도 '차용된 단어'를 '빌린 단어'라고 칭하기도 하였다. 쩡띠엔郑奠(1955)은 여기서 '묘사한 단어'의 경우는 외래어로 보지 않았고 '차용'이라는 유형을 추가하였으며, 일어에서 온 한자어를 외래어의 범주에 포함시켰다. 쑨창쉬孫常叙(1956)는 외래어를 음역어와 형역된 일본 한자어를 포함한 '차용어'와 번역된 말이나 반의역, 반첨가형을 포괄하는 의역어를 포함한 '번역어' 두 가지로 나누었으며 기본적으로 쩡띠엔의 분류와 동일하다. 왕리(1958)는 이에 대해 명백한 반대 의사를 밝히며 오직 차용어만이 외래어이며 번역어는 외래어로 볼 수 없다고 주장하였다. 다만 의역 중에 특수한 경우로서 비교적 차용어에 가까운 유형이 있다고 하였는데 이는 소위 'calque'라고 하는 '의미차용'의 경우를 가리키는 것이다. 그러나 사실상 협의의 차용어에는 이를 포함하지 않았다. 왕리는 일본 한자어를 차용어로 보는 관점에 대해서도 반대를 표하며 다만 일본에서 만들어진 번역을 사용하여 새로운 것을 만드는 데 드는 힘을 아끼고자 할 뿐이라고 평가하였다. 그러나 훈독된 한자어의 경우는 넓은 의미에서 차용어의 자격을 갖추고 있다고 하여 일본에서 차용된 단어의 일부분을 인정하기도 하였다. 그럼에도 불구하고 여전히 엄격히 말해 근원어의 음을 차용한 것이 아니므로 순수한 차용어로 볼 수 없다고 하였다[7]. 까우밍카이·리우쩡탄(1958)은 음역, 반음역과 더불어 일본에서 차용된 한자어를 외래어로 보았다. 이와 같이 학자들의 논제는 주로 일본에서 온 한자어에 집중되었으며 오랫동안 의견의 일치를 보지 못하였다. 지금까지 논의한 견해를 표로 정리하면 아래와 같다. 표에서 W는 외래어에 속함을, X는 외래어로 볼 수 없음을 의미하며, ?는 아마도 외래어로 보지 않을 것임을 뜻한다.

---

7) 왕리(1958:516-535) 참조.

	뤼슈시앙	루오창페이	쩡띠엔	쑨창쉬	쪼우주모 周祖謨	까우밍카이	왕리
음역(순음역)	W	W	W	W	W	W	W
음의겸역	W	W	W	W	W	W	W
새로운 해성자	W	W	W	W	W	W	W
반음반첨가	W	W	W	W	W	W	W
반음역	W	W	W	W	W	W	W
일본 훈독 한자어	?	?	W	W	?	W	W (유사)
일본 음독 한자어	?	?	W	W	?	W	X
번역차용	X	W	W	W	?	X	W (유사)
번역어(의역)	X	W	?	W	X	X	X
묘사어(의역)	X	W	X	X	X	X	X

최근에는 까우밍카이·리우쩡탄의 견해가 비교적 많이 받아들여지는 추세이다. 즉 음을 빌리는 것과 글자를 빌리는 것을 외래어의 표준으로 보는 것이다. 이밖에 스요우웨이(1991a)에서는 일찍이 일본을 모방하여 어휘를 훈독 한자어를 포함하는 고유어, 중국어의 음독 한자어, 외래어 이렇게 세 가지로 처리하는 방식을 제시한 바 있다. 여기서는 일본에서 유래한 한자어도 단독으로 독립시켜 일종의 중간 형태로 간주하고 준외래어라고 칭할 수 있다고 하였다.

1990년대부터 홍콩의 『데이터베이스 구축 통신』(1993-1997)에서도 외래어와 외래개념어의 귀속 문제에 대한 논의가 이루어졌다. 여기서는 외래어와 외래개념어를 구분하고 전자를 까우밍카이·리우쩡탄과 같은 개념으로, 후자를 쩡띠엔과 쑨창쉬의 개념으로 확대하였다. 언어발전, 문화교류, 사회변화의 관점에서 본다면 중국어에 존재하는 '외래개념어'에 대한 연구는 단순히 '외래어'를 연구하는 것보다 더 가치가 있을 것이다.

21세기 이후 다방면의 연구 경력을 갖춘 판원구오潘文国는 『외래어 신론外来语新论』(2008)에서 외래어를 4등급으로 분석하여 모두 세 가지 유형을 제시하였다. 그중 제2급은 글자를 쓴 것, 음을 쓴 것, 의미를 쓴 것, 유사접사식, 유사형태소식, 병음자모어, 영어축약어, 상표명 외래어 등 8가지로 나누었다. 제1급은 단순형, 혼성형, 창작형 세 가지로 크게 나누었는데 분류 명칭이 비교적 독특하고 참신하다.

2) 외래어 자격 연구

외래어 자격에 대한 연구도 일반적으로 외래어 유형과 함께 논의되어지며 자격을 전문적으로 다룬 연구는 비교적 적은 편이다. 또 자격에 대한 논의는 대부분 전통적으로 이것이 아니면 저것이다 식의 논의로 국한되는데 이는 오랫동안 전통적인 인식론의 영향을 받아 형성되었기 때문이다. 스요우웨이(1991c)는 의도적으로 이런 전통적인 방식을 피하고자 모호한 개념과 방식을 도입하였다. 그 구체적인 방법은 외래 요소를 어음, 구조, 어의, 자형 등으로 나누고 총점 10점을 각 항목에 배당하여 구체적인 단어들마다 외래 요소에 있어 0-10점 중에 어느 정도 점수를 받게 되는지를 살펴보았다. 이러한 방식을 통해 어휘를 외래 정도가 다른 16가지 유형으로 나누어 유형이 단순화되는 것을 막고자 하였다.

3) 기타 유형에 관한 연구

지금까지 언급한 연구나 논의들은 차입 유형에 국한되어 있으며 기능 유형, 어의 유형 및 연관된 사회나 커뮤니티 유형에 관한 연구와 대조 언어학적인 비교 연구 등은 아직까지 이루어지지 않고 있다. 적어도 중국어에 국한된 기능 유형에 있어서는 깊이 있는 탐색이 이루어져야 일반 어휘와 고유명사 두 가지 혹은 전문용어, 속어, 고유명사 세 가지와 같은 언어 기능 유형을 결합하여 서로 다른 사회 기능과 문화 기능의 유형을 연구할 수 있을 것이다. 이러한 분야에 대한 연구의 가능성은 여전히 무궁무진하다.

5. 외래어 사서의 편찬

여기서 의미하는 외래어 사서는 외래어 사전뿐만 아니라 외래어에 관해 정리해 놓은 '초고(草稿)', '어휘집', '기본자료집', '데이터베이스' 등을 모두 포함하는 것이다. 사실 언급한 몇 가지들은 사전 편찬의 기초가 되는 것으로서 선행되는 작업이라고 할 수 있다. 그러나 1993년 7월에서야 홍콩의 학자들이 앞장서 '외래 개념 어휘 데이터베이스' 구축을 시작하였다. 이밖에도 몇몇 학자들은 개인적으로 외래어 자료집을 독자적인 힘으로 구축하기도 하였는데 일본의 중국 학자 선구오웨이와 중국의 황허칭을 그 예로 들 수 있다. 그들이 장기간에 걸쳐 이룩한 꾸준한 작업은 많은 이들로 하여금 감탄을 자아내게 한다. 그러나 중국어에 대한 결정적 작용을 하는 사회의 관련 기구들이 여러 가지 이유로 말미암아 아직도 어떤 움직임을 보이지 않는 것은 매우 유감스러운 일이다. 외래어의 생산 시기와 출처 등에 관한 부분도 기본적으로 알려진 바가 거의 없다. 고대 외래어의 경우는 다행스럽게도 적잖은 학자들이 역사적인 고증을 거쳐 상당히 밝혀낸 바가 있지만 근·현대의 외래어는 오히려 정리가 되어 있지 않은 실정이다. 이러한 점이 외래어 사전들로 하여금 선천적으로 그 기반이 약할 수밖에 없는 약점을 지니게 한다.

외래어 사서의 편찬은 고도의 난이도를 요하는 종합적인 작업이다. 판원구오(2008)는 이상적인 『외래어대사전外來語大辭典』이라면 응당 6가지 특징을 지녀야 하는데 그 시작점이 참신해야 하며, 시대적인 구분을 갖추고 실용성과 상당한 규모를 갖추어야 한다고 하였다. 뿐만 아니라 여러 방면을 포괄해야 하며 종합적인 언어 자료집을 구축해야 한다고 하였다. 스요우웨이(2017, 2018)는 『신화 외래어 사전』의 서문에서 이상적인 외래어사전에는 10가지 항목이 구비되어 있다고 하였다. 첫째, 엄격하게 외래어 기준에 맞는 단어가 수록될 수 있다. 둘째, 최대한 광범위하고 균형 잡힌 표제어를 제공할 수 있다. 셋째, 석의에 부합하는 최대한 분명한 어원이나 근원어 단어를 제공할 수 있다. 넷째, 진일보한 어원이나 근원이 적절하게 포함되어 있다. 다섯째, 대응하는 가능한 한 이른 문헌상의 예증이나 용례가 제공될 수 있다. 여섯째, 수록된 단어들에 대해 필요한 설명이 제공될 수 있고 발생지와 사용 지역 및 등급, 사용 빈도, 실제 독음, 어휘 풍격 등을 포괄할 수 있다. 일곱째, 수록된 단어와 관계가 있는 지식을 제공할 수 있고 수록된 어휘의 근거와 근원어 생산 배경을 포괄할 수 있어 해당 어휘에 대한 더욱 깊이 있는 이해를 도울 수 있다. 여덟째, 일정한 연상작용 기능이 있어 같거나 비슷하거나 상반되는 다른 외래어로 연결시킬 수 있다. 아홉째, 어느 정도 연구 기능을 할 뿐만 아니라 서로 다른 관점과 연구를 제공하여 한걸음 더 나아간 연구를 도모할 수 있다. 끝으로 개방된 플랫폼을 제공할 수 있어 사전이 동태적으로 발전 혹은 수정될 수 있고 상호작용의 기능을 갖출 수 있게 하여 제때 표제어를 증감하고 새로운 표제어 내용 등등을 제공할 수 있도록 할 수 있다. 현재의 상황을 기반으로 볼 때 이런 이상적인 생각을 실현하려면 더 많은 노력과 오랜 시간이 필요할 것이다.

 이제 지금까지 이루어진 사전 편찬의 상황에 대해 간략히 소개해 보도록 하겠다. 잘 알려진 바와 같이 중국의 근대 초 외래어 사전과 유사한 사전을 편찬한 사람으로 띵푸바우丁福保를 꼽을 수 있다. 그는 일본의 불교 사전들을 참고로 하여 수백만 자에 달하며 전문성을 갖췄다고 할 수 있는 중국의 첫 번째 외래어 사전인『불교학대사전佛学大辞典』(1922)을 편찬하였다. 20세기 초 일찍이 서양 학자 윌리엄 에드워드 수딜William Edward Soothill이『중국어 불교 용어 사전A Dictionary of Chinese Buddhist Terms』을 편찬한 바 있으나 그 규모가 앞서 언급한 사전만 못하다. 후싱쯔도『외래어사전』(1936)을 편찬한 바 있으나 현대 중국어 외래어는 부분적으로만 싣고 있고 그나마도 지명과 인명이 잡다하게 대량으로 실려 있을 뿐만 아니라 신뢰할 만한 어원과 근원어 형식을 제시하지 못하고 있다는 한계를 지닌다. 또 '全输入전량수입'와 같은 일어에서 온 한자어 외에 의미를 온전히 번역한 '의역어'도 싣고 있는 가운데 음역어가 차지하는 분량은 일부에 불과하여 학계에서의 평가가 그다지 높지 못하다

 1981년 타이완의 국어일보国语日报 출판부 편역팀에서 편찬한『국어일보 외래어 사전国语日报外来语词典』에는 이 신문에 실렸던 순수음역과 부분음역된 외래어를 포함하여 총 1,820개의 단어가 수록되어 있다. 주로 단어나 구 유형이지만 문화적인 함의가 비교적 강한 고유명사도 참작하여 싣고 있다. 예를 들면 '释迦牟尼석가모니'(산스크리

트어 Śākyamuni), '辛巴达신밧드'(아라비안나이트의 주인공 이름 중 하나로 아랍어에서 유래한 영어 Sin(d)bad), '凡尔赛宫베르사이유궁전' (프랑스어 Palais de Versailles) '新力소니'(일본 회사명이자 상표명으로 라틴어에서 유래한 영어 SONY이며 원래는 영어 sonic의 소리를 명사화한 것으로 보아야 함) 등을 들 수 있다. 이 사전에서는 일본 한자어를 싣지 않고 주음부호를 사용해 음만을 달아 놓고 간단한 근원어 형식을 제시하고 있는데 그중에는 한걸음 더 나아가 어원이 제시된 경우도 있다. 이에 당시 중국 최초의 착실한 외래어 사전이라고 평가할 수 있다. 원래는 이 사전에 앞서 두 개의 사전이 먼저 출판될 수 있었지만 출판부와 편집자의 의견이 합의를 이루지 못하면서 몇 년 동안 출판이 보류되었다. 그중 리우쩡탄·까우밍카이·마이이웅치엔麦永乾·스요우웨이가 편찬한 『중국어 외래어 사전』은 문화대혁명이 일어나기 이전인 1966년에 이미 초고가 완성되었으나 출판이 이루어지지 못하였다. 이후 스요우웨이를 초빙하여 다시 새롭게 개편한 후 1984년에 상하이사서출판사上海辞书出版社를 통해 출판되었다. 수록된 단어는 이체자를 포함하여 총 만여 자에 이르며 순수음역과 부분음역된 어휘는 물론 일본 한자어도 표제어로 수록되었다. 소수민족 언어에서 온 외래어도 중요하게 다뤄 대부분 항목을 구분하여 어원을 제시하였으며 되도록 이체 형식도 최대한 수록하고자 하였다. 그럼에도 불구하고 이 사전의 부족한 부분을 세 가지로 정리하자면 첫째, 대부분의 표제어에 문헌상의 예증이나 조기(早期) 출처가 제시되어 있지 않다. 예를 들어 항목들 중에 러시아어에서 온 경우는 러시아어 사전에 수록된 것을 그대로 가지고 왔기 때문에 실제 사용되는 것인지에 대해 의문이 남는다. 또 일본에서 온 단어의 수집도 충분하지 않을 뿐만 아니라 몇몇 한자어들의 경우는 일본보다 중국에서 먼저 만들어진 것이 잘못 실어진 것도 있다. 이런 문제들의 원인은 한 가지 때문이다. 즉 외래어 연구의 기반이 매우 빈약했기 때문에 관련 자료를 충분하게 제공받을 수 없었을 뿐만 아니라 편찬 당시 일일이 고증하고 조사하여 대조할 방법이 없었기 때문이다. 천치시앙의 『중국어 외래어 사전』(1990)도 원래는 서명을 '汉语外来词词典중국어 외래어 사전'으로 하려고 하였으나 이 사전과 서명이 동일해지는 것을 피하기 위해 지금의 서명으로 바뀐 것이다. 이 책은 1977년에 대부분의 카드 작업이 완성되었으며 탈고는 기본적으로 1981년에 마무리되었으나 내용상의 문제가 있어 출판은 1990년이 되어서야 이루어졌다. 모두 4,307개의 어휘를 싣고 있으며 음역어, 일본 한자어 및 중국이 자체적으로 번역한 의역어 뿐만 아니라 의역된 문구까지 포함하고 있다. 그중에 인명과 지명이 편폭의 상당 부분을 차지한다. 표제어 대부분이 반드시 최초의 출처는 아니더라도 문헌상의 예증이 제시되어 있는데 이 점이 이 사전의 가장 우수한 점이라고 할 수 있다. 일찍이 천위엔(1978/1994)이 출판사를 대표하여 인명과 지명은 어휘류에 속하지 않고 단지 부분적으로 고대의 것이 남겨진 것일 수도 있으므로 대부분의 이런 고유명사는 마땅히 삭제되어야 할 것이라는 견해를 피력한 바 있으나 결국 저자들에 의해 받아들여지지 않았다. 이 사전의 또 다른 단점으로는 수록된 어휘의 범위가 넓지 않아 중요한 많은 어휘와 이체들이 수록되어 있지 않다. 또한 의역어와 의역된 문구도 여전히 구분이 모호하며 근원어 어형이 결핍되어 있다든지 '密月신혼여행'가 최초 일어에서 유래했음을 제시하지 않은 것처럼 어원 자체를 누락한 경우도 있다. 그러나 외래어 사전이 매우 부족했던 당시, 희년의 노인인 저자가 개인적인 노력만으로 이런 사전을 독자적으로 편찬했다는 것 자체만으로도 대단한 일이며 더 이상을 바라는 것 자체가 무리라고 할 수 있다.

　21세기 들어 상무인서관에서는 새로운 외래어 사전에 대한 편찬을 구상하며 스요우웨이에게 『신화 외래어 사전』의 편찬을 의뢰하여 기존의 여러 사전들의 성과를 계승하고자 하였다. 항목은 크게 반음역의 어휘를 포함하는 음을 빌린 유형, 일본 한자어를 포함하는 형태를 빌린 유형과 라틴 알파벳으로 이루어진 자모어 유형 세 가지로 나누었다. 묘사성과 개방성을 갖추고 분석적이며 지식의 깊이가 있는 중형 사전을 편찬하고자 하였으며 향후 개정판이 출판될 때마다 지속적으로 증보와 수정을 거치고자 하였다. 이로써 현재 충분하지 않은 외래어 사전의 공백을 채우고자 2019년 1월에 출판되었다. 이 사전에는 표제어 2만 개(이체자 7천여 개)가 수록되어 있는데 그중 영어에서 온 것이 6,600여 개, 일어에서 온 것이 3,000여 개이며 자모로 시작하는 단어 2,000여 개가 부록으로 제시되어 있다. 이밖에 스요우웨이의 『이문화의 사자-외래어』(1991)와 이 책의 증보판 『외래어-이문화의 사자』(2004) 두 권에도 외래어 색인이 첨부되어 있어 소형 상용 외래어 사전의 역할을 담당할 수 있다.

　이런 전문적인 사전과 서적 외에도 『사원辞源』, 『사해』, 『종교 사전宗教词典』, 『현대 중국어 사전』, 『중국어 대사전汉语大词典』, 천깡陈刚의 『베이징 방언 사전北京方言词典』 등 신구(新舊)의 각종 용어 사전들 역시 각자 정도는 다르지만 외래어 어휘집과 유사한 역할을 할 수 있다. 물론 그 가운데 문제점도 적지 않게 발견된다. 예를 들어 새로운 『사원』에 실린 '笔帖式청대 번역 담당 관리', '撒花꽃을 흩날리다' 등의 단어의 어원 고증과 석의 풀이에 오류가 발견되는 경우를 들 수 있다[8]. 또 『중국어 대사전』에 실린 표제어 '外来语외래어' 아래 인용된 문헌상의 예증은 쨩타이이엔의 『문학설례』라고 되어 있지만 사실 일본 학자 다케시마 마타지로(하고로)의 말인 것도 그러한 예라고 할 수 있다.

황허칭이 독자적으로 편찬한 근·현대 신조어 어원에 대한 공구서인 『근·현대 중국어 신조어 어원 사전近現代漢语新词语源词典』(2001)과 『근·현대 사원近現代辭源』(2010) 두 권은 특히 언급할 필요가 있다. 무엇보다 『중국어 대사전』에 누락된 많은 어휘와 문헌상의 예증을 찾아내어 수록하여서 대사전에 존재했던 수많은 공백을 메웠다는 점에서 그 가치를 높이 평가할 수 있다. 또 짱싱리앙의 『중서문화교통사료中西文化交通史料』(1930/1977)는 자료집으로는 유일하면서도 가장 중요한 성과라고 할 수 있으며 고대 외래어에 대한 초고의 기능을 할 수 있다.

반면 근·현대 외래어 분야로는 여전히 공백이 존재한다. 코퍼스 방면으로는 홍콩중국어문학회香港中国语文学会가 1993년에 '외래개념어코퍼스外来概念词词库'의 구축을 시작하였는데, 야우더화이의 주도로 이미 수백 개의 어휘가 모아졌으며 그 가운데 상당 부분이 외래어이다. 그리고 대체로 어휘마다 다섯 개의 세부항목이 일률적으로 제시되어 있다. 즉 일반적으로 외국어 단어 하나를 선택해서 사용할 수 있는 '검색어', 수량에 제한이 없는 '표제어', '석의', 한 개 이상의 가능한 어원을 모두 포함하는 '어원' 그리고 '참고문헌'이 바로 그것이다. 어떤 경우는 '설명', '일화', '토론' 세 가지 항목이 더 추가되어 있기도 하며 마지막에는 기고자의 서명을 수록하여 책임소재를 밝혀 두고 있다. 동일한 하나의 표제어에는 시기를 나누어 다양한 학자들이 수정하거나 보충할 수 있도록 해 두었을 뿐만 아니라 여러 사람들

---

8) 『사전 연구辭书研究』 1986年 第3期에 실린 팡링꾸웨이方龄贵의 논문 참조.

이 각자 토론을 하거나 탐구할 수 있도록 해 두었다. 이는 일종의 토대 사업으로서 지속할 수 있다면 외래어 연구사에서 틀림없이 중요한 의의를 지니게 될 것이다.

우리는 어원 사전 편찬 분야에 있어 더욱 시급한 문제에 직면해 있음을 반드시 짚고 넘어가야 할 것이다. 매우 많은 언어 자료가 민감한 영역을 언급해야 할 수 있으므로 편찬자가 자세히 묻거나 언급할 엄두를 내지 못할 수도 있다. 보다 정확한 어원과 문헌상의 예증을 얻기 위해서는 한걸음 더 나아가 개방적인 사고와 도전적인 금기 타파 정신 및 실천하는 자세가 필요할 것이다.

6. 외래어 규범 문제 연구

1) 1950년대 이전

이 시기 외래어 규범화의 문제는 내내 중요하고도 흥미롭게 다뤄졌다. 어떤 이들은 외래어 연구의 최종적인 목표는 규범에 있다고 하여 지나칠 정도로 보이기도 하지만 매우 중요한 문제인 것은 사실이다. 외래어의 규범화에 최초로 노력을 기울인 것은 당대(唐代) 고승 현장玄奘이라고 할 수 있다. 그는 의역과 음역을 선택하는 어려움을 해결하고자 먼저 '다섯 가지는 번역하지 않는다五不翻' 원칙을 제시하였다. 즉 다섯 가지 상황에서는 음역을 직접적으로 채용해야 한다는 것인데 구체적으로 설명하면 다음과 같다. 첫째, 은밀하여 의역해 전할 방법이 없다면 음역해야 한다秘密故. 둘째, 한 단어에 의미가 여러 가지면 음역해야 한다舍多义故. 셋째, 해당 사물이 없을 시에는 음역해야 한다此无故. 넷째, 고음의 번역명은 그대로 사용한다順古故. 다

셋째, 효과를 높이기 위해 음역한다生善故.

19세기 중후반 무렵에는 쉬쇼우徐寿가 『화학감원化学鉴原』을 번역하면서 서양 언어의 일음절에 따라 화학의 새로운 글자를 창조하는 명명 원칙을 사용하기 시작하였다. 또 후이루는 『번역명을 논함』(1914)에서 의역할 것을 힘주어 주장하면서도 동시에 음역을 해도 무방한 10가지 단어를 제시하였다. 1909년 5월, 청(淸)의 관청인 학부学部에서는 이엔푸를 파견하여 각종 중국어와 외국어의 대조표 및 사전을 편찬하게 하였는데 9월에 다시 상소를 올려 편정명사관编订名词馆을 세우고 이엔푸를 총책임자로 삼았다. 이는 중국 역사상 처음으로 학술명사를 심의하는 관청의 책임자와 기구가 만들어진 것이라고 할 수 있다. 그러나 아직 두드러진 성과를 내기도 전에 신해혁명이 일어나 중단되고 말았다. 신해혁명 이후 규범화 작업이 점차 회복되면서 당시 박의학회博医学会, 강소교육회江苏教育会, 중국과학사中国科学社 등이 과학 명사 선정 작업을 진행하였다. 이후 1919년에는 과학 명사 선정 위원회가 성립되고 1928년에는 대학원大学院에서 상하이에 번역명 통일 위원회를 설립하여 일찍이 『외국인 인명·지명 중국어 번역 규정外国人名地名汉译公约』 16조를 제정하였다. 인명에 대한 것이 10조, 지명에 대한 것이 6조로 원칙은 매우 간략하다. 예를 들어 한국과 일본, 베트남 등의 나라들은 인명과 지명에 이미 정해진 한자이름이 있으므로 그 원래 이름을 그대로 사용한다는 것 등을 들 수 있다. 그러나 이런 원칙은 구체적으로 시행되기에 부족함이 있었기에 그 성과가 크지는 않다가 1932년에 이르러 남경국립편역관南京国立编译馆이 성립되고서야 전국 과학 전문용어 심의 작업의 실제 진행이 이루어질 수 있었다. 그리고 1933년 이곳에서 『화학명명원칙化学命名原则』이 편찬된 이후 1949년까지 지속적으로 편찬 작업이 이루어져 1949

년에는 이미 다양한 전문용어 규범이 약 50여 종까지 마련되었다. 이에 더하여 다른 기관에서도 제정이 이루어지면서 자연과학 전문용어집은 모두 160종이 출판되었다.

2) 1950년대 이후부터 현재까지의 규범 작업과 연구

(1) 중국 대륙의 규범 상황

① 규범의 원칙과 이론 탐색

20세기 후반 중국어 외래어 규범화를 명확하게 제시한 것은 1955년에 진행된 '중국어 규범화 학술 토론회汉语规范化学术讨论会'이다. 그러나 토론회에서도 단지 일반적인 논의들이 오고 갔을 뿐 심도 있는 논의나 토론이 이루어지지는 않았으며 규범화 작업에 대한 진정으로 깊이 있는 연구와 발전은 그 이후에 이루어졌다. 1958년 까우밍카이와 리우쩡탄은 『현대 중국어 외래어 연구』를 출판하면서 규범화 문제를 중점적으로 논의하였다. 그들은 두 가지 원칙을 제시하였는데 먼저 첫 번째 원칙은 이른바 '삼일원칙三一原则'으로서 '하나의 단어, 하나의 음, 하나의 글자'를 제시하였다. 그리고 이를 '통행원칙', 음의 대응 규율이 있는 '어음원칙', 자형을 간편하게 하고자 하는 '간이원칙', 역사성을 살피는 '역사원칙', 표의를 겸하여 고려할 수 있는 '어의원칙', 현대 중국어 조어법에 적합해야 한다는 '어법원칙' 등 6가지 항목으로 구분하였다. 두 번째 원칙은 '이병원칙二并原则'으로서 '이(異)형식 병존의 원칙'을 제시하였다. 즉 예를 들어 motor에서 온 '马达'와 '摩托'와 같이 동일한 어휘에 의미가 분화됨에 따라 두 가지 서로 다른 형식의 외래어가 만들어진다면 병존할 수 있다는 것이다. 또 '费厄泼赖페어플레이'와 '公平공평' 같이 외래어와 고유어가 동일한 의미지만 서로 다른 풍격을 표현한다면 또한 병존할 수 있다는 '이(異)격 병존의 원칙'도 제시하였다.

1959년에는 『5·4운동 이후 중국어 문어체 변천과 발전五四以来汉语书面语言的变迁和发展』이라는 책이 출판되었는데 이 책은 조사하는 차원에서 규범화 문제의 논의를 시작하면서 무술(戊戌) 시기부터 신해(辛亥) 시기 일찍이 번역명의 혼란스런 사용 양상이 출현하였음을 지적하고 있다. 예를 들면 일본에서 온 한자어와 자체적으로 만들어진 신조어가 병행되어 사용되고, 음역어와 의역어의 사용이 병존하였으며, 음역의 형식이 정해지지 않아 다양한 변체가 존재하는 현상 등을 들 수 있다. 그러나 '5·4운동' 이후 이러한 현상이 점차 통일되기 시작하여 일반적으로 일본에서 번역한 '의역어'가 사용되는 경향을 띠고 음역어 변체들도 통일되는 추세를 나타내었다.

1962년 까우밍카이는 또 언어 내부 발전 규율이 허용하는 범위 내에서 외래어의 흡수와 생존의 필연성을 이론적으로 분명하게 논하였으며 더불어 갑자기 한꺼번에 대량으로 외래어를 만들어 내는 것은 피해야 한다고 지적하였다. 응당 모어에 존재하는 단어나 조어 성분의 이용을 먼저 고려하여 순수 모어 단어의 조합으로써 외래어가 제시하는 새로운 사물을 논의해야 한다. 그러나 교류에 있어 긴박함이 요구될 경우 먼저 직접적인 음역 차용을 허용할 수도 있다. 린타우林焘(1963) 역시 외래어 규범의 몇 가지 원칙을 제시한 바 있다. 그에 따르면 의역어는 그것의 보편성과 명확성에 주의를 기울여야 한다. 음역, 의역, 음역겸의역 및 일본 한자어 이 네 가지는 중국어가 음절이 간단하고 단어 내 모든 음절이 대부분 구체적인 의미를 지니고 있는 특성을 감안해야 한다고 지적하였다. 그러면서 외래어에 근거하여 번역차용과 같이 직접적인 의역이 가능한 경우를 취해야 한다고 하였다. 만약 직접적인 의역이 불가능하다면 중국어에 원래 있던 단어를 기반으로 새로운 신조어를 만들어야 한다고 하였다. 그러나 이미 광범위하게 활용되는 음역어의 경우는 반드시 긍정적으로 인정해야 하며 인명과 지명은 음역을 이용하지 않을 수 없다고도 하였다. 반면 일본 한자어에 대해서는 일어의 중국어에 대한 영향이 점차 감소되어 이미 사용하지 않게 되었으므로 논의할 필요가 없다고 하였다. 이렇듯 언급한 두 가지 견해에 상이한 점이 존재하지만 여전히 크게 다르지는 않다.

　1963년 이후부터 문화대혁명이 끝날 때까지의 시기에는 규범을 논의한 연구자가 기본적으로 보이지 않으며 어떤 권위 있는 기구가 일관되게 정리하여 명문화된 규범을 제정한 경우도 보이지 않는다. 그 원인은 아마도 혼란스러운 사회 상황으로 말미암아 사람들은 국가적인 차원의 일과 무관한 이런 문제를 다시 돌볼 여력이 없었을 것이다. 더불어 교류에 걸림돌이 되는 것은 기본적으로 과학기술 전문용어나 고유명사이므로 이런 것들은 일찍부터 전문기관에서 관리를 담당했을 것이다. 문화대혁명 이후에도 규범 문제가 다시 논의 선상에 놓이기도 했으나 돌파구를 찾지는 못하였다. 그러다 1990년대 홍콩의 야우더화이(1996)가 화어华语의 관점에서 규범 문제를 다룬 것이 나름 의미가 있어 시야를 개척하는 데에 기여한 바가 있다.

　자모어의 규범은 당시 규범이 결핍된 또 다른 하나의 중요한 과제였다. 몇몇 자모어의 사용은 항상 논의의 여지가 있었고 어떤 것들은 분명하게 남용된 것으로 보통 사람들이 받아들이기에는 무리가 있는 것들이었다. 게다가 자모어의 싱크로율은 매우 높기 때문에 남용하는 것은 바람직하지 않으며 한 편의 글 안에서 과다하게 자주 사용하는 것은 더욱 바람직하지 않다. 특히 26개 자모 중 세 글자를 선택하여 만든 자모어의 싱크로율은 매우 높기 때문에 그 구별성과 명확성에 있어 효율적이지 않다. 이런 것들은 모두 유관 기관의 창조적인 사고를 발휘하여 새로운 규범을 만들어 시행해야 한다. 예를 들어 등급과 영역을 구분하는 규범을 만든다든지 자모어가 최초 출현할 때에 동일한 한자 어휘로 주석을 달아준다든지 하여 자모어와 한자어로 하여금 그 사용의 거취를 분명하게 하도록 해주어야 한다.

② 전문용어의 규범

규범화의 가장 절박한 대상 역시 자연과학 분야의 전문용어이다. 1950년 5월 중국 정부가 '학술명사 통일작업 위원회学术名词统一工作委员会'를 매우 신속하게 성립했다는 사실은 이 작업의 중요성을 분명히 반영해 주고 있다. 규범화 회의 이후 1956년, 위원회의 종료를 선포하고 새롭게 성립된 '중국과학원 자연과학명사 편집실中国科学院自然科学名词编订室'로 해당 작업을 이양하고 규범화 회의의 결정을 정식으로 집행하였으나 문화혁명 기간 동안 강압에 의해 작업이 중단되었다. 그리고 개혁개방이 이루어진 1978년에서야 다시 '전국 자연과학명사 선정 위원회全国自然科学名词审定委员会'가 새롭게 설립될 계획이 만들어졌으며 그 후 1985년, 비로소 정식으로 위원회가 성립되었다. 또한 그와 거의 동시에 '국제표준화위원회(ISO)' 산하 전문용어 표준화 위원회도 성립되었다. 그리고 이 두 조직이 서로 다른 시각에서 전문용어 관리 작업을 공동으로 담당하기 시작하였다. 이 시기 논의는 원칙적으로 이미 구체적인 단어의 형태를 선택하는 문제로 전환되었다. 예를 들어 과학기술 분야에서는 '激光레이저'을 선택하고 '莱塞레이저'를 도태시킨 것을 들 수 있다. 또 다른 예로 20세기 말 보건부가 '艾滋病에이즈'을 선택하고 '爱滋病에이즈'이나 '爱之病에이즈'을 도태시켰는데 이는 이 병이 모두 성애(性愛)로부터 오는 것은 아니므로 글자 조합의 의미로 인해 잘못된 해석을 불러일으킬 수 있다는 것을 피하기 위함이었다.

1949년부터 현재까지의 시기는 대륙의 여러 기관들이 연구하고 제정한 전문용어집이 이미 660종 출판되었기 때문에 상당히 방대한 양이 존재한다. 이것들이 비록 자연과학 분야의 전문용어 규범화 작업이었으나 대부분 외국어의 음역과 의역에 관계된 것이므로 외래어와 외래개념어 규범화에 있어서도 매우 중요한 역할을 했다고 말할 수 있을 것이다.

③ 고유명사의 규범

인명과 지명의 경우 '중앙편역국'[9])에서 일찍이 1950년대 초 다음과 같은 몇 가지 음역 원칙을 입안한 바 있다. 첫째, 베이징어음을 표준으로 한다. 둘째, '사물의 이름은 주인이 지은 대로 불러야한다名从主人'는 원칙에 따라 음역하되 이미 오랫동안 습관적으로 사용된 인명과 지명은 설령 더 좋은 음역이 있을 수 있을지라도 따로 음역하지 않는다. 셋째, 인명은 동일한 이름, 동일한 성, 그리고 동일한 어음의 경우 동일하게 음역한다. 넷째, 음역에 사용되는 글자는 상용자로서 쉽게 이해할 수 있는 것을 활용하고 벽자는 사용하지 않는다. 이후 이러한 번역 작업을 신화통신사新华通讯社의 외국 명칭 중국어 표기부서가 담당하게 됨에 따라 기본적으로 상술한 원칙들을 활용한

---

9) 원저에서는 '중국 공산당 중앙 위원회 마르크스, 엥겔스, 레닌, 스탈린 편역국 中共中央马克思恩格斯列宁斯大林著作编译局'으로 제시하였으나 편의를 위해 본서에서는 약칭인 '중앙편역국中央編译局'이라 쓰도록 한다.

규정을 준수하게 되었다. 다만 보다 더 구체화되어 몇몇 규정들은 조금 더 명확하게 하거나 보충하기도 하였다. 예를 들어 폄하의 의미가 있는 글자의 선택을 피한다든지 여성의 세례명은 최대한 여성의 특징이 드러나는 글자를 선택한다든지 하는 것을 들 수 있다. 또 음의 정확도는 상대적인 것이므로 음의 유사성과 형식의 유사성을 모두 생각해야 하지만 후자를 위주로 한다든지, 사회적으로 오랫동안 사용되어 일반적으로 인정되는 사물의 명칭은 역사적으로 습관이 된 명칭을 활용한다는 것, 그리고 외국인 스스로가 한자 이름을 지은 것이 있다면 존중하여 그대로 사용한다는 규정도 그 예로 들 수 있다.

(2) 타이완의 규범화 작업

타이완에서는 외래어 규범화 분야에서 매우 많은 작업을 진행하였다. 예를 들어 타이완 '중앙통신사中央通讯社'는 일찍이 『표준역명록标准译名录』을 출판한 바 있는데 이는 외신부가 이에 앞서 '번역명 개혁 및 통일 방안'이라는 초안을 세웠던 것이다. 또 타이완의 '편역관编译馆'에서도 『외국지명역명外国地名译名』(1990년대 초 제2판)을 출판한 바 있는데 총 1,381쪽에 달하며 모든 지명에 '외국지명, 소재국, 번역명' 세 가지를 제시하고 있어 대륙의 『외국지명역명편람外国地名译名手册』에 비해 더욱 많은 정보를 담고 있다. 타이완의 번역명은 대륙과 상당한 차이를 보인다. 통계에 따르면 평균 삼십 개 중 다섯 개가 다르다고 하는데 이는 현재 규범화 작업의 주요 문제가 여전히 대륙과 타이완의 번역명 차이에 있음을 반영한다. 이에 대륙과 타이완에서는 먼저 전문용어 규범화 문제의 실질성에 대한 논의와 공동 연구를 이미 시작하였는데 이는 매우 고무적인 일이라고 할 수 있다.

개인 연구에 있어서는 즈쉰子迅(1986)이 옛 번역명을 다듬어 규범화 문제를 논의하였고, 쭈시아우윈朱晓云(1986)도 석사논문에서 규범화 문제를 논의한 바 있다. 비교적 집중적으로 또 일관되게 논의를 진행한 것으로는 짱다충张达聪(1979)과 야우룽쑹姚荣松(1992)의 저서를 들 수 있다. 짱다충은 『번역의 원리와 기교翻译之原理与技巧』에서 음역 명사의 네 가지 원칙을 제시하였다. 즉 번역음이 정확해야 하고, 원래 의미를 파악하여 음역을 진행해야 한다. 그리하여 음과 뜻의 합치를 신중하게 고려하되 기존에 만들어진 번역명도 중시해야 한다는 것이다. 한편 야우룽쑹은 『타이완의 현행 외래어 문제台湾现行外来语问题』 제5절에서 '새로 생겨나는 외래어의 규범 문제'를 전문적으로 논하며 신구 번역명의 대체에 있어 두 가지 원칙을 제시하였다. 생각의 표현이 명확해야 하면서 동시에 간결하고 평이하여 쉽게 이해될 수 있어야 하며 기본적으로 단어는 쉽사리 교체되지 않도록 해야 한다는 것이다. 음역과 의역의 선택에 있어서는 다섯 가지 원칙으로 귀납하였다. 즉 인명과 지명은 음역을 우선으로 하며 의역은 뜻이 비슷하게 차용하는 것이 좋다. 보통 단어의 경우는 의역을 우선으로 하고 전문용어도 먼저 의역을 우선으로 한다. 그리고 음과 의를 겸하는 것은 되도록 적게 한다. 대륙과 타이완의 인명과 지명 번역 상의 차이에 대해서는 두 가지 기본 원칙을 제시하였다. 인명과 지명은 모두 원래 해당 지역의 발음을 파악하여 서로 다른 음운 체계와 중국어 음과의 대응 원칙을 확정하여야 한다. 야우룽쑹은 끝으로 학계의 보편적인 경향을 고려하여 대륙과 타이완에 교류를 강화하고 통일된 중국어 번역어로 매진하기 위해 공동으로 서로 협력할 것을 호소하였다.

1990년대에는 주지아닝쓰家宁의 주도 아래 대륙과 타이완의 외래어를 수집하고 분석한 바 있다. 차이가 나는 양안의 외래어 1,250개를 기초로 서로 같고 다름을 비교 분석하여 구체적인 번역 즉, 구체적인 규범의 서로 다른 경향을 파악하였다. 이를 통해 향후 양안 어휘의 전문용어 규범 정리에 참고자료를 제공하고자하는 것이 그 목적 중 하나이다. 구체적인 성과는 『양안 외래어의 번역 문제两岸外来词的翻译问题』(1996)에 제시되어 있다.

3) 향후 규범화에 대한 예측

규범화의 문제는 미래를 예측하는 것과 관련이 있지만 순수하게 향후 규범화를 논한 연구는 아직까지 찾아보기 어렵고 대체로 규범화 문제에 대한 논의의 일부분으로 다뤄지고 있다. 20세기 말에 출현한 IT(정보기술)와 인터넷이 새로운 매체로 분명하게 떠오르면서 21세기 이후 이미 매우 보편화가 이루어졌다. 이에 그러한 매체를 통해 누구나 자유롭게 의견을 주고받으며 외래의 신문물이나 신개념을 도입하게 되었다. 이는 전통적인 차용 경로와 방식에 큰 충격을 안겨줌과 동시에 새로운 차용 방식의 출현을 야기시키는 결과로 이어졌다. 따라서 규범화를 진행하는 기구와 인력들도 이러한 추세에 발맞춰 준비하고 대응해야 할 것이다.

7. 외래어에 관한 그 밖의 연구

1) 통계 연구

언어 통계는 언어의 특성과 경향을 고찰하는 가운데에 이루어지게

된다. 따라서 매우 중요한 연구 분야라고 할 수 있다. 외래어에 대한 통계 분야에 있어 본서에서 제시한 비교적 큰 규모의 몇 가지 통계 연구 전에 선행된 연구로는 까우밍카이와 리우쩡탄이『현대 중국어 외래어 연구』(1958)에서 제시한 초보적인 통계 정도를 들 수 있다. 이 책은 문화교류의 각도에서 통계를 진행하여 통계가 두 가지 부분으로 나뉘는데 하나는 근원어에 대한 통계이고 다른 하나는 의미를 분류한 통계이다. 그러나 근거로 삼은 외래어가 천여 자에 이르며 '완전' 혹은 '충분'의 차이가 매우 클 뿐만 아니라 또한 주요 소수민족의 언어로부터 온 외래어를 매우 많이 누락시키고 있어 그 성과의 기초가 견실한지 못한 것이 사실이다. 이 외에도 타이완의 쭈시아우윈이『중국어 속의 외래어中国語の中の外来語』(1986)에서 외래어 650개에 대한 통계를 진행하여 모두 69.85%가 영어로부터 온 것임을 밝히었으나 이 또한 단지 정태적인 어휘 통계일 뿐이었다. 사실 품사 통계나 음역과 의역의 대조 통계 등도 마땅히 이루어졌어야 하지만 당시 중국 내에서 그런 연구는 찾아보기 어려웠다.

중국 학자 중에 일본 유학파인 션구오웨이(1994)가 일찍이 이 분야에 심혈을 기울여 리우쩡탄 등이 편찬한『중국어 외래어 사전』에 수록된 일어에서 유래한 단어들에 대해 품사와 일본에서 조어된 것인지 원래 고대 중국어 어휘인지를 밝히고 조어 유형 및 총 9가지 의미 유형 등도 일일이 제시하며 매우 견실한 작업을 진행하였다. 그러나 마지막에 최종적인 통계를 진행하지 않았다는 점이 아쉬운 부분이라고 할 수 있다. 이후에도 션구오웨이는 지속적으로 어휘 자료를 조사하여 각종 공구서를 편찬하며 신조어 도표와 어휘 출처 도표 등을 제시하여 중일 어휘 교류에 견실한 기초를 세워 주었다. 그리고 이러한 연구 성과는 부분적으로 그의 2010년도 저작에 이미 소개된 바 있다.

괄목할 만한 성과를 이룬 또 다른 학자로는 쭈징웨이가 있다. 그는 착실한 고증을 통해 리우쩡탄 등이 편찬한『중국어 외래어 사전』에 대해 매우 실제적인 통계를 진행하였다. 뿐만 아니라 리앙치차우는 『민보民报』,『청의보清议报』등의 연구를 통해 19세기 이후에 일어에서 온 차용어에 대해서도 정리와 통계를 진행하였다10). 예를 들어 차이위엔페이蔡元培가 일어로부터 재번역한『철학요점哲学要领』11)에서 2-4글자 단어를 중국의 전적(典籍)에서 온 것, 그렇지 아니한 것, 『중국어 대사전』에 수록된 것, 고대 중국어에 있었으나 일본에서 새로운 의미를 부여한 것 등 네 가지 유형으로 나누었다. 또 원문과 차이위엔페이의 글에 모두 있는 것, 원문에만 있는 것, 차이위엔페이의 글에만 있는 것 등 세 가지 유형으로도 분류하였다. 이렇게 추출한 258개의 동형어(同形語)를 일일이 귀납하여 단순한 사용과 비합리적인 처리를 지양하였다12).

창시아우훙常晓宏(2009)은 루쉰 작품 속 일어에서 온 차용어를 연구하여 깊은 인상을 남겼는데 이는 루쉰 작품에 대한 철저한 조사와 쭈징웨이, 선구오웨이 및 리우허刘禾 세 사람이 일본에서 유래한 단어라고 했던 것들과의 대조를 통해 이루어졌다. 그는 1,335개의 일본에서 유래한 단어를 확정하고 9개 학문 분야 통계로 나눈 후 그들의 분포 현황을 제시하였다. 여기서 멈추지 않고 어원에 대한 지속적인 조사와 조어법으로부터 작품 속 서로 다른 체재의 분포에 대해서도

---

10) 이러한 성과에 대해서는 쭈징웨이(1993, 2003, 2005-2009)를 참조하기 바란다.
11) 원래는 독일의 라파엘 폰 코베르R. G. Koeber가 원저자이며 일본의 시모다지로가 번역한 글이다.
12) 쭈징웨이(2005) 참조.

진일보한 분석을 진행하였다. 상술한 연구들은 모두 해당 학문 분야의 정량적인 분석에 든든한 초석이 되어 주었다.

언어의 동태적인 통계, 즉 실제로 사용된 토큰(token)에 대한 통계는 매우 많은 인력의 투입과 장시간을 요하는 작업이므로 집체적인 장시간의 노력 없이는 불가능한 일이라고 할 수 있다13). 지금은 IT 기술의 발전과 클라우드 컴퓨팅(cloud computing)의 출현으로 통계 연구의 신뢰도가 더욱 높아짐에 따라 동태적인 통계 연구의 새로운 돌파구가 마련되고 있다. 이에 하루 빨리 더욱 향상된 연구 성과가 이루어질 수 있기를 바란다.

2) 이론 연구

지금도 여전히 외래어에 대한 심도 있는 일반적인 이론 연구는 부족한 실정이다. 그중 외래어 생산 원인, 조건, 규범, 등급, 동화와 변천 규율, 유형, 모어 및 모어 문화와 사회에 미치는 영향, 연구 방법론 및 외래어 인지 등의 과제는 심도 있는 연구가 이루어졌다. 일찍이 까우밍카이·리우쩡탄(1958)과 천위엔(1994)이 생산 원인과 조건에 대한 논의를 진행한 바 있고 전자의 연구에서는 외래어의 어음과 문법 방면에서의 중국화 상황을 상세하게 분석하기도 하였다. 또 짱칭위엔長淸源(1989)도 몇몇 분야에서 외래어에 대한 일반 이론적인 탐색을 시도한 바 있고 스요우웨이(1991)는 중국어 어휘 통합 모델에 대한 영향을 논의하면서 새로운 '분산' 조어 모델을 제시하기도 하였다. 그러나 여전히 일반 이론적인 연구는 부족한 실정이다. 짱이

---

13) 본 장의 외래어 연구 분야에 대한 논의는 스요우웨이(1991a, 2004)의 서문을 참고하였고, 연구 현황은 스요우웨이(1991b)를 참조하였다.

융이엔(1982)에 따르면 과거 외래어에 대한 연구들은 방법론에 있어 왕왕 일방적이고도 형식주의적인 경향을 띠었다. 다시 말해 외래어의 어원과 전래 시기에만 주의를 기울이며 기껏해야 차용의 원인과 조건을 논의하는 정도에서 벗어나지 못하였다는 것이다. 물론 이러한 연구들도 반드시 필요하지만 그것만으로는 충분하지가 않다. 하나의 외래어가 언제, 어디에서, 왜, 어떻게 전래되었는지를 연구해야 할 뿐만 아니라 어떻게 동화되었으며 차용하는 언어의 음운 구조를 포함한 음운 체계와 조어법을 포함한 문법 구조에 어떻게 적응되었는지도 연구해야 한다. 또 의미적으로 어떤 변화가 발생했으며 이런 변화는 왜 발생했는지에 대해서도 연구가 이루어져야 한다. 뿐만 아니라 새롭게 조어된 단어의 구성 방식의 변화와 어휘가 사용될 때 용도의 분담과 함의의 변화 등을 포괄하여 해당 외래어의 출현이 차용하는 어휘에 어떤 변화를 일으켰는지도 연구해야 한다. 이런 연구들이 진행될 때에서야 비로소 외래어 연구를 통해 어휘 발전의 규칙성을 분명하게 밝혀 낼 수 있으며, 어휘에 발생하는 현상과 그 원인을 설명할 수 있게 된다. 뿐만 아니라 개별 어휘의 역사, 언어의 역사, 그리고 언중의 역사라는 삼자 간의 관계도 명시적으로 제시할 수 있을 것이다[14].

100여 년 전 왕구오웨이王国维는 『새로운 전문용어의 유입을 논함论新学语之输入』(1905)에서 번역어에 대해 다음과 같이 거시적인 관점과 미시적인 관점이 결합된 평론을 제시한 바 있다.

> "우리 국민들의 특성은 실제적이고 통속적인 반면 서양인들의 특성은 사색적이고 과학적이어서 추상적인 것에 능하고 분류가

---

[14] 짱이융이엔(1982:94) 참조.

정밀하다. 이에 세상에 존재하는 유·무형의 사물들에 대해 일반화(generalization)와 분석(specification), 이 두 가지를 적용하지 않는 것이 없다. 고로 어휘가 많은 것은 매우 자연스러운 이치라고 하겠다. 우리 국민들은 실천에 소질이 있을지언정 이론적인 분야에 대해서는 구체적인 지식만으로 만족하고 분류에 있어서는 실천적인 수요 때문에 하게 되는 경우를 제외하고는 대체로 강구하고자 하지 않는다."

"무릇 보통의 문자 중에 굳건히 새로운 어휘를 받아들이지 않는 경우는 없다. 학문을 말할 때에도 기예를 연마할 때에도 새로운 어휘의 증가 없이는 불가능하다. 일본의 학자가 나보다 먼저 어떤 것을 정하였다면 그것을 따라 사용하면 되지 어찌 안 되겠는가? 고로 크게 부적절하지 않다면 우리가 굳이 창조할 필요 없다."

"또한 일본인들이 명명한 것 역시 소홀히 다루지 않을 뿐이다. 수십 명 전문가들의 고찰과 수십 년의 수정을 거쳐 오늘날에 있게 된 것이다. 일본인들의 번역어를 몰래 훔쳐다가 쓴다고 말하는 이들은 작은 편리함일 뿐이라고 말한다. 즉 답습의 용이함이 창조의 어려움만 못하다는 것이 그 하나요, 양국의 학술교류에 편리함이 있지만 근본이 없다는 우려가 둘이라는 것이다. … 이렇듯 편리하고 어려움이 없는데 무엇이 싫고 무엇이 의심스럽다고 사용하지 않겠는가?"

"일본인들은 두 글자 사용을 많이 하기에 통하지 않는 것은 네 글자를 사용하여 표현한다. 반면 중국은 한 글자 사용에 익숙하므로 정밀함과 정밀하지 못함의 구분은 모두 여기에 있다."

100년 전 왕구오웨이의 이와 같은 논리는 지금까지도 참신하고 예리하여 듣는 이들에게 반향을 불러일으키며 시사하는 바가 크다.

이밖에, 상술한 목표를 이루기 위해 여전히 연구 방법에 대한 자각적인 발전과 개진이 이루어져야 한다. 또 연구 분야를 확대하여 사회 유형과 결합하여 외래어를 연구하고, 응용, 빈도, 사회 등의 분야에서 서로 다른 층위의 외래어가 서로 다른 유형의 사회 속에서 확장하는 규율도 연구해야 한다. 더욱 자각적인 규제 혹은 계획을 위해 외래어의 내재적인 언어 발전을 포괄해야 한다. 그리고 중국의 눈에 띄는 발전 속도에 비해 상대적으로 외래어 연구 분야는 여전히 상당히 뒤쳐져 있음을 주목해야 할 것이다. 이는 이론과 구체적인 어휘 두 가지 분야에서 장기적인 노력이 이루어지고 철저한 변모를 도모할 때 발전을 기대할 수 있을 것이다. 향후 더욱 많은 연구자들의 적극적인 참여와 노력이 있기를 기대해 본다.

8. 21세기 외래어 연구의 특징

1) 연구의 양적 개괄

먼저 외래어에 관한 저작과 논문이 크게 증가하였다. 불완전하겠지만 필자가 중국 대륙에서 수집한 것을 기반으로 볼 때 최근 20년간 중국학자들의 외래어를 대상으로 한 전문 서적과 논문집은 24권에 달한다. 또 외래어 연구와 관련된 저작이 다섯 권, 발표된 외래어 연구 논문은 320편에 달한다. 이렇게 외래어 관련 논저가 크게 증가한 것은 관심과 투입된 연구 인력이 전대미문으로 증가했기 때문이다. 젊은 연구자들이 지난 세대를 대체하기 시작하며 지속적으로 연구에 합류하고 있다. 그러나 이런 논문들이 서로 엇비슷하고 양질의 것과 아닌 것이 섞여 있기 때문에 여전히 부족한 면이 있다.

학위논문도 눈에 띄게 증가하였다. 지난 20세기에는 외래어 연구 관련 학위논문을 거의 볼 수 없었는데 21세기 들어 큰 변화를 보이고 있는 것이다. 점점 더 많은 젊은 학자들이 외래어 연구에 참여하고 있고 적잖은 대학원생들이 외래어를 주제로 학위 논문을 쓰고 있는데 우수한 경우가 상당히 많다. 쭝지야钟吉娅(2003)는 '외국어 어원의 단어'를 논제로 박사학위 논문을 써 주목을 받았다. 필자의 통계에 따르면 21세기 진입부터 2017년까지 외래어 관련 논제로 쓰인 박사학위 논문은 17편이며 석사학위 논문은 112편에 달한다15). 학위논문은 비교적 요구사항이 엄격하기 때문에 눈여겨 볼 가치가 있을 뿐만 아니라 지표로 삼을 만하다.

근원어는 주로 세 가지로 분류된다. 자모어를 포함한 영어에서 온 경우, 일어에서 온 경우 그리고 어원을 가리지 않는 경우, 이 세 가지가 절대 다수를 차지한다16). 일어에서 온 단어에 대한 연구는 여전히 전통적인 항목에 해당하지만 영역이 애니메이션과 인터넷 등 새로운 것으로 이미 확대되었다. 새로운 관점에서의 연구는 영어에서 온 단어에 집중되어 있다. 이 외에 러시아어에서 온 단어와 소수민족언어에서 온 외래어 연구도 회복되는 추세를 나타내며 이미 분명하게 전방위적인 조정이 이루어지고 있다.

---

15) 학위논문이 제일 처음 발표된 것은 2001년이며 본서를 쓸 당시 2018년 자료는 아직 발표되지 않은 상태였다. 2010-2014년까지가 가장 활발하게 발표되었는데 2010년에만 16편이 발표되었고 2014년 이후 점차 감소하는 추세를 보인다.

16) 필자가 수집한 448편(일반논문 319편, 학위논문 129편)의 논문 중에 자모어를 포함하여 영어에서 온 단어를 연구한 것이 150편(일반논문 112편, 학위논문 38편)으로 33.5%를 차지하고 일어에서 온 단어를 연구한 것은 115편(일반논문 82편, 학위논문 33편)으로 25.7%를 차지한다. 이 외에 다양한 언어로부터 온 외래어를 연구한 것이 123편(일반논문 86편, 학위논문 37편)으로 27.5%를 차지한다.

2) 연구의 관심 영역

먼저 연구의 관점에 있어서는 새로운 세기를 맞아 매우 많은 연구자들이 전통적인 유형의 분야에 새로운 탐색을 진행하였다. 예를 들면 왕양쭝王扬宗(2003)은 역사적인 번역에 대한 논의를 진행하였고 차우웨이曹炜(2004)는 이론적인 탐색을 진행하였다. 또 허완핑何宛屏(2001), 후밍양胡明扬(2002), 리우융취엔刘涌泉(2002)과 양시펑杨锡彭(2008)은 자모어에 대해 논의하였고 여러 연구자들이 비슷한 시기에 외래어 접사에 대한 논문을 발표하였다. 뿐만 아니라 많은 연구자들이 새로운 시각과 전문적인 유형의 연구를 개척하였다. 새로운 시각이라 함은 적응이론, 목적이론, 밈(meme)이론, 수용이론, 미디어학, 번역학, 유통정도, 생태언어학 등 다양한 연구 분야를 말한다. 이는 전통적으로 음역 용자와 어휘 구성 등에 국한되었던 것을 이미 초월하기 시작하여 학제적 연구로 나아가고 있음을 말해준다. 그리고 전문적인 유형의 연구라 함은 법률, 화장품 상품명, 농기구, 도량형과 같이 전문화된 관점이나 사전, 교재, 인터넷 등 특정 텍스트와 플랫폼 및 다문화, 사용자 통계, 어의 변화, 대조 연구 등과 유형의 연구를 일컬으며 더욱 실용적인 경향을 나타낸다. 추이쥔민崔军民(2009)은 근대 법률 계통의 일어에서 온 단어의 유입에 대해 시비를 가리고 통계를 진행하였다. 새로운 관점의 시도는 기본적으로 서양 언어에서 온 외래어와 어원을 따지지 않는 외래어 연구에서 나타난다. 그리고 이는 대체로 정규적으로 발간되는 논문에 집중되어 있는 반면, 학위논문은 보다 전면적이고 진중한 경향을 나타낸다. 이밖에 일반적으로 외래어에 포함시키지 않는 의역어 연구도 다수 발표되었는데 매우 고무적이라고 할 수 있다.

다음 자모어의 대거 출현은 현대 중국어에 나타나는 매우 현저한 특징이다. 자모어의 요동치는 사용과 지위의 불분명함 때문에 중국어로 귀화한 자모어에 대한 명확한 통계를 진행하는 것은 매우 어렵다. 자모어를 단순 연구한 논문만도 일반 논문 79편, 학위논문 25편으로 이미 104편에 달하며 논의는 여전히 그 지위에 집중되어 있다. 2012년 『현대 중국어 사전』(제6판)에 '서양 자모로 시작하는 어휘' 239개가 부록으로 실리면서 의외의 크고 작은 논쟁을 불러 일으켰다. 그리고 이는 자모어에 대한 인식 수준이 매우 다르다는 것을 즉각적으로 반영해 주었다17). 사회의 발전은 언어 접촉을 촉진시켰고 언어 발전과 상호작용도 촉진시켰다. 자모어는 단지 그중 한 분야일 뿐이다. 중국어는 한자로만 표기해야 한다는 입장에 서면 필연적으로 문화·심리적인 충돌을 일으킬 수밖에 없을 것이다. 이는 일어에서 온 한자어 이후 또 다른 하나의 다차원적인 충돌이라고 할 것이다.

끝으로 근원·언어의 종류 및 차용 시기를 포함한 어원 문제는 전체 학문 분야의 기초가 되며 고증은 이런 학문 분야의 필수적인 방법론이다. 이 시기 어원 고증에 대한 논저가 대거 출현하였다. 예를 들어 서양 언어로부터 온 외래어(린메이춘林梅村 2000), 몽골어로부터 온 외래어(팡링꾸웨이方龄贵 2001), 만주어로부터 온 외래어(지융하이季永海 2004, 2005), 쭈앙어로부터 온 외래어(란칭위엔蓝庆元 2003), 러시아어로부터 온 외래어(쉬라이띠徐来娣 2007, 지앙야밍姜雅明 2011) 그리고 더 많은 수를 차지하는 일어로부터 온 외래어(펑꽝루彭广陆

---

17) 예를 들면 2007년에 왕삔삔王彬彬(1998)의 논문이 시초가 되어 '国际观察국제관찰·论坛논단·天涯社区천해사구' 등 여러 학술대회에서 '현대중국어의 일어 외래어'의 문제에 대한 격렬한 논쟁이 이루어졌다. 또 인터넷 상에서 그러한 정서가 더욱 확대되면서 가볍게 다룰 수 없는 다각도에서 관점의 충돌이 재현되었다.

2000-2012, 쭈징웨이 2003-2013, 허화쩐 2004, 2012, 2013, 션구오웨이 2006-2011, 천리웨이陈力卫 2007, 2019, 치아우이엔谯燕·쉬이핑徐一平·스지엔쥔施建军 2011, 꾸지앙핑顾江萍 2012) 등이 있다. 또 영국식 도량형 단위에 대한 전방위적인 정리와 고증은 현재 사용되는 영국식 도량형 단위 용어 중에 중국어가 주도적으로 번역한 단어가 있음을 증명하였는데, 길이를 나타내는 영국식 단위 '码야드'는 일어에서 온 것이 아니고 중국어 위에방언과 민방언에서 의역해 온 것임이 증명되었다(스요우웨이 2008, 2016). 동시에 고대 지명 외래어에 대한 고증도 새로운 성과를 드러내었다(니우루천牛汝辰 2016, 2017, 2018). 그러나 중국어에 일찍이 존재하며 외래어로 추정되는 수많은 경우에 대한 고증은 결핍되어 있다. 이는 현대 연구자들이 주로 관심을 갖는 언어에 대한 경향을 나타내며 연구자의 지식과 능력이 당연히 모두 동일할 수가 없다는 것을 말해 준다. 이밖에 해외 문헌에 대한 관심의 제고가 반드시 필요하다는 것도 일깨워 준다.

3) 외래어 연구의 새로운 동력

인터넷은 1990년대에 중국으로 들어왔고 21세기 들어서는 매우 급속도로 발전하며 성숙기에 접어들었다. 인터넷이라는 새로운 매체는 외래어 유입의 통로가 되었으며 전파의 수단이 되었다. 또 외래어 관점에 대한 토론과 교류가 이루어지는 플랫폼이 되어 주는 등 다양한 기능을 담당하고 있다. 외래어와 관련된 여러 인터넷 토론 플랫폼과 블로그에 게재된 여러 편의 글, 그리고 바이두와 360 등 검색 엔진의 도움으로 외래어에 대한 지식이 보편화되었고 외래어 연구도 촉진되었으며 아울러 현대 연구가 주된 관심을 가질 만한 하나의 지표가 되어 주었다.

4) 외래어 관련 공구서와 데이터베이스의 구축

데이터베이스의 연구 제작도 연구의 한 유형이다. 데이터베이스에는 동태적인 것과 상대적으로 정적인 두 가지 유형이 존재하는데 현재 가장 필요한 것은 동태적인 데이터베이스이다. 사전은 상대적으로 정적인 특수한 데이터베이스의 일종이라고 할 수 있다. 데이터베이스에는 세 가지 등급이 존재한다. 첫 번째 등급은 인터넷에 존재하는 방대한 양의 코퍼스로서 중국에는 아직 이런 종류의 어휘 데이터베이스가 존재하지 않지만 바이두와 360 같은 포털 검색 엔진이 그런 기능을 대부분 담당하고 있다. 두 번째 등급은 초보적으로 선별한 코퍼스와 외래어 어휘 후보 자료인데 중국에는 이렇게 전문적인 외래어 데이터베이스도 없는 실정이므로 연구와 구축이 시급하다. 세 번째 등급은 엄선된 코퍼스와 사전인데 단일 유형과 종합적인 유형 두 가지로 세분된다. 단일 유형에는 리우융취엔의 『중국어 자모어 사전』(2009)과 스즈키 요시아키鈴木義昭와 왕원王文의 『일어에서 온 중국어 외래어 사전日本語から引ける中国語の外来語辞典』(2009)이 있다. 종합적인 유형에는 황허칭의 『근·현대 단어 어원近現代词源』(2010)과 스요우웨이의 『신화 외래어 사전』(2019)이 있다. 이 두 권의 사전이 근대 이래로 동일한 유형의 가장 규모가 큰 사전이라고 할 수 있으며 매우 많은 어원의 새로운 고증이 포함되어 있다. 특히 후자의 경우는 전통적인 규범성과 묘사성의 사전 방식을 타파하고 더 많은 지식과 연구의 기능을 더하였다.

21세기(2000-2017) 대학원 학위논문 분류 통계표(D=박사학위논문, M=석사학위논문)

어휘유형	종합		구성항목	단일	신(新)관점	애니메이션	응용	기타·부록
영어 13	D2	D1		인지D1				고유명사 서구화M1
	M12	M5		문화M1				중·태비교 M1
				인지M1				중·러비교 M1
				인터넷M1				
러시아어 4	M4	M1						비교 M3
산스크리트어 1	D1	D1						
일어 33	D1	D1	어의M1	인지M1	M3	M2	애니메이션 교학M1	중일비교M3
	M33	M14		사회M2		인터넷M2		중한비교M2
				번역M2				
				통계M1				
소수민족 언어 3	M3	만주어M2						짱어번역M1
자모어 25	D1	D1	M2	통계M1	M4		사용-M3	외국어삽입M1
	M24	M11					교학M1	사전비교M1
종합어원 37	D8	D4	D1	접촉D1	M5		교학M4	
	M29	M13	기능D1	사회D1				
			M3	문화M4				
신조어 10	D4	D3					사용-D1	중한비교M1
	M6	M5					사용-M1	
통계 129	D17	D11	D2	D3			D1	
	M112	M51	M6	M13			M10	
					M13	M4		M15

8. 21세기 외래어 연구의 특징

9. 외래어 연구에 대한 재고찰

1) 중국어 외래어 복잡성의 주요 원인

중국어 외래어의 복잡성과 다양성 및 마주치게 되는 각종 문제들은 모두 '한자'로부터 기인했을 가능성이 있다. 한자는 기본적으로 다음과 같은 네 가지 특징이 있다. 첫째, 한자는 서로 다른 형식으로 동음의 형태소로 분화되었다. 즉 서로 다른 글자로써 동음의 형태소를 표현한다. 이는 한자의 기본적인 특징으로서 동일한 음절을 만들 때 의미에 상관없이 여러 한자를 선택할 여지가 생기게 된다. 둘째, 한자가 의미 유형을 표시하는 형방(形旁) 혹은 의부(義符)는 한자의 또 다른 의미 특징을 구성한다. 이는 중국어 모어 화자에게 글자의 의미화 경향을 강렬하게 심어주어 모든 글자에 의미 혹은 색채가 있는 것 같이 느끼게 해준다. 때문에 의미를 상상할 수 있는 여지를 만들어 주고 글자에 의미를 투영시킬 수 있게 해준다. 따라서 동일한 외래어 음절을 만들기 위해 다양한 한자가 선택될 수 있는 가능성을 조성하고, '榴莲두리안'과 '榴梿두리안'의 선택, '芒果망고'와 '杧果망고'의 선택과 같은 다양한 음의겸역의 상황을 연출할 수 있게 된다. 아울러 '葡萄포도', '镍니켈', '氘듀테륨', '羟히드록실기' 등과 같이 음역어 전용의 새로운 한자가 만들어지는 경우도 생기게 된다. 셋째, 한자는 의미로 그 기본을 삼고 서로 다른 독음과의 연계를 허용함으로써 매우 안정성을 갖추게 된다. 한자는 서로 다른 방언음과도 연계될 수 있고 일어의 훈독과 같이 중국어가 아닌 독음과도 연계될 수 있지만 한자의 형태는 변화시킬 필요가 없다. 이에 각 지역에서는 서로 다른 한자나 한자 조합을 사용하여 외국어 어휘를 표현할 수 있으므로 동일한 근원어 단어가 여러 가지 한자 형태로 차용될 수 있게 된다. 예를 들면 영어 'Hollywood'를 관화 계통에서는 '好莱坞'라고 하고 위에어에서는 '荷里活'라고 한다. 일어의 훈독 한자어도 손쉽게 자형 그대로 중국어로 들여오게 된다. 이상 세 가지 특징이 중국어 외래어의 본질적인 다양성과 복잡성을 조성하며 한자의 홀시할 수 없는 제약 작용을 보여준다. 넷째, 한자는 중국어 모어 화자에게 심적으로 매우 중요한 본질적인 문화 특징이다. 한자는 중국에서 3,000년 이상 부단히 사용되어 온 역사를 간직하고 있다. 이들 한자는 서로 다른 정도의 의미 농도와 투명도를 지니고 있다. 한자를 기반으로 무수히 많은 시문전적이 지어졌으며, 한자를 소재와 모델로 삼아 서예와 심미관이 만들어졌다. 따라서 한자는 중국어 고유문화의 주요 원천 중 하나로 여겨져 왔다. 이에 성질이 매우 다른 서양의 문자에 대해 분명한 대립감과 위화감이 있기 때문에 자모어의 경우는 처리가 어려운 배척의 감정을 불러일으킨다. 상술한 한자의 문화 성질 역시 매커니즘으로 작용하게 되므로 자모어의 유입에는 반드시 신중해야 하며 제한을 두어 충분한 시간을 두고 적응시켜야 한다.

2) 외래어 연구의 귀속과 방법

외래어의 형성 과정은 일종의 긴 사슬과 같다. 이는 여러 단계를 거쳐 형성된 어휘라는 뜻으로 근원어로부터 목적어까지 도달하는 과정이 비교적 길다. 음역은 전형적인 외래어로서 민족-문화-언어 접촉, 분위기 조성, 번역과 조어, 차용과 사용, 많이 쓰이다 정착되는 등의 여러 단계를 거쳐 형성된다. 일반적인 고유어의 경우는 대부분 비교적 직접적으로 형성되며 하나의 개념을 가리키고 조어법에 따라 단어를 만들어 쓰면 된다. 다시 말해 너무 많은 단계를 거칠 필요가 없다는 말이다. 그렇게 보면 고유어는 상대적으로 짧은 사슬 같은 단어이다. 민족-문화-언어 접촉을 시작으로 차용하는 언어에 진정으로 유입되었다면 그 사이의 모든 단계에 대해 외래어 연구는 관심을 가져야 한다. 모든 분야에 대해 연구할 수 있고 학문을 형성할 수 있다. 이 역시 외래어 연구의 다양성과 학문 융합적인 특성을 결정해 준다. 백년의 탐색을 거쳐 외래어 연구는 이미 개별적인 단어의 고증으로부터 집체 유형의 연구로 변화되었다. 어의 전환의 모델이 존재하고 개별적인 묘사로부터 집체적인 해석의 경향이 나타나고 있다. 많은 논저들이 이미 과학적인 척도로 다면적인 이론의 틀을 구축하였다. 이러한 연구들은 비단 언어학의 하위 범주에 속하는 소규모의 학문 분야를 이룰 수 있을 뿐만 아니라, 동시에 전통적인 의미의 민족-문화 접촉의 하위 범주에서의 언어 접촉 성질의 연구도 지속적으로 보존해야 할 것이다. 즉 역사와 지리에 대해 언급하고 다양한 사물에 대한 융합적 학문을 기반으로 하며 사회-문화 교류 측면의 학문이 되어야 할 것이다. 사실 이는 이미 사실로 증명되었다. 이런 연구들이 이미 역사와 지리 혹은 여러 가지 사물의 귀속을 고증하는 것으로부터 융합적인 성질의 학문으로 바뀌었기 때문이다.

외래어는 다양한 분야와 학문을 언급하게 하므로 구체적인 문제는 다양한 방법을 동원하여 구체적으로 분석해야 한다. 외래어는 언어 접촉의 산물이고 인류 언어, 민족, 사회, 문화의 충돌과 융합을 말해 준다. 따라서 어휘 통계, 대조와 비교, 경로 고찰, 목적 추구, 심리 탐색, 파급 영향 등을 논하는 것은 모두 의미가 있다. 외래어는 서로 다른 시기, 서로 다른 민족의 만사, 만물의 기록이므로 역사와 지리, 다양한 사물의 고증이 반드시 필요하다. 따라서 근원을 고증하고 역사적 자료를 탐구하여 합리적인 추측을 진행해야 한다. 외래어는 또 어휘의 한 유형이므로 반드시 어휘학의 관점에서 다루어져야 한다. 외래어 연구의 방법은 대체로 다차원적이고 다양하며 다원적이다. 이는 외래어 연구 방법론의 특징이다. 따라서 전통학문의 일원적인 차원에 머무르지 말고 사유의 길을 개척하고 여러 가지 방법과 시도를 동원하여 본질을 파악해야 한다.

    외래어 연구는 뜻과 열정이 있는 연구자들의 몫이다. 더욱 많은 젊은 연구자들이 기꺼이 어려움을 감내하는 과학 정신을 발휘하고, 끈기 있게 지속적으로 헌신하며 작은 과학이지만 큰 학문 분야인 외래어 연구에 참여하여 참신한 공헌을 이루어내기를 바란다. 그리고 향후 이루어질 연구의 시작점에 본서가 함께 하기를 바란다.

부록

부록 1
중국어 외래어 연구 70년
- 초기 외래어 고증 연구를 회고하며

史有为

1. 초기 출발 단계(1949년 이전)

외래어는 일찍이 영어의 의역어인 '차용어', 또는 일본어에서 빌려온 어휘인 '외래어'라고 일컬어졌다. 이외에도 다양한 명칭이 있지만, 이 글에서는 논의의 편의를 위해 일괄적으로 '외래어'라고 하기로 한다.

1.1 역사지리학 부속 연구로서의 외래어 연구

19세기 말부터 20세기 전반, 즉 1949년 이전까지 중국어의 외래어는 외국의 역사지리학, 박물학, 고고학 학자들이 관심을 가졌던 분야였다. 그들 대부분이 서역사(西域史), 중앙아시아사, 둔황학, 동남아시아사, 원몽사(元蒙史) 및 중서교류사를 연구했으며, 일부는 고고학 탐험까지 섭렵했다. 이들 연구가는 지역사 본연의 연구를 위해, 문화 해석에 영향을 끼치는 일부 핵심 외래어를 고증할 수밖에 없었다. 중국 내에 비교적 잘 알려진 학자로는 스위스 학자 A. C. M. D'ohsson

(1780-1855 또는 1779-1851), 프랑스 학자 L.A.Pfister(1833-1891), E.Chavannes(1865-1918), S.Levi(1863-1935), G.Ferrand(1864-1935), P.Pellio(1878-1945), H.Maspero(1883-1945), L.Aurouseau(1888-1929), V.Segalen, L.Bouvat 등이 있다. 그리고 덴마크 학자 V.L.P.Thomsen (1842-1927), 영국계 헝가리 학자 M.A.Stein(1862-1943), 미국계 독일 학자 B.Laufer(1874-1934), 일본 학자 白鸟库吉(1865-1942) 와 羽田亨(1882-1955) 등이 있다.

이상의 학자들 가운데 일부는 중국의 문화재를 약탈해 간 적도 있지만, 그들의 학술적인 공헌에 대해서는 부정할 수 없다. 이들의 수많은 저서는 중국의 저명한 학자인 冯承钧(1887-1946)에 의해 번역되어 중국에 소개되었고, 이는 역사지리문화 연구를 촉진했다. 예를 들어, D'ohsson의 『蒙古史』, Chavannes·Pellio의 『摩尼教流行中国考』, Ferrand의 『苏门答剌古国考』와 『昆仑及南海古代航行考』, Pellio의 『吐火罗语考』,『交廣印度兩道考』,『支那名稱之起源』,『中國載籍中之梵衍那』,『高昌和州火州哈喇和卓考』,『庫車阿克苏乌什之古名』, 『汉译突厥名称之起源』과 『塞语中之若干西域地名』, Maspero의 『占婆史』, Segalen의 『中国西部考古记』, Bouvat의 『帖木兒帝国』가 있다.

冯承钧이 번역한 이상의 서적들은『西北史地丛书·西北史地著译集』(1934)로 엮어져 출판되었으며, 후에 동남아시아 부분을 첨가해서『西域南海史地考证译丛』으로 총 9편(1956-1958)이 출간되었다. 이밖에도 Laufer가 지은『中国伊朗编』의 중국어 번역, 白鸟库吉의『匈奴民族考』와 羽田亨의『元朝驿传杂考』,『西域文化史』등의 전래는 모두 역사지리문화 연구에 지대한 공헌을 했다.

冯承钧 본인 자신도 역사지리에 대한 다양한 고증과 해석을 편찬했는데,『诸蕃志校注』,『瀛涯胜览校注』,『星槎胜览校注』,『唐代华

化蕃胡考』,『再说龟兹白姓』,『景教碑考』와『中国南洋交通史』등의 저술이 있으며,『西域史地釋名』을 편찬하기도 했다. 冯承钧은 외래어 학문 분야의 초기 밑바탕 작업에 있어 명실상부한 학문적 개척자이며 선구자이다.

또 다른 사람으로는 역사지리학자 张星烺(1889-1951)이 있다. 그는 10여 년간의 꾸준한 연구를 통해 10여 가지의 학문 분야를 아우르는 274종의 중국 서적과 42종의 유럽 및 미국 등 여러 나라의 서적에서 수집한 역사, 지리, 박물, 문화 등과 관련된 자료에 대해 고증하고 설명했다. 그리고 이를 통해 100여 만자의『中西交通史料彙編』(1930)을 편찬했으며, 모든 사람의 존경을 받았다. 위에서 언급한 두 사람은 힘을 합쳐 새로운 학문 분야를 일구었으며, 중국 역사지리학계의 연구도 촉진했다.

이 시기에는 중국과 외국의 상호 학술 교류가 지속해서 진행되었는데, 예를 들어 1909년 Pellio는 북경에서 罗振玉, 王国维 등에게 둔황 진본을 제시해 중국학계의 주목을 받았다. 그리고 罗振玉, 王国维 등은 고고학적 발견에 기초해 서역, 둔황에 대한 깊이 있는 연구를 진행하여 서양의 주목을 받았다. Pellio는『中国艺术和考古新视野』를 통해 유럽에 罗振玉, 王国维의 연구 성과를 소개하기도 했다.

또한 Stein은 위구르, 깐쑤 지역에서 고고학 발굴작업을 했으며, 한대(漢代)와 진대(晉代)의 목간 1천여 개를 발견하였다. Chavannes은 이에 대한 초보적인 정리를 했으며, 필사교정본을 罗振玉, 王国维에게 보내어 후속 연구를 촉진했다. 그들은 이를 바탕으로 공동 정리 작업을 하였으며, 자신들이 가진 모든 것을 쏟아부어 저명한『流沙墜简』(1914, 1934[수정 재판])을 편찬하였다. 그리고 Chavannes과 Pellio는『中国发现的摩尼教经典』(1911/1913)을 발표함으로써 王

国维가『摩尼教流行中国考』(1921)를 집필하게 되었고, 10여 개의 새로운 자료를 추가로 보충했다. 그리고 陳垣의『摩尼教入中国考』(1923)의 집필도 촉진했으며, 새로운 자료도 보충하게 되었다. 뿐만 아니라 마니교 경전 잔해본에 방점을 찍고 교정도 하였다.

이들의 연구목적은 역사지리학을 위한 것이었으나 개별 어휘연구과제에도 이바지했으며, 번역명과 어원을 탐구하기도 했다. 예를 들어,『经世大典·站赤一』의 '脱脱禾孙'에 대해 Chavannes은 'Todotkhaktch(설명하는 사람)'과 동일한 어원이라고 하였으나, 白鸟库吉는 'Toqtora(정하다 또는 정지)'와 어미 '-sun'이 합쳐진 것이라고 했다. 羽田亨은 직책에 근거해 사신 또는 압송인에 대해 '간사한 사람을 변별하는 것'이라고 보고 'Todotra'는 '명백하게 하다'+어미 -sun'이라고 풀이하였다.

중국의 역사학자와 문화학자들의 이 분야에 대한 논술은 대략 열다섯 가지다. 예를 들어, 陈垣의 서역인의 중국화(华化)에 대한 고증(1923), 冯承钧의 당대(唐代) 중국화 된 蕃胡(당나라 때 일본, 조선, 페르시아, 아랍, 돌궐, 위구르족, 토번 등에서 이주한 이민족)에 대한 고증(1930), 冯家昇의 '거란' 제후에 대한 고증 및 해석(1931)과 '흉노'족의 제후와 문화에 대한 고증(1937), 郭沫若의 12간지와 서양의 열두 개 별자리에 대한 언어적 관계 탐색(1929/1931), 韩儒林의 돌궐 관직명 연구(1940), 徐復의 '阏氏(흉노족의 정실 부인)'의 독음 고찰(1945), 岑仲勉의 '돌궐'족과 '묵돌'의 어원 및 음독 탐색(1945)은 모두 인명과 지명에 대한 외래어를 언급하고 있다. 이외에도 연구 분야를 넘나드는 문화학자 겸 언어학자가 있었는데, 예를 들어, 季羡林의 '浮屠'와 외래어 '彿'의 선후 관계 및 어원에 대한 고증과 해석(1947) 등이 여기에 속한다.

1.2 새로운 명사 또는 번역학 연구로서의 취지

서역어의 번역 명칭 및 일본어에 기원한 한자 어휘가 유입되는 시점에서 새로운 명사와 번역 명칭에 대한 논의는 일찍부터 있었다. 그러나 개인 연구자들의 개별적인 연구로 간간이 이어졌을 뿐, 학문 분야로서의 외래어 연구는 없었다. 새로운 어휘에 착안한 연구에는 예를 들어, 王国维의『论新学语之输入』(1905), 周起予의『新名词训纂』(1918)이 있으며, 번역학에 착안한 연구로는 胡以鲁의『论译名』(1914), 张振民의『译名』(1915), 林语堂의『关於译名统一的提议』(1924), 王了一의『论汉译地名人名的标準』(1939)과 董同龢의『论外国地人名的音译』(1947) 등이 있다.

일본어에서 기원한 한자 어휘의 유입에 중점을 둔 것으로는 汪向荣, 葉蘭이 쓴『新尔雅』(1903)가 있는데, 이를 통해 '尔雅'식 백과사전 공구서가 출현했고, 과학의 신개념과 새로운 학술용어가 실질적으로 도입되었으며, 동시에 일어를 어원으로 하는 한자 어휘를 소개하게 되었다. 이 책은 새로운 어휘의 흐름을 이끌었으며, 끼친 영향도 지대하다. 1931년 이후에는 참고할 만한 9가지 저술이 있다. 예를 들어, 余又孙의 일본어 번역 학술 명사를 논한 글(1935, 1936)과 胡行之의『外来语词典』(1936)은 이런 유형에 속하는 중국 최초의 성과물이다. 하지만 이 사전은 명칭에서 내용에 이르기까지 일본의 영향을 받았으며, 수록된 것의 반은 음역어이고 반은 의역어로 내용이 조리가 없이 들쭉날쭉하다. 외래어의 내포에 대해서도 확실히 알지 못하였기 때문에 연구와 이론이 결여되었다고 할 수 있다.

1.3 언어학자의 문화인류학 연구 시도

문화인류학은 언어학의 인접 학문으로 넓은 의미에서 민족학, 사회학, 고고학 그리고 언어학을 포괄한다. 李方桂는 중국 민족언어학 연구의 개척자이다. 1929년 귀국한 이후, 광시, 꾸이쪼우, 윈난에서 잇달아 현지 조사를 시행하였으며, 쭈앙족의 룽쪼우어와 우밍어 그리고 기타 다른 민족어까지 조사하고, 다수의 전문 서적을 발표하였다. 예를 들어, 『龙州土语』와 『武鸣土语』 등이다. 항일전쟁이 전면적으로 발발된 이후, 그는 중국 시난 지역으로 주거지를 옮겼다. 이 기간에 꾸이쪼우에 도착해서 뚱-슈에이어와 미아우-야우어를 조사했다. 쓰추안에 도착해서는 지아룽어를 조사하고, 어원이 같은 동원어와 외래어의 구분 문제에 관심을 두고, 『臺语中的古汉语借词』 (1945)를 집필했다. 또한 중국어 지명 가운데 민족어에서 차용한 성분에 대해 주목했으며, 이 기간 동안 다수의 저명한 언어학자들도 육성했다.

항일전쟁이 전면적으로 발발한 시기에, 많은 학자가 전쟁의 화를 피하고자 시난 지역으로 갔으며, 윈난 등의 지역에 존재하는 매우 풍부한 민족어, 민족문화 그리고 민족 관계의 자원을 마주하게 되었다. 이에 많은 사회학자, 언어학자가 잇따라 문화인류학, 민족학, 언어학 조사에 뛰어들었으며 새로운 학문 연구 분야를 개척했다. 또한 대량의 자료도 축적했다. 예를 들어 高華年의 『黑彝语中汉语借词研究』 (1943)는 중국 언어학자로서는 근대 이래 첫 연구사례로 연구의 기준이 되었다는 점에서 의의가 있다. 그러나 중국어가 소수민족의 언어에서 차용한 어휘에 관한 연구는 아직 보이지 않는다.

1.4 소결

이상에서 보듯이, 초기의 중국어 외래어 고증은 기본적으로는 여전히 역사지리박물학 분야의 부속물로 이 연구 분야를 정교화하기 위한 하나의 도구에 불과했다. 언어 연구 자체만 놓고 보면, 새로운 어휘의 어원을 탐색하기만 했으며, 번역과 소개만을 중시했을 뿐 독립적인 연구 분야의 지위는 없었다. 그런데도 이 시기의 연구 성과는 이후 외래어에 관한 언어학적 연구를 위한 필수적이고 중요한 기초가 된다. 그러므로 이들 역사지리박물학자, 문화학자와 언어학 선구자들을 잊지 말아야 하며, 그들의 언어 교류, 외래어의 연원과 근원 연구 방법에 대한 공헌도 소홀히 해서는 안 될 것이다.

2. 전기-학문적 초창기(1949-1976)

2.1 전기(상) : 학문 초창기(1949-1965, 약 17년간)

2.1.1 학문적 설립 배경

(1) 학술 배경

학문적 초창기인 전기는 약 17년(1949-1965)이다. 1949년 10월 신중국이 성립되었지만, 전쟁은 끝나지 않았고, 이듬해가 되어서야 대륙 전체가 해방되었다. 이전에 있었던 세 분야의 연구와 시도가 이 시기의 기초가 된다. 항일전쟁 당시, 언어학자 罗常培, 袁家骅, 杨时逢 등과 李方桂와 그의 제자 董同龢, 张琨, 周法高, 马学良, 傅懋勣, 邢公畹, 高华年 등은 윈난 등지에서 방언과 민족 언어를 조사하였고, 언어에는 흥미로운 문화와 언어 교류 현상이 존재함을 발견하였다. 그 영향력은 1949년 이후의 중국 언어학 연구에도 영향을 미쳤다.

(2) 사회 배경

50년대 중국 사회는 세 가지 노력에 직면했다. 첫째는 통일국가와 사회의 안정이었고, 둘째는 경제발전과 문화부흥 그리고 중국을 흥성하게 하는 것이었다. 1955년 현대 중국어 규범화 학술회의와 1956년 '과학으로의 행진'이라는 두 가지 강령이 이러한 노력에 대한 명확한 신호였다. 셋째는 국가 보호와 침략에 대한 대비이다. 이 시기의 항미원조와 다양한 정치 운동, 문화 교육 계획 모두 이 세 번째 항목에 대한 구체적 실현이라고 볼 수 있다.

이상의 두 가지 배경을 바탕으로 이 시기의 외래어 연구를 관찰하고 검토해보면 외래어라는 이 작은 문제가 어떻게 언어학계의 이목을 집중시켰는지에 대한 필연성을 새롭게 이해할 수 있을 것이다.

2.1.2 세 가지 관점에서 본 외래어 연구

(1) 문화적 관점

최초의 연구 선례는 罗常培의 『语言与文化』(1950)이다. 이 책은 갑자기 등장한 것이 아니라 罗常培가 항전 시기 윈난에서 실시한 많은 양의 현장 조사의 결과물이라고 할 수 있다. 그는 라마어와 민지아어(이상 바이어), 바이이어(타이어/따이어), 나시어, 치우어(두룽어), 랑쑤어(징포족/혹은 징포족계가 사용), 리쑤어 및 멍까우미엔어 등의 언어와 문화에 대해 조사하여 유의미한 연구 성과를 냈다.

이 책은 이러한 기초 위에 만들어진 결과물로서 신중국 시기 언어학의 시작을 열었다. 이 책은 다양한 분야를 다루고 있는데, 그중 언어 혹은 민족 간 접촉의 각도에서 '빌리다/빌려주다'라는 어휘 현상에 대해 구체적이고 흥미롭게 설명했다. 이로써 역사지리학이 왜 외래어에 주목하는가 하는 수수께끼를 풀 수 있었고, 중국 언어학의 외래어에 대한 커다란 출발점을 열어주었다. 이는 중국어와 외래어족 어휘 상호 간의 차용에 있어 선구적인 작업이라고 할 수 있다. 그러나 다양한 정치 운동이 계속해서 전개되며 이러한 시각의 연구는 더는 확장되지 못했다. 같은 시기 역사학자인 岑仲勉은 사학의 영역과 문화적 시각을 반영한『楚辞注要翻案的有几十条―楚辞中的古突厥语』(1951)를 발표하여 언어학계에 큰 파장을 일으켰다.

(2) 규범화 관점

1955년의 '현대 중국어 규범화 학술회의'는 외래어 규범화의 시발점이다. 사실상 1951년에 발표한 周华松의『统一译名和拉丁化』가 규범화에 대한 요구 표명이라고 할 수 있다. 연이어 陆志韦의『外国语人地名译音统一问题』(1953), 钟兆琥의『外来学术名词应在什么原则上统一起来』(1953) 등이 음역 등의 방면에서 규범화를 주장했다. 규범화 회의는 사실상 사회의 뿌리 깊은 요구를 반영했다고 할 수 있다.

회의 이후 출간된『光明日报』편집부의『关于化学名词问题的讨论』(1956), 沈同의『学术名词的统一和学术名词的拉丁化』(1956), 许宜蔚의『公制度量衡名称的汉语化』(1957), 지명 음역 위원회의 『地名翻译原则草案四种』(1959), 刘泽先의『科技术语分歧情况的一个调查报告』(1963) 등이 가장 주목받는 과학기술용어의 토론 및 성과를 발표한 글들이다.

한편, 외래어 규범화는 高名凯, 刘正埮의『现代汉语外来词研究』

(1958)로 시작되었다. 이 책은 외래어의 여러 측면을 파고들어 외래어 규범의 '삼일 원칙'과 '이중화 원칙'을 제기했다. 전자는 하나의 단어, 하나의 소리, 하나의 음절을 말하는 것으로 대중성, 음성대응, 자형의 간화, 유구한 역사, 한어 조어법의 호응 등의 여섯 가지 원칙이 삼일에 부합한다는 것이다. 후자의 이중화 원칙은 의미는 분화되었지만 두 가지 형태가 공존하고 고유어의 의미는 같지만, 격이 다른 두 형태의 공존을 말한다. 이는 당시 규범화의 핵심 작업이었다.

(3) 언어학 관점

외래어는 하나의 독립된 학문 분야로 대상과 어원(어원과 시간을 포함), 기능과 유형, 및 과학 이론과 용어, 방법 등의 연구를 포함해야 한다.

① 대상과 어원

외래어가 존재해야 하는지, 어떤 단어가 외래어인지, 어떤 언어에서 유래했는지, 어원의 형태가 무엇인지가 이 학문의 기초 과제이다. 예를 들어, 중국어에서 외래어가 갖는 합리성에 관한 탐구로는 刘泽先의 『汉语不能容纳外来语吗？』(1957)가 있고, 비교적 조기에 보급된 어원 연구로는 蔡美彪의 『汉语里的蒙古语』(1951), 罗其精의 『浅谈汉语外来词"葡萄"的形成及其源出』(1955)가 있다.

일본에서 온 한자어는 민감한 논의 거리다. 王立达의 『现代汉语中从日语借来的词汇』(1958)에서는 일본의 한자어는 일종의 외래어라 주장하고, 또 다른 학자들, 예를 들어 郑奠의 『谈现代汉语中的"日语词汇"』(1958)에서는 이러한 일본어휘의 출처에 여전히 의구심을 가진다. 王力 역시 재차 일본 한자어는 중국어 형태소를 사용하고, 사용된 조어법 역시 중국어이므로 외래어로 간주해서는 안 된다고 주장한다. 예를 들어 张应德의『现代汉语中能有这么多日语借词吗？』(1958)와 같이 일견에서는 일본 외래어의 유형과 수량에 대한 논란도 존재하는데, 중국어 조어 유형인 '민주'와 '경제'라는 단어를 외래어로 간주해야 하는지에 대한 논쟁을 반영한다고 할 수 있다.

중국어의 자의적 의역을 외래어로 봐야 하는지에 대해서도 의견이 분분하다. 이전의 논의는 번역의 유형과 우열 양론에 국한되었으며, 王宗炎의『音译和义译』(1950)와 같은 외래어 귀속에 대한 논쟁은 언급하지도 않았다. 예를 들어 周祖谟, 胡裕树, 孙常叙는 의역된 단어가 차용어가 아니라고 생각하였고, 张志公, 岑麒祥 등은 의역된 단어도 일종의 외래어라고 여겼다. 한편 高子荣과 张应德의『意译词是外来词吗？』(1958)는 이 두 가지 다른 견해를 다 반영하고 있다.

외래어 군집의 역사적 관점에서의 연구는 매우 중요한 측면으로 潘允中의『鸦片战争以前汉语中的借词』(1957)와 베이징사범대학 중문과 중국어교학연구팀의『五四以来汉语书面语言的变迁和发展』(1959)에서는 언어사적인 관점에서부터 정리하고, 외래어는 확실히 중국어 어휘의 중요한 부분이며, 이는 현대 중국어의 필수 구성 성분임을 지적했다.

② 학문이론 및 전문용어

규범화의 기세를 타고 高名凯와 刘正埮은『现代汉语外来词研究』(1958)를 출판했다. 이 책은 최초로 '외래어'라는 명칭을 사용한 어휘분류서로 중국 학자의 자의성을 반영하고 있다. 이러한 서술어는 '借词', '介词'와 같은 동음이의어의 불편함을 피할 수 있을 뿐만 아니라 일어에서 가져온 '외래어'를 중국어 '단어'의 계열에 맞게 수정하였다. 이 책은 외래어의 소리, 의미, 어원, 용어 등의 측면에서 외래어의 경계를 보여주고 범위를 제시하였다. 그리고 음역어(음의겸역어와 반음반의어 모두 포함), 일어를 어원으로 하는 한자어 및 자모어는 외래어인 반면, 의역어는 명백히 외래어가 아니라고 하였다. 또한 어원을 명확히 하기 위해 영어, 프랑스어, 일어, 러시아어, 이탈리아어, 스페인어 및 소수민족의 외래어를 거론하기도 하였다. 이 책의 이러한 이론적 서술은 외래어 학문의 기초 작업이 되었다. 1962년 高名凯는 『语言的内部发展规律与外来词』에서 언어학 이론으로부터 출발하여 외래어는 언어 발전 규칙에 있어 필연적인 것이고, 언어 이론의 불충분에 기인한 불가피한 결합임을 최초로 논증했다. 이는 외래어를 언어학 이론의 담론에서 논의한 첫 번째 사례이다.

이밖에도 이론적인 확립에 의해 파급된 분야는 매우 다양하다. 持平의 『谈谈汉语中的外来语』(1961), 周定一의 『"音译词"和"意译词"的消长』(1962)에서는 중국어의 외래어 필요성을 확인하고, 학문의 확립에 이바지한 단어 유형 측면의 성장과 감소의 언어 규범 등을 소개하고 있지만 전반적인 이론 구성은 여전히 빈약한 편이다.

해외 학자들도 많은 성과를 거두었다. 예를 들어 중국계 미국인 周法高의 『中国语的借字』(1955)는 罗常培의 사상을 이어갔다. 그 밖에도 『北京大学学报』에 실린 폴란드 학자 J. Chmielewski의 『以"葡萄"一词为例论古代汉语的借词问题』(1957)는 이 시기 사례 연구의 본보기가 되었다. 일본 학자 实藤惠秀의 『中國語に入つた日本語』(1958)와 太田辰夫의 『清代文学中的满族語言』(1963)은 서로 다른 유형에서 외래어 학문에 이바지했다.

이러한 저작들을 다시 종합해 보면, 언어학자의 참여와 어휘학에 대한 인식이 강화되기 시작했으며, 학문 분야를 만들고자 하는 요구가 분명하게 표현되었다고 할 수 있다. 즉 토론의 많은 주제와 내용에서 외래어 학문에 대한 의식이 드러났고, 이는 외래어 학문이 이미 초기의 모습을 갖추어 확립되기 시작했음을 알 수 있게 해 주는 대목이다.

2.1.3 학문 초창기의 아쉬운 점

연구의 한 분야로서 학문은 일반적으로 다른 학문 분야를 도와주는 역할보다는 학문 본연의 개체 혹은 집단의 성질과 특징, 구성 및 기원을 연구 목표로 삼아야 한다. 이것이 바로 하나의 학문으로 자리매김할 수 있는가를 판단할 수 있는 요인이 된다. 기원에 대한 고찰 및 이론 구성은 학문의 핵심 부분이며, 규범화는 응용의 한 측면일 뿐이다. 이러한 관찰을 바탕으로 볼 때, 당시 외래어 학문 분야가 이미 구축된 것으로는 보이나 만족스럽다고는 할 수 없다. 목표의 한계가 설정되고 범례 분석이 모두 설정되었다고는 하지만 여전히 구체적인 연구 방법은 확립되지 못했기 때문이다. 1962년 이후 이론 구성에 대한 새로운 통찰이 없었기 때문에 외래어 연구는 1964년에 정체되었다.

이러한 이치대로라면 高名凯와 그의 팀은 세 번째 단계의 계획이 있어야 하고, 외래어 어휘 플랫폼을 구축해야 한다는 것을 인식하였다. 그것이 바로 사전 편찬이다. 즉 세 번째 단계를 거쳐 사전으로 대변되는 외국어 어휘 플랫폼을 구축해야 하는 것은 당연한 일이다. 刘正埮의 『汉语外来词词典·序言』에 따르면 사전 편찬의 첫 단계인 '외래어 자료 수집'은 1960년에 시작되었다. 그 이후 麦永乾이 합류하여 1964년까지 1만 개 이상의 항목이 수집되었으며, 이것이 사전의 최초의 형식이라고 할 수 있다. 안타까운 것은 高名凱가 1965년에 병으로 세상을 떠나고 1966년 중국의 형세가 크게 변화되어 중단될 수밖에 없었다는 점이다. 이는 당시 사전 연구에 있어 아쉬운 점 중 하나라고 할 수 있다.

2.1.4 문헌 정리

당시에는 외래어를 주요 논제나 연구 대상으로 하는 서른네 편의 논문이 발표되었고, 일곱 권의 책이 출판되었다. 많은 중국학자가 다양한 방식으로 토론에 참여했으며, 개인 논문을 제외한 대부분의 저작물들이 모두 외래어 분야를 포함시키고 있다. 예를 들어 현대 중국언어학 교재인 王力의 『汉语史稿』(1958), 孙常叙의 『汉语词汇』(1957), 周祖谟의 『汉语词汇讲话』(1959) 등이 있다.

2.2 전기(하) : 과학적 침체기(1966-1976, 약 11년간)

국내에 사회적 혼란이 발생하면서 외래어 연구는 잠시 주춤했다. 어려움과 침체 속에서 사람들은 연구가 회복되기를 기대했고 준비하려는 사람도 있었지만, 연구 진행은 쉽지 않았다. 이 단계의 후반부인 1971년과 1972년 미중관계와 중일관계가 잇따라 정상화되고 나서야 언어 교류의 기반이 마련되고 희망적인 분위기로 전환되었다.

국외 논문에서 외래어 연구에 관한 것은 한 편뿐이었는데, 바로 赵元任의 「借语举例」(1970)였다[1]. 이는 전반적으로 중국어와 외래어

---

1) 인터넷 보도에 따르면 홍콩의 钱存训이 1974년 『明报月刊』에 「近世译书对中国现代化的影响」을 게재했지만, 외래어 내용이 역서의 영향에 포함되어

에 관한 연구가 준비되지 않았음에도 불구하고, 외래어라는 새로운 학문에 대해 고민은 하고 있었음을 보여준다. 학문적으로 趙元任의 논문은 매우 의미가 있다. '차용어'라 함은 외래어를 지칭할 뿐만 아니라 외래 어음 그리고 외래 통사 구조를 모두 포함하고 있기 때문에 이 글은 중국어에 대한 인식을 넓히고 미래 지향적인 학문의 토대를 마련하였다.

3. 후기-과학적 복원과 흥성(1977-2019)

3.1 후기(상) : 과학적 복원(1977-1999, 약 22년간)

3.1.1 배경 설명

'문화대혁명'이 끝난 후 개혁·개방으로 인한 발전이 이루어지면서 대외 교류가 증가하고 대학과 연구기관이 정상 운영되었다. 1990년대 중반 컴퓨터 사용이 대중들에게 보편화되어 세계를 잇는 인터넷이 1994년 4월 20일 중국에서 처음으로 개통되었다. 그리고 1997년 중국 인터넷 사이트 역시 큰 발전을 이루었다. 이러한 상황 속에서 중국어도 세계와 점차 연계되는 특징을 보였다. 대외적 접촉이 빈번해지면서 외래어를 포함한 신조어가 점차 증가해 더는 간과할 수 없게 되었으며, 많은 학자가 이 기회를 잡아 오랫동안 손 놓고 있었던 학문을 회복시키고자 했다. 또한 1980년대 상하이에서 불기 시작한

있는지는 알 수 없다. 또 다른 인터넷 보도에 따르면 타이완의 張希가 「国语里外来语的研究」(1970)를 저술했지만, 논문을 찾지 못해 여기에는 포함시키지 않았다.

문화언어학 연구 열풍 역시 홀시할 수 없는 배경이 되었다.

1978년 이후 일본 외래어가 또다시 중국으로 유입되면서 일본식 한자가 다시 성행하였다. 서양 학문의 유입, 일본 유학 및 일어 번역 어휘 그리고 일본 외래어의 역유입이 중국어에 끼친 영향에 관한 관심도 함께 커졌다. 소수민족 언어 연구와 언어 접촉 연구를 진행한 다수의 학자 역시 전반기 외래어 연구에 대한 장려 속에서 새로운 연구를 시작했다. 이렇게 중국어의 외래어 연구는 상술한 몇 가지 시대적 배경 속에서 점차 복원되기 시작했다.

3.1.2 연구의 주요 관심사

(1) 사례 고증과 이론 설명

구체적 사례 고증 분야에서 상고 외래어에 관한 것은 闻宥의 「语源丛考·鸭、�、鹜三词次第考」(1980), 张永言의 「"轻吕"和"乌育"」, 「语源探索三例」(1992), 尉迟治平의 「"风"之谜和夷语走廊」(1995) 등이 있다. 중고 외래어를 연구한 것으로는 胡双宝가 '哥'의 근원을 탐구(1989)한 것과, 徐文湛이 「关于"身毒"、"天竺"、"印度"等词的语源」(1996) 등이 있다. 근고 외래어와 관련된 연구로는 张清常의 「漫谈汉语中的蒙语借词」(1978), 照那斯图의 「论汉语中的蒙古语借词 "胡同"」(1991), 方龄贵의 「汉语辞书中的几个蒙古语借词」(1986)와 贺阳의 「北京牛街地区回民话中的借词」(1990) 등이 있다. 또한 季永海의 「论满语中的汉语借词」(1985), 张嘉鼎·常瀛生·周一民·朱建颂의 「关于北京土话中的满语词的研究」(1989, 1993, 1994)」, 许皓光·刘延新의 「汉语中的满语借词概述」(1996) 등이 있다. 이 밖에도 현대 외래어에 관한 것으로는 王恩圩의 「源于俄语的汉语外

来词」(1987), 黄河清의「"罗辑"译名源流考」(1994) 등이 있다. 그리고 일본에서 유래된 한자에 대해서는 袁翰青이 직접「我国何时开始使用"化学"一词」(1987)를 써서 '化学'라는 단어가 일본에서 유래한 것이 아님을 규명했다. 이밖에도, 何培忠·冯建新의「中日同形词浅说」(1986), 朱京伟의「现代汉语中的日语借词的辨别和整理」(1994), 赵福堂의「关于中日同形词的比较研究」(1983)가 있다. 이후 1997년 史有为는 '浪漫'을 탐구하였고, 1998년 史有为와 何华珍이 각각 '癌'에 대한 탐구를 진행하였다. 그리고 倪立民이「鲁迅著作中的外来词研究」(1997)를 발표함으로써 개인의 외래어 사용에 관한 연구가 이루어졌다.

이 시기에는 자모어가 이미 사회적으로 두각을 드러내면서 연구자들의 시선을 끌기 시작했다. 刘涌泉(1994)이 최초로 자모 어휘에 관심을 보였고, 그 뒤를 따라 王吉辉가「字母词语的外来词语性质分析」(1999)를 발표했는데, 모두 높이 평가할 만하다. 외래어 이론에 관한 부분에서는 张永言의「词汇学简论」(1982), 史有为의「外来词研究之回顾与思考」(1991)가 있다. 王艾录·司富珍의「外来词的内部形式化倾向」(1998)은 '내부 형식'의 새로운 시각을 도입해 외래어 연구에 새로운 바람을 일으켰다. 이러한 열풍 속에서 홍콩중국어문학회는 姚德怀의 주도하에 1993년에『词库建设通讯』을 창간해 외래어 연구에 열정을 가진 연구자들을 널리 모아 외래어 근원 고증의 새로운 성과를 거두어 외래어 연구 열풍에 이바지했다.

(2) 외래어 사전 편찬

외래어 사전은 외래어 학문의 중요한 구성 부분이다. 이 시기에 高

名凯 선생의 생전 염원이 공론화되었다. 刘正埮이 주도하고 麦永乾이 참여한 후 史有为가 그 뒤를 따르면서 사전 편찬이 다시 이루어졌다. 上海辞书出版社가 발 빠르게 참여해 1984년에 이정표적인 의미를 지닌 『汉语外来词词典』을 출판해 초판으로 20만 부를 인쇄했다. 이는 20세기 중국어 외래어의 진정한 첫 번째 '공구서'로서 영향력이 매우 컸다. 그 밖에 王健宜 · 王彦良이 편찬한 『日汉同形词辨异词典』(1995)은 일본 한자어 연구를 편리하게 해 주었고, 刘学勋의 『中国现代缩略语词典』(1989)은 국내외 구분 없이 어휘를 수록하였고, 비록 상업적 목적으로 낮은 학술 가치를 보였지만 첫 번째 자모 어휘 공구서라는 점에서 의미가 있다.

타이완에서 출판한 『国语日报外来语词典』(1980)은 수록된 단어가 많지는 않지만, 중국인의 노력이 들어갔기에 언급할 만하다. 그리고 일본에서는 张一帆 · 塚越敏彦가 『最新中日外来語辞典』(1999)을 함께 편찬해 일본 한자를 규명하는 데 큰 도움을 주었다.

(3) 역사지리와 번역 관점의 저술

이 단계에서 여전히 많은 학자가 전통적인 외래어 연구에 관심을 기울였다. 고대 서역과 막북(漠北)지역(지금의 외몽골 지역)의 교류에 관심을 가진 저서로는 林干의 『突厥与回纥历史论文选集』(상/하, 1981), 林梅村의 『汉唐西域与中国文明』(1998) 등이 있고, 근대 중국과 서방 세계의 교류에 관심을 가진 저서로는 熊月之의 『西学东渐与晚清社会』(1994)가 있다. 그리고 马祖毅의 『中国翻译简史——"五四"以前部分』(1984) 등은 번역의 관점에서 과학적 공백을 메꾸었다.

(4) 외래어 문화 성격의 연구

史有为의 『异文化的使者 一 外来词』(1991)는 문화언어학의 흐름 속에서 만들어진 전문서이다. 이 저서는 통시적으로 사물, 종교 등의 유형과 성격을 살펴보며 재미와 근원 고찰을 결합해 예부터 지금까지의 외래어를 소개하며 문화적 시각에서 외래어 연구를 촉진시켰다.

이 단계에서 역사지리박물학의 부수적인 연구는 더 이상 논쟁거리가 되지 않았고, 규범화에 관한 관심도 크게 줄어들었다. 더욱이 외래어 연구는 한 학문으로서 전반기의 부흥과 연구 노력을 이어가 본격적인 회복과 성장을 하며 여러 분야에서 전반기의 부족함을 보완하였다.

더불어 중국의 언어 연구가 활력을 되찾으면서 타이완 학자들의 양안 외래어 현상에 관한 관심도 더 커졌다. 예들 들면 朱曉云의 석사 논문 「中国语の中の外来语」(1986), 姚榮松의 「台湾现行外来语的问题」(1992), 「海峡两岸新词语的比较分析」(1992), 竺家宁의 「两岸外来词的翻译问题」(1997)와 전문서 『汉语词汇学』(1999) 등이 여기에 속한다. 이들 연구는 양안의 언어와 학술 교류를 촉진했다. 이 밖에도 일본에서 유학한 학자 沈国威가 일본에서 『近代日中语汇交流史』(1994)와 『「新尔雅」とその语汇』(1995)를 출판했다. 일본학자인 荒川清秀는 1987년부터 1998년까지 줄곧 중·일 언어 차용에 대한 과제를 연구해 「日本汉语の中国への流入」(1998)과 "熱帶", "回歸線"의 기원에 관한 연구(1987~1990)를 발표했다. 그리고 曾根博隆의 「中国における日本语からの借用语」(1987)와 中山茂의 「近代西洋科学用语の中日贷借对照表」(1992)가 있다. 이들 연구는 모두 중·일 양국의 동형어와 일본에서 유래한 단어 연구에 중요한 촉진제 역할을 했다.

3.1.3 문헌 정리

필자의 잠정 통계에 따르면 외래어를 주된 대상으로 한 연구는 논문이 119편(외래어 92편, 자모 어휘 5편, 규범 2편), 저서가 32권(외래어 5권, 규범 1권), 공구서 4권(중국 타이완 1권, 일본 1권) 등이 있다. 논문 발표와 서적 출판의 전성기는 1991년에서 1998년까지로 이는 외래어 연구의 과학성이 점차 복원되었음을 보여준다.

3.2 후기(하) : 학문 흥성 시기(2000-2019, 약 20년간)

3.2.1 배경 설명

후기 앞 단계의 연구를 바탕으로, 21세기 전후로 연구 흥성 시기에 진입하기 시작했다. 이후 20년간 중국사회의 지속적인 개방, 컴퓨터와 인터넷 기술의 빠른 발전과 전면적인 추진, 다양한 매체의 등장, 개혁·개방 전후 태어난 중·청년 세대 형성은 발빠르게 각 분야를 변화시키며 외래어와 그 연구기반을 근본적으로 바꾸어 놓았다. 인터넷은 외래어가 유입되는 통로이자, 전파, 토론의 수단이다. 세계의 언어 생태에도 다양한 변화가 일어나 영어가 더욱 세계적인 소통 언어로 부상하면서 중국의 영어 열풍이 중국어 교육까지 위협하게 되었다.

영어 기반의 자모어가 각국에서 크게 유행하기 시작했으며, 이들은 대부분 전문용어로 특수한 국제어가 되었다. 자모어의 대량 유입은 현대 중국어 발전의 표지 중 하나이다. 쓰기 편하고, 발음이 중국어 음절과 다를 뿐만 아니라 독특하고 선명한 이미지로 이목을 끌기 쉬우므로 젊은 세대에게 잘 받아들여진다. 자모어는 과도한 사용이 문제가 되기도 하지만, 어휘의 한 종류로 이미 중국어에서 빼놓을 수 없는 구성원이 되었다.

일어로 번역된 서양 개념은 이제 기본적으로 한자로 의역하지 않고 가타카나로 음역하기 때문에 서양의 신개념이 일어를 통해 중국으로 들어오는 통로는 단절되었다. 그리고 중국의 개방으로 해외의 새로운 정보가 홍콩과 동시에 들어오면서, 서양의 신개념 도입은 일어의 중개가 필요 없게 되었다. 따라서 이러한 상황에서 중국이 일어 어휘를 빌려 쓰는 것에서 일어난 근본적인 변화는 일본 특유의 서비스, 음식, 기술 및 일본이 창시한 애니메이션 용어 등만을 중시하게 되었다는 것이다. 이 20년간 중국과 외국 언어학계의 교류는 더욱 빈번해졌고, 국내에서는 이미 많은 새로운 사상과 새로운 시각, 그리고 새로운 이론과 방법을 흡수했다.

3.2.2 주요 관심사와 상징적 사건

(1) 이론 성립과 학문적 완성

종합적 논저로는 史有为의 『汉语外来词』(2000, 개정판 2013), 曹炜의 『再论现代汉语外来词』(2004), 杨锡彭의 『汉语外来词研究』(2007)가 있다. 이 저서들은 외래어 학문 분야에 있어 전면적으로 이론을 전개하며, 더욱 자세한 구조를 그려내었다. 수많은 연구자가 전통적 유형 방면에서 새로운 발굴을 진행했는데, 王扬宗의 『关于清末口译与笔述译写法的初步探讨』(2003)에서는 번역에 관해 설명하였고, 何宛屏(2001), 胡明扬(2002), 刘涌泉(2002)과 杨锡彭(2008)은 자모어에 대해 논술하였다. 더불어 많은 학자가 일제히 외래어 접사(접두사나 접미사)에 관하여 토론을 벌이게 되었다.

(2) 외래어 유래 연구

외래어의 확정, 차용 어종과 차용 기간 검증은 외래어 유래를 연구하는데 기초가 된다. 이 시기에는 어원 고증의 논저들이 많이 나왔는데, 林梅村의 『古道西风 — 考古新发现所见中西文化交流』(2000)는 고대 서양에서 들어온 외래어를 고증하였고, 方龄贵의 『「古典戏曲外来语考释词典」补正』(2005)과 『元明戏曲中的蒙古语』(1991)는 114개의 근고 몽골어 외래어에 대한 유래를 연구하였다. 季永海의 『接触到融合 — 论满语文的衰落(上/下)』(2004/2005)는 만주어 외래어에 대해 정리하였고, 黄河清(2018)은 '猛犸매머드(mammoth)', '苦力쿨리(cooly)'와 외래어 접사에 관해 계속 연구하였다. 이외에도 蓝庆元의 『壮汉同源词借词研究』(2003), 朱一凡의 『现代汉语话语标记的欧化路径 — 基于「开明国语课本」与苏教版「语文」的对比研究』(2018), 徐来娣의 『汉俄语言接触研究』(2007), 姜雅明의 『源于俄语的汉语外来词研究』(2011) 등이 있다. 일어를 어원으로 하는 한자어의 고증은 또 다른 분야로, 朱京伟는 2003년부터 2013년까지 일본어 유래 어휘에 대해 계속 연구를 했는데, 특히 『「时务报」1896-98中的日语借词』(2012-2013)가 인상적이다. 또한 彭广陆는 2000년부터 2013년까지 '인맥' 등의 어휘에 대해 10여 차례 지속해서 고증하였다. 이밖에도 何华珍의 『日本汉字和汉字词研究』(2004), 『明治初期中日医学汉字词研究』(2012), 『现代汉语日源汉字词的甄补研究』(2013), 그리고 沈国威가 2006년부터 2011년까지 지속해서 고증하여 출간한 『近代中日词汇交流研究: 汉字新词的创制、容受与共享』(2010), 谯燕·徐一平·施建军의 『日源新词研究』(2011), 顾江萍의 『汉语中的日语借词研究』(2012), 周刚·吴悦의 『二十年来新流行的日源外来词』(2003), 陈力卫의 『日源汉字词研究』와 『东往东来』

(2007, 2019) 등이 있다. 이외에도 史有为의『英制度量衡单位与中西日交流』(2008)는 영국식 도량형 단위를 전반적으로 정리하고 고증하여 현재 사용되고 있는 영국식 도량형 단위 용어에 중국어만의 자주적 번역어가 있음을 증명했다.『探"码"』(2016)에서는 영국식 길이 단위 '码'가 중국어 의역이며, 일본어에서 온 것이 아님을 밝혔다. 이와 함께 고대 지명 외래어에 대한 고증에서도 새로운 성과가 나타났는데, 牛汝辰의 『早期西域底层地名探源—"丝绸之路"民族"化石"释读』(2016)가 있다.

(3) 일본 유래 어휘의 다차원적 인터넷 논쟁

여기서 특별히 언급하고 싶은 것은 王彬彬의『隔在中西之间的日本—现代汉语中的日语"外来语"问题』(1998)인데, 비전문가의 이 글은 2007년 '国际观察论坛·天涯社区' 홈페이지에서 큰 논란을 일으켰다. 요점은 현대 중국어에 얼마나 많은 일본 외래어가 있고, 일본어 유래 어휘가 외래어인지 아닌지, 현대 중국어에서 일본어 유래 어휘가 없어서는 안 되는지에 대한 논의였다. 수많은 젊은이가 이 대중영합주의적 다차원 논쟁에 참여하였는데, 논쟁이 감정적으로 흘러가 실사구시적인 태도는 결여되었지만 달리 보면 외래어 지식이 널리 보급되는 좋은 기회가 되었다.

(4) 자모어 연구

자모어 사용의 동요와 정체불명적 특성 때문에, 자모어의 중국어 귀화 여부에 대한 명확한 기준을 마련하기 어려워 오해와 논란이 많이 일어났다. 21세기에 들어선 이후 많은 사람이 자모어의 성질에 대해 묘사하거나 규범적 구상을 했는데, 何宛屏의『含有西文字母的词

语在词典中的位置』(2001), 胡明扬의『关於外文字母词和原装外文缩略语问题』(200), 郭熙의『字母词规範設想』(2005) 등이 그러하다. 그러나 논란을 피할 수는 없었는데, 2012년『現代汉语词典』(제6판) 출간 이후 '서양 자모로 시작하는 어휘' 239개가 추가되어 파장을 일으켰다. 일부는 법률적 단계까지 간 사람도 있는데, 邹玉华의『現代汉语词典』에 수록된「"西文字母开头的词语"之违法與否的法律分析」(2014)가 그러하다. 이들의 중국어에 대한 애착은 이해하지만, 현재의 자모어에 대한 인식 수준에 여전히 큰 차이가 있음을 알 수 있다. '중국어는 한자로만 표기할 수 있다'라는 입장에서 보면, 문화-심리 간 충돌이 생길 수밖에 없다. 이는 일본어 유래 한자 어휘에 이어 나타난 다차원적인 충돌이다.

(5) 참고서 편찬 연구

외래어 참고서는 이미 외래어 학문영역이 갖게 된 또 다른 상징이 되었다. 그중 종합적인 유형의 결과물에는 黃河清의『近現代辞源』(2010), 史有为의『新华外来词词典』(2019)이 있다. 이 두 사전은 아마 근래 가장 규모가 큰 사전으로 장기간 축적된 자료를 통하여 부지런히 노력한 후 수확된 결과물이다.『近現代辞源』에는 어원에 대한 창조적인 새로운 고증이 많이 있으며,『新华外来词词典』은 전통적 규범성이나 묘사성 사전의 성과를 뛰어넘어 지적이고 연구적인 기능을 가미했다. 수록된 주요 어휘는 13,300여 개다. 이와 별도로 7,170여 개의 이체어가 수록되어 있으며, 이중 영어에서 온 단어가 6,600여 개, 일어에서 온 단어가 3,000여 개, 산스크리트어에서 온 단어가 900여 개이다. 이외에도, 부록에 '자모로 시작하는 단어' 2,000개가 있다. 단일 유형의 결과물로는 刘涌泉의『字母词词典』(2001)

과 『汉语字母词词典』(2009), 沈孟璎의 『实用字母词词典』(2002)이 있다. 이 시기 일본에서는 鈴木義昭와 王文의 『日本語から引ける中国語の外来語辞典』(2002)이 출간되었다.

(6) 새로운 인물과 새로운 시각의 연구

21세기에 들어선 이후, 점점 더 많은 젊은 학자들이 외래어 연구에 뛰어들고 있는데, 특히 외래어를 연구 대상으로 하는 학위논문이 쏟아져 나오고 있으며 뛰어난 저술이 많아졌다. 석사학위 논문은 2000년에 처음 나왔다. 영향력 있는 첫 박사 논문은 华东师范大学 钟吉娅의 『汉语外源词—基於语料的研究』(2003)로 많은 주목을 받았다. 학위논문은 비교적 엄격한 기준이 있으므로 본보기로 삼을만하다.

이후 많은 연구자가 새로운 시각과 전문적인 유형의 연구 분야도 개척했다. 전자의 경우에는 순응론, 목적론, 밈론(memetics), 수용학, 전파학, 번역학, 유통도, 생태언어학적 시각 등의 연구 등이 속한다. 후자의 경우, 전문적인 시각, 즉 법률용어, 화장품 등의 상품명, 농기구, 도량형 등과 사전, 교재, 인터넷 등의 특정 텍스트나 플랫폼, 그리고 다문화, 사용자 통계, 단어 의미 변동, 비교시각 등의 유형 연구가 있으며, 이는 보다 실용적인 경향성을 띤다.

새로운 시각의 시도는 기본적으로 서양 어원 외래어와 복합어원 외래어 연구에서 나타난다. 새로운 시각의 연구는 저널 논문에 집중되는 반면, 학위논문은 전면적이고 신중한 경향을 보였다. 이밖에 일반적으로 외래어에 포함되지 않는 의역어 연구에도 많은 논문이 나왔는데, 매우 고무적이라고 할 수 있다. 이것은 학계가 전통적인 음역자와 어휘 구성 등의 한계를 벗어나 넓은 시야, 학제 간 연구로 나아가고 있음을 보여주며 이미 많은 발전이 있었다.

3.2.3 문헌 정리

필자의 통계에 의하면 외래어를 주요 또는 중요 대상으로 한 연구는 최근 20년간 일반 논문이 147편(외래어 95, 알파벳 15, 신조어 14, 번역 9편 포함)이 있으며, 전문 서적과 논문집이 29편(외래어 8, 신조어 10, 사회교류 9편 포함)이고, 이외에 외래어 연구 관련 서적은 다섯 편, 학위논문은 253편(박사 논문 40, 석사 213)이 있다. 학위논문의 절정기는 2006년부터 2012년까지이다.(아래 표1 참조. 2019년 학위논문은 발표되지 않아 제외했다.)

유래된 언어유형별로 구분하면, 영어에서 온 단어(알파벳 포함), 일어에서 온 단어와 어원을 구분하지 않은 외래어 논문이 병립하는 양상이다. 일어에서 유래된 어휘의 연구는 전통적 시각에 머물러있지만, 애니메이션, 인터넷 등 새로운 분야로 확대되기도 했다. 새로운 시각의 연구는 영어에서 유래된 어휘에 집중됐다. 이외에도 러시아어와 소수 민족어에서 온 외래어 연구가 회복 조짐을 보이는 등 연구 전반에 걸쳐 조정이 이루어지고 있는 것으로 나타났다.

표1 : 2000-2019년 외래어 관련 학위논문 명세표

연도	2000	2001	2002	2003	2004	2005	2006	2007	2008	2009	
박사				3	5	2	3	5	7	3	
석사	2	4	7	7	8	8	24	20	10	6	
소계	2	4	7	10	13	10	27	25	17	9	
연도	2010	2011	2012	2013	2014	2015	2016	2017	2018	2019	합계
박사	4	3	3	2							박사 40
석사	28	29	22	10	11	5	4	4	4		석사 213
소계	32	32	25	12	11	5	4	4	4		합계 253

4. 소결

지난 70년간 중간의 10년 동안의 정체기를 제외하고 전반 17년 동안은 역사지리 연구와 문화인류학 연구 덕분에 중국어 규범화에 적합한 기회가 생겨 중국어 외래어 학문 분야를 창시할 수 있었다. 자립적으로 만들어진 용어인 '외래어'를 중국어에 뿌리내릴 수 있게 해준 것에 감사한다. 후반 43년 동안은 개혁·개방으로 외래어 학문 분야가 부흥하고 번창했다. 즉 70년의 노력을 거쳐 중국어 외래어 학문 분야는 이미 형성되었지만 여전히 부족한 점은 존재한다.

(1) 어원은 외래어 학문 분야의 기초로, 외래어의 사용 정보는 연구의 또 다른 영역을 파고들 수 있는 전제가 된다. 그러나 이 분야의 연구가 너무 부족한 실정이다. 중국어에는 아직도 의심되는 많은 외래어에 대한 고증이 부족하고, 그 도입 시기와 초기의 서적들도 부족하여 데이터 수량이 매우 적다. 이런 문제들은 앞으로 이 분야에서 이루어져야 하는 연구가 많다는 것을 말해준다. 물론 연구자의 지식과 능력이 다를 수 있으므로 해외 문헌에 관한 관심도 높여야 하고, 더 많은 학술적인 성과가 있어야 할 것이다.

(2) 일본어를 어원으로 하는 한자어와 자모어는 상반되는 '준외래어'이다. 전자는 중국어에, 후자는 외국어와 얽혀 있다. 이들을 둘러싼 논란은 편협한 언어관을 경계 짓게 만든다. 외부와 단절된 언어일수록 배우는 사람이 적고, 그에 따라 그 민족이 발전하는 것도 어렵다는 것은 역사가 증명하고 있다. 오늘날 중국어가 존재하기 위한 관건은 바로 포용력이다. 신세대들은 아직 중국어를 대할 때 존중하는 마음이 부족하다. 이에 신중을 기하지 않고 주목받기 위해 받아들이려고

만 해서 남용하는 경우가 많다. 이것이 바로 현재 규범의 결함이다. 그러므로 여전히 규범화로 돌아가서 실행 가능한 규범을 연구해야 한다.

(3) 이미 많은 논문을 발표했고, 전통적인 유형의 연구를 뛰어넘어 다양한 학문적 유형의 연구로 나아가기 시작했다. 그러나 이들 논문은 비슷한 것이 많고 양질의 연구와 그렇지 않은 연구가 뒤섞여 있는데, 그 이면에는 성급함이 깔려 있다. 이는 경계해야 할 점이다. 학위 논문도 정점을 넘은 듯하여 통상적인 유형의 연구가 막바지에 이르렀음을 보여주는 만큼 어떻게 하면 깊이 연구하고 지속할 수 있을지 냉철하게 고민해야 한다.

2019년 3월, 北京外国语大学历史学院과 日语学院, 그리고 沈国威가 주도한 汉字文化圈近代语研究学会가 공동으로 주관한 '汉字文化圈近代新词译词国际研讨会'가 있었다. 여기에서는 한·중·일 학자와 대학원생들이 세 나라 간의 한자어 교류와 흐름에 대해 만족할 만한 연구 성과를 많이 발표했다. 이들은 대량의 역사지리와 문헌 자료를 조사하는 개별적인 연구 방향을 제시하였고, 미래의 지속 가능한 연구의 모델을 보여주었다. 외래어를 연구하는 학문 분야는 이미 확립되었지만, 아직 그 깊이가 부족하다. 이에 앞으로 연구 방향을 조정해야 하며, 어려움을 극복하는 꾸준한 능력과 끈기를 발휘해야 할 것이다.

* 참고문헌은 생략한다. 본문에서 열거된 대부분의 출판정보는 『汉语外来词(2013증보판, 商务印书馆)를 참고하기 바란다.
* 본 논문은 『语言战略研究』(2019, 第5期(10월), 총23기, 76-86쪽에 실린 것임을 밝혀 둔다.

부록 2
용어목록*

1. 지명 · 민족 · 언어

강　康	따티엔　大田
강거어　康居语	뚱깐족　东干族
거라오어　仡佬语	뚱베이　东北
거란어　契丹语	뚱어　侗语
고대의 다양한 미아우족　三苗	뚱족　侗族
고대의 다양한 위에 민족　百越	랴우닝성　辽宁省
광뚱성　广东省	룽시　龙溪
광뚱어　广东话	리어　黎语
광시성　广西省	린까우어　临高话
광쪼우어　广州话	린시아　临夏
구허쪼우　古河州	링난　岭南
깐쑤성　甘肃	마오난어　毛南语
꾸이쪼우성　贵州省	막북　漠北
나시족　纳西族	만주어　满语
닝뽀어　宁波话	만주족　满族
돌궐어　突厥语	몽골어　蒙古语
동이　东夷	문강　文康
따이어　傣语	미아우-야우어　苗瑶语
따이족　傣族	민난　闽南

* 명칭은 기본적으로 원지음 표기를 하였으나 고대 명칭으로서 오래된 한국 한자음 명칭이 독자에게 익숙하다고 판단된 경우는 우리 한자음으로 명명하였다.

민남방언　闽南话　　　　　　안후이성　安徽省
민방언　闽语　　　　　　　　우방언　吴方言
바나어　巴那语　　　　　　　원쬬우　温州
바이어　白语　　　　　　　　위에방언　粤方言
바이족　白族　　　　　　　　위에어　越语
바이타이어　白泰语　　　　　윈난성　云南省
베이징　北京　　　　　　　　이어　彝语
베이징어　北京话　　　　　　이엔비엔　延边
뿌랑어　布朗语　　　　　　　일어　日语
뿌랑족　布朗族　　　　　　　중국어　汉语
뿌이어　布依语　　　　　　　지앙쑤성　江苏省
상하이　上海　　　　　　　　징포어　景颇语
상하이어　上海话　　　　　　징포족　景颇族
샨시성　陕西省　　　　　　　짜이와어　载佤语
서량　西凉　　　　　　　　　짜이와족　载佤族
서어　畲语　　　　　　　　　짱족　藏族
소그드어　Sogdian language　짱쬬우　漳州
소륵　疏勒　　　　　　　　　찌지앙성　浙江省
쉰후아　循化　　　　　　　　쭈앙어　壮语
슈에이어　水语　　　　　　　찌엔오우　建瓯
슈에이족　水族　　　　　　　찌엔이앙　建阳
시루　西路　　　　　　　　　차우쬬우　潮州
시슈앙반나　西双版纳　　　　취엔쬬우　泉州
시아먼　厦门　　　　　　　　칭하이성　青海省
시치앙족　西羌族　　　　　　쿠차어　Kuchean
싸라족　撒拉　　　　　　　　타이어　泰语
쓰추안성　四川省　　　　　　타이완　台湾
아그니어　Agnean　　　　　　토하라어　Tocharian
아이누어　Ainu　　　　　　　투란　涂兰

퉁구스　通古斯
파치앙　發羌
팔리어　Pali
푸딩　福鼎
푸뚱　福东
푸안　福安
푸쪼우　福州

푸티엔　莆田
하니족　哈尼族
허무뚜　河姆渡
현대표준중국어　普通话
후난성　湖南省
후이족　回族

2. 인명

공영달　孔颖达
구마라습　鸠摩罗什
굴원　屈原
까우밍카이　高名凯
꾸오모루오　郭末若
꾸지아주　顾嘉祖
다케시마 마타지로(하고로)
　武島又次郎(羽衣)
둥치우쓰　董秋斯
떵샤우핑　邓小平
떵푸바우　丁福保
라우퍼　B. Laufer
라파엘 폰 코베르　R. G. Koeber
레비　S. Lévi
로버트 모리슨　Robert Morrison
로브샤이드　W. Lobschied
루모우　路某
루쉰　鲁迅

루오썬　罗森
루오창페이　罗常培
룽꿍꿍　龙贡公
뤼슈시앙　吕叔湘
리룽　李荣
리샤오푸　李筱圃
리샨란　李善兰
리앙샤우홍　梁晓虹
리앙치차우　梁启超
리우쩡탄　刘正埮
리우허　刘禾
리징티엔　李经天
리쯔자우　李之藻
리쯔창　李志常
리홍짱　李鸿章
린메이춘　林梅村
린저쉬　林则徐
린타우　林焘

마르코 폴로　Marco Polo
마리쉰　马礼逊
마스페로　H. Maspero
마시니　Masini
마우저뚱　毛澤東
마주이　马祖毅
마지엔　马坚
마지엔쭝　马建忠
마테오 리치　Matteo Ricci
마환　马欢
메드허스트　W. H. Medhurst
모치즈키 신코우　望月信亨
몽테스키외　Charles-Louis de Secondat, Baron de La Brède et de Montesquieu
미셸 베르누아　Michel Bernoit
미켈레 루지에리　Michele Ruggieri
벤자민 홉슨　Bejamin Hobson
샤반　E. Chavannes
성이화이　盛宜怀
선구오웨이　沈国威
셰이퍼　E. H. Schafer
쉬꽝치　徐光启
쉬쇼우　徐寿
쉬숭스　徐松石
쉬지위　徐继畲
쉬타오　徐寿
쉬푸　徐复

스요우웨이　史有为
스테인　M. Stein
시라토리 쿠라키치　白鳥庫吉
시모다지로　下田次郎
시바타 쇼우키찌　柴田昌吉
시앙다　向达
싱꿍완　邢公畹
쑤만슈　苏曼殊
쑨창쉬　孙常叙
아담 스미스　Adam Smith
아라카와 소베에　荒川惣兵衛
아라카와 키요히데　荒川清秀
알렉산더 윌리엄슨　Alexander Williamson
앨버트 보우　Albert G. Baugh
야고프스 로　Jacobus Rho
야우더화이　姚德怀
야우룽쑹　姚荣松
양쯔지우　杨志玖
에드워드 젱크스　Edward Jenks
오다 토쿠노　織田得能
오로소　L. Aurouseau
오츠키 후미히코　大槻文彦
왕구　王构
왕구오웨이　王国维
왕룽바우　汪荣宝
왕리　王力
왕리다　王立达
왕삔삔　王彬彬

왕시앙룽　汪向荣
왕즈　王徵
왕즈푸　王梓夫
왕종양　王宗扬
왕타우　王韬
요우루지에　游汝杰
원요우　闻宥
웨이위엔　魏源
웨이츠쯔핑　尉迟治平
위껀위엔　于根元
위다푸　郁达夫
윌리엄 스탠리 제번스
　　William Stanley Jevons
윌리엄 알렉산더 파슨스 마틴
　　William Alexander Parsons Martin
윌리엄 에드워드 수딜
　　William Edward Soothill
유종원　柳宗元
이신　奕訢
이에란　叶澜
이에이량　叶奕良
이에칭이　叶庆颐
이엔푸　严复
이엔후이칭　颜惠庆
이징　义净
자말 알딘　Jamal ad-Din(扎马鲁丁)
자이펑　翟鹏
장건　张骞
정화　郑和

조지 에베레스트　George Everest
조타　赵陀
존 스튜어트 밀　John Stuart Mill
존 프레이어　John Fryer
주오쫑탕　左宗棠
주지아닝　竺家宁
줄리어스 알레니　Julius Aleni
즈쉰　子迅
지시엔린　季羡林
지아징이엔　贾敬颜
진 아담 샬 폰 벨
　　Jean Adam Schall von Bell
짜우위엔런　赵元任
짱다충　张达聪
짱싱리앙　张星烺
짱쓰꾸이　张斯桂
짱이용이엔　张永言
짱쯔뚱　张之洞
짱칭위엔　长清源
짱칭창　张清常
짱타이이엔　章太炎
쩡띠엔　郑奠
쪼우리앙꿍　周亮工
쪼우주모　周祖谟
쪼우쩐허　周振鹤
쪼우치위　周起予
쭈시아우원　朱晓云
쭈쥔링　朱峻岭
쭈즈신　朱执信

부록 2. 용어목록　**463**

쭈지에친　朱杰勤
쭈징웨이　朱京伟
찐저　金哲
차이메이삐아우　蔡美彪
차이위엔페이　蔡元培
창런시아　常任侠
창시아우훙　常晓宏
천깡　陈刚
천두시우　陈独秀
천마우런　陈懋仁
천왕따오　陈望道
천위엔　陈原
천인취에　陈寅恪
천중미엔　岑仲勉
천치시앙　岑麒祥
천탄　陈坦
추이쥔민　崔军民
치엔나이롱　钱乃荣
치우추지　丘处机
캉요우웨이　康有为
켄트　R. G. Kent
코야스 타카시　子安峻
토마스 헨리 헉슬리
　　Thomas Henry Huxley
판원구오　潘文国
팡링꾸웨이　方龄贵
펑광루　彭广陆
펑원주　彭文祖

펑지아셩　冯家升
펑청쥔　冯承钧
페르디난트 베르비스트
　　Ferdinand Verbies
펠리오　P. Pelliot
푸윈룽　傅云龙
푸판지　傅泛(汎)際
프랜시스코 푸어타도우
　　Francisco Furtado
하네다 도루　羽田亨
한루린　韩儒林
허루짱　何如璋
허버트 스펜서　Herbert Spencer
허즈팅　何紫庭
허지엔민　何建民
허화쩐　何华珍
헤믈링　K. Hemeling
현장　玄奘
호리 타쯔노스케　屈達之助
화헝팡　华蘅芳
황스푸　黄士复
황쭌시엔　黄遵宪
황칭청　黄庆澄
황허칭　黄河清
후싱쯔　胡行之
후이루　胡以鲁
후쩡이　胡增益
후쿠자와 유키치　福澤諭吉

3. 서명

『갑골문자연구 甲骨文字研究』
『건곤체의 乾坤体义』
『격물입문 格物入门』
『격물탐원 格物探原』
『격물휘편 格物汇编』
『관동보 关东报』
『광뚱성 토착어 어휘 广东省土话字汇』
『광쪼우방언한영사전 广州方言汉英辞典』
『구가·운중군 九歌·云中君』
『구서 訄书』
『국부론 原富』
『국어일보 외래어 사전 国语日报外来语词典』
『乢와 乢军의 변천 乢与乢军之演变』
『그림을 담은 일본 유람기 游历日本图经馀记』
『근·현대 단어 어원近现代词源』
『근·현대 사원 近现代辞源』
『근·현대 중국어 신조어 어원 사전 近现代汉语新词语源词典』
『근대 중일 문화 교류사 近代中日文化交流史』
『근대 중일 어휘 교류 연구-한자 신조어의 창제, 수용 그리고 공유 近代中日词汇交流研究 — 汉字新词的创制、容受与共享』
『근대 중일 어휘 교류사 近代日中语汇交流史』
『기초 논리학 강의 名学浅说』
『기하원본 几何原本』
『남해에서 보내는 법전·스승의 도 南海寄归内法传·师资之道』
『내과신설 内科新说』
『논리학체계 穆勒名学』
『당대 장안과 서역 문명 唐代长安与西域文明』

『당대의 외래 문명 唐代的外来文明』

『대당서역기 大唐西域记』

『대중 언어의 정립에 관하여 关于大众语文的建设』

『데이터베이스 구축 통신 词库建设通讯』

『돌궐관호연구 突厥官号研究』

『동방견문록 游记』

『동방연구논문집 东方研究论文集』

『동서양고매월통기전 东西洋考每月统记传』

『동향 动向』

『량치차우와 일어 차용어 梁启超与日语借词』

『류큐역어 琉球译语』

『마씨문통 马氏文通』

『마하바라타 Mahābhārata』

『만국도설 万国图说』

『명리탐 名利探』

『몽고역어 蒙古译语』

『묵돌의 어원과 그 음독 冒顿之语源及其音读』

『문학설례 文学说例』

『물건들의 여러 명칭에 관한 풀이 庶物异名疏』

『민보 民报』

『민족과 언어 民族与语言』

『박물신편 博物新编』

『방언과 중국 문화 方言与中国文化』

『백가성 百家姓』

「번역 작업에 있어 중국어 규범화 문제 翻译工作的汉语规范化问题」

『번역명을 논함 论译名』

『번역의 원리와 기교 翻译之原理与技巧』

『법의 정신 孟德斯鸠法意』

『베이징 방언 사전 北京方言词典』

『부영신설 妇婴新说』

『부음삽도영화자휘 附音挿圖英和字彙』

『부자연스러운 신명사 肓人瞎马之新名词』

『불교학대사전 佛学大辞典』

『불설관정경 佛说灌顶经』

『불탑과 부처 浮屠与佛』

『사기·관부전 史记·灌夫传』

『사기·중니제자열전 史记·仲尼弟子列传』

『사원 辞源』

『사전 연구 辞书研究』

『사해 辞海』

『사회통전 社会通诠』

『사회학연구 群学肄言』

『산스크리트어 ṭḍ의 음역을 논함 论梵文ṭḍ的音译』

『삼자경 三字经』

『상하이여유지남 上海旅游指南』

『새로운 전문용어의 유입을 논함 论新学语之输入』

『서양관역어 西洋馆译语』

『서역남해사지고증역총 西域南海史地考证译丛』

『서역지명 西域地名』

『서의약론 西医略论』

『서찰집 书札集』

『석지간 释支干』

『설문해자 说文解字』

『송사·왕안석전 宋史·王安石传』

『수당시대 서역인의 중국화 고찰 隋唐时代西域人华化考』

『수사감형 修辞鉴衡』

『수사학개요 修辞学发凡』

『수사학 修辞學』

부록 2. 용어목록 467

『수학 이론 数学理』
『술루역어 苏禄译语』
『시무보 时务报』
『식물학 요강 植物须知』
『신명사훈찬 新名词训纂』
『신민보 新民报』
『신민총보 新民丛报』
『신보 申报』
『신유조서 新遗诏书』
『신이아 新尔雅』
『신화 외래어 사전 新华外来词词典』
『실크로드와 서역 문화 예술 丝绸之路与西域文化艺术』
『아녀영웅전 儿女英雄传』
『아시아저널 Journal Asiatique』
『양안 외래어의 번역 문제 两岸外来词的翻译问题』
『어휘데이터베이스 구축 뉴스 词库建设通讯』
『언어와 문화 语言与文化』
『언어와 사람 - 응용사회언어학적 탐색 语言和人 — 应用社会语言学若干探索』
『언어와 철학 Language and Philology』
『역·혁 易·革』
『연지음독고 阏氏音读考』
『열학 요강 热学须知』
『영어사 A History of the English Language』
『영중자전 英华字典』
『영한자전 英汉字典』
『영화대사전 英华大辞典』
『영화대역수진사전 英華対訳袖珍辞書』
『영화자전 英华字典』

『오거운부 五车韵府』
『5·4운동 이후 중국어 문어체 변천과 발전 五四以来汉语书面语言的变迁和发展』
『외국인 인명·지명 중국어 번역 규정 外国人名地名汉译公约』
『외국지명역명 外国地名译名』
『외국지명역명편람 外国地名译名手册』
『외래어 기원 고찰 外来语考原』
『외래어대사전 外来语大辞典』
『외래어사전 外来语词典』
『외래어신론 外来语新论』
『외래어 - 이문화의 사자 外来词 — 异文化的使者』
『"외래어"와 "외래개념어", "외래영향어"의 반향 "外来语"和"外来概念词"、"外来影响词"之回应』
『외래의 "외래어" 및 기타 外来的"外来词"及其他』
『요금사논집 辽金史论集』
『요금의 달마와 원대의 탐마적 辽金的挞马与元代的探马赤』
『원대 서역인의 중국화 고찰 元西域人华化考』
『원사국어해 元史国语解』
『원사논총 元史论丛』
『월강유역인민사 粤江流域人民史』
『위서·서역전 魏书·西域传』
『음빙실합집 饮冰室合集』
『음성학 요강 声学须知』
『이(異)문화의 사자 - 외래어 异文化的使者 — 外来词』
『이소 离骚』
『이슬람교의 중국사 回回教入中国史』
『이적전 李赤传』
『인민일보 人民日报』
『일본 유람 이야기 游历日本图经馀记』

『일본국지 日本国志』

『일본사신기 및 잡영 使东述略并杂咏』

『일본사신기 시록 使东诗录』

『일본유람기 东游日记』

『일본유람기 扶桑游记』

『일본유람기 日本纪游』

『일본유학기 策鳌杂摭』

『일본일기 日本日记』

『일본잡사시 日本杂事诗』

『일어에서 온 중국어 외래어 사전 日本語から引ける中国語の外来語辞典』

『자어휘해 字语汇解』

『자유담 自由谈』

『재진일보 再进一步』

『전기학 요강 电学须知』

『전체신론 全体新论』

『정문설례 正文说例』

『종교 사전 宗教词典』

『종합영화대사전 综合英华大辞典』

『중국 문화언어학 입론 中国文化语言引论』

『중국대백과전서·언어문자 中国大百科全书·语言文字』

『중국문법개요 中国文法要略』

『중국번역간사－5·4이전부분 中国翻译简史 — 五四以前部分』

『중국어 대사전 汉语大词典』

『중국어 불교 용어 사전 A Dictionary of Chinese Buddhist Terms』

『중국어 속의 외래어 中国语の中の外来語』

『중국어 외래어 사전 汉语外来词词典』

『중국어 외래어 사전 汉语外来语词典』

『중국어문연구 中国语文研究』

『중국어문 中国语文』

『중국이란편 中国伊朗编』

『중서교통사료휘편 中西交通史料汇编』

『중서문화교통사료 中西文化交通史料』

『중영자전 汉英字典』

『중영자전 华英字典』

『중인문화사총론 中印文化史论丛』

『중화 中华』

『증정화영통어 增訂華英通語』

『지지학 요강 地志须知』

『지학 요강 地学须知』

『책그림자 书影』

『책오잡척 策鳌杂摭』

『천연론 天演论』

『천자문 千字文』

『천주성교실록 天主圣教实录』

『철학요점 哲学要领』

『청의보 清议报』

『초사 楚辞』

『초혼 招魂』

『타이완의 현행 외래어 문제 台湾现行外来语问题』

『탐마적군고 探马赤军考』

『통보 T'oung Pao』

『표준 중국어 회화 영중사전 English-Chinese Dictionary of the Standard Chinese Spoken Language』

『표준역명록 标准译名录』

『하노이 프랑스 극동학교 학보 Bulletin de I'Ecole Francaise d'E-D』

『한어사고 汉语史稿』

『한영수진자전 汉英袖珍字典』

『한영운부 汉英韵府』

부록 2. 용어목록 471

『해국도지 海国图志』

『현대 신 전문용어 当代新术语』

『현대 중국어 사전 现代汉语词典』

『현대 중국어 신어 사전 现代汉语新词新语词典』

『현대 중국어 외래어 연구 现代汉语外来词研究』

『현대중국어 现代汉语』

『형화관일기 蘅华馆日记』

『홍루몽 红楼梦』

『화영자전 华英字典』

『화영통어 华英通语』

『화학 원리 化学鉴原』

『화학감원 化学鉴原』

『화학명명원칙 化学命名原则』

『회흘에 사신으로 가는 우중승을 전송하며 送于中丞使回纥册立』

『후이지앙죽지사 回疆竹枝词』

『후한서·광무제기 后汉书·光武帝纪』

『후한서·범염전 后汉书·范冉传』

『흉노민족고 匈奴民族考』

『흉노민족과 그 문화 匈奴民族及其文化』

「흰독말풀 洋金花」

부록 3
중국어 외래어의 유형

资格类型	基本形式类型	小类描述	例词 源词
A. [狭义] 外来词 (借音)	a. 借音/音译	1) 单纯音译	萨其马/满sacima
		2) 字母音译+汉字音译	卡拉OK/日制英karaoke
	b. 借音/谐音音译	3) 聚性谐意音译	雷达/radar 扒金库/日制英pachinko
		4) 散性谐意音译	滴滴涕/DDT
		5) 谐趣音译	尖头鳗/gentleman
		6) 部分谐意音译	卡垫/藏khatan 好来宝/蒙xolboga
	c. 借音/字形意化	7) 特殊谐意音译	万维网/WWW
		8) 音译字形意化	袷袢/维čapan
B. [狭义] 外来词 (借形)	d. 汉字借形—音读/日源汉字形式	9) 日语汉字音译	寿司/日sushi
		10) 日源汉字谐意音译	俱乐部/日译英kurabu
	e. 汉字借形/汉源汉字	11) 日语训读	手续/日tetsuzuki
		12) 日语训读 音读	身份/日mibun
	f. 外来字符借形	13) 日制汉字意译	腺/日sen
		14) 汉语定音外源符号	卍/梵Svastika
		15) 中国汉字+外源汉字	字喃/越chū nōm
	g. 字母借形+借音	16) 外语字母+音译	T恤/T-shirt

资格类型	基本形式类型	小类描述	例词 源词
C. 混成外来词	h. 借音+义标	17) 音译+义标(类标)	卡车/car+车
		18) 音译+义标(饰标)	酒吧/酒+bar
		19) 音译+义标(缀标)	阿蛇/阿+sir
		20) 音译+义标(补标)	述球/shoot+球
	i. 音形兼借+义标	21) 字母+义标(缀标)	阿sir/阿+sir
	j. 借形+义标	22) 日制汉字+义标(类标)	鳕鱼/日tara+鱼
	k. 借音+意译	23) 纯音译+意译	摩托车/motorcycle
	l. 字母借形+意译	24) 谐音+意译	迷你裙/miniskirt
		25) 字母缩略+意译	TDK杯/TDK cup
D. 准外来词	m. 借形汉字词	26) 音读日语新创	过劳死/日karōshi
		27) 音读日语新义	革命/日借汉kakumei
	n. 字母借形兼借音	28) 外语字母词	out/out
		29) 外语字母缩略词	DIY/do it yourself
E. 意译词(借义)	o. 外源自构词:借义/意译	30) 仿译	黑板/blackboard
		31) 纯意译	墨水/ink
F. 外来影响词(非外来词)	p. 自构词:仿外汉字汉义	32) 借词孳生自构词	锦纶/nylon
		33) 聚性仿外全谐意	美加净/汉制Maxam
		34) 散性仿外全谐意	富力美/汉制Eflam(颜料品牌)
	q. 自构词:汉字+外来背景	35) 音译+音译	迪吧/disco+bar
		36) 局部摹借汉字词	安宫唑/panazol
		37) 仿外汉字词	波司登/汉Bosideng
		38) 谐音派生	红客/汉制honker
		39) 外来语素+汉语素	网吧
		40) 音译汉字缩略+汉语素	的哥/的士+哥

资格类型	基本形式类型	小类描述	例词 源词
	r. 自构词: 部分字母 (英语读音)	41) 外语字母+汉语素	果味VC
		42) 字母摹形+汉语素	H灯
		43) 汉语字母缩略 +汉语素	GB码/国家标准汉字码
		44) 汉语词缀+字母	阿Q
	s. 自构词: 汉语缩略字母 (英语读音)	45) 汉语拼音缩略字母词	HSK/Hanyu Shuiping Kaoshi(汉语水平考试)
G. 汉制外语词 (非外来词)	t. 自构词: 外语字母缩略词	46) 汉制外语缩略字母词	CBA/Chinese Basketball Association(中国篮协)
	u. 自构词: 外语字母词	47) 汉制外语字母词	Smilence(笑而不语)

참고문헌

1. 저서류

[日]あらかわ(Arakawa/荒川)惣兵衛(1932),《外来語学序說》, 名古屋: 白馬堂印刷所.

[日]あらかわ(Arakawa/荒川)惣兵衛(1943),《外来語概說》, 東京: 三省堂.

北京师范学院中文系汉语教研组(1959),《五四以来汉语书面语言的变迁和发展》, 北京: 商务印书馆.

曹炜(2004),《现代汉语词汇研究》, 北京: 北京大学出版社.

常任侠(1981),《丝绸之路与西域文化艺术》, 上海: 上海文艺出版社.

常瀛生(爱新觉罗·瀛生)(1993),《北京土话中的满语》, 北京: 燕山出版社.

陈保亚(1993),《语言文化论》, 昆明: 云南大学出版社.

陈保亚(1996),《语言接触与语言联盟》, 北京: 语文出版社.

陈光磊(主编)(2008),《改革开放中汉语词汇的发展》, 上海: 上海人民出版社.

陈力卫(2019),《东往东来》, 北京: 社科文献出版社.

陈胜利(2016),《英语中的汉语借词研究: 接触语言学视角》(张浩译), 北京: 中国社会科学出版社.

陈原(1983),《社会语言学》, 上海: 学林出版社.

陈原(1994),《语言和人》, 上海: 上海教育出版社.

戴庆厦等(1992),《汉语与少数民族语言关系概念》, 北京: 中央民族学院出版社.

丁邦新·孙宏开(2000),《汉藏语同源词研究(一)》, 南宁: 广西民族出版社.

董守义(1989),《清代留学运动史》, 沈阳: 辽宁人民出版社.

樊慧颖(2009),《以汉字为媒介的新词传播——近代中日间词汇交流的研究》, 大连: 辽宁师范大学出版社.

冯承钧(1934/1956-1958),《西域南海史地考证译丛》(共九编), 北京: 中华书局.

冯承钧(1980),《西域地名》(增订本), 北京: 中华书局.

冯天瑜(2004),《新语探源——中西日文化互动与近代汉字术语生成》, 北京: 中华书局.

高名凯(1963/1995),《语言论》, 北京: 商务印书馆.

高名凯·刘正埮(1958),《现代汉语外来词研究》, 北京: 文字改革出版社.

顾江萍(2012),《汉语中的日语借词研究》, 上海: 上海辞书出版社.

[日]広田榮太郎(1969),《近代譯語考》, 東京: 東京堂.

郭沫若(1929/1931),《甲骨文字研究》,《郭沫若全集·考古编》第一卷, 北京: 科学出版社.

何华珍(2004),《日本汉字和汉字词研究》, 北京: 中国社会科学出版社.

何培忠·冯建新(1986),《中日同形词浅说》, 北京: 商务印书馆.

胡瑞昌(1986),《现代汉语规范化问题》, 武汉: 湖北教育出版社.

[日]荒川清秀(1997),《近代日中学術用語の形成と傳播——地理学用語を中心に》, 東京: 白帝社.

黄翊(2007),《澳门语言研究》, 北京: 商务印书馆.

黄翊·龙裕琛·邵朝阳(1998),《澳门: 语言博物馆》, 香港: 和平图书·海峰出版社.

季羨林(2009/1998),《糖史》, 南昌: 江西教育出版社,《季羨林文集》第九·第十卷, 南昌: 江西教育出版社.

季羨林等(1985),《大唐西域记校注》, 北京: 中华书局.

蒋冀骋(1991),《近代汉语词汇研究》, 长沙: 湖南教育出版社.

蓝庆元(2003),《壮·汉借词·同源词研究》, 北京: 中央民族大学出版社.

[美(德裔)]劳费尔(B.Laufer)(2001/2015),《中国伊朗编》(Sino-Iranica: Chinese Contributions to the History of Civilization in Ancient Iran with Special Reference to the History of Cultivated Plants and Products, 原文版: 1919. 中文版: 林筠因译), 北京: 商务印书馆.

李和沅(2004),《现代汉语外来词研究》, 台北: 文鹤出版有限公司.

李月松(1998),《现代日语中的汉字研究》, 上海: 上海外语教育出版社.

梁晓虹(1994),《佛教词语的构造与汉语词汇的发展》, 北京: 北京语言学院出版社.

林干(1981),《突厥与回纥历史论文选集》(上/下), 北京: 中华书局.

林梅村(1998),《汉唐西域与中国文明》, 北京: 文物出版社.

林梅村(2000),《古道西风——考古新发现所见中西文化交流》, 北京: 三联书店.

刘禾(2002),《跨语际实践》(宋伟杰等译), 北京: 三联书店.

刘叔新(1957),《粤语壮傣语问题》, 北京: 商务印书馆.

刘元满(2003),《汉字在日本的文化意义研究》, 北京: 北京大学出版社.

罗常培(1950),《语言与文化》, 北京: 国立北京大学出版(1989年版, 北京: 语文出版社; 2011年版, 北京: 北京出版社).

[意]马西尼(Frederico Masini)(1997),《现代汉语词汇的形成——十九世纪汉语外来词研究》(原文版: 1993. 中文版: 黄河清译), 上海: 汉语大词典出版社.

马祖毅(1998),《中国翻译简史"五四"以前部分》(增订版), 北京: 中国对外翻译出版公司.

[日]内田慶市·沈国威合編著(2009),《言語接触とピジン—19世紀の東アジア: 研究と復刻資料》(文化交渉と言語接触研究資料叢刊1), 東京: 白帝社.

牛汝辰(2016),《早期西域底层地名探源——"丝绸之路"民族"化石"释读》, 北京: 中国社会出版社.

牛汝辰(2017),《新疆地名的积淀与穿越——新疆地名历史语言学探源》, 北京: 中国社会出版社.

牛汝辰(2018),《中国文化地名学》, 北京: 中国科学技术出版社.

潘允中(1957),《汉语词汇史概要》, 上海: 上海古籍出版社.

譙燕·徐一平·施建军(2011),《日源新词研究》, 北京: 学苑出版社.

日本文化庁(主導)(1978),《中国语と対応する漢語》, 東京: 日本文化庁调查出版.

萨丕尔(1985),《语言论》(中译本), 北京: 商务印书馆.

沈国威(1994),《近代日中語彙交流史》(改訂新版2008, 中文版2010), 東京: 笠間書院.

沈国威(1995),《「新爾雅」とその語彙》, 東京: 白帝社.

沈国威(2006),《六合丛谈——附解题·索引》(日文版1999),上海:上海辞书出版社.

沈国威(2010),《近代中日词汇交流研究:汉字新词的创制·容受与共享》,北京:中华书局.日文版《近代日中語彙交流史》(1994初版,改訂新版2008),東京:笠間書院.

沈国威(2011),《新尔雅:附解题索引》,上海:上海辞书出版社.

沈国威等(2008),《漢字文化圏諸言語の近代語彙の形成—創出と共有》,大阪:関西大学出版部.

沈国威·[日]内田慶市(2010),《近代東アジアにおける文体の変遷—形式と内実の相克を超えて》,東京:白帝社.

石绵敏雄(2001),《外來語の総合的研究》,東京:東京堂.

石野博史(1983),《現代外來語考》,東京:大修館書店.

[日]实藤惠秀(1958),《中国人留学日本史》(谭汝谦·林启彦译),北京:三联书店.

史有为(1991/2004),《异文化的使者——外来词》(1991),长春:吉林教育出版社;《外来词——异文化的使者》(2004修订版),上海:上海辞书出版社.

史有为(2013),《汉语外来词》(增订本.初版:2000),北京:商务印书馆.

[日]松浦章,[日]内田庆市,沈国威编著(2006);《遐迩贯珍(附解题索引)》,上海:上海辞书出版社.

孙常叙(1957),《汉语词汇》,长春:吉林人民出版社.

王春(2004),《日中词汇的比较词汇论研究》,杭州:浙江大学出版社.

王力(1958),《汉语史稿》(下册),北京:科学出版社.

王松茂(1956),《谈谈现代汉语词汇规范化》,北京:通俗读物出版社.

王晓秋(2000),《近代中日文化交流史》,北京:中华书局.

文字改革委员会(1956),《现代汉语规范化学术会议文件汇编》,北京:科学出版社.

[美]谢弗(E.H.Schafer)(1995),《唐代的外来文明》(The Golden Peaches of Samarkand, A Study of Tang Exotics, 原文版: 1963, 美国·University of California Press. 中文版: 吴玉贵译), 北京: 中国社会科学出版社.

[新]谢世涯(1989),《新中日简体字研究》,北京:语文出版社.

邢福义等(1990),《文化语言学》,武汉: 湖北教育出版社.
熊月之(1994),《西学东渐与晚清社会》,上海: 上海人民出版社.
徐来娣(2007),《汉俄语言接触研究》,哈尔滨: 黑龙江人民出版社.
许威汉(1992),《汉语词汇学引论》,北京: 商务印书馆.
杨锡彭(2007),《汉语外来词研究》,上海: 上海人民出版社.
游汝杰(1993),《中国文化语言学引论》,北京: 高等教育出版社.
曾晓渝(2004),《汉语水语关系论》,北京: 商务印书馆.
袁家骅(1960),《汉语方言概要》,北京: 文字改革出版社.
张清常(1990),《胡同及其他——社会语言学的探索》,北京: 北京语言学院出版社.
张星烺(1930/1977),《中西交通史料汇编》,上海/北京: 中华书局.
张永言(1982),《词汇学简论》,武汉: 华中工学院出版社.
赵元任(1959/1968),《语言问题》,台北: 商务印书馆.
中国佛教文化研究所(1993),《俗语佛源》,上海: 群众出版社.
钟叔河(1985),《走向世界——近代中国知识分子考察西方的历史》,北京: 中华书局.
周光庆·刘玮(1996),《汉语与中国新文化启蒙》,台湾: 东大图书公司.
周起予(1918),《新名词训纂》,上海扫叶山房石印;《明清俗语辞书集成》(1987年重印,上海: 上海古籍出版社).
周祖谟(1959),《汉语词汇讲话》,北京: 人民教育出版社.
周振鹤·游汝杰(1986),《方言与中国文化》,上海: 上海人民出版社.
朱京偉(2003),《近代日中新語の創出と交流》,東京: 白帝社.
[新]庄钦永·[新]周清海(2010),《基督教传教士与近现代汉语新词》,新加坡: 青年书局.

2. 1900년대 논문

[日]あらかわ(Arakawa/荒川)惣兵衛(1932),「もた」二語「研究」,《外来語学序說》(名古屋).
[日]あらかわ(Arakawa/荒川)惣兵衛(1933),上海外来語見聞錄,《外来語研究》(東京)vol.2-3,4.

[日]白鳥庫吉(1923),匈奴民族考,東京《史学雑誌》総第18期.

安华林(1997),现代汉语语素分析的几个问题,《语文学刊》(教育版)第4期.

卞吉(1986),"法西斯"一词的来源,《日本学论坛》第2期.

蔡美彪(1951),汉语里的蒙古语,北京《光明日报》2月3日6版.

岑仲勉(1945),揭出中华民族与突厥族之密切关系,《东方杂志》第41卷第5号.

岑仲勉(1948),冒顿之语源及其音读,《突厥与回纥历史论文选集》(林幹主编,1987,北京:中华书局).

岑仲勉(1951),楚辞注要翻案的有几十条——楚辞中的古突厥语,《中山大学学报》第2期;《两周文史论丛》,1958年商务印书馆版,2004年北京中华书局版.

陈法卫(1958),汉语借词探讨,《河北天津师范学院学报》第3期.

陈建民(1994),普通话对香港词语的取舍问题,香港《语文建设通讯》第43期.

陈连开(1991),关于中华民族起源学说的由来与发展,《中华民族研究新探索》,北京:中国社会科学出版社.

陈榴(1990),汉语外来语与汉民族文化心理,《辽宁师范大学学报》(社科版)第5期.

陈松岑(1999), 新加坡华人的语言态度及其对语言能力和语言使用的影响,《语言教学与研究》第1期.

陈垣(1923/1927),元西域人华化考,《励耘书屋丛刊》(1934).

陈垣(1927/1928),回回教入中国史略,《陈垣史学论著选》,1981,上海:上海人民出版社.

陈章太(1996),普通话词汇规范问题,《中国语文》第3期.

陈忠(1963),汉语借词研究中的几个问题,《江海学刊》第1期.

程祥徽(1996),传意需要与港澳新词,《中国语文》第3期.

持平(1957),汉语中的外来语,《拼音》第4期.

持平(1961),谈谈汉语中的外来语,《人民日报》1月8日5版.

[日]大原信一(1994),梁启超与日语,《東洋研究》第12期.

地名译音委员会(1959),地名翻译原则草案四种,《文字改革》第19期;《外语教学与翻译》1960年第1期转载.

丁证霖(1977), 选收外来词问题的探讨——从晚清著作中选收外来词的体会,

《安徽大学学报》(社会科学版)第3期.

董秋斯(1956),翻译工作中的汉语规范化问题,《现代汉语规范问题学术会议文件汇编》,北京:科学出版社.

董同龢(1947),论外国地人名的音译,《现代学报》第1卷4·5期合刊.

方龄贵(1986),汉语辞书中的几个蒙古语借词,《辞书研究》第3期.

费琅(1916),叶调·斯调与爪哇,《亚洲报》1916年下册;译文:冯承钧《西域南海史地考证译丛》二编,1962,北京:商务印书馆.

冯家昇(1937),匈奴民族及其文化,《匈奴史论文选集》,1983,中华书局.

冯家昇(1987),契丹名号考释,《冯家昇论著辑粹》,北京:中华书局.

冯志伟(1994),关于"犹太"民族的译名用字问题,香港《词库建设通讯》总第5期.

冯志伟(1996),关于"身毒·天竺·印度"的语源,香港《词库建设通讯》总第10期.

冯志伟(1998),字母词的使用要看对象,《术语标准化与信息技术》第3期.

高名凯(1962/1990),语言的内部发展规律与外来词,北京《光明日报》7月3日;《高凯语言学论文集》,北京:商务印书馆.

高增良(1979),若干借词探源,《语言教学与研究》(试刊)第4集.

高子荣·张应德(1958),意译词是外来词吗?《语文学习》第3期.

顾嘉祖(1990),试论语言的吸收·同化功能与民族心理,《语言与文化》,上海:上海外语教育出版社.

关也维(1980),关于苏祗婆调式音阶理论的研究,《音乐研究》第1期.

光明日报编辑部(1956),关于化学名词问题的讨论,《光明日报》12月27日1版.

郭伏良(1997),字母词与词典二题,《河北大学学报》(哲学社会科学版)第2期.

郭沫若(1935),两周金文辞大系考释,《两周金文辞大系图录考释》,北京:科学出版社.

韩儒林(1940),突厥官号研究,《中国文化研究所集刊》第1卷第1号,成都:华西协和大学.

何华珍(1998),"癌"字探源,《辞书研究》第1期.

何伟渔(1996),汉语规范化典型个例观察与思考,《上海师范大学学报》(哲学社会科学版)第3期.

何自然·吴东英(1999),内地与香港的语言变异和发展,《语言文字应用》第4期.

贺阳(1990)，北京牛街地区回民话中的借词，《方言》第2期.

[波]亚努士·赫迈莱夫斯基(1957)， 以"葡萄"一词为例论古代汉语的借词问题，《北京大学学报》(人文科学版)第1期.

胡厚宣(1934)，楚民族源于东方考，《史学论丛》第一册，北京：北京大学潜社.

胡培周(1991)，葡萄牙语对澳门话的影响，《方言》第4期.

胡双宝(1989)，说"哥"，《词汇学论文汇编》，北京：商务印书馆.

胡以鲁(1914)，论译名，《庸报》第26·27期(第2卷第1·2期)合刊.

胡增益(1989)，满语的bai和早期白话作品"白"的词义研究，《中国语文》第5期.

胡增益(1995)，满语"白"同汉语副词"白"的借贷关系，《中国语言学报》第5期.

[日]荒川清秀(1987)，訳語「熱帯」の起源をめぐつて——日中両語の漢字の造語力，《日本語学》(東京：明治書屋)2月号.

[日]荒川清秀(1987)，まておりっち世界図の語——中国洋学書における位置，《日本語学》(東京：明治書屋)6月号.

[日]荒川清秀(1988)， 地理学用語「回帰線」の起源をめぐつて——和制漢語檢證のための一試論，《国語学》(東京)第155集.

[日]荒川清秀(1989)， ことばの伝播と継承——地理学用語「回帰線」を例に(上/下)，《日本語学》(東京：明治書屋)3月号/4月号.

[日]荒川清秀(1990)，中国にわたつた「回帰線」，《日本語学》(東京)2月号.

[日]荒川清秀(1998)，日本漢語の中国への流入，《日本語学》17号.

黄长著(1994)，从某些外语专名的汉译看海峡两岸语言使用的同与异，《中国语文》第6期.

黄河清(1989)，试析外来词在英·汉两种语言中数量悬殊的原因，《现代外语》第2期.

黄河清(1993)，外汉词典中的"释义词"和"释义语"(上/下)，《词库建设通讯》(香港)总第1/2期.

黄河清(1994a)，汉语外来词研究中的若干问题，《词库建设通讯》(香港)总第3期.

黄河清(1994b)，"罗辑"译名源流考，《词库建设通讯》(香港)总第5期.

黄河清(1994c)， 汉语音译外来词中所蕴含的语法现象，《词库建设通讯》(香港)总第5期.

黄河清(1995), 汉语外来影响词,《词库建设通讯》(香港)总第7期.
黄河清(1996), 词汇年表,《词库建设通讯》(香港)总第8期.
黄丽芳(1995), 漫谈当今外来词的吸收与规范,《修辞学习》第2期.
季羡林(1947), 浮屠与佛,《中印文化关系史论文集》, 北京: 三联书店.
季羡林(1948), 论梵文tÊdÊ的音译,《中印文化关系史论文集》北京: 三联书店.
季羡林(1991),《异文化的使者——外来词》序,《语文研究》第1期.
季永海(1985), 论满语中的汉语借词,《满语研究》第1期.
竟成(1992), 汉语史研究的新思路, 上海《现代语言学》第21期.
李葆嘉(1996), 中国语的历史和历史的中国语——七千年中国语史宏观通论,《中国語研究》第38期, 東京: 白帝社.
李方桂(1988), 李方桂先生谈语言研究(原题"对历史比较语言学的主导原则和方法论的讨论",《中央民族学院学报》第6期.
李乐毅(1990), 现代汉语外来词的统一问题,《语文建设》第2期.
李永明(1991), 新加坡潮州话的外语借词和特殊词语,《方言》第1期.
李裕民(1987), 楚方言初探,《中国语文研究》(香港)第9期.
梁晓虹(1992), 佛经翻译对现代汉语吸收外来词的启迪,《语文建设》第3期.
林焘(1955), 关于汉语规范化问题,《中国语文》8月号.
林语堂(1924), 关于译名统一的提议,《语言学论丛》, 1933, 上海: 开明书店.
劉凡夫(1993), 中国語辞書《辞源》初版に収録された日本語語彙の性格,《国語学研究》(日本東北大学).
刘涌泉(1994), 谈谈字母词,《语言建设》第10期.
刘泽先(1957), 汉语不能容纳外来语吗?,《中国语文》5月号.
刘泽先(1952/1958), 音译·意译和形译,《科学名词和文字改革》, 北京: 文字改革出版社.
刘泽先(1963),《科技术语分歧情况的一个调查报告》,《文字改革》第1期.
刘正埮(1979), 关于编纂汉语外来词词典的一些问题,《辞书研究》第1期.
刘正埮(1983), 汉语外来词的历史回顾和词源考证,《百科知识》第11期.
卢芸生(1995), 内蒙古西部地区汉语方言里的蒙语借词,《民族语文》第6期.
陆志韦(1953), 外国语人地名译音统一问题,《中国语文》第8期.
吕叔湘(1988), 南北朝人名与佛教,《中国语文》第4期.

罗其精(1955),浅谈汉语外来词"葡萄"的形成及其源出,《词库建设通讯》(香港)总第6期.

孟伟根(1995),关于汉语外来词"涤纶"和"的确良"的几个问题,《词库建设通讯》(香港)总第6期.

孟伟根(1996),汉语外来词的词义汉化及其回译,《词库建设通讯》(香港)总第9期.

倪立民(1997),鲁迅著作中的外来词研究,《杭州大学学报》第1期.

潘文国(2008),外来语新论——关于外来语的哲学思考,《中国语言学》第一辑,济南:山东教育出版社.

潘允中(1957),鸦片战争以前汉语中的借词,《中山大学学报》(社会科学版)第3期.

钱存训(1974),近世译书对中国现代化的影响,《明报月刊》(香港)第九卷第八期.

钱冠连(1993),汉民族的审美情趣给外来语的染色,作者《美学语言学》(深圳:海天出版社)中一节;《词库建设通讯》(香港)总第2期.

荣洁(1998),中俄跨文化交际中的边缘语,《解放军外国语学院学报》第1期.

商友仁(1988),古代欧亚大陆民族迁徙和民族融合鸟瞰,长春《北方论丛》第4期.

邵荣芬(1958),评〈现代汉语外来词研究〉,《中国语文》总第73期.

沈国威(1988),现代汉语中的日语借词之研究——序说,《日语学习与研究》第5期.

沈同(1956),学术名词的统一和学术名词的拉丁化,《科学通报》第3期.

石定栩(1995),洋泾浜语及克里奥语研究的历史和现状,《国外语言学》第4期.

石兴邦(1986),中国新石器时代考古文化体系及其相关问题,《亚洲文明论丛》,成都:四川人民出版社.

[日]实藤惠秀(1958),中国語に入つた日本語,《中国語学事典》,東京:江南書院.

史有为(1991a),外来词研究之回顾与思考,《语文建设》第11期.

史有为(1991b),外来词:两种语言文化的融合,《汉语学习》第6期.

史有为(1995),外来的"外来语"及其他,《词库建设通讯》(香港)总第7期.

史有为(1997a),"外来语"术语问题补议,《词库建设通讯》(香港)总第11期.

史有为(1997b),"浪漫"语源小考,《词库建设通讯》(香港)总第11期.

史有为(1997c),外来词术语之再讨论,《词库建设通讯》(香港)总第12期.

史有为(1997d),说"棒"及其他,《词库建设通讯》(香港)总第13期.

史有为(1998a),新世纪汉语汉字之整合,《语文建设通讯》(香港)第55期.

史有为(1998b),"癌"疑,《词库建设通讯》(香港)总第17期.

史有為(1999),论当代语言接触与外来词,《应用言语学研究》(日本千葉《明海大学大学院応用言語学研究科紀要》)No.1.

[日]松田裕(1982),宛字(基督)考,《国語学》(東京)総第131号.

苏金智(1993),语言文字的传播与规范,《语文建设》第1期.

[日]太田辰夫(1963),清代文学中的满族语言,《中国学会报》(東京)15号.

谭汝谦(1993),外来词研究落后的一点民族心理因素,《词库建设通讯》(香港)总第2期.

[丹麦]V.汤姆森(1981),蒙古古突厥碑文(韩儒林译),《突厥与回纥历史论文选集》(上),1981,北京:中华书局.

田惠刚(1996),关于"外来词"的范畴及其分类刍议,香港《词库建设通讯》总第8期.

王艾录·司富珍(1998),外来词的内部形式化倾向,《世界汉语教学》第3期.

王恩圩(1987),源于俄语的汉语外来词,《东北师大学报》第5期.

王彬彬(1998),隔在中西之间的日本——现代汉语中的日语"外来语"问题,《上海文学》第8期(随笔精品·第二辑·守望灵魂).

王国维(1905),论新学语之输入,《王国维文集》第3卷,1997,北京:中国文史出版社.

王吉辉(1996),非汉字词语研究,《南京师大学报》(社会科学版)第2期.

王吉辉(1999),字母词语的外来词语性质分析,《汉语学习》第5期.

王珏(1992),汉语中日语借词散论,《汉语研究论集》第一辑,徐州师范学院中文系编,北京:语文出版社.

王珏(1996),外来词文化驯化面面观,《南通师专学报》(社会科学版)第1期.

王力(1954),论汉族标准语,《中国语文》6月号.

王立达(1958a),现代汉语中从日语借来的词汇,《中国语文》第2期.

王立达(1958b),从构词法上辨别不了日语借词——和张应德同志商讨汉语里日语借词问题,《中国语文》第9期.

王了一(1939), 论汉译地名人名的标准,《今日评论》第1卷第11期.

王日蔚(1981), 丁零民族考,《突厥与回纥历史论文选集》, 北京: 中华书局.

王铁昆(1991), 10年来的汉语新词语研究,《语文建设》第4期.

王铁琨(1993), 汉语新外来语的文化心理透视,《语言与文化多学科研究》, 北京: 北京语言学院出版社.

王忠亮(1995), 哈尔滨地区使用的中俄洋泾浜,《词库建设通讯》(香港)总第6期.

王宗炎(1950), 音译和义译,《翻译通报》第1卷第5期.

闻宥(1980), 语源丛考·鸭鸥鹜三词次第考,《中华文史论丛》第4期.

闻宥·史有为(1987), 华夷译语,《中国大百科全书·民族卷》, 北京: 中国大百科全书出版社.

闻宥·史有为(1988), 华夷译语,《中国大百科全书·语言文字》, 北京: 中国大百科全书出版社.

吴礼权(1996), 谐译: 汉语外来词音译的一种独特型态,《长春大学学报》第1期.

吴汝祚(1987), 夏与东夷关系的初步探讨,《华夏文明》(1), 北京: 北京大学出版社.

吴世雄(1995), 关于"外来概念词"研究的思考,《词库建设通讯》(香港)总第7期.

吴世雄(1997a), 再论汉语外来词的分类和定义问题,《词库建设通讯》(香港)总第11期.

吴世雄(1997b), 关于"外来概念词"研究的再思考,《词库建设通讯》(香港)总第11期.

吴振刚(1998), 论中俄东部边疆地区的文化交融与发展,《大庆社会科学》第6期.

伍铁平(1991), 借词的词义(《论比较和语言接触学》中一节),《潜科学》第6期;《词库建设通讯》(香港, 1993)总第1期转载.

羡闻翰(1979), 有关现代汉语规范化的几个问题,《中国语文》第1期.

香港中国语文学会词库工作组(1993), 香港中国语文学会"外来概念词词库"总说明,《词库建设通讯》(香港)总第1期.

邢公畹(1991), 关于汉语南岛语的发生学关系问题——L·沙加尔《汉语南岛语同源论》述评补证,《民族语文》第3期.

修德建(1995), 关于中日两国语言吸收外来语的对比研究,《解放军外国语学院学报》第1期.
徐复(1945), 阏氏读音考,《匈奴史论文选集》, 1983, 北京: 中华书局.
徐文湛(1993), 汉语外来词的语源考证和词典编纂,《Sino-Platonic Papres》(美国Philadelphia: University of Pennsylvania), 36.
徐文湛(1996), 关于"身毒"·"天竺"·"印度"等词的语源,《词库建设通讯》(香港)总第10期.
许皓光·刘延新(1996), 汉语中的满语借词概述,《满族研究》第1期.
许宜蔚(1957), 公制度量衡名称的汉语化,《拼音》第4期.
薛文波(1980), 回回姓氏考(一),《宁夏大学学报》第4期.
姚德怀(1994), 也谈"犹太",《词库建设通讯》(香港)总第5期.
姚德怀(1996), 华语词汇的整理和规范,《词库建设通讯》(香港)总第9期.
姚德怀(1997), 上帝也疯狂——中文圣经异译词选刊,《词库建设通讯》(香港)总第11期.
姚荣松(1992a), 台湾现行外来语的问题,《台湾师范大学学报》(台北)第37期.
姚荣松(1992b), 海峡两岸新词语的比较分析,《台湾师范大学国文学报》(台北)第21期.
叶景烈(1996), 关于"外来概念词"讨论的讨论,《词库建设通讯》(香港)总第8期.
余又孙(1935), 日译学术名词沿革,《文化教育旬刊》第1卷第69期.
余又孙(1936), 谈日译学术名词,《文哲月刊》第1卷第7期.
俞敏(1980), 汉藏两族人和话同源探索,《北京师范大学学报》第1期.
俞忠鑫(1996), "回归词"论,《词库建设通讯》(香港)总第10期.
尉迟治平(1995), "风"之谜和夷语走廊,《语言研究》第2期.
袁翰青(1987), 我国何时开始使用"化学"一词,《中国科技史料》(北京)第3辑.
[日]曾根博隆(1987), 中国における日本語からの借用語(1),《明治学院論叢》(東京).
张嘉鼎(1989), 北京现存满语杂记,《满语研究》第2期.
张虎生(1989), 西藏民间佛教艺术的精品——"擦擦"考.《西藏艺术研究》第4期.
张清常(1978), 漫谈汉语中的蒙语借词,《中国语文》第3期.
张清常(1991), 一种误解被借的词原义的现象——兼论"胡同"与蒙语水井的关系,《语言教学与研究》第4期.

张清源(1989),从现代汉语外来语初步分析中得到的几点认识,《词汇学论文汇编》,北京:商务印书馆.

张希曾(1970),国语里外来语的研究(打印稿,台北).

张应德(1958),现代汉语中能有这么多日语借词吗?《中国语文》6月号.

张永言(1992a),"轻吕"和"乌育",《语言研究》总第5期.

张永言(1992b),语源探索三例,《中国语言学报》第3期.

张永言(1992c),汉语外来词杂谈,《语言教学与研究》第2期.

(《语文学论集》,1992,北京:语文出版社)

张振民(1915),译名,《甲寅》第1卷6号通讯.

赵福堂(1983),关于中日同形词的比较研究,《日语学习与研究》第4期.

赵杰(1993),北京话中的满汉融合词探微,《中国语文》第4期.

赵相如(1981a),维吾尔语的音节结构和借词拼写法的关系,《民族语文》第4期.

赵相如(1981b),汉语"氏"和维吾尔语"teg"的关系初探——兼及汉语阴声韵的辅音尾,《延边大学学报》第4期.

赵怿伯(1958),关于汉语外来词的几个问题,《语文学习》第3期.

赵元任(1970),借语举例,《中国现代语言学的开拓与发展——赵元任语言学论文选》,1992,北京:清华大学出版社.

照那斯图(1991),论汉语中的蒙古语借词"胡同",《民族语文》第6期.

郑奠(1958),谈现代汉语中的"日语词汇",《中国语文》第2期.

[日]中山茂(1992),近代西洋科学用语の中日贷借对照表,日本《科学史研究》第2辑第31册.

钟兆琥(1953),外来学术名词应在什么原则上统一起来,《中国语文》第8期.

周定一(1962),"音译词"和"意译词"的消长,《中国语文》第10期.

周法高(1955),中国语的借字,作者《中国语文研究》,台北:中华文化出版社.

周华松(1951),统一译名和拉丁化,《翻译通报》第2卷第2期.

周一民·朱建颂(1994),关于北京话中的满语词(一)(二),《中国语文》第3期.

周有光(1994),改革开放和外来词问题,《群言》(北京)第6期.

周有光(1959),地名译音工作的革新,《文字改革》第20期.

周有光(1982),地名国际标准化的读音问题——兼论中国民族语地名的读音,《新语文的建设》1992,北京:语文出版社.

朱京伟(1994),现代汉语中的日语借词的辨别和整理,《日本学研究》第3期.
朱晓云(1986),中国语の中の外来语[硕士学位论文],台北: 东吴大学日本文化研究所.
朱永锴(1995),香港粤语里的外来词,《语文研究》第2期.
朱永锴·林伦伦(1999),二十年来现代汉语新词语的特点及其产生渠道,《语言文字应用》第2期.
竺家宁(1997),两岸外来词的翻译问题,《华文世界》(台北)总第81期.
邹国统(1956),关于人名译音问题的商榷,《中国语文》第4期.

3. 2000년대 논문

曹炜(2004),再论现代汉语外来词,《江苏大学学报》第1期.
陈家宁·林哲(2011),谈外来词的汉化处理,《高名凯先生学术思想研讨会——纪念高名凯先生诞辰100周年论文集》.
陈静·刘祥清(2012),试论网络词语谐音音译,《南华大学学报》(社会科学版)第2期.
陈力卫(2007),语词的漂移: 近代以来中日之间的知识互动与共有,《21世纪经济导报》(南方报业集团)2007.5.28.
陈其光(2007),汉语源流设想,《论语说文集》,北京: 民族出版社.
陈巧云(2009),英汉外来词对比研究,《福建省外国语文学会2009年年会暨学术研讨会论文集》.
陈燕(2014),汉语外来词的方言标注研究,《辞书研究》第3期.
崔军民(2009),近代法律新词对日语词汇的借用及其辨正,《河北法学》第1期.
丁杨·王保田(2010),现代汉语中日源外来词的意义变异研究,《重庆交通大学学报》(社会科学版)第2期.
杜晓文(2014),中日经济词选析: 出超公债国税商业所得税所有权债务指标资本家,《语文建设通讯》(香港)总第106期.
冯天瑜(2003),中日汉字文化的互动历程,《学术月刊》第12期.
冯天瑜(2005),中西日文化对接间汉字术语的厘定问题,《光明日报》4月5日.
冯志伟(2018),关于非汉语人名和地名的字符译音问题,《语文建设通讯》(香港)总第115期.

甘涛(2013),中文媒体对日源新词的使用倾向分析,《语文建设通讯》(香港)总第102期.

高纯(2012),从《儿女英雄传》看道光·咸丰·同治时期北京话中的旗人语,《现代语文旬刊》第8期.

高宁(2003),汉语外来词语源研究——从近现代中日文语源关系谈起,《中国語研究》(東京)第45号.

耿二岭(2001),外来词的语义平面,《天津大学学报》(社会科学版)第4期.

关锡鸿(2016),"摩罗"和"亚叉",《语文建设通讯》(香港)总第112期.

郭利霞(2018),颜惠庆《英华大辞典》中的二十世纪初外来语(上/下),《语言文字周报》第1788/1789号(5.30/6.6).

郭伏良(2002),从人民网日本版看当代汉语中的日语借词,《汉语学习》第5期.

郭剑英(2003),一个世纪以来的汉语外来词研究,《郴州师范高等专科学校学报》第2期.

郭熙(2005),字母词规范设想,《辞书研究》第4期.

韩光清·王法政(2000),英语缩略语略议,《北京大学学报》第S1期.

韩淑红·吴远庆(2006),《现代汉语词典》一·五版英源外来词语对比考察,《中国英汉语比较研究会第七次全国学术研讨会论文集》.

何华珍(2012),中日近现代汉字词源流摭考,《语文建设通讯》(香港)总第100期.

何华珍(2012),明治初期的《醫語類聚》与中日医学汉字词研究,《语文建设通讯》(香港)总第101期.

何华珍(2013),现代汉语日源汉字词甄补,《语文建设通讯》(香港)总第102期.

何宛屏(2001),含有西文字母的词语在词典中的位置,《语言文字应用》第3期.

洪纬(2015),进步与功利并存:《新尔雅》与中国近代鱼类知识的传播,《科学与管理》第4期.

胡明扬(2002),关于外文字母词和原装外文缩略语问题,《语言文字应用》第2期.

胡振华(2015),谈谈"玛纳斯"和"玛纳斯奇"这两个词,《语文建设通讯》(香港)总第108期.

胡正茂(2014),汉语外来词:界定·时段及译介特征,《广东外语外贸大学学报》第6期.

黄春蕊(2013),汉语新词中俄源外来词本土化倾向研究,《湖北经济学院学报》(人文社会科学版)第4期.

黄河清(2016),"恐龙""蛇形罍"探源,香港《语文建设通讯》(香港)总第111期.
黄河清(2018a),"猛犸"考,《语文建设通讯》(香港)总第117期.
黄河清(2018b),"苦力"释源,《语文建设通讯》(香港)总第115期.
黄河清(2018c),也谈词缀,《语文建设通讯》(香港)总第117期.
黄蓉(2017),模因论视角下的流行语英译策略,《陇东学院学报》第4期.
黄兴涛(2003),近代中国新名词的研究与词汇传统的变革问题——以输入日本新名词为中心的讨论,《日本学研究》第12期.
季永海(2004),关于满式汉语——与赵杰先生商榷,《民族语文》第5期.
季永海(2004/2005),从接触到融合——论满语文的衰落(上/下),《满语研究》第1期.
贾泽林·王继中(2010),现代汉语类词缀的形成及其与外来词的关系探究,《云南师范大学学报》(对外汉语教学与研究版)第2期.
姜雅明(2011),源于俄语的汉语外来词研究,《天津外国语大学学报》第2期.
金其斌(2015),"外来修辞词"补遗,《语文建设通讯》(香港)总第109期.
金其斌(2018),"摩登"古今谈——兼谈汉语音译中的谑译,《语文建设通讯》(香港)总第116期.
赖彦(2008),汉语借用英语外来词的特点及语用理据,《汉语学习》第3期.
黎昌抱(2001),英汉外来词对比研究,《外语教学》第5期.
李和平(2006),略论古代西域文化对汉语的影响,《安徽教育学院学报》第5期.
李计伟(2005),汉语外来词同义译名现象研究,《语言文字应用》第4期.
李艳·施春宏(2007),外来词语义的汉语化机制及相关问题,《第五届全国语言文字应用学术研讨会论文集》.
李艳辉·刘祥清(2014),模因论视角下品牌名称汉译中的音译原则探析,《湖南第一师范学院学报》第1期.
李旖旎·徐敬宏(2014),论汉语网络流行语中的日语借词,《北京邮电大学报》(社会科学版)第4期.
李运博(2003),流入到近代中国的日语借词——梁启超作品中的日语借词,《天津外国语学院学报》第4期.
连晓霞(2012),字母词的收录与规范——以《现代汉语词典》和《辞海》为例,《语言教学与研究》第2期.

廖俊棋・王敏东(2015),"恐龙"是中文词或日文词?,《语文建设通讯》(香港)总第110期.

刘建梅(2002),汉字系统中外来字母规范浅议,《语言文字应用》第1期.

刘少东・金鑫(2013),日源外来语第三次输入高潮论析,《*Modern Linguistics*》第3期.

刘涌泉(2002),关于汉语字母词的问题,《语言文字应用》第1期.

罗奇祥(2003),改革開放後中国語に入った日本語karaの新語,《慶応義塾大学日吉紀要・言語・文化・コミュニケーション》(東京).

罗泽宇(2015),量词"匹"特殊义项的生成与消亡——从日语对汉语影响的角度,《日语学研究》第二十四期.

潘蕾(2015),中日同形語に関する一考察—中国語の"以外"と日本語の「以外」を中心に—,《日语学研究》第二十四期.

潘文国(2008),外来语新论——关于外来语的哲学思考,《中国语言学》第一辑.

彭广陆(2000-2012),从汉语的新词语看日语的影响("之一"~"之八"和"说'人脉'",共九篇):

① 说"～族"(2000),《汉日语言研究文集》第3辑,北京:北京出版社;

② 说"～屋"(2000),日本学研究・日本国际学术研讨会论文集》,北京:中国人民大学出版社;

③ 说"问题"(2001),《日本文化论丛》,大连:大连理工大学出版社;

④ 说"写真"(2002),《日本语言文化论集》第3辑,北京:北京出版社・文津出版社;

⑤ 说"献金"(2003a),《日本语言文化研究》第四辑,北京:学苑出版社;

⑥ 说"蒸发"(2003b),《日本学研究》第12期;

⑦ 说"过劳死"(2003c),《中国語研究》第45号,東京:白帝社;

⑧ 说"料理"(2003d),《日本学与日语教育研究——纪念顾明耀教授从教40周年》,西安:西安交通大学出版社;

⑨ 说"人脉"(2012),《日语学习与研究》第4期.

彭广陆(2003e),中国の新聞に見られる日本語の語彙,《日本学研究》.

彭广陆(2003f),汉语新词中的日源词——以《现代汉语词典》(2002年增补本)为考察对象,《日本语教育与日本学研究论丛》(北京师范大学日文系编)第一辑,北京:民族出版社.

彭广陆(2004),中国語の新語辞典に見られる日本語語彙の受容,《日本学研究》第14期.

邱克威(2016),《叻报》记时词语特点考察略记,《语文建设通讯》(香港)总第112期.

邵敬敏(2000),香港方言外来词比较研究,《语言文字应用》第3期.

邵敬敏·吴立红(2005),香港社区英文词语夹用现象剖析,《语言文字应用》第4期.

沈国威(2009),嚴復与「科学」,《東亚文化交涉研究》(大阪:関西大学出版部).

沈文凡·潘怡良(2008),新时期日源借词的引入及其特点,《日本学论坛》第3期.

史有为(2007),日本所用汉字的汉语"转型"初探,《世界汉语教学》第4期.

史有为(2008), 英制度量衡单位与中西日交流——一组外来概念词研究实例献议,《南大语言学》第三编.

史有为(2011),"鮎"·"鯰"旁补,《语文建设通讯》(香港)总第99期.

史有为(2014),从传播学和接受学视角看外来词,《语言学研究》第14辑,北京大学外国语学院外国语言学及应用语言学研究所编.

史有为(2016a),《新华外来词词典》编后略记,《辞书研究》第1期.

史有为(2016b),纠结的日源词,《语文建设通讯》(香港)第111期.

史有为(2016c),探"码"——兼议清末两种翻译力量,《语文建设通讯》(香港)第112期.

史有为(2017),文化-翻译视角下的译名,《南大语言学》第五编.

史有为(2018),汉语外来词四十年记(上/中/下),《语言文字周报》第1818/1819/1820期(12.12/12.19/12.26).

苏春梅·胡明志(2007), 从哈尔滨方言中的俄语借词看俄语与汉语的相互影响,《黑龙江社会科学》第1期.

苏金智(2002),论当前汉语外来词规范的原则,《辞书研究》第3期.

苏培成(2012),谈汉语文里字母词的使用和规范,《中国语文》第6期.

汤志祥(2000),论20世纪末粤语对汉语和汉文化的影响,《深圳大学学报》(人文社会科学版)第2期.

汤志祥(2008),"港澳词语"以及"澳门特有词语",《江苏大学学报》(社会科学版)第5期.

王建莉(2000),从文化看汉语中的蒙语借词,《广播电视大学学报》(哲学社会科学版)第2期.

王 洁(2009),"猞猁狲"溯源,《语文建设通讯》(香港)总第91期.

王莎莎(2013),汉语网络流行语中日源词初探,《湖北广播电视大学学报》第3期.

王晓(2009),从语言接触的角度分析当代汉语中的日语借词,《日语学习与研究》第4期.

王扬宗(2003), 关于清末口译与笔述译写法的初步探讨——以清末江南制造局翻译馆为中心,《日本学研究》第12期.

魏慧萍(2002),汉语外来词素初探,《汉语学习》第1期.

吴慧珍(2011),基于原型范畴理论的外来语语义偏离现象探析,《安徽工业大学学报》(社会科学版)第5期.

吴思聪(2003),汉语外来词对汉语词汇系统的影响,《云南师范大学学报》(哲学社会科学版)第1期.

肖辉·陶玉康(2000),等效原则视角下的商标翻译与文化联想,《外语与外语教学》第11期.

徐桂梅(2012),鲁迅小说语言中的"日语元素"解析,《鲁迅研究月刊》第3期.

[日]盐山正纯(2003),西餐与口语翻译词——关于《造洋饭书》第2版(1899),《日本学研究》第12期.

杨福泉(2008),"民主"考原,《语文建设通讯》(香港)总第90期.

杨文治(2016),如何统一与规范外国人名地名的翻译——《汉语拼音读音法》的草拟及应用,《语文建设通讯》(香港)总第111期.

杨文治·胡百华(2018),《如何统合外国人名地名的迻入——并建议采用"英文外名"及其读法的探讨,《语文建设通讯》(香港)总第117期.

杨锡彭(2008),借形词与字母词,《南大语言学》第三编.

杨欣儒(2016),谈"叻"·"峇"·"峇峇"·"娘惹",《语文建设通讯》(香港)总第112期.

姚德怀(2009),名字的"外译中"和"中译外"——兼谈专名词库·词库建设和翻译,《语文建设通讯》(香港)总第92期.

姚德怀(2016),公历月份在南洋华语和东干华语中的转写和翻译,《语文建设

통讯》(香港)总第112期.
叶栩邑(2015),意味に基づく日中同形語の分類の揺れ―二字漢語分類のツーバージョン対照を中心に―,《日语学研究》第二十五期.
叶栩邑(2017),日中同形語字形類化度の統計―自然言語処理における漢字分割法の利用を中心に―,《日语学研究》第二十七期.
尹代秀(2009),外国人名的汉译——从"莎朗·斯通"的翻译谈起,《语文建设通讯》(香港)总第92期.
俞品·祝吉芳(2003),原形借词——现代汉语吸收外来语的新发展,《中国语文》第6期.
原新梅(2005),字母词的收入与注音问题,《辞书研究》第4期.
袁森林·黄建娜(2016),浅析21世纪以来汉语中日语外来词注入形式,《海南广播电视大学学报》第1期.
曾昭聪·张敬稳·杨雨蒙·韩叶(2009),《新名词训纂》中的日源外来词研究——兼谈《汉语外来词词典》的疏漏,《语文建设通讯》(香港)总第92期.
翟东娜(2000),浅析汉日同形词的褒贬色彩和社会文化因素,《日语学习与研究》第2期.
翟鹏(2009),新时期现代汉语新词与日语同形词及外来语的关系,《烟台师范学院学报》第12期.
张锦文(2003),关于汉语借词的分类问题,《辞书研究》第3期.
张淼·高淼淼(2011),《奉天通志》中东北方言的满语借词考证,《满语研究》第2期.
赵杰(2002),京郊火器营北京话中的满语词,《民族语文》第1期.
赵鲁臣(2004),哈尔滨中俄边缘语消亡探因,《哈尔滨商业大学学报》(社会科学版)第4期.
郑武曦(2009),试论语言接触引发的羌语对当地汉语的干扰,《阿坝师范高等专科学校学报》第3期.
郑张尚芳(2018),支那(China)最初的来源,《语文建设通讯》(香港)总第115期.
钟少华(2016),近代"民族"概念传入中国的由来及"民族"一词的词源,《语文建设通讯》(香港)总第111期.
周刚·吴悦(2003),二十年来新流行的日源外来词,《汉语学习》第5期.

周其焕(2004),两本字母词词典的简析,《辞书研究》第1期.

朱京伟(2003), 19世纪以降の中日語彙交流と借用語の研究—研究の資料と方法をめぐって—,《日本学研究》第12期.

朱京伟(2005), 蔡元培の日本語翻訳に初期の哲学用語の移入,《日本学研究》第15期.

朱京伟(2006), 社会主義用語の形成に見られる特徴——語構成と語誌記述の視点から,《日本学研究》第16期.

朱京伟(2007),梁启超与日语借词,《日本学研究》第17期.

朱京伟(2008),《清議報》に見える日本語から借用語,《漢字文化圏諸言語の近代語彙の形成——創出と共有》,大阪:関西大学出版部.

朱京伟(2009),《民报》(1905-1908)中的日语借词,《日本学研究》第19期.

朱京伟(2012a),《时务报》(1896-98)中的日语借词——文本分析与二字语部分,《日语学习与研究》第3期.

朱京伟(2012b),《时务报》(1896-98)中的日语借词——三字语与四字词部分,《日语学研究》第二十二期.

朱京伟(2013),《清议报》(1898～1901)中的二字日语借词,《日语学研究》第二十三期.

朱一凡(2018),现代汉语话语标记的欧化路径——基于《开明国语课本》与苏教版《语文》的对比研究,《当代修辞学》第4期.

朱 原(2017),四方谈:当代外来成语的源和流——汉语辞书亟需酌收外来成语,《语文建设通讯》(香港)总第113期.

邹嘉彦(2003),当代汉语新词的多元化趋向和地区竞争,《语言教学与研究》第2期.

邹玉华(2013),文字形体不能决定字母词的性质——兼论《现代汉语词典》(第6版)收录字母词是否违法,《语文建设通讯》(香港)总第102期.

邹玉华(2014),《现代汉语词典》收录"西文字母开头的词语"之违法与否的法律分析,《语言教学与研究》第4期.

邹玉华·马广斌·刘红·韩志湘(2005),关于汉语中使用字母词的语言态度的调查,《语言教学与研究》第4期.

邹玉华·马广斌·马叔骏·刘哲·马宇菁(2006), 字母词知晓度的调查报告,《语言文字应用》第2期.

4. 2000년대 학위논문

([박]박사学位论文; [硕]硕士学位论文):

阿拉(2011),《现代汉语俄源外来词考察》,哈尔滨师范大学[硕].
常霞(2003),《字母词研究》,天津师范大学[硕].
陈佳璇(2003),《我国新闻语言中字母词的易读性研究》,华东师范大学[硕].
陈胜利(2014),《英语中的汉语借词研究》,苏州大学[博].
陈雪(2010),《对〈汉语外来词词典〉中汉语日来词的研究》,陕西师范大学[硕].
方欣欣(2004),《语言接触问题三段两合论》,华中师范大学[博].
高杨(2010),《东北方言中的满语借词》,广西师范学院[硕].
顾江萍(2007),《汉语中日语借词研究》,厦门大学[博].
季琴(2004),《三国支谦译经词汇研究》,浙江大学[博].
金锡永(2011),《现代汉语外来词的社会语言学研究》,复旦大学[博].
郎瑞(2012),《模因论视野下现代汉语类词缀分析及其教学策略探究》,上海外国语大学[硕].
李娜(2013),《顺应论视角下化妆品品牌名称的汉译研究》,广东外语外贸大学[硕].
李彦洁(2006),《现代汉语外来词发展研究》,山东大学[博].
刘泓呈(2016),《目的论视角下的汽车车型翻译案例研究》,北京外国语大学[硕].
刘吉艳(2008),《汉语新词语词群现象研究》,上海外国语大学[博].
刘三丽(2011),《模因论视野下的现代汉语字母词研究》,西安外国语大学[硕].
刘晓梅(2003),《当代汉语新词语研究》,厦门大学[博].
孙梦琳(2014),《俄汉语外来词对比研究》,南京师范大学[硕].
孙荣实(2004),《汉语新词语运用研究》,复旦大学[博].
杨霞(2011),《初期现代汉语新词语研究》,河北大学[博].
王超(2012),《我国主流报纸字母词使用现状研究》,宁波大学[硕].
王淼(2004),《新时期汉语外来词语研究》,北京师范大学[博].
王欣(2012),《英汉借词范畴化认知研究》,华中师范大学[博].
胥爱珍(2008),《汉语字母词研究三十年》,山东大学[硕].
于龙杰(2007),《新词语在新闻语体中的应用研究》,山东大学[硕].
张磊(2013),《基于模因理论的字母词研究》,渤海大学[硕].

赵希莹(2011),《中韩新词语比较研究》,中国海洋大学[硕].

郑泽芝(2005),《基于动态流通语料库(DCC)的汉语字母词语识别及考察研究》,北京语言大学[博].

钟吉娅(2003),《汉语外源词——基于语料的研究》,华东师范大学[博].

周蒙(2008),《谜米视角下的字母词研究》,南京师范大学[硕].

5. 사전류

[日]あらかわそおべえ(Arakawa Sōbē/7荒川惣兵衛)(1977),《角川外来語辞典》(第二版), 東京: 角川書店.

[日]本木正栄等(1976),《諳厄利亜語林大成》(1814年手書·大槻文彦本)東京: 雄松堂書店(影印).

岑麒祥(1990),《汉语外来语词典》,北京: 商务印书馆.

陈刚(1985),《北京方言词典》,北京: 商务印书馆.

陈刚,宋孝才,张秀珍(1997),《现代北京口语词典》,北京: 语文出版社.

[英]J.M.Conit(1880),《英華字典》(English and Chinese Dictionary),上海: 美華書館.

方龄贵(2001),《古典戏曲外来语考释词典》,上海: 汉语大词典出版社.

[日]福澤諭吉(编译增订)(1860),《增訂華英通語》, 東京: 快堂蔵板.

董树人(2010),《新编北京方言词典》,北京: 商务印书馆.

国语日报出版部编译组(1980),《国语日报外来语词典》,台北: 国语日报社.

[英]K.Hemeling(赫美玲)(1905/1916), *English-Chinese Dictionary of the Standard Chinese Spoken Language*(官话), *and Handbook for Translators, Including Scientific, Technical, Modern, and Documentary Terms*.

[英]Herbert A.Giles(1892/1912), *A Chinese-English Dictionary*.

胡行之(1936),《外来语词典》,上海: 天马书店.

黄河清·徐文堪·姚德怀(2001),《近现代汉语新词词源词典》,上海: 汉语大词典出版社.

黄河清(2010),《近现代辞源》,上海: 上海辞书出版社.

黄丽丽·周澍民·钱莲琴(1990),《港台语词词典》,合肥: 黄山书社.

黄士复·江铁(主编)(1928),《综合英汉大辞典》(王云五·何崧龄·陈承泽参订),
　　　上海: 商务印书馆.
[日]吉沢典男·石綿敏雄(1979),《外来語の語源》,東京: 角川書店.
金哲·姚永抗·陈燮君(1988),《当代新术语》,上海: 上海人民出版社.
李宇明(主编)(2010),《全球华语词典》,北京: 商务印书馆.
李宇明(主编)(2016),《全球华语大词典》,北京: 商务印书馆.
李玉汶(1918),《汉英新辞典》(A New Chinese-English Dictionary),上海: 商务
　　　印书馆.
[日]鈴木義昭·王文(2002),《日本語から引ける中国語の外来語辞典》,東京:
　　　東京堂.
刘学勋(主编)(1989),《中国现代缩略语词典》,北京: 长虹出版公司.
刘涌泉(2001),《字母词词典》,上海: 上海辞书出版社.
刘涌泉(2009),《汉语字母词词典》,北京: 外语教学与研究出版社.
刘正埮·高名凯·麦永乾·史有为(1984),《汉语外来词词典》,上海: 上海辞书
　　　出版社.
[德]羅存德(W.Lobscheid)(1866),《英華字典》,香港.
[德]羅存德(W.Lobscheid)(1879),《英華和譯字典》,東京.
[德]羅存德(W.Lobscheid)(1897),《新增英華字典》(F.Kingsell增訂),橫浜(橫濱).
[英]馬禮遜/馬利生(Robert Morrsion)(1815-1923),《華英字典》(*A Dictionary
　　　of the Chinese Language*)六卷, Macao(澳門).
闵家骥·韩敬体·李志江·刘向军(1991),《汉语新词新义词典》,北京: 中国社
　　　会科学出版社.
钱乃荣(1989),《上海方言俚语》,上海: 上海社会科学院出版社.
[日]日本国語大辞典編集委員会(2000-2002),《日本国語大辞典》,東京: 小
　　　学館.
[日]日本醫学会医学用語委員会(1975),《醫学用語辞典》(*Japan Medical Termi-
　　　nology*),東京: 南山堂.
沈孟璎(2002),《实用字母词词典》,上海: 汉语大词典出版社.
[日]石山福治(1922),《日支大辞彙》,東京: 文求堂.
[日]实藤惠秀(1958),《中国語に入った日本語》(中国語学辞典),東京: 江南
　　　書院.

史有为(主编)(2019),《新华外来词词典》,北京: 商务印书馆.

宋永培·端木黎明(1993),《中国文化语言学辞典》,成都: 四川人民出版社.

谭达轩(1875/1897), *An English and Chinese Dictionary with English Meaning or Expression for Every English Word*. 香港.

[日]宛字外来語辞典編集委員会(1979),《宛字外来語辞典》,東京: 柏書房.

汪向荣·叶澜(1903),《新尔雅》,上海: 明权社.

王健宜·王彦良(1995),《日汉同形词辨异词典》,北京: 商务印书馆.

[英]衛三畏·廉士甫(S.Wells Williams)(1874,《漢英韻府》(*Syllabic Dictionary of the Chinese Language*),北通州協和書院.

吴开斌(1997),《香港话词典》,广州: 花城出版社.

吴汝钧(1994),《佛教大辞典》,北京: 商务印书馆国际有限公司(根据1992年台湾版《佛教思想大辞典》更名重印).

徐世荣(1990),《北京土语辞典》,北京: 北京出版社.

薛理勇(2000),《上海闲话》,上海: 上海社会科学院出版社.

颜惠庆(1912),《英华大辞典》(全二册,初版1908),上海: 商务印书馆.

[日]有沢玲(2000),《宛字書きかた辞典》,東京: 柏書房.

張一帆·[日]塚越敏彦(1999),《最新中日外来語辞典》,東京: 日中通信社.

中国社科院语言研究所词典编辑室(2012),《现代汉语词典》(第6版),北京: 商务印书馆.

周洪波(主编)(2003),《新华新词语词典》(2003年版),北京: 商务印书馆.

邹嘉彦·游汝杰(2007),《21世纪华语新词语词典》,上海: 复旦大学出版社.

역자후기

'인연과 열매'

  중국어를 배우다 외래어를 처음 접했을 때, '바로 이거다!' 싶었던 단어들이 있었다. 다시금 중국어 학습에 빠져든 계기가 된 것 중 하나이다. 외래어는 모국어 사용자에게도 중요한 감성적 공감이 있어야 하는 언어접촉의 결과물 중 하나일 뿐만 아니라 외국어로서의 중국어 학습자에게도 이해가 필요한 언어 현상 중 하나이다. 중국어학을 연구하면서 들었던 그런 생각들이 역자들로 하여금 이 책의 번역에 선뜻 손을 내밀게 했던 것 같다.

  뿐만 아니라 저자의 서문에도 있듯이 이 책의 번역에서도 '인연'이 참 소중한 작용을 했다. 그리고 그 첫 열매를 이제서야 수확하게 된 느낌이 든다. 사실 번역을 했던 시간은 지난한 과정이었다. 저자가 갖고 있던 60여 년의 생각들을 함축적으로 담아낸 결과물을 다른 언어로 옮기는 것 자체가 쉽지 않은 여정이었기 때문이다. 저자인 스요우웨이 선생님은 일명 '日耕', '时堅'이라고도 불리며, 1937년 지앙쑤 창쪼우에서 태어나, 1955년에 베이징대학교 중문과에 입학하여 1961년 졸업 후, 쭝양민주대학교에서 교편을 잡고 다시 1995년 난창대학교 그리고 1996년에는 산똥대학교 겸임교수도 역임하셨다. 1992년 일본 오사카외국어대학으로 건너가 석사과정을 개설하고 1998년 일본 메이카이대학교 중문과에서 교수로 봉직하셨다. 그러면서 일본 현대중국어연구회 회장과 베이징시언어학회 상무이사 겸 부비서장, 그리고 베이징시계산언어학연구회 부회장 등 중국어학계에서 중요한 요직을 역임하셨다. 외래어와 현대한자 및 중국문화언어학 등을 집중적으로 연구하셨고, 각종 사전편찬 작업과 제2외국어로서의 중국어교육 연구에도 관심을 두고 방대한 연구 결과물들을 남기셨다. 이는 아래 자신이 남긴 스스로의 연구 역정을 보더라도 얼마나 중국어학 각 분야에 심취하였고, 무언가 이루려는 전도유망한 연구자였는가를 실감할 수 있게 해준다.

自述
史氏有为, 故乡江南, 一九五五, 求学北大。
文改启蒙, 音韵熏陶, 教学需要, 投身语法。
友情邀约, 致力借词, 老来践新, 对日教化。
三十春秋, 贡献民院, 向晚东渡, 大阪外大。
天假以年, 未敢虚度, 大学明海, 再耕花甲。
零八奥运, 归根同庆, 屈指东瀛, 新春雙八。
首倡柔性, 常萌異想, 懵懂摸索, 迟悟语法。
张力观復, 求索艰辛, 遍尝百味, 感叹年华。 (史有为)

이 책은 2000년에 처음 출판된 이후, 증보판에 이어 제3판까지 이어졌으며, 영국의 저명한 출판사 Routledge에서도 영역본이 출간된 중국어 외래어 연구의 필독서이다. 역자들이 저본을 삼아 번역한 것은 2013년 증보판이지만 그 이후 저자와 교류하면서 제3판에 수록되고 수정된 마지막 부분까지 모두 번역에 담았다.

외래어라는 것은 어떤 언어가 다른 언어 속에서 어떻게 흡수되고 투영되는지를 볼 수 있는 좋은 본보기가 된다. 중국어에서는 아주 오래전, 상고 시기부터 흉노(匈奴)와 서역(西域)의 수많은 외래어, 즉 비파(琵琶), 포도(葡萄) 등과 같은 단어들이 들어와 사용되었다. 이 책에서는 이러한 다양한 외래어의 흡수 현상을 저자의 깊이 있는 학식과 견해를 바탕으로 전면적이고 체계적인 분석을 통해 합당한 결론을 제시하고 있다. 특히 언어, 문화, 사회 등 세 가지 방면에서 통시적, 공시적, 종합적 관점에서 유형과 특징을 잘 담아내었을 뿐만 아니라 앞으로의 외래어 연구의 방향과 규범까지도 모두 제시하고 있다. 그리고 그간의 외래어 연구의 개황도 빠뜨리지 않고 잘 담아 설명하고 있다.

번역을 하면서 가장 어렵고도 놀라웠던 것은 이 책에는 수많은 외래어 예시들이 제시되고 각각에 대한 어원과 차용 과정까지도 담겨 있다는 것이었다. 고대 페르시아어 뿐만 아니라 산스크리트어, 러시아어, 각종 소수민족의 언어, 그리고 방언까지 포함되어, 역자들의 능력으로 이를 한국어로 쉽게 옮긴다는 것은 진정 도전이었으며, 학습의 시간이었다. 그러나 저자가 풀어 쓴 외래어 형성에 대한 독창적이고 창의적이며 깊이 있는 식견은 역자들의 작업에 힘을 불어 넣어주었다. 저자의 학술적인 논의를 가독성 있게 풀어내기 위해 노력했으며, 다양한 주제와 어려운 문제를 흥미롭게 풀어쓴 저자의 의도를 살리고자 많은 고민을 했던 것 같다. 그렇게 저자가 말하는 '이질(異)문화의 사자(使者)'로서의 외래어의 역할을 충분히 잘 소화해 낸 역서가 되었는지에 대한 판단은 독자들의 몫일 것이다.

이 책은 비단 중국어를 전공하는 사람들뿐만 아니라 중국어를 모르는 이들에게도 최대한 도움을 주고자 모든 중국어 예시와 고유 명사 등에 작은 글씨로 해석을 달아 놓았다. 또 중국어를 전공하는 사람들에게는 전문용어에 대한 번역이 오히려 이해에 방해될까 봐 두려운 마음에 작은 글씨로 중국어 원어도 제시해 놓았다. 그리고 중국어가 아닌 다른 언어에 대해서도 한국어로 쓰고 역시 작은 글씨로 원어를 제시해 놓아 독자의 이해를 돕고자 하였다. 따라서 이 책은 외래어에 관심이 있는 사람이라면 누구나 읽을 수 있도록 제작되었다. 끝으로 본문 중에 괄호 안에 제시된 한자어는 우리말로 번역함에 있어 중의(重義)를 피하고자 역자들이 제시한 것이다.

같이 번역하면서 좋은 일들이 많았다. 의기투합하여 과감하게 밀어붙이고 다듬는 과정이 힘들었지만 재미있었다. 중간중간 저자와 끊임없이 소통하면서 내용이 한층 더 풍부해진 것도 유익한 일이었다. 편집과 제본까지 작업해 주신 학고방 식구들에게 감사의 말씀을 전한다. 덕분에 하나의 고개를 넘어 더 많은 이들과 이 책의 풍미를 공유할 수 있게 되었다.

외래어에 관심이 있는 사람이라면 누구나 쉽게 빠져들어 읽을 수 있는 책이 되기를 바란다. 그리고 구절구절, 마디마디, 한 땀 한 땀 역자들의 노력과 정성이 들어간 이 책의 진수를 독자들과 함께 누릴 수 있기를 바란다. 저자가 남긴 많은 주옥같은 말 중에서 중국어 학습자에게 희망을 줄 수 있는 구절을 옮김으로써 만만찮았던 번역 작업의 후기를 갈음한다.

"적막해 봐야 걸상이 춥다는 것을 가장 잘 알며, 재능이나 명성을 드러내지 않고 갈고 닦아야만 비로소 진정한 영웅호걸을 가릴 수 있다."

2021년 입동에 역자 일동

| 지은이 소개 |

史有為(1937~   )

지앙쑤 창죠우 사람으로 쭝양민주대학교 부교수, 일본 오사카 외국어대학 객원교수, 일본 메이카이대학교 교수 역임 후, 명예교수로 추대 되었을 뿐만 아니라 중국 난창대학교 교수로도 초빙되었다. 주로 중국어 외래어와 현대중국어어법 및 제2외국어로서의 중국어 교육 연구에 종사하고 있다.

| 옮긴이 소개 |

김태은(金兌垠)
미국 위스콘신대학교 중국어학 박사
연세대학교 중어중문학과 교수

김현철(金鉉哲)
연세대학교 중국어학 박사
연세대학교 중어중문학과 교수

이현선(李賢善)
중국 베이징사범대학교 중국어학 박사
연세대학교 중국연구원 전문연구원

언어접촉을 통해 본
중국어 외래어

초판 인쇄 2021년 12월 20일
초판 발행 2021년 12월 30일

지은이 | 史有為
옮긴이 | 김태은·김현철·이현선
펴낸이 | 하운근
펴낸곳 | 學古房

주　　소 | 경기도 고양시 덕양구 통일로 140 삼송테크노밸리 A동 B224
전　　화 | (02)353-9908 편집부(02)356-9903
팩　　스 | (02)6959-8234
홈페이지 | www.hakgobang.co.kr
전자우편 | hakgobang@naver.com, hakgobang@chol.com
등록번호 | 제311-1994-000001호

ISBN 979-11-6586-433-0 93720

값: 30,000원